Sé an Saol an Máistir

Filíocht Learaí Phádraic Learaí Uí Fhínneadha

Sé an Saol an Máistir

Filíocht Learaí Phádraic Learaí Uí Fhínneadha

in eagar ag

GEARÓID DENVIR

An chéad chló 2010

ISBN 978-1-905560-65-3

Dearadh clúdaigh: Abigail Bolt
Dearadh: Abigail Bolt / Deirdre Ní Thuathail

Foras na Gaeilge

Tá Cló Iar-Chonnacht buíoch de Fhoras na Gaeilge as tacaíocht airgeadais a chur ar fáil.

the arts council
an chomhairle ealaíon

Faigheann Cló Iar-Chonnacht cabhair airgid ón gComhairle Ealaíon.

Clóchur: Cló Iar-Chonnacht, Indreabhán, Co. na Gaillimhe.
Teil: 091-593307 Facs: 091-593362 r-phost: cic@iol.ie
Priontáil: Brunswick Press, Baile Átha Cliath 12.

Clár an Ábhair

Dánta Learaí Phádraic Learaí Uí Fhínneadha

Aiste Chritice

Dánta Learaí Phádraic Learaí Uí Fhínneadha

1. An Lochán Céimiúil

Sé an Lochán céimiúil an baile géimiúil
Ina raibh mé go haerach i dtús mo shaoil,
Ach sciob an grá mé agus i ndiaidh stór mo chléibhe
Chuaigh mé ar deoraíocht go dtí na Fothraí Maol'.

Is beag a shíleas i laethantaí m'óige
Go rachainn i ndeoraíocht ón mbaile thíos,
Ach sin é an grá dhuit is tá sé cloíte,
Mheall sé mise is na céadta liom.

I dtom chois bóithrín bhíodh an lon dubh is an dreoilín
Is an smólach béalbhinn ar chíor an tí,
An traonach scréachach sa móinéar féarach
Is an chuach go meidhreach ar chrann Choilm ag glaoch.

An lacha is a háilín ar snámh sa srutháinín
Ag tarraingt ar a háras faoi chomhair na hoíche,
An ghé is an gandal ar a gclann ag freastal
Ar oileán sceachach sa loch ó thuaidh.

Ansiúd san earrach bhíodh an láir is an searrach
An t-uan, an chaora, is lao na bó,
Is dhá dtiocfá gann i mbainne seal gearr nó fada
Bhí sin le fáil agat ó chroí maith mór.

Bhí ceol is amhrán is scéalaí mór ann,
Bhí scríbhneoir cóir ann seal den tsaol,
Bhí an sean is an t-óg ag déanamh spraoi is spóirt ann
Is tóigeadh leacht do Mhícheál ar an sean-tsráid thíos.

Bhí ann gabha Gaelach is táilliúr aerach,
Bhí ollamh léannta is lucht ráite véarsa ann,
Bhí fear déanta an chléibh ann is an fíodóir fhéin.

Tá an chéibh is deise ann dhá bhfuil in Éirinn
Déanta ag tréanfhir le meabhair is stuaim,
Is níl gaoth dhá séidfidh aniar ón tréanmhuir
Nach bhfuil fascadh ag céad bád i mbéal an chuain.

Ach anois ó táimse i ndeireadh an rása
Is nach bhfuil sé i ndán dhom rith níos mó,
Iarraim beannacht ó Dhia anuas ar an mbaile céimiúil
Agus slán go héag leis an Lochán thíos.

2. Sruthán na Líbirtí

Tá sruthán mar theorainn ar an mbaile seo thiar
Ag dealú an cheantair le téarma mór blian
Ag brúchtadh ó Loch Inse thrí ghiolcach is sliabh
Is ag sileadh le fána go farraige síos.

Tá sé mar theorainn ag imeacht go réidh
Ó thamhnach Lord Campbell go dtí na Líbirtí síos,
Cnoc na Gréine ar a dheasghualainn
Is na Fothraí Maola ar a chlé.

Ag brath ar an aimsir a thóigeann sé scíth
Ag líonadh is ag trá le báisteach is grian,
An geimhreadh seo againn tá sé thar maoil
Is le triomach an Mhárta sea fheicfear a rian.

Is iontach mar a ghearr sé an criathrach ar dtús
Is ag Clochar an Cheaintín chas sé go ciúin
Ag ritheacht ón bportach, ón bhfraoch is ón gcíb
Ag scardadh ar an gcladach a chuid uiscí breá buí.

Is minic a smaoiním ar an am a chuaigh thart
I gciúnas na hoíche thíos ag an eas,
An stiléara gníomhach ag cur fuisce sa gceaig
Ag brath ar do chuid uisce leis an teas a bhaint as.

Nach iomaí lá álainn tá bailithe chun siúil
Ó sciorr tusa le fána ó Loch Inse ar dtús,
Imíonn gach créatúr ó ghlúin go glúin
Is tá tusa teann láidir ag cur uisce go cuan.

Is minic a shiúil fear na slaite leat síos
Thart ar do bhruacha sa mBealtaine bhuí,
Ag faire ar an gcuileog is a chleití i gcaoi
Is an bhradóg faoina ascaill go dtitfeadh an oíche.

Fágaimse slán agat, a shrutháin, go buan,
Tá tusa mar theorainn ó shliabh go dtí an cuan,
Tá síoraíocht ag baint leat go lá breithiúnais Dé,
Beidh tú ag cur uisce le fána agus mise sa gcré.

3. Loch Roisín

I logán uaigneach idir cnocáin uaibhreach
Tá Loch Roisín go ciúin ina luí,
Agus sruthlán gléigeal ag téaltú síos uaithi
Is sliogéisc thíos ann ag fáil mian a gcroí.

Tá an lon is an dreoilín ag seinm cheoil ann
Is an smólach béalbhinn sul má éiríos lá,
Tá an chéirseach aoibhinn dhul ó chraobh go craobh
Is iad ag caitheamh trasna nótaí ón gcoill anall.

Tá an tOileán Liath sa taoille síos uaithi
Ag breathnú aníos uirthi le taoille trá,
Is tá an eala ag gluaiseacht ar scáth a bruacha
Gan crá gan contúirt ó lá go lá.

Le fuacht is feannadh faigheann éanlaith mara
Bia go fairsing ansin gach am,
Tréigeann an ghé is an gandal na sléibhte folamh
Is faigheann siad beatha is fascadh faoina scáth.

Bíonn an lacha is an bardal thart ag máinneáil
Ó Lá Fhéile Mártan go Féile Bríd',
Ag sloigeadh péiste agus scadáin ghainimh
Nó go dtuga an nádúr iad ar ais sa bhfraoch.

Ní bréag ná magadh atá mé a dhéanamh
Mar tá sé i scríbhinn ag lucht léinn,
Níl gaoth dhá séidfidh ón mol is géire
Nach mbíonn féasta ag éanlaith sa Roisín thíos.

Tabhair leat píce is tosaigh ag cartadh
Is gheobhaidh tú sliogéisc ann i bhfolach,
Amuigh insa sruthlán insa ngaineamh
Tá ruacáin, sceana, cearca geala agus trí chineál breallach.

Is iomaí sin iasc a thagann an bealach
Ón Oileán Liath isteach in do chladach,
Ronnach is lannach, plás is ballach
An portán glas is an fíogach santach.

Tá poll an oistre sportha le blianta fada
Mar chuaigh na hoistrí ar mhalairt leaba,
Ach le ardú mara nó rabharta earraigh
Sa mbruth fá thír bíonn sliogáin folamh.

Tá tusa mar loch ó thús an tsaoil
Ag scardadh do chuid uisce ar na sliogéisc thíos,
Tá sin ar do mhian agat ó shliabh is criathrach
Ón gClaí Bán thoir is ón Léana Riabhach.

Chaith mise téarma le píce ag iascach
In do chuid uiscí gléigeal thíos go cliabhrach,
Tá an lá anois tagtha is ní thig liom iarracht
Anois fágaim slán go brách aríst agat.

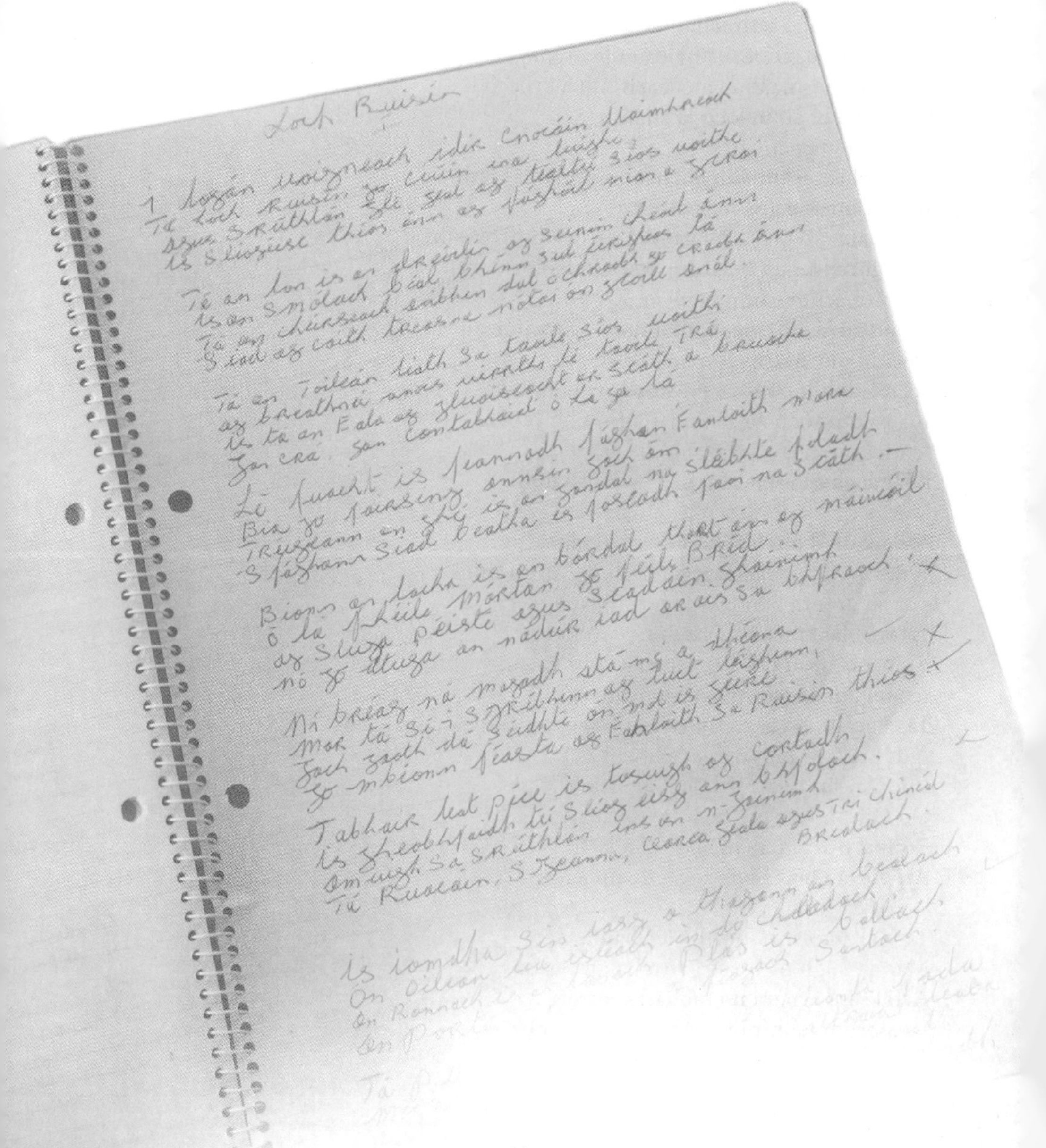

4. Thart sa Léana Riabhach

Tá sé ina lá, a mhíle grá,
Is an dtiocfá liom ag siúlóid
Gan stad gan scíth chois coille síos
Is thart sa Léana Riabhach?
Tá an fhuiseog bhinn lena nóta cruinn
Go hard i mbroinn na néalta,
Tá an abhainn ag rith ón loch go muir
Is sliogáin ann faoi phéarlaí.

Tá gliondar croí sa gcuach ag glaoch
Is tá gach ní go haerach,
Tá an drúcht go trom i ngleann is ar cnoc,
Tá caoirigh is uain ag méileach,
Tá an eala bhán sa loch ar snámh,
Tá sí ann ina haonar,
An smól is an lon i measc na dtom
Ag fáiltiú romham go ceolmhar.

Níl scréach ná créic as aon mhóinéar,
An traonach bocht níl fáil air,
Tar, a stór, go dtí an choill mhór
Is beidh muid seal ag scéalaíocht,
Tá cuileann is coll is eibheann go tiubh
Ag fás le punt a chéile ann,
Beidh againn comhrá, a mhíle grá,
Inár suí go dlúth le chéile.

Tá duilliúr is bláth ar sceach is crann,
Tá raithneach ghallda is plúir ann,
Is ar an nóinín bán mar chuile bhláth
Tá cóta glas trom drúchta,
Ó tar, a rún, go moch Dé Luain
Ag siúl liom fhéin, a stóirín,
Ó fág do shuan is an t-áras cuain
Agus beidh muid fós ag céilíocht.

5. Baile an Droichid

Bhí Joe Steve Ó Neachtain in ainm is a bheith óltach ar shlat an droichid i mBaile an Droichid agus é ar a bhealach abhaile ó thuras chun na Fraince. Deir daoine eile gur as Tír na nÓg a bhí sé ag teacht. Ní raibh duine ar bith ag cur fáilte roimhe agus tharraing sé buidéal a raibh braon fuisce ann, fuisce Mister Stephen is dóigh liom, agus bhí sé ag rá go raibh sé bearáilte as chuile áit. Chaith sé an buidéal amach san abhainn agus dúirt:

Tá fuarlach na habhann ag tabhairt rudaí go cladach
Is clascairt na mara ag cur feamainn go bóthar.

Thosaigh sé aríst:

Sé glór na dtonn agus fuaim na habhann
Atá ag cur fáilte romham anois
Is an brón is an tocht do mo chrása anocht
Agus mé in mo sheasamh anseo liom fhéin
Nuair a smaoiním, a ghrá, go raibh mé is tú tráth
Go sásta i mBaile an Droichid.

Tá an áit seo athraithe mara bhfuil m'amharc leathnaithe
Ó d'fhágas mo thírín fhéin,
Ach ó tá mé tagtha ní dhéanfad faillí
Óir níl mac máthar anseo lem thaobh.

Tá an áit fíorathraithe ach níl m'intinn bailithe
Mar siúd é thall Jamesie ó Árainn na Naomh.

'Muise, diabhal ar féidir gur tú atá ann, a Choilm,' a deir Máirtín Jamesie.

6. Baile Chláir

Cuirim míle slán leatsa, a Bhaile Chláir,
Is leis na cairde ar fad a bhí go geanúil laethúil
Agus, ar ndóigh, le Peaitsín Bán a mbínn leis gach tráth
Ag cartadh is ag fuirseadh gach séasúr.

D'fhágainn Bearna in am tráth leis na hIarnáin caithfidh mé a rá,
Thóig siad mé go minic ó ghéibheann,
Dhomsa mar a d'fheil a dhul soir nó anoir,
Go mba fada buan iad agus séanmhar.

Is fada fiannach an lá ó bhíos i mBaile Chláir,
Mo bheannacht go deo leis na laetha úd
Agus le Páid is Leaicí Bán a labhraíodh liom i nGaeilge bhreá,
'Móradh dhuit ar maidin, a ógfhir.'

Bím anois dhom chrá thíos ar an duirling bhán
Pian in mo cheann is in mo ghéaga,
Ní fheicim an chailleach dhubh ar leac na n-éan amuigh
Níl caora ná uan thart ag méileach.

Tagann arraing chrua in mo lár tráth smaoiním ar Bhaile Chláir
An capall is an carr agus an chéachta
An faoileán insa ngort ag piocadh péist an dearg-ghoib
A choinníos an gráinne eorna gan síolrú.

Ní raibh paróiste ar bith le fáil b'fhearr liomsa ná Baile Chláir,
D'oibríos leo ar feadh na mblianta,
Ón Séipéal go Gleann na Scáil is an Chairn Mhór taobh thall,
Laoideacán, an Chreig Bhuí is Gort an tSléibhe.

Ach is trua liom go dtáinig lá agus bhí mo shraith ar lár
Is d'éalaigh Peaitsín Bán uaim as an bpáirc go héasca
Is d'fhágas míle slán ag Paidicín Chorcáin
Is ag Caisleán na bhFlaitheartach le déistean.

Anois míle glóire do Dhia a chuir Seosamh Mac Donnacha in mo thriall
Is a thug ar ais arís mé ar an eolas
Agus seasfaidh muid go tréan le Conradh geal na Gaeilge
Sna bólaí sin ar fad sa Scoil Éigse.

7. Maidin Chiúin

Maidin chiúin is an tír faoi dhrúcht
I lár an fhómhair bhuí
Is mise ag siúl chois coille síos
Agus nach aerach do bhí mo chroí.

An ceo bán ag éirí le solas an lae
Ón Léana Riabhach aníos
Is Loch Roisín faoin ngréin mar bheadh scáthán glan glé
Do chuirfeadh an saol chun suain.

An raithneach ghallda faoi thráithnín tearsaigh
Is gan puth as aer ag séideadh,
Blas na meala ar aer na maidne
Agus éin sárbhinn ar chrannaibh.

Bhí an coinín scáfar ar Chnoc an Bhlácaigh
Ar thóir an luibh ab fhearr leis
Is an spideog go séimh ag moladh Dé
Ag Tobar Éinne an tráth sin.

Bhí an sionnach buacach sa riasc go luaineach,
Bhí lacha is naosc ar airdeall,
Is an ghrian go hard os cionn cnoc is gleann
Is ba dheas an radharc é Cnoc an tSalainn.

Glug-glag na dtonn i measc na gcloch
Is, a Dhia, is tú a cheap gach créatúr,
An tonnachán trá gan brón gan crá
Is an scadán gainimh scéinte.

An sean is an t-óg ina suan go fóill
Go n-ardaí teas na gréine,
Is an Línseach Óg go doimhin faoin bhfód
Go dtaga Luan an tSléibhe.

Bhí an eala bhán sa loch ar snámh
Is mise ag siúl i m'aonar
Agus nochtaíos mo rún do Rí na Cruinne
Ag Tobar Éinne is Cholm Cille.

8. Maidin i m'Aonar

Thíos chois céibhe is mé i m'aonar
Im shuí liom fhéin ar chúl an bhalla
Gan aon neach beo ansiúd im ghaobhar
Ach ceiliúr éanlaith i ndiaidh scadáin ghainimh.

B'fhearr liom fhéin ansiúd chois céibhe
Ná in óstán uaibhreach i bhfad ó bhaile,
Gan gleo ná scléip a bheith ag dalladh m'aigne
Is mé ag machnamh liom ar chumhacht na mara.

Na clocha ag nochtadh san uisce glé glan
Tá le punt a chéile ann leis an tsíoraíocht fhada,
Nár dheas an radharc iad le éirí gréine
Gan smeámh as aer an tráth seo maidin?

An sleabhcán liath ann ar thaobh na céibhe
Agus Cnoc an Bhlácaigh ansiúd i m'amharc,
An ghrian ag éirí ag bun na spéire
Is an drúcht go trom ar thaobh Chnoc Hackett.

B'fhearr liom cinnte in uaigneas cladaigh
Ná ar rothaí móra an tsaoil ar bhóithrí casta
Ná i mbailte móra faoi lóchrann lasta
Is gan néal san oíche ach gleo agus sceanadh.

Ansin is mé ag machnamh ar chumhacht na mara
Is an taoille trá ag gabháil ina bealach,
An portán glas dhó fhéin ag taisteal
Is an fíogach luaineach ag teacht dhá threascairt.

Amuigh dhom sa sruthán ar chiumhais na mara
Píce im láimh ag cuardach breallach,
Fíogach is freangach ag slogadh is ag placadh,
An láidir i gcónaí ag luí ar an lagar.

B'fhearr liom fós in uaigneas cladaigh
Ná bheith ar deoraíocht i gcéintír caite,
Is glas na cnoic ach is fuar a mbeanna
Is ní dual don deoraí trua ná taise.

9. An Timpeallacht

Tá dath athraithe ar dhromchla na talún
Agus na héin sárbhinn ina dtost,
Níl scread ag an traonach ón móinéar,
Tá truailliú ar shliabh is ar loch.

Níl corrán feistithe ar ghualainn
Ná ar fhear géarú na speile níl trácht,
Níl capall ná cairt ar na bóithre
Agus as an asal ón ngort níl gráig.

Tá an teachín ceann tuí anois go náireach
A cheann thíos faoi is é nocht,
Tá caisleáin de thithe ar na cnocáin
Atá tóigthe as bríce nó cloch.

Dhá bhfilleadh seanfhondúirí ar a nádúr
Ní aithneodh siad fód a ndúchais inniu,
Ar an sean-tsráid ina rabhadar ina bpáistí
Níl duine dhá mbunadh anois.

Tá na seanbhailte fearainn an-athraithe
Ó chuaigh siadsan óna ndúchas i gcéin,
Ach tá ainm an bhaile ag ceann bóithrín
Greanta i gcloch eibhir le ginn.

Tá an aimsir fhéin imithe as compás
Agus feisteas gach séasúir ag teacht in aghaidh an lae,
Tá bánú i leasú ceimiceach an mhála,
Nochtaíonn sé meallamáin clocha thrí chré.

Tá innill ag cartadh is ag fuirseadh
Is ag cur deireadh le obair stuama na lámh
Is tá díle báistí ó spéartha
Ag cur borradh le aicíd na gcnámh.

Chuir an leasú mála críoch le déantús an mharla
Is d'fhág sin an talamh go bocht,
Tá boladh trom ola san aeráid
Nó an gcuirfear gach feithideach ó shliocht?

10. Loscadh Sléibhe

Nár ba fáilte romhatsa, a loscadh sléibhe,
Mar is tusa fhéin a níos an chreach,
Loisc tú cheana mo chúig chéad crann géagach
Is táim inniu gan tom ná sceach.

Dúlra ná nádúr ní fhaigheann uait pardún
Is tú ag réabadh is ag loscadh leat,
Is mairg don té sin a fhaigheann ort pléisiúr
Agus éanlaith an tsléibhe ar gor ina nead.

An fhuiseog bhinn, léi an nóta cruinn
A théann go hard i mbroinn na néalta,
Bhí sí ag síolrú an tráth seo bliana
Is chaill a cine na mílte céadta.

An giorria bocht a bhí ag tabhairt na gcor
Is í ar dualgas i dtinneas clainne
Tá sí anois ina cuailín cnámh
Is an fiach dubh ansin dhá piocadh.

An giorria cíbe a ritheadh na mílte
Chaill sé a chiall ag rith ón tine,
Níor tháinig mórán slán ach an ghé is a clann
A chaith an lá ar an loch san uisce.

Bhí an lacha is a hál sa gcíb go sámh
Ag slogadh míolta is cruimhe beaga,
Siúd é an lá ar dearnadh an t-ár
Níor lig an bás iad a dhul níos faide.

Loisceadh an chearc fhraoigh a bhí go ciúin ina luí
A bhí ag tóigeáil néal os cionn a nide,
An coileach grinn a bhí lán de chroí
Thit sé an tráth sin i mbun a chosa.

Comhairle dhuitse, a dhuine dhona,
Go brách aríst ná tosaigh tine,
Loisceadh an naosc bhinn is an crotach glórach
Is chuaigh scaipeadh is fán ar an bpataruisce.

Tosaíonn tine, ar ndóigh, go fánach
Is gan deis a múchta ag an té atá láithreach,
Loisceann sí an seanóir atá breoite is cráite
Agus an páiste óg grámhar ní dhéanann sí cás dó.

A bhuachaill óig, arís le do ló
Tóig comhairle ón duine is sine,
Déanann tine mísc ar muir is ar tír,
Cuireann sí úr is críon go cré na cille.

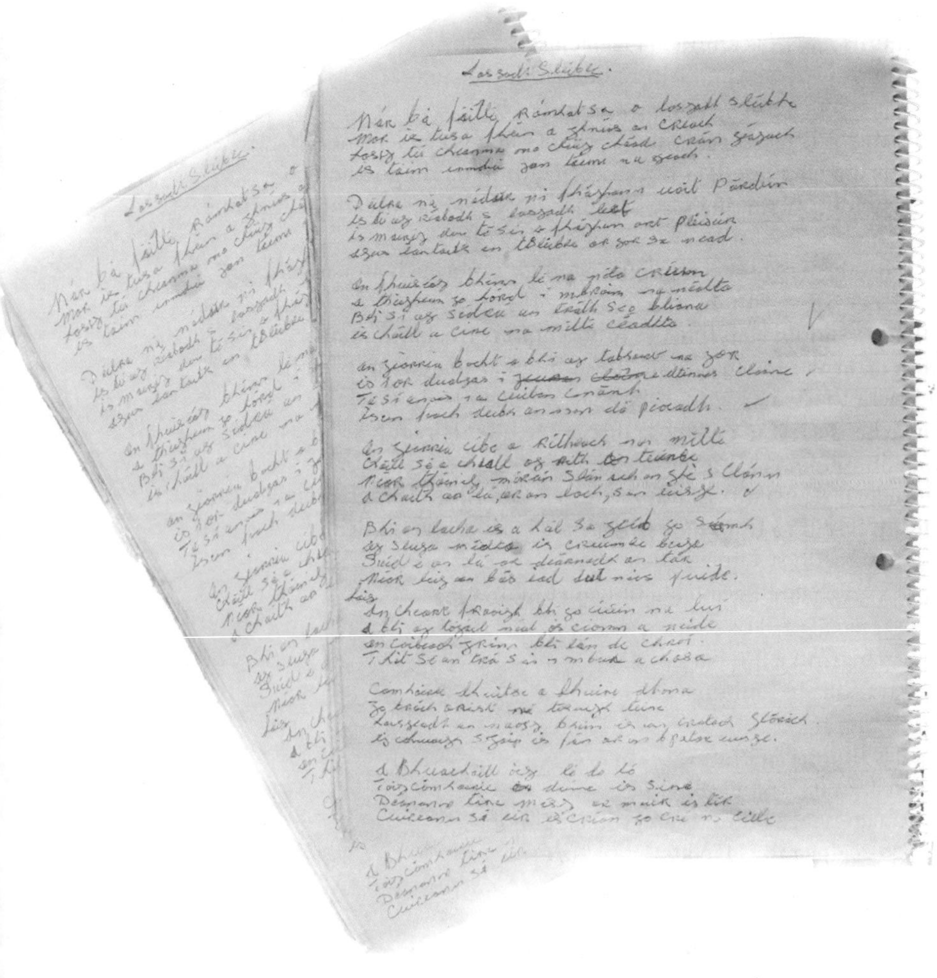

11. An Sleamhnán Gaelach

Is gearr go mbeidh an geimhreadh againn is beidh fuacht orainn is creathadh,
Préachfaidh sé na Críostaithe, ní bheidh tine againn ná teas,
Tháinig an bhliain ina díle is níor thriomaigh fód ná scraith,
Ach go deo an té a bhí críonna is a scar í le *jackass*.

Tá an comharchumann is na comhlachtaí ag titim i ndiaidh a gcúil,
Tá Bord na Móna ag cailleadh amach ó tháinig an scéim nua,
Ach ceannóidh siad an chéachta is an t-asal glas más féidir
Is beidh Labhrás ina *mhillionaire* mar gheobhaidh sé fhéin an-chrúb.

Tháinig scéala againn ó Shasana ar maidin moch Dé Céadaoin
Go raibh an Bhanríon leitheadach anall ag teacht ag íoc éarnais amach ina chéadta
Ar an múnla atá sa sleamhnán Gaelach seo
A bheadh aici i measc na nAlp ag déanamh pléisiúr.

Tháinig dochtúr Gréagach thart ar chaol-each is í ag léimneach
É feistithe amach i ndiallait dheas ag breathnú uaidh go haerach
Le go gcaithfeadh sé seal dhá bhfaigheadh sé cead ag breathnú ar a iongás Gaelach
A bhí réitithe amach ar an asal glas amuigh i mbruach an tsléibhe.

Thainig Ronald Reagan thart le réalta móra is trealamh maith
Agus chaitheadar lán na seachtaine amuigh ar thaobh an tsléibhe
Ag imeacht thart sna lagphortaigh leis an sleamhnán Gaelach
Is beidh an t-asal glas i scannán deas amach i ndeireadh an tséasúir.

Tiúrfar an t-asal glas go Gaillimh isteach faoi ribíní is togha réiteach
Is beidh trácht thar lear ar Chathair na dTreabh is ar an déantús Gaelach,
Ach dhá mbeadh sé ann sna ficheadaí,
Is breá a scríobhfadh Sean-Phádraic dréacht air.

12. Séasúir na Bliana

Tagann an t-earrach agus beannacht Bríde air
Bíonn gliondar is misneach i gcroí gach aon neach,
Tagann duilliúr ar chranna agus ceiliúr ag éanlaith
Is uain óga ag rince ar na bánta féarach.

Tagann an samhradh le ceiliúr cuaiche,
Bíonn gach pabhsae ag goineadh leis an mBealtaine bhláthbhuí,
Tagann scaipeadh ar néalta agus is gorm na spéartha,
Tagann teas dhá réir ó dhealramh na gréine.

Tagann an fómhar le breacshaoire Lúnas'
Is an mhíoltóg ghéar leis má fhaigheann sí ciúnas,
Baintear an eorna is an chruithneacht órga
Is bíonn grán is caiscín go fairsing i stórtha.

Tagann an geimhreadh le ré dorcha na Samhn'
Is bíonn na héin ina dtost ó chanadh an cheoil,
Níl nóta le cloisint ach glór tonntrach abhann
Is tá duilliúr na gcrann ar na bánta fuar.

Tagann na gearrógaí dubha le linn Lá Fhéile Tomás,
Muire linn agus gheobhaidh muid sólás,
Bíodh gach ní i gcóir is an choinneal ceannaithe,
Moladh le Dia ar bhruach an bhaile tá Oíche Nollag Bheannaithe.

13. Teacht agus Imeacht

Tá an samhradh deas aoibhinn uainn bailithe,
Baineadh as sult agus só,
Tá tuilte an fhómhair againn tagtha
Is gálaí gaoithe ag séideadh inár dtreo.

Tá gáifeacht an gheimhridh ag bagairt,
Ar an gcolainn beidh fuacht agus crith,
Tá na séasúir ag athrú go tapaidh
Is tá trácht ar an lá inné inniu.

Má théann muid siar bóithrín na smaointe
Ag cuimhniú ar na laetha fadó
Is léar dhúinn gur saolaíodh an leanbh Íosa
Sa stábla idir asal is bó.

Tá muid ag siúlóid in éineacht
Gan fios dhúinn cá bhfuil ár dtreo,
Ach imeoidh ár meabhair is ár réasún
Agus mairfidh an tsíoraíocht go deo.

14. Beochan

Ardaíonn mo chroí nuair a chluinim ceiliúr an loin
An smólach, an chéirseach is an dreoilín ar tor
Ag fáiltiú an earraigh i dtiúin cheoil go binn
Agus ag cur in iúl dhúinn an tráth seo
Go bhfuil an bheoichte arís linn.

Tá duilliúr deas glas ar sceach is ar dhris
An bheoichte athdhúisithe i ngach cineál luibh,
Tháinig chuile re lá ó Naomh Bríd fadó ó shin,
Míle glóire le Dia sé fhéin dhúinn a thug
Éisteacht na gcluas agus éin an cheoil bhinn.

Tá gach luibh dhár chríon aimsir ag borradh arís
Agus nóiníní bána chomh fairsing le cíb,
Uain óga ar na bánta ag rince is ag spraoi,
An tseamróg go tiubh thríd an bhféar glas aníos,
An bheoichte is an nádúr sólás don chroí.

Tá an fháinleog ar ais linn ag ligean a scíth
Is cóireoidh sí suas an sean-nead arís,
Tá an láir ann is an searrach, an bhó is an lao,
Tiocfaidh an chuach is an t-éinín roimh an mBealtaine bhuí,
Fáiltímid roimpi, is breá linn a glao.

Tá an lá ag dhul i bhfad agus slacht ar gach ní
Ach an traonach ón móinéar ní chluinim san oíche,
Tá saoirse ag gach feithideach ag síolrú arís,
Tá saoirse ag an mbeoichte is nádúr an tsaoil,
Sméar mullaigh gach saoirse a bheith saor.

15. An tEarrach

Céad glóire do Naomh Bríd a chuireann tús leis an ráithe
An geimhreadh ansiúd sáraithe agus fad ar an lá,
Is aoibhneas croí liomsa go dtagann an tráth
Go bhfeicim an t-uainín más dubh é nó bán.

Le neartú na gréine tiocfaidh borradh agus fás,
Beidh glór binn na n-éan le cloisint ins gach ceard,
Beidh an féileacán gléigeal ag éirí go hard
Is beidh an préachán go péacach ag fuagairt cá, cá.

Beidh na nóiníní bána ar gach cnocán aríst
Is gach pabhsae deas gleoite ag borradh aníos,
Gach luibh dhár chríon aimsir ag fás ins gach slí
Thríd an mbogfhód fá aoibhneas an tsaoil.

Ruathriomach an Mhárta déanann sé crá
Ní féidir é a shárú mar a dúirt an seanrá,
Fágann sé cruit ar sheandaoine
Agus go leor eile faoi chlár.

Nuair a thagann Lá Fhéile Pádraic is fad maith ar an lá
Beidh an seanduine críon ag tabhairt comhairle dhá chlann,
Is é fhéin ar a dhúthracht ag guibhe go síoraí
Go gcuirfidh sé thairis Lá na Bó Riabhaí.

Ach ba mhaith liomsa fhéin go bhfeicfinn an t-am
Go gcloisfinn an chuach ag canadh go teann,
Ach sin deireadh mo scéil céad glóire le Dia
Is go mbeire muid beo ar an am aríst.

16. An Geimhreadh

Tá an geimhreadh againn tagtha is an lá imithe gearr,
Tá an spéir gar don talamh is gan duilliúr ar chrann,
Ó, is uaigneach an t-am é gan fuaim ach drochshíon,
Feadaíl is osnaíl ag síorshéideadh gaoth.

Lá dúchan na néalta bíonn gruaim ar an spéir
Is an fhuinseog gan duilliúr dhá fheabhas é a cuid géag,
Níl aoibhneas ná ceol ón lon dubh ná ón smól
Is an spideog go brónach ar thóir ruainne lóin.

Ar theacht do Lá Samhna tá gach duilliúr ag meath
Is bíonn an púca ar a stártha ag cur sméar dubh ó rath,
Tá na mairbh sa talamh nó ar a mbealach go neamh
Ag tnúth lenár nguibhe le dhul don rí-theach.

Tóig crainnte na gcoillte fána gculaith bhreá ghlas
A níos scáth don bheithíoch ó bhrothall is teas,
Ach féach iad faoi Shamhain gan duilliúr ná bláth
Níl caor ar an gcuileann ag na coilm, mo chrá.

Ach céad glóire don Athair síoraí atá ann ó thús am,
Níl pabhsae dhár scriosadh nár chuir sé air bláth,
Tá sin mar an gcéanna ach is géar liom air trácht
Cé go síntear sa gcré muid ní bás dhúinn ach beatha.

17. An Sceachín Chrotach Ghránna

A bhuachaillí na háite, éistí le mo ráite
Faoin sceachín chrotach ghránna a d'imigh uainn den tsaol,
Mara gcuire sibh ar fáil í gearrfar í sna rátaí
Is, a Pheait, nach bocht an cás é más tusa a rinne an *raid*.

An fichiú lá de Mhárta a gearradh an sceachín ghránna,
Socraíodh ar an gcorr í go hard i meán an lae,
Níl fhios go cén státa ar chónaigh sí den gheábh sin
Ach aireoidh an saol go brách í má théann sí ar an traein.

Cuirí cuntas láidir amach ar fud na háite
Má théann sí anonn thar sáile go leanfar De Valer',
Mar teastaíonn sí le haghaidh stáblaí, fuinneogaí agus ársaí
Ach sé an Ciarraíoch bocht an garda a shaothrós í go géar.

Níl fear ar bith san áit seo níos léannta ná Seán Táilliúr,
Dúirt sé linn go láidir gur fuadaíodh í sa spéir,
Ach más iad an slua sí a tháinig is a chroch leo as an áit í
Beidh cuimhne againn go brách ar an bhfear a rinne an *raid*.

Tá an léasán seo nó an bhearna gan fascadh ó ghaoth ná ó bháisteach
Le feiceáil ag feara Fáil dhá dtiocfaí soir nó siar an bóthar,
Ach comhairle dhaoibhse, a dhreáthra, fanaí amach ón adhmad
Is beidh síochán buan san áit seo roimh Fhéile Mhuire Mhór.

18. Tá Naoi dTráth sa Lá

Tagann an lá roimh éirí na gréine,
Bíonn an fhuiseog an t-am sin go hard sna néalta,
Tagann gairm na gcoileach go gairid ina dhiaidh sin
Is bíonn an smólach go meidhreach, an lon dubh is an chéirseach.

Tagann gach tráth an spás céanna óna chéile
Ach tagann an eadra roimh meán an lae ghléigil,
Ón sé go dtína naoi is gach trí huaire an chloig ina dhiaidh sin
Sin mar tá an lá ó tháinig an chéad tráth.

Nuair a thagann an oíche bíonn scíth ag na daoine
Ag comhrá chois teallaigh go mbíonn sé in am síneadh
Is téann siad a chodladh roimh uair an mheán oíche
Agus is gairid ina dhiaidh sin an tráth marbhúch go cinnte.

Sin mar atá an lá geal ó tháinig dhom éirim,
Lá i ndiaidh lae gan athrú ar bith a dhéanamh,
Is peaca an leisce, tá sé sa mBíobla dhúinn scríofa,
Tóig suas do chuid féir roimh dul faoi na gréine,
Faigheann an lá a lochtú fhéin ar obair na hoíche.

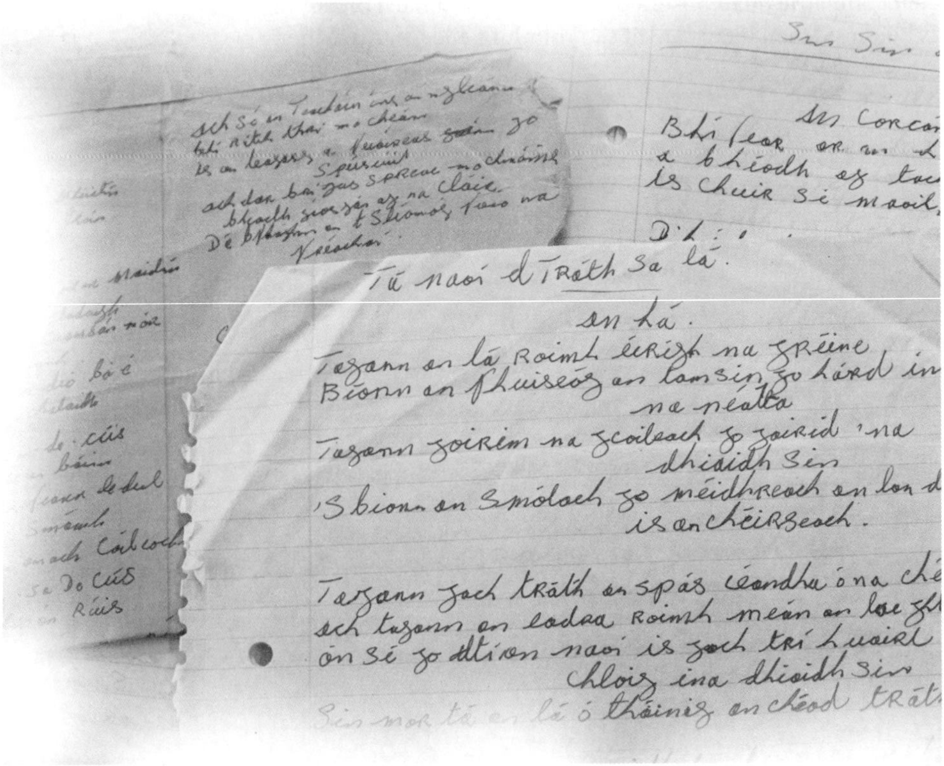

19. An Muirín

Muise, a Mhuirín, céad fáilte abhaile romhat
Is go maire tú seal fada againn,
Ar choimrí Dé gach maidin dhuit
Ag dhul amach an cuan.

Ach ó tá tú thíos sa gcaladh againn
Is go bhfuil ansin neart fascadh agat,
Moladh muid go hard anois
Jim Horgan is a chriú.

Tá tú beannaithe ag dhá shagart dhúinn,
Is mór an chliú don cheantar iad,
Grá mo chroí gach seachtain iad
An tAthair Mícheál agus Leon.

Sul má chuaigh tú amach 'un farraige
Bhí tú baistithe agus beannaithe,
Dúirt Learaí fhéin an Mharthain dhuit
Is thug sean is óg dhó cluais.

Ach anois ó tá tú againne
Tiúrfaidh muid fhéin aire dhuit,
Ceannóidh muid an ceaileacó
Agus crochfaidh muid an seol.

Nuair a thiocfas lá na ngeallta bád
Beidh againne criú láidir dhuit,
Rachaidh muid Cinn Mhara leat
Is buafaidh tú dhúinn an geall.

Tiocfaidh muid anall trasna leat
Ag treabhadh is ag gearradh farraige,
An bratach thuas in airde againn
Nó go gcaithe muid téad i dtír.

Beidh an geall againn i gCarna thiar
Sa Dóilín is i Sruthán an Bheanna leat,
Beidh tús ar gach rása agat
Is ar gach bád dhá dtiocfaidh an cuan.

Nuair a dhéanfas tusa an ghaisce sin
Beidh trácht ort fhéin sa seanchas,
Is é an comhrá is an guibhe teallaigh dhuit
Nár bháitear thú go héag.

20. A Bhuachaillí na hÁite

A bhuachaillí na háite, is nach iontach mar tá ráite
Faoin mbád údan a báthadh is a d'éirigh aríst ó dhraíocht,
Mar tháinig sí thar sáile in aghaidh farraigí is gála
Nó gur chónaigh sí sa láib atá ar chabhraí an bhaile thíos.

Amach ó Chalifornia sea d'ardaigh sí a cuid seolta
Is tháinig sí gan stróbh ar bith ar chóstaí Ros an Mhíl,
Ach ar maidin lá arna mháireach sea facthas í san áit seo
Mar casadh le criú láidir í bhí ag imeacht leis an toinn.

Tháinig sí le fórsa gan caiptín ná píolóta
Agus stríoc sí a cuid seolta amach ó Inis Oírr,
Chuaigh sí trí Loch Lurgan ar nós an bhradán fearna
Agus chonaic bádóir fíriúil í a bhí ar fascadh ag barr an tí.

Chuaigh sí in aghaidh farraigí is gála nó gur bhailigh sí siar Árainn
Mar facthas ar an mBánrainn í agus timpeall Ros an Mhíl,
Ach tháinig sí lom láithreach thrí fharraigí bhí gáifeach
Agus chuaigh sí sa mearsháile le cumhacht an mhaide draíocht.

Bhí an fharraige chomh spréachta agus í ag cur taoille suas go néalta
Is gur chaith an galtán gléigeal go héasca an Branra Mór,
Chuaigh sí suas an sruthlán, don fharraige thug sí dúshlán
Nó gur chónaigh sí sa láib a bhí in íochtar an bhaile thíos.

Chuaigh na hiascairí seo láithreach ar bord sa ngleoiteoig álainn
Is dúradh an Mharthain Phádraic a fuair cumhacht ariamh ón draíocht,
Tóigfear í amárach, beannófar ón Eaglais
Is beidh sí saor ón stát acu gan cáin, ar ndóigh, ná cíos.

Tá fear as barr an tsléibhe, ar ndóigh, anois dhá héileamh
Is más fíor mar deir na scéalta bíonn sé ag stiléaracht san oíche,
Is íocfaidh seisean céadta amach ar an ngaltán gléigeal
Is beidh fuisce glas an tsléibhe againn i ngan fhios do lucht dlí.

21. Fáiltiú na Fáinleoige

Do chéad míle fáilte go hÉirinn
Ach cén tír as a dtáinig do thriall?
Nó an fíor go gcaitheann tú fhéin téarma
Insa tír nach scairteann ach grian?

Sé do bheatha, a líobóigín álainn,
Tiocfaidh an chuach is an t-éinín ar ball,
Is sólás ó Dhia dhúinn an créatúr,
Tá an sciatháinín leathair ar fáil.

Ní fhacas-sa fhéin le mí thú
Mar chuaigh tú ar lóistín gan chead
Isteach sa sciobóilín céanna
Gur fheistigh tú suas do nead.

Imíonn tú uaimse sa bhfómhar
Mar imíos an lóchán le gaoth,
Is tagann tú aríst ins an earrach
Ach ní chananann tú nóta ar aon chraobh.

Is iontach mar a dhéanann tú an bealach
Nó an dtéann tú go cinnte thar lear?
Mar tagann tú aríst ar an eolas
Go bhfaigheann tú amach an sean-nead.

Ní túisce abhus ná thall thú
Nó an bhfaca tú aon gheimhreadh riamh?
Is chomh deas is chaithfeadh muide oíche airneáin
Dhá mbeadh bua agat fhéin ar an scríobh.

An leanann tú do chúrsa amach díreach
Nó an bhfuil tusa fhéin faoi dhraíocht,
Nó cén fáth nach gcaitheann tú geimhreadh
In oileán na n-ollamh is na naomh?

Is minic thú i gcontúirt do bháite
Ag eiteall os cionn taoille sa spéir
Is an fharraige mhór sin chomh láidir
Agus tusa beag bídeach mar éan.

22. Fáilte Romhat, a Chuachín

Fáilte romhatsa, a chuachín,
Is tú tá aoibhinn aerach
Ar stuaic na haille móire
Is tú ag cuachaíl leat go béalbhinn,
Tugann tú leat an samhradh is an t-éinín beag in éineacht,
Fáilte romhat aríst is aríst, níor chum tú fós aon bhréaga.

Ba fliuchanta fuar fadálach
An geimhreadh gruama gáifeach,
Ach Mí Muire na nGael réitíonn an scéal
Is bíonn gach ní go hálainn,
Agus Pádraic tréan a theagasc na Gaeil
Cuireann sé seamróg ag fás dhúinn.

San Aibreán fhéin bíonn taitneamh ón ngréin
Agus borradh faoi fhéar is bláthanna,
An spideog go séimh ag moladh Dé
Is éin ag canadh go sárbhinn,
Na huain le áthas ag coimhlint i rás
Nó ag rince is ag greann ar bhánta.

Sa mBealtaine bhuí nuair a cloistear do ghlao
Tagann misneach don chroí atá cráite,
Imíonn an bhuairt nuair a thagann do chuairt
Mar is agat atá an glór is áille
Ar an mbinn, ar an stuaic gan dólás ná duairc
Nó ag canadh go hard ar chrannaibh.

Cuimhneod go deo ar na laetha fadó
A mbínn ag gearradh na móna,
Is tusa ag glaoch gan stad ar chloch an chaipín ó dheas
Faoi chiúnas aer an tráthnóna,
Tá na laetha sin thart is na hiondúirí sean
Is fáiltímse ó chroí romhat i mbliana.

Imíonn tú uainne sa bhfómhar
Agus is uaigneach í an tír gan do ghlao,
Tagann tú aríst leis an nádúr
Tagann dúlra agus áilleacht sa tír,
Imíonn an geimhreadh fliuch gáifeach
Is tagann chuile re lá ó Naomh Bríd.

23. An Chuach

Slán leat, a chuachín, nó cá ndeachaigh tú uainn
Go Meiriceá siar nó go tír i bhfad soir?
Ba aoibhneas croí liomsa thú a chloisint go moch
Amuigh ar chloch an chaipín ag canadh go binn.

Tá ár laethantaí saoire anois caite is muid thar n-ais ag an scoil
Agus bíonn mo chairde ag trácht ort gach lá ar am sos,
Is uaigneach atáimid gan do ghlao-sa le clos
Ach tá an samhradh beag tagtha is tar arís againn gan mhoill.

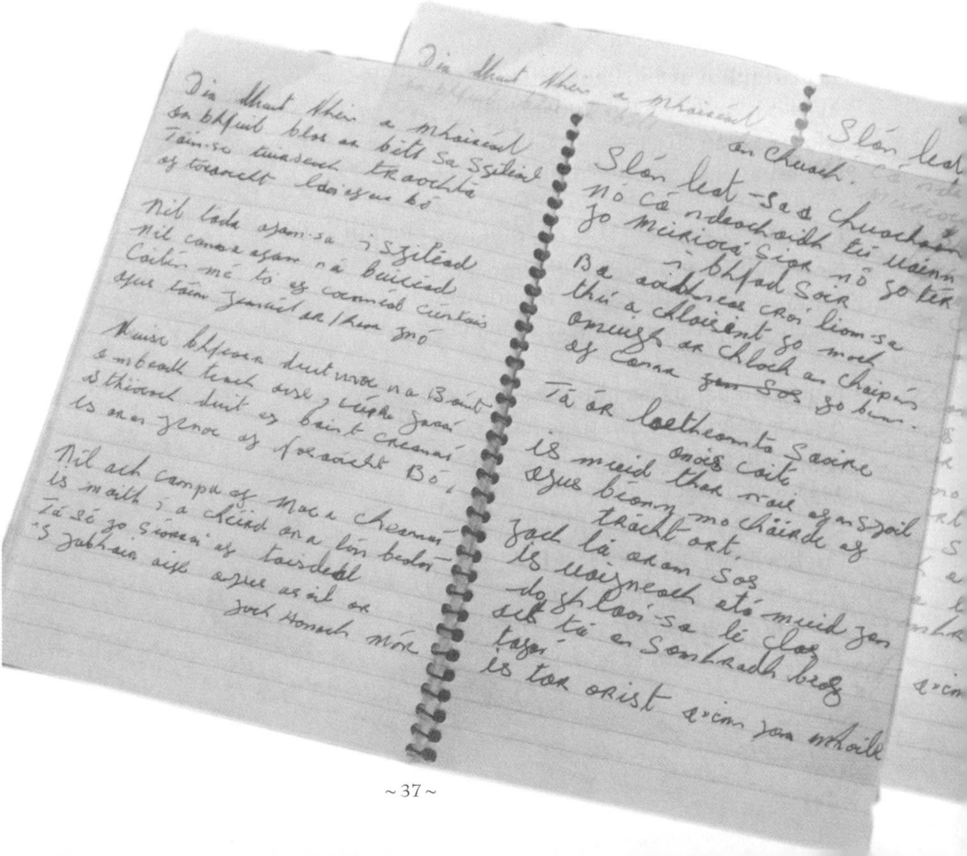

24. An Préachán

Préachán bradach mo ghairm-sa
Is tá sin fhéin de theastas agam,
Bím ag faire ar sheansannaí
Agus is garbh é mo ghlór.

Neadaím soir ó Ghaillimh, ar ndóigh,
Mar tá caoirigh is uain go fairsing ann,
Faighim solamar sna trachannaí
Is bím cairdiúil i measc na gcearc.

Bím ag guairdeall ar fud na mbailteachaí
Agus téim faoi na sléibhte amach
Is piocaim olann den tseanchaora
A fhaighim sínte ag an ngalra cam.

Piocaim caonach de na leacrachaí
A choinneos te na gearrcaigh dhom,
Fíonach de dhroim an asailín
Is de sheanbhó a fhaighim faoi dháir.

Téim chois an chladaigh síos
Ag piocadh cruimhe is dreancaidí,
Bíonn an chailleach dhubh ag magadh fúm
Faoileán, lacha is ladhrán trá.

Tá cairt mhór ar mo cholpaí
Agus is rosach iad mo spreangaidí,
Níor níos mo chrága i rith na haimsire,
Ní bhfuaireas iasacht le dhul ar snámh.

Déanaim foghail amuigh sna garrantaí,
Ní cás liom dílleachtaí ná baintreachaí,
Cartaim faoi na dasachaí
Agus piocaim an fata is fearr.

Leagaim arbhar le teann spreactha, ar ndóigh,
Scriosfainn acra in imeacht seachtaine,
An fear bréige déanaim magadh faoi
Mar ní léar dhó lá thar oíche.

Tosaím áras i dtús an Mhárta, ar ndóigh,
Agus tugaim tuar na haimsire,
Má bhíonn aimsir bhreá i ndán dhúinn
Téim suas go hard sa gcrann.

Mar faighim comhairle charadach
Ó Néiptiún rí na farraige
Má tá aimsir mhór sa scála dhúinn
Fanacht íseal le bheith slán.

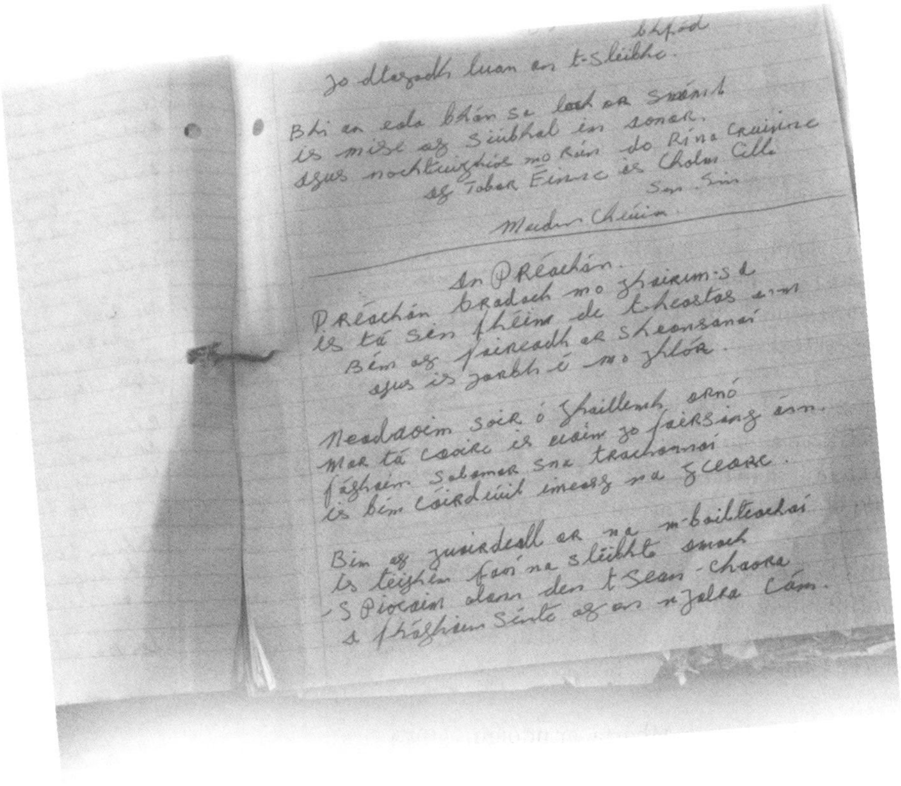
bhfód
go dtagadh luan an t-sléibhe.

Bhí an eala bhán sa loch ar snámh
is mise ag siubhal ina sonar.
agus nochtuighíos mo rún do Ríona Cruinne
ag Tobar Éinne is Cholm Cille
San Sin

Maidin Chiúin.

An Préachán.

Préachán gradach mo ghairm-se
is tá sin fhéin de t-heastas orm
Bím ag faireadh ar sheansanaí
agus is garbh é mo ghlór.

Neadaím soir ó Ghaillimh arnó
Mar tá caoirc is eaim go fairsing ann.
fághaim sabamar sna trachannaí
is bím cáirdiúil imeasg na gcearc.

Bím ag guairdeall ar na m-bailteachaí
is teighim faoi na sléibhte smach
'S piocaim olann den t-sean-chaora
a fhághaim sínte ag an ngalra cám.

25. An Gandal ar Strae

Tráthnóinín inné sea chualas mo ghé
Ag screadach is ag géarghol go cráite,
A cinnire fhéin a bhí imithe ar strae
Is anois níl tuairisc ná fáil air.

Shiúlas liom fhéin an fhad bhí agam léas
Is chuartaigh mé cnocáin is gleannta,
Suas liom ar chloch le breathnú sa loch
Mar shúil is go bhfeicfinn ar snámh é.

Ní fhacas cleite ná clúmhach ansiúd ar mo shiúl
Ná lorg a chrúba in aon sáinne,
B'éigean dhom scor, bhí mo shiúlóid an-tur
Is ar ais liom trom tuirseach tarraingthe.

Bhí mo chroí bocht faoi thocht ag dhul ag luí ar an sop
Is níor chodail mé néal go lá bán,
Ach dúirt mé, dar fia, b'fhéidir le Dia
Go bhfaighinn é ina shláinte amáireach.

D'éiríos go moch agus d'ólas sárdheoch
Fíoruisce breá glas an tsléibhe
Agus chuaigh mé le teannadh amach ag bean feasa
Nó gur inis mé údar mo scéil dhi.

Chuir sise dlús le seanráite ar dtús,
'Ná bíodh buile luath an Luain go héag agat,
Suigh síos in mo chlúid go n-ardaí an drúcht
Agus cuirfidh mise síos ar an éan dhuit.

'Tá fear ar an mbaile ach ceilfidh mé a ainm
Is dúirt sé gur giobach an t-éan é,
Gur sháraigh sé druid ag cur a shúile thar a chuid
Ach go gcoinneodh sé fhéin ó na géabha é.

'Chuir sé coileán agus gadhar in do ghandal le taghd
Agus d'fhág siad gonta ar an mbán é,
Bhí seabhac ar an gcrann ag tabhairt aire dá clann
Agus phioc sise fhéin na súile as.

'Seo dhuit fhéin mála agus pioc suas a chnámha
Agus cuir go doimhin síos sa gcré é,
Ach tá do ghé faoi sprocht ina baintreach anocht
Is ní bheidh aon chúram clainne uirthi an bhliain seo.'

A bhean chóir is a stór, éist go fóill le mo ghlór
Is ná bí ag gol is ag gárthaíl,
Mar guibheadh Mac Duach nach gcloisfidh sé an chuach
An té a rinne ar an éan an t-ár seo.

Más coileán nó gadhar a mharaigh é le taghd
Nár fheice Dia dílis an t-ádh air,
A theanga óna bhéal go sloige sé siar
Is go dtachta sí ar an toirt gan aon spás é.

26. An Scadán

Grá mo chroí-sa an scadán
Nár mealladh ariamh as a ghiodán,
Níor bhlais sé bia de dhuán
A stróic a liopa ná a bhéal.

Ní raibh sé craosach santach
Ach gabhadh é le eangach,
Is ba é an tlú a leaba dhearg
Ar an teallach thíos dhá théamh.

An capall chomh dubh le airne
A thug as braon lena hintinn ghránna,
Bhí bua cinnte aige ón nádúr
Le scead bhán a chur ina haghaidh.

Dúradh cheana más ráfla
Gan a bholg a chur le gráta
Is nach mairfeadh an greim cráite
Don té a dhéanfadh é mar ghníomh.

Sí an chomhairle a d'fhág ár sinsir
A dhroim a chur le gríosach
Is go mbeadh beannacht ó Rí na hAoine
Ar an té a gheobhadh dhó blaiseadh a bhéil.

27. An tUainín Deas Crosach

Nach álainn go deo é mo pheata sa mbosca
I gceartlár an earraigh agus tuí faoina chosa?
Is ródheas an féirín é, sin a deir tusa,
Grá mo chroí le mo chroí an t-uainín deas crosach.

Míle glóire le Dia go bhfuair mise thusa
Mar bhásaigh do mháthair bhocht ar dheireadh na preibe,
Tiúrfad dhuit bainne le buidéal is stropa
Agus gráinne deas coirce nuair a bheas tú in ann mugailt.

Is fada liom fhéin go dtaga an tráth
A mbeidh an féar úr ag fás agus borradh faoi bhláth,
Go ligfead mo pheata amach ar lé gliondar
Is nár fheice drochshúil an t-uainín deas crosach.

Dubh agus bán atá d'éadan ó thosach
Agus ag slíocadh do chloiginn ní bheinnse fhéin tuirseach,
Grá mo chroí ansin thú Domhnach is dálach
Agus garda ó Mhac Dé ort inniu is amáireach.

28. Saol an Lao

Cheannaigh mé lao beag i nGaillimh
Ón oifigeach áitiúil sa n*Green*,
Bhí sé deas meabhrach Dé Sathairn
Ach bhí sé Dé Domhnaigh roinnt tinn,
Bhuail an bhuinneach dháiríre Dé Luain é
Agus chaith sé Dé Máirt ina luí,
Fuair mé fear leighis dhó Dé Céadaoin
Is bhain sé dhíom scór go dtí an phínn,
Ach chiceáil sé an buicéad an oíche sin
Is chaith mé i bpoll portaigh é Déardaoin.

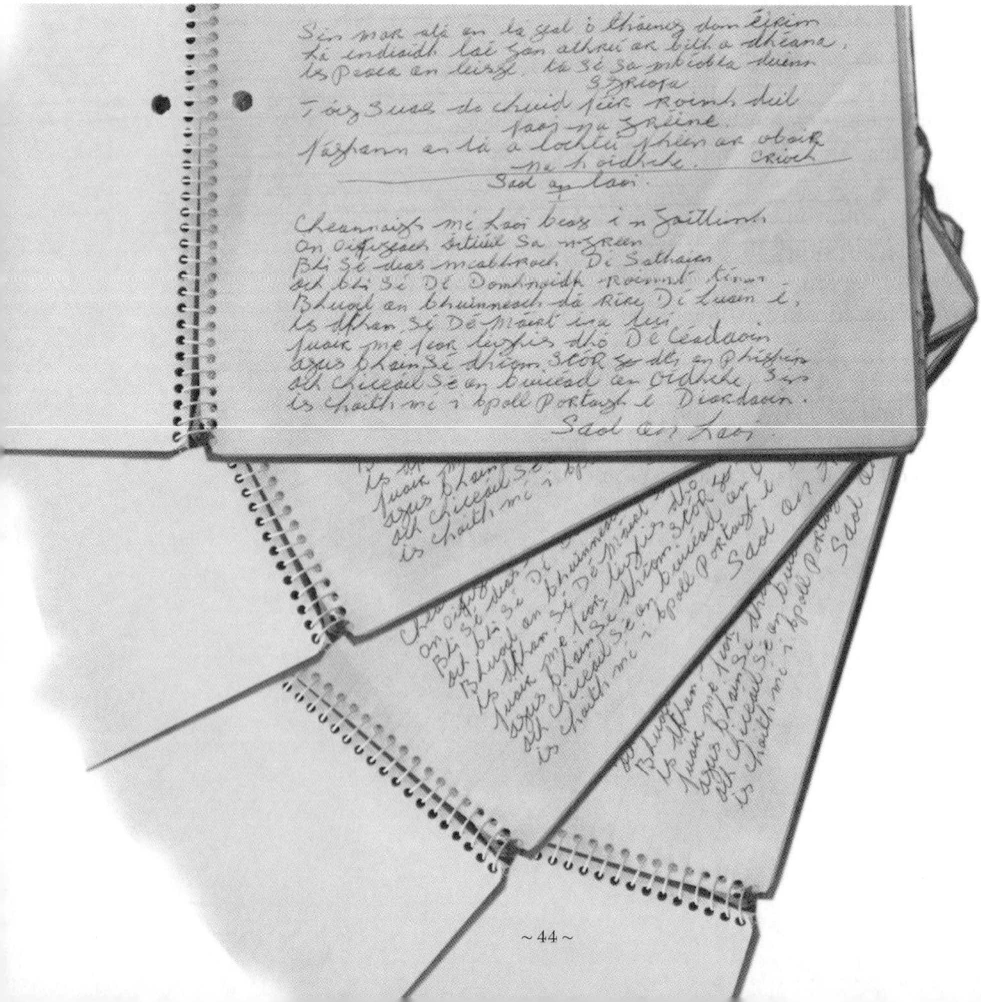

29. An Chaora

Tá caoirín dheas ghleoite dhá himirt sa taobh seo
Idir trí naonúr i mBaile an Locháin,
Tá scilling an duine ann ach is fiú deich is dá fhichead í
Mar sí togha an *bhreed* caorach í as na Criogáin.

Cheannaigh mé fadó í ar deich agus sé pínne,
Chúig bhliana fichead ó shin ar Aonach an Mháma,
Sí an chaoirín is deise í dhá dtáinig don taobh seo
Is dúirt Wallace go mb'iontach an *breed* í a seanmháthair.

I gCloithrigh sea a tóigeadh i dtús a saoil í
Is cineál *scotch* í a tháinig ón Spáinn,
Bíonn cúpla gach bliain aici is thóigfeadh sí trí cinn
Mar bíonn an ceaintín mór líonta aici suas go dtí an clár.

Tosaíodh dhá himirt an Mháirt roimh an tsaoire,
Bhí cuileataí is cíonáin ag baint torann as cláir,
Ach sí banríon dhubh spéireat a ghnóthaigh do Mhaitiú an téagar
Ag imeacht ina haonar leagtha mar dhrámh.

D'fhág sí an baile ar maidin Dé hAoine
Is chuaigh sí don Scríb nó ceantar an Mháma,
Ach má castar in aon scailp í ar Thulach na Sióg
Ní fheicfear aríst choíchin i mBaile an Locháin í.

Sé dúirt Táilliúr Pheatsaí go n-aireofar sa ngeimhreadh í
Mara dtaga sí timpeall go Baile an Locháin,
Is a liachtaí fear fada ar fhág sise bríste air
A raibh fascadh ann is dídean faoi choinne an drochlá.

Bíonn rírá is craic ar chártaí sa taobh seo
Ó thús ráithe an gheimhridh go dtagann fad ar an lá,
Sé siamsa na ndaoine é ag giorrú na hoíche
Is imreofar corrchaora más óg iad nó sean.

30. An Cat Bán

Nár lige Dia slán an té a mharaigh mo chat,
Is iomaí rud a thugadh sé isteach,
Thugadh sé an t-éan ó ghéagán an chrainn,
An lon dubh is an chéirseach is an coinín ón gcloinn.

Chuir mé mo chat ar oileán ar cuairt,
Tháinig sé abhaile agam ar creathadh le fuacht,
Thug mé dhó gloine den stuf a bhí crua
Is chuir sé na luchain seacht míle sa gcruach.

Chuir mé mo chat síos an Sliabh Bán,
Mharaigh sé caora le maor as an ngleann,
Ar fhilliúint abhaile dhó d'fhill sé ar na mná
Is níl réalt insa tír ach mo phíle cat bán.

Chuir mé mo chat síos ar Shliabh Eoin,
Dhaimhsigh sé *jig* ann ar mhullach a chinn,
Bhí fíodóirí Shligigh is iad ar fad cruinn
Is ní fhífidís cóta do Róisín Ní Chuinn.

31. Sceolán Caoch

Nach trua ghéar mise teacht na Féile Mártan
Is mo ghadhairín álainn imithe caoch
Bhí croíúil láidir socair sásta
Mo léan go brách mo Sceolán tinn.

Níor bhaol do lacha, gé ná bardal,
An coileach Mártan ná na cearca buí,
Dhá maireadh Sceolán bhí acu sólás
Ón mbroc liath dána is an sionnach grinn.

Níor tóigeadh fós in Oileán Phádraic
Aon ghadhar chomh maith leis ag déanamh gnímh,
A théadh de sheársa amach sa bpáirc agam
Ag cur i gcéill dhom theacht chun tí.

Thugadh sé an loilíoch isteach ón móinéar
Go moch ar maidin is tráthnóna aríst,
Shuíodh ar a chorragheábh ansin go sásta
Is tar éis a crúite do sheoladh í.

Thugadh sé an glasmhíol óna mháthair leis
Is an páinteach coinín as an ngeamhar úr glas,
Ach lao ná bó de chuid na comharsan
Níor leag mo Sceolán fiacail fós air.

Is lúfar éasca do théadh sé in airde
Ar charraig ársa le taobh an tí,
Le sagairt is bráithre níodh sé cairde
Is le fear an mhála ní dhearna coimhthíos.

Ba cara don leanbh é, don lag is don láidir
Ó éirí gréine nó go luíodh sí aríst,
Ach mo choileach greannúil tá buartha cráite
Anois ar stábla agam de ló is d'oíche.

32. Comórtas na nAsal

A bhuachaillí is a chailíní,
Anois éistí le mo scéal
Agus inseoidh mé go baileach dhaoibh
Faoi asal a rinne éacht,
Bhuaigh sé an t-ór is an t-airgead
Ag an taispeántas faoin spéir,
Ba deas go cinnte an radharc é
Is é ag iompar péire cléibh.

Bhí sé feistithe Gaelach ceart
Le mapa tuí agus ceanglacháin,
Féar sna cléibh go táiseachaí
Is an tseamair Mhuire go buinne béil,
Bhí súgán saic sna heiriseachaí
Déanta as fiontarnach ón gcriathrach,
Ceannaí stáin a rinne an choirb úd
Agus rópa *nylon* a bhí sa tiarach.

Lig sé gráig is gráig aríst
An stail údaí gan múineadh,
Ach bhí an fáisceadh faoi ina bhléantrachaí
Agus ina pholláirí bhí crúca,
Bhí Páidín láidir gealgháireach
Agus choinnigh sé an stail sa gcúrsa,
Bhí an ghrian sna súile ag na moltóirí
Is ní fhaca siad an crúca.

Bhí an marcach feistithe faisiúnta
Le hata crua agus báinín
Is beidh a bpictiúr go Lá an Lúbáin
I gCaisleán Chluain an Cháinín,
Malach feamainne a bhí ar m'asalsa
Líonta agam fhéin gan bhréag,
Ach dhá fheabhas í meabhair na moltóirí
Níl mo scorach fós ceathair déag.

Stopfad feasta an seanchas
Is ní dhéanfad ídiú béil,
Ach tá deireadh le traidisiún
Aríst go Luan an tSléibh',
Níl trácht ar an teorainn cladaigh
Ná rabharta mór na n-éan,
Tá deireadh le scian fheamainne
Gad maoil agus staic an chléibh.

33. Ar Bhóithrín na Smaointe

Tráthnóinín aoibhinn i lár an tsamhraidh
Ag siúlóid síos dhom thrí mo bhaile dúchais,
Bhí an ghrian ag scaladh ar luibh is féar ann
Is an geamhar glas fós gan déas air.

B'fhada liom uaim nó go bhfuair mé léargas
Ar an teachín ársa na gclocha sciathán,
Ach gheit mo chroí i lár mo chléibhe
Ar fheiceáil bun is barr dhó thrína chéile.

An teachín álainn ar chaith mé m'óige
Is thug fascadh dhomsa go lá mo phósta,
Tá sé anois go huaigneach folamh
Gan greim len ithe ann, bruth ná rósta.

Siúd é an t-áras i lár an ghleanna
Inar chónaigh mise le mo mhuintir tamall,
Ach tá sé anocht gan dé ná deatach,
Gan ceann, gan greann, gan fáilte romhamsa.

Thug mé seársa go Gleann na bhFearsad
A bhíodh sa ngeimhreadh ina dturlach,
Bhíodar an tráth seo faoi láib ina ruaiteach
Ag an samhradh súite leis an triomach.

As sin siar liom go dtí an Trá Shalach
Is chuireas paidir le naonúr ógfhear
A chaill a mbeatha insa tragóid
Leis an toirtín bréige naoi déag seacht déag.

Ansin ar ais dhom is mé ag machnamh
Ar gach áit dhár bhailíos feamainn san earrach fadó,
Amach ó dheas uaim sa gCladach Garbh
Ag Carraig Áine, an Charraig Cham agus Caladh Riocaird.

Suas ar ais liom go dtí na Beairics
San áit a chleacht mé is mé im ghasúr,
Chromas fúm os comhair an leacht
A tóigeadh in omós do Mhícheál Breathnach.

D'fhéachas tharam ar gach seanbhalla
Atá le blianta tréigthe folamh,
An óige bailithe thar mórmhuir trasna
Is na seanchairde go barr an bhaile.

Casadh liom ógmhná a bhí Gallda cliste,
Níor thuig siad mo Ghaeilge ná mo Bhéarla briste,
Bhí fíon is ceol acu is iad ar mire
Is iad ag feistiú campa ar shráid mo shinsear.

D'fhágas slán ag an seanbhaile
Is m'intinn buartha leis an gcontráth,
Suas go huaigneach thar Aill na bPotaí
Agus thugas m'aghaidh ar an aistir fada.

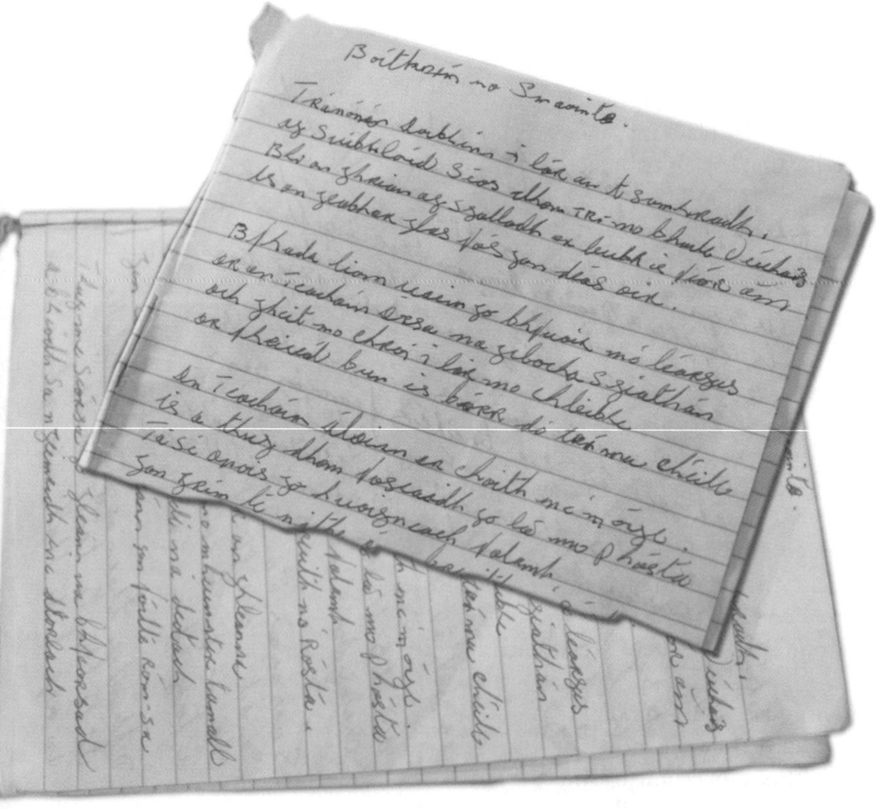

34. Comhrá

Feicimse le blianta anois athrú mór sa tír,
Caisleáin ar na cnocáin, díol cinnire nó rí,
Tá an teach ceann tuí gan cuma ná caoi, caisleán an duine bhoicht
Gan stráca ná cíor lá an ghála air ná scolb sa mbun-tsop.

D'éisteas fhéin go truamhéileach le seanfhear a bhí dhá chloí,
Bhí a chéile curtha i dtalamh aige is é faoi bhriseadh croí,
Dúirt sé liom go cráite is a chamóg faoina ucht,
'Mara nglacfaidh Tearmann Ainnín liom sé mo lóistín Teach na mBocht.'

Dúirt go ciúin is deoir óna shúil, 'Tá mo theaichín tais agus fliuch
Is mar a thuigim tuar na haimsire tá an ghealach mar a bheadh loch
Lán suas le uisce is ag silt léi gan cosc,
Níl cabhair i ndán dhom leithéidese, sin deireadh leis na boicht.'

'Muise, éist go fóill, a dhuine chóir, tá fóirithint do na boicht,
Tá cabhair ón stát anois le fáil agus faire pobail de ló is d'oíche,
Tá tuile na ngrást ag Muire Mháthair mar tugtar dhúinn sa scríobh
Is nuair a thiocfas ár dtráth le dhul ina láthair beidh ár leaba i measc na naomh.'

35. Athrú Mór Tagtha

Meaisín ag gearradh móna
Is fear an tsleáin ina shuí ar chloch,
Gan neach ná mac ina ghaobhar
A thiúrfadh aige deoch.

Tá a bhean go cráite brónach,
Is í ag guibhe suas chun Dé,
Ag súil gach lá le fear an phoist
Ach níl tada ag teacht sa *mail*.

Tá an chlann ar fad i gcéin amuigh
Ag imeacht le aer an tsaoil,
Mara bhfuil fón agatsa istigh
Níl am acu le scríobh.

Níl lao ná bó sa mbuaile
Is tá an iothlainn gan coca féir,
Céad slán don choileach sráide
Nárbh álainn í a ghlao fhéin?

Níl sá láí ag dhul i dtalamh
Ná an corrán ag gearradh dias,
Is fear na speile feasta, ar ndóigh,
Faraor tá deireadh lena ré.

Dúradh ariamh sa tairngreacht
Go dtiocfadh sé sa saol
Go mba caradach fós an maicín é
A thiúrfadh dhá athair fhéin greim len ithe.

Aríst ar ais mar a léitear dhúinn
Go dtiocfadh ár gan staon
Go dtiocfadh cruach ag cáthadh
A mharódh muid araon,
Is go gcaillfeadh an bhean óg an náire
Dhá goradh fhéin le gréin.

Tá Dia láidir is máthair mhaith aige,
Moladh go deo leo fhéin,
Tá an saol ar fad in aimhréidh
Is faigheann an diabhal, ar ndóigh, a chuid fhéin.

36. An Teachín Aoldaite

Nárbh álainn an t-áras é an teachín aoldaite
A bhí suite go stáidiúil thíos insa ngleann?
Ní raibh scamaill ná sceacha ag teacht ina bhealach
Ach é ag breathnú uaidh amach ar thaobh Chontae an Chláir.

A theachín aoldaite a thug fascadh dhom tamall
Nuair a bhí mé go haerach in mo ghasúr ag fás,
Céad faraor crua deacrach go dtáinig an lá seo,
Níl rata ar do bhalla ná hata ar do cheann.

Slán agus beannacht le Cora na Trá thíos
Is le Lochán na Leathóg atá ansin lena thaobh,
Mo bhrón géar ar maidin gan mé aríst in do chladach
Ag tarraingt na mballach isteach ó Chloch Mhíchíl.

Tá nósa na cathrach is an Béarla nach maith liom
Ag teacht ar an aer agam isteach fud an tí,
Is an ceiliúr a chleacht mé go spóirtiúil ag baile
Ní chloisfead fhéin choíchin é fiú is dhá mbéarfaí mé aríst.

Mo bhrón is mo mhairg an tráth a mbuaileann an tart mé
Nach bhfuil sé ar mo chumas dhul go tobar Cháit Óg
Le mo dhá channa ag iarraidh fíoruisce an ghleanna
A thóigfeadh an brón is an bruth de mo chroí.

Bhíodh spraoi agus spóirt againn ar an oíche ba giorra,
Bhíodh fíorthine chnámh againn ar an Aill Mhóir,
Bhíodh splanca agus aithní dhá gcaitheamh ins gach garraí
In omós don sárfhear Seán an naomh fial.

Mo léan géar ar maidin tá na blianta sin bailithe
Ach sin iad na smaointe a tháinig in mo cheannsa fhéin faoi,
Agus solas na bhflaitheas go bhfaighe a raibh ariamh ar an sean-tsráid
I mBóithrín na mBeairics agus sa seanteachín ceann tuí.

37. Feilméaracht Féileacán

Ní chuirfear aon fhata an t-earrach seo
Is gheobhaidh neantógaí cead fás,
Ní bheidh trácht ar an táilliúr tíre
An ceanneasna ná an flainín bán,
Ní chaithfear feasta ach t-léine,
Buatais bhán is bríste gearr,
Beidh an sean is an t-óg amuigh sa tóir
Is ag fiach ar an bhféileacán.

Tá féilméaraí cliúiteach ag teacht chun cinn san áit
A chuirfeas deireadh leis an seandearcadh
Tá ag na daoine ó aimsir Ádhaimh,
Cuirfear deireadh leis an maoilín dubh,
An bhó chéileoige is na hadharca gearr,
Beidh na neantógaí dhá leasú anois
A choinneos teas leis an bhféileacán.

Ní bheidh caora ná molt ar shliabh ná cnoc
Asal ná capall bán,
Ach fraoch go tiubh ag fás ansin
Plúr is ceannabháin,
Beidh na sluaite amuigh ó dhubh go dubh
Le eangachaí is ciseáin,
Is ní bheidh glao as aon cheard ó choileach ar shráid
Mar mharódh sé an féileacán.

Mo chomhairle dhaoibhse, a scoláirí,
Go mbeidh ceann posta gann,
Ní bheidh meas go deo ar an *dicky bow*
Agus ní mhairfidh an léine bhán,
Faighigí amach na fíodóirí
Is na dindiúirí faoin snáth
Mar beidh saothrú go deo ag eangachaí
A sháinneos an féileacán.

Deirim libhse, a chomharsanaí,
An mhóin a ghearradh in am
Mar teastóidh teas ón gcréatúr lag
Nuair a bheas na neantógaí ag fáil gann,
Nimh dhó an boladh ón ola ghlas
Chaillfeadh sé an anáil,
Thiocfadh fuadach faoin gcroí ag an gcréatúr bocht
Is bheadh deireadh leis an bhféileacán.

Anois ar theacht an tsamhraidh
Tiocfaidh Sheikh Mujee anall
Agus molfaidh sé libh an ola ghlas
Leis an tsnáthaid a choinneáil go hard,
Ach tugaí go Seanadh Mhach é
Agus molaigí fear an tsleáin
Mar bhí an nádúr go smior leis an gclochmhóin dhubh
Ariamh ag an bhféileacán

Aríst go héag gan magadh ná bréag
Beidh fámairí ar fáil
Agus fear an mheaisín ní shaothróidh sé pínn
Beidh an lá le fear an tsleáin,
Ach cuirí go leor den chóilis mhór
Is ní thiocfaidh an *mosquito* anall
Agus beidh saothrú go brách ag fear, bean is clann
Ag cothú na bhféileacán.

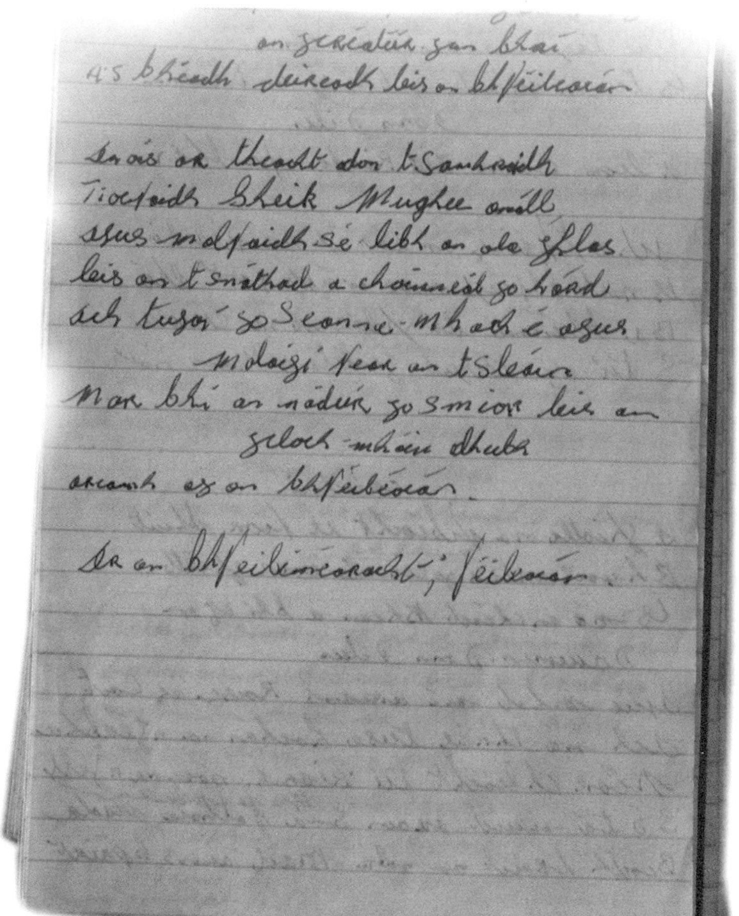

38. An Fiach ar Damaseen

Beidh trácht go deo deo ar an rása ó thigh an óil
An tráth ar facthas Damaseen ag an Easca,
Lean muide dhó mar bhuachaillí bó
Go bhfaigheadh sé uainn léasadh nó lascadh.

Sheas táilliúr na snáthaide ar cholbha na sráide
Siosúr ina láimh aige is maide,
Fear deasú na mbróg ar bís ar an stól
Bhí sé feistithe le trinsiúr is meana.

Chuaigh fear caite an spóil ag cartadh faoin seol
Ag iarraidh snáth inneach le haghaidh ortha,
Bhí fear againn i gcóir ar Chnoc Mharcais Óig
Bhí aige togha treallamh is ceamara.

Bhí fear ar an ábhach, ní raibh slócht air ná trálach
Is é ag séideadh fuaim adhairce le teannadh,
Ach scread sé go cráite, 'A chlanna is a chairde,
Tugaí agam na béagals go tapa.'

Scoith sé thar claí nuair a chruinnigh na gadhair,
Thug sé léim ins an aer thar an Easca,
Chuir sé na gadhair ar a stártha thuas ag na hArda,
Chuir sé deatach uaidh siar agus lasair.

Threabh sé an Átha Ghlugair is Baile na Muice
Timpeall Carraig na Scloige ar an Airdín,
Bhí sé sna cantaoir ag Clochar an Cheaintín,
Ní raibh fhios ar fia bán é nó eala.

Chuaigh sé thart Cnoc na Gréine trí huaire i ndiadh a chéile,
Níor baineadh as filleadh ná feacadh,
Is é ar lomchosa in airde ag dhul amach thríd na gleannta
Thug sé dúshlán laoch cos agus marcach.

Bhí sé ar Chnoc na Mná Bréige roimh dul faoi na gréine,
Bhí ár gcuid béagals an tráth seo tinn tuirseach,
Síos leis le fána agus suas in aghaidh an strapa,
Chuaigh sé amach Cnoc an Eascair ina chuaifeach.

Bhí sé sna sodair ag dhul soir an Mhaigh Chuilinn,
Scoith sé Poll na Cloiche is Páirc na Toirní,
Shíl fear faire é a threascairt ar Thamhnach Lord Campbell
Is chaill trí ghadhar leis an t-amharc san iarracht.

Chuaigh sé gan tuirse gan truisle thart timpeall Loch Inse,
Chaith sé trí acra is Bóthar Pheaidí,
Bhí garda againn, an togha, ag Droichidín an Ghabha,
Ach chaith sé de léim Cnoc an Champa.

Ag Cora na gCaorach d'imigh sé caoch uainn,
Chuaigh sé soir ina scail thríd an bhFearsaid,
Chaith sé Cnoc Mharcais Óig de thruslóg faoi dhó
Is rinne poillín in airde ar Chnoc Hackett.

Chuaigh sé suas Cnoc na Cathrach mar ghearrán gan searrach
San áit a raibh Skerrett anallód,
Tharraing sé crann as Coill Bhearna, ní raibh cás air ná náire,
Thug sé dúshlán Línseach is Blácach.

Sa Léana Riabhach a facthas aríst é
Ní ba túisce san aer é ná ar talamh,
Ach thíos ar chéibh Bhearna roimh dul dhó faoin uisce
Dúirt sé, 'Téigí ag feadaíl, a chairde, beidh againn rása eile san earrach.'

D'éisteas go spéisiúil leis an té fuair air léargas
Go raibh pictiúr bád le Onassis greannta ina ucht,
Go raibh a mhuineál síos bláthbhuí agus a chloigeann fíoraisteach
Is go mba geall le moing asail a chadairne nocht.

Léim sé ón gCora go dtí Carraig an Bhodaigh,
Thosaigh sé ag praeitseáil ag an sliús ó dheas,
Chuir sé trí bhúir as aníos thríd an duirling
Agus scanraigh sé múille bhí ina chodladh faoi sceach,
Chuaigh sé ar a ghlúine is na deora óna shúile
Is thug sé a mhallacht naoi n-uaire don ghiodáinín glas.

39. Na Páipéir dhá Saighneáil

Tá na páipéir dhá saighneáil is tá an saoiste ar fáil
Dhul ag leagan píopaí dramhaíle ón Átha Ghlugair go barr láin,
Ach tá Damaseen ina mhacalla
Sa nGréig nó amuigh sa Spáinn.

Má síntear píopaí amach go bóchna
Is iad a chur síos le teann fórsa,
Teastóidh beirt mhaith ag an sliús
Fear le camán is fear le súist.

Beidh ár gcladaí deasa gan slacht gan maise
Truaillithe salach le boladh bréan,
Beidh ár n-uiscí glan anois ina lathach
Is ní mhairfidh an portán, an breac ná an t-éan.

Beidh an rón is an breac ansiúd 'na staic
Is iad sínte ar chúl a gcinn,
Beidh an eascon mhear gan cor ná car
Is í plúchta sa dramhaíl.

Amach ar snámh má théann tú geábh
Ní athbheochfar arís thú,
Beidh do chraiceann geal chomh buí le leathar
Agus ceapfar gur *Tan* thú.

Tá an giodán glas faoi *screen* go deas
Saor ó cháin is cíos,
Is beidh leon is béar ag dhul go súile i bhféar
Ag faire ar Damaseen.

Tá céad is fear agus togha na mban
Ag gardáil lá is oíche
Is ní bainfear fód ná cloch sa ród
Is ní rachaidh aon phíopa síos.

Má táimse ceart níl an cath seo thart
Go bhfeicfear spóirt is spraoi
Is beidh trácht thar lear ag fear agus bean
Ar an dramhaíl sa Leic Liath.

40. Na Páipéir dhá bPriondáil

Tá na páipéir dhá bpriondáil is dhá scaipeadh ar na cnocáin
Ag iarraidh sinseáil le haghaidh an téagair,
Beidh blaiseadh i dtigh an óil ar chúig phunt go cóir
Agus tagaí ar fad ag an bhféasta.

Beidh againn dháréag ar uair an dó dhéag
Ag bailiú na sceana is dhá ngéarú,
Ach b'fhearr dhúinn seantua a mbeadh inti béal crua
Sí ab fhearr leis na cnámha a phléascadh.

Beidh againn smior mart, mil bheach is feoil chearc
Agus caoireoil ar thosach na méise,
Breallach is breac is bradán ón eas,
Pataraí uisce agus géabha.

Tá fear insa nGréig ag déanamh bolg le gréin
Ach níl fhios cá bhfuil a champa,
Tá bean feasa ina chlúid ag cur tobac dhó sa dúid
Agus fear faire ag cur ola ina lampa.

Siúd é an fíoréan is níl fhios cé hé
Mar imíonn sé ar nós an mhacalla,
Téann sé sa spéir ar nós an luch aeir
Is téann sé go Jersey is go Manainn.

Tá píopa Ainde Mhóir aríst i reacht seoil
Dhul ag taoscadh an Átha Ghlugair i mBearna,
Ach seasaí go dlúth is ná téigí ar gcúl
Is ní ligfear aon súlach le fána.

Ach chualas ar ball ó fhear mór le rá
Nach féasta a bheas againn ach íobairt,
Putóg chaol muice, bran mór is min choirce
Agus scolb sáite ina caoldroim.

Tá Damaseen go cinnte fíorghrinn,
Bíonn sé san aer is ar talamh,
Téann sé faoin toinn ar nós *submarine*,
Is deacair é a sháinniú ná a dhalladh.

Anois tagaí i dtigh an óil is bígí breá cóir,
Níl againn cúis gáirí ná magaidh,
Bíodh pínn ar Cháit Mhór is leithphínn ar Phól
Agus líonfar go béal an spaga.

41. Léim Ard

A bhuachaillí mánla an bhaile
A bhfuil a mbunadh anseo ón seanreacht,
Suífidh muid síos chois teallaigh
Agus déanfaidh muid cur síos.

Tá an bóthar seo thoir gan gearradh
Mar ní ligfear cead é a thrasnú
Is ní rachaidh aon phíopa i dtalamh
I mbóithrín an Leic Léith.

A mhic mo chroí is a charaid,
Do bhó, do lao, ná an capall
Ná lig uait iad ar seachrán
Nó beidh tú istigh faoin mbreitheamh.

Idir claí agus teora
Tá Príosún na Cise Fada
Is ná téadh do choileach thar balla
Nó ní leat fhéin an t-éan.

Siúil amach agus beannaigh
Do lucht na gcótaí leathair,
Ná tosaigh ag gleo ná ag feannadh
Nó beidh tú seolta i gcéin.

Ná héist le comhairle chasta
Is ná beir ar pheann róghasta,
Nó beidh tú fhéin i dteannta
Ag boicíní atá tréitheach.

Do ghadhar ná lig ag sealg
San áit ar fhás togha seagal,
Má thagann uaidh glaf ná agall
Cuirfear ortsa tréas.

Is a liachtaí lá breá fada
A mbíodh na seanchairde ar fascadh
Is iad ansiúd dhá searradh fhéin
Is ag sú suas na gréin'.

Ná bí taobh le comhairle Mhac Anna
Is fan glan ar uaisle an bhaile,
Nó cuirfear thú as sealbh
Istigh in do dhúiche fhéin.

Céad slán go deo leis an am úd
A raibh na tithe ar fad aoldaite,
Is iad againn faoi chulaith ghaisce
Le tuí sheagail dhá gcuid fhéin.

Dhá mba liomsa clár mo leasa
Ní rachainn fhéin ag feannadh
Ach thiúrfainn aire do leic an teallaigh
Agus dhúnfainn suas mo bhéal.

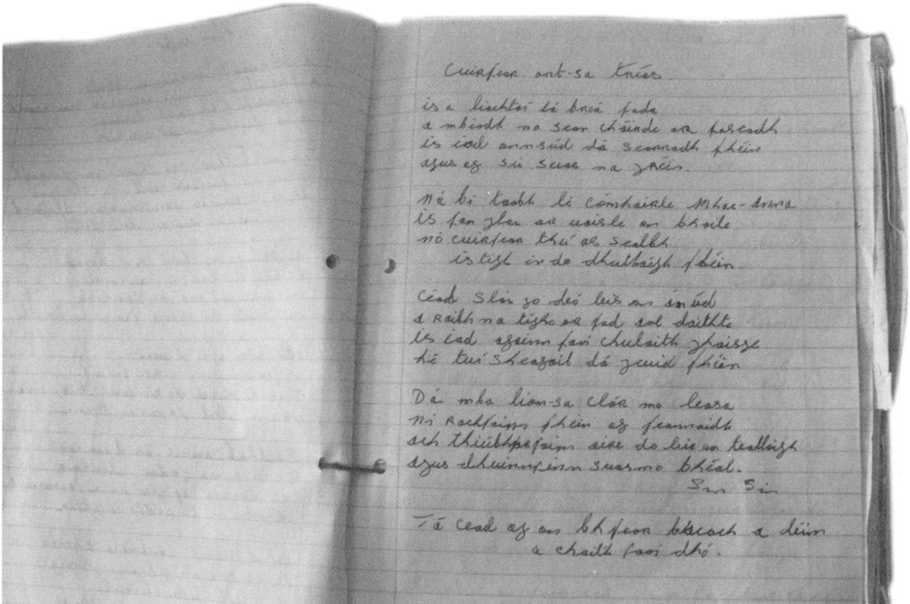

42. Bealach na Bó Finne

Ag an dó a chlog lá fómhair
Sea d'fhág mise an teach
Ag dhul amach le beagán fógraí
Faoi chruinniú a bhí le theacht,
Ach ag dhul soir ag an Easca Mhóir dhom
Is mé ag siúlóid go deas réidh
Sea a chuala mé faoin rapáil
A bhí ag tosaí sa Leic Léith.

Chuaigh mé síos an bóithrín
Agus amach an giodán glas
Dhul ag breathnú ar an obair úd,
Go dtiúrfainn air léirmheas,
Ansin sea chonaic mé na huaisle
Is iad gléasta suas go deas,
Ach bhí iongás acu feistithe
Agus iad ag breathnú ann isteach.

Labhraíos fhéin go múinte leo
Mar chuimhníos ar mo leas,
Ní dheachaigh mé sa seanchas
Ná níor oibrigh mé aon chleas,
D'fhéachas fúm is tharam
Is rinneas gáire geal
Mar bhí deis tóigeála na cainte ansin
In éineacht le *spyglass*.

Bhí an radharcán seo fadfheiccálach
Is é dhá chasadh soir agus siar
Is níor fhága sé orlach bacard
Gan tóigeáil sa Leic Liath,
Chuimhníos fhéin ar phlean ansin
Ach maith dhom é, a Dhia,
Mar chuas ag aithris ar Dinny bocht
Ag tarraingt leathchois in mo dhiaidh.

Marach caraid mhaith bhí i bhfabhar dhom
Bheinnse fhéin sa trap
Mar bhí an fógra scríofa i mBéarla
Is níor thuigeas é i gceart,
Bhíos ar thalamh príobháideach
Is ní agam fhéin a bhí air neart
Mar léigh an cárta dána údan
This is private prop.

Tá an lá seo fuar feannta
Is tá an ghaoth ag séideadh aduaidh
Is táimse ar leic an teallaigh
Ag breathnú isteach sa luaith,
Críochnód suas an seanchas
An sacadh is an chaint chrua
Is iarrfaidh mé cead foghlaeracht
Ar Dinny sa nGleann Rua.

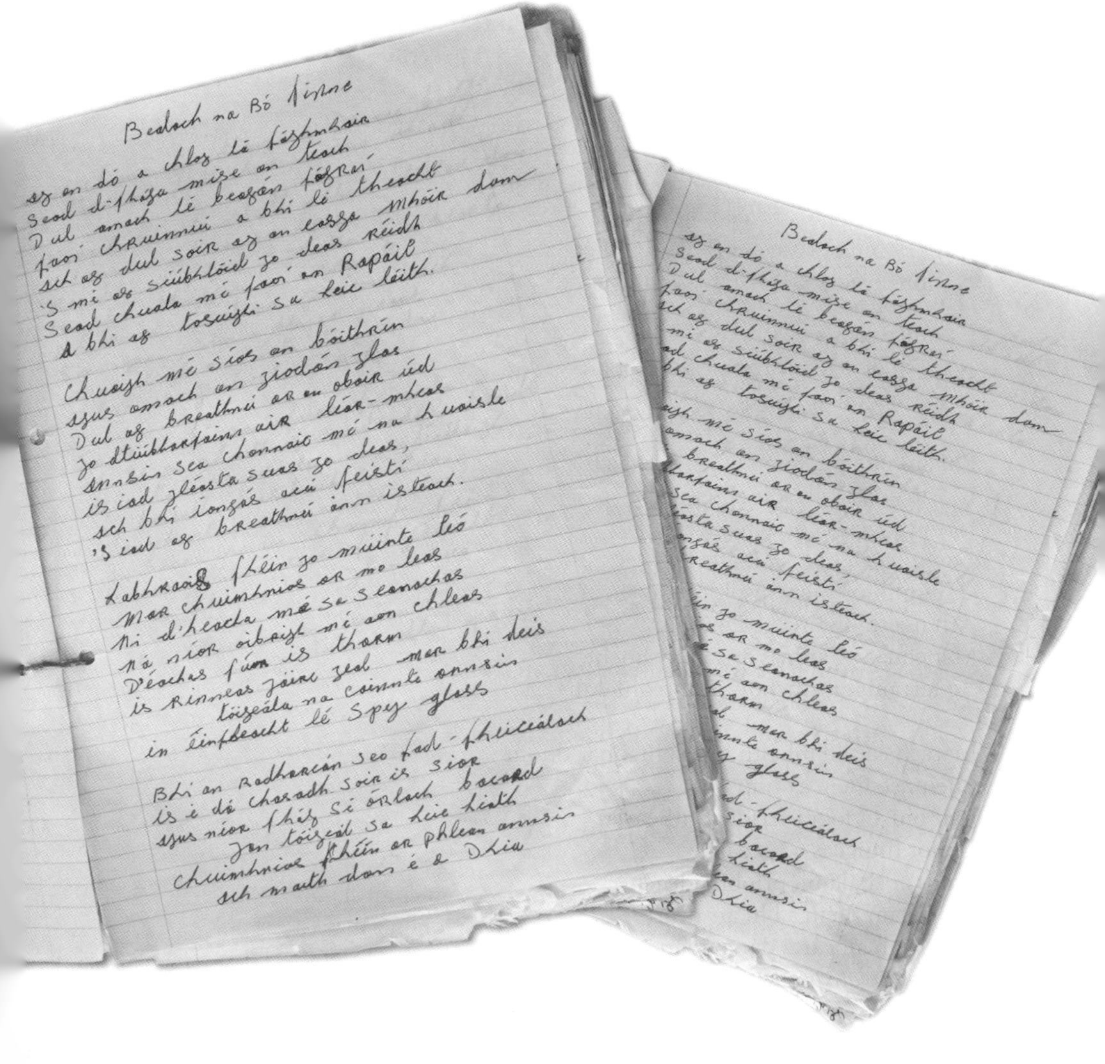

43. An Gandal Buí

Leis na gearrógaí dubha chuaigh an gandal ag tochailt
Is chuir sé an píopa go doimhin síos roimh Oíche Nollag Mór.

Ó Ceallaigh ar bhéal bealaigh níor chuala sé tada
Mar bhí an gandal ag taisteal gan torann ná gleo,
Ach sciorr sé dhá chosa dhul síos leis an Rosa
Ach níor chaill sé aon chleite den chlúmhach ann.

Ní le cleasaíocht ná dochar a d'fhan an buachaill ina chodladh,
Níor theastaigh é a bhogadh ná a bhréagadh,
Mar chuaigh an gandal ina shodar dhul amach thar gach doras
Agus níor casadh aon ghé dhó sa Léana.

Bhí fiacla maithe spíle ag an ngandal go cinnte
Mar chrom sé a cheann faoi is chuaigh sé ag fuirseadh,
Is nuair a d'éirigh fear faire as a thromchodladh
Bhí an píopa ina leaba sa trínse.

Séideadh fuaim adhairce roimh éirí na gréine
Agus thosaigh na béagals ag tafann,
Is d'éirigh na Fianna amach ar an Léana
Go mbainfidís clúmhach as an ngandal.

Chuaigh scéala le luas ag an mbeairic ar dtús
Is tháinig scata fear óg is bangharda,
Ach chuir siadsan dlús le síochán ar dtús
Mar níorbh í Canáil Suez an cás seo.

Más linne an mí-ádh go dtiocfaidh chugainn anall
Ó na hIndíochaí Thiar is ón Afraic,
Ní bheidh againn ar ball thart ins an áit
Ach puicéaraí dubha agus breaca.

Má thagann an lá go dtiocfaidh long ar an trá
Le piarannaí móra is lucht rachmais
Beidh cóistí trí each taobh amuigh den rí-theach
Ag iompar boic mhóra is lucht ceamara.

Ach coinnigí an chiall is guibhigí go dian
Nach gcasfar a leithéidí aríst ann,
Mar bhí siad ann fadó ariamh is chuaigh siad amú ar an sliabh
Ag déanamh ceap magaidh den chréatúr bhí ag iompar mála nó cliabh.

44. Galfchúrsa Bhearna

Tá na cíocraí dhá dtaoscadh is na lagphoill dhá líonadh,
Galfchúrsa le déanamh ag Loch Inse ó thuaidh,
Mionchlocha agus píopa dhá gcur ins gach trínse,
Ar áilleacht na háilleacht gheobhaidh sé bua.

Tá clubtheach le déanamh ann ar aghaidh gréine is cúl gaoithe,
Beidh coill ghiúsaí ina thimpeall ag fás aníos as an móin,
Beidh an fhuiseog ar maidin ag giolcadh ann go haoibhinn,
Beidh uaisle ina mílte ann ag imirt is ag spóirt.

Ní bheidh trácht feasta ar Phortmarnock, Bóthar na Trá ná Cill Airne,
Beidh leathinis a raibh cáil air feannta níos mó,
Beidh tarraingt na gcéadta amach faoi na sléibhte
Agus tréigfidh na huaisle an Gleann Rua.

Beidh Miley is Bríd ann leis na torthaí is milse,
Beidh Teasy i gceann tí ann ag freastal ar bhoird,
Beidh Dinny is an cú ann i ndiaidh an ghiorria cíbe
Agus Stiofán go grinn ann ag gardáil gach poll.

Tá an tsaighneáil dhá déanamh agus ballraíocht tá glaoch air,
Tá siad fíorchinnte as dhá chéad agus scór,
Tá airgead dlíthiúil dhá íoc amach groíúil,
Míle ar an gclár síos agus chúig chéad os a chomhair.

Beidh spóirt agus greann againn nuair a thiocfas an lá mór,
Beidh pléaráca i mBearna a mbeidh trácht air go héag,
Beidh siamsa ar na bánta agus macalla sna gleannta,
Beidh Telegael cinnte ann agus criú Bhaile an Droichid.

Beidh an Francach dubh buí ann agus an Sasanach críonna,
Beidh fear as gach tír ann ag faire ar an ngeall,
An Rúiseach mór millteach lena chóta trom fíonnach
Amuigh ar Loch Inse ag seoladh sa mbád.

Tiocfaidh sluaite thar sáile isteach go sráid Bhearna,
Buailfidh cuid acu caladh anseo thíos ag an gcéibh,
Beidh chuile shaghas géim againn i gceartlár an tsléibhe
Is beidh Labhrás, mo léan, ann le asal, srathar agus cléibh.

45. Táim san Aois

Táimse san aois is mo choisméig an-trom
Is gan blas in mo sheilbh ach saorthaisteal bus,
Céad slán leis an óige bhínn thall is abhus
Is thuas sa nGleann Mór ar cholbha Loch Ins'.

Tá mé lag lúbach tar éis cruatan an tsaoil,
Níl pínn in mo phóca dhár shaothraigh mé ariamh,
Le fíordhólás croí admhaím é sin
Tráth smaoiním ar m'óige thuas ag Loch Ins'.

Ba mhinic mé ag iascach le slat thuas ansin,
Glug glag ag an uisce ag rith i measc na gcloch,
An lacha is an bardal ag soláthar a gcuid
Is an giorria cíbe ag rith timpeall Loch Ins'.

Slán le mo chairde is na laethantaí a bhí,
An portach dhá thaoscadh as ucht is faoi síos,
Táimse anois craiplithe is níl fáil orthu sin,
Galfchúrsa tá déanta thuas ag Loch Ins'.

Tá bóthar breá déanta sa sliabh anois
Agus meaisín ag dúnadh is ag líonadh na dtríns',
Níl fraoch ná rilleog le feiceáil ansin
Ach réileáin bhreá ghlasa isteach go Loch Ins'.

Tá clubtheach le déanamh ar thaobh an chnoic,
Beidh coill ghiúsaí ina thimpeall ag fás go tiubh,
Beidh siamsa is rírá go síoraí ag boic
Ach ní bheidh tásc ar aon sleádóir thart ar Loch Ins'.

Anocht is mé i m'aonar ar an teallach gan smid
Ag guibhe le Dia go bhfeicfead solas an lae,
Ach tiocfaidh daoine ón Afraic, ón nGréig is ón Ind
Is beidh mise sa talamh is rírá ag Loch Ins'.

46. Dev Óg i mBearna

A bhuachaillí is a chailíní, tá scéal agam len aithris dhaoibh,
Fuair mé scéala an mhaidin seo ón sárfhear Dev Óg,
Beidh sé linn tar éis tamaillín agus labhróidh sé tar éis an aifrinn linn,
Éistigí go haireach leis, tá éirim ina phór.

Chuaigh muid ag an aifreann soir is dúirt muid ár gcuid paidreacha,
Ba gairid gur dhúirt mo leathbhádóir, 'Tá Éamon Óg taobh amuigh,
Éirigh suas is tara liom agus déanfaidh muid roinnt seanchais
Agus inseodh muid go baileach dhó na bailte is fearr le dhul.'

Más vótaí anois atá ag teastáil uait is gurb in é a thug an bealach thú
Tá leathscór insa teach againn agus gheobhaidh tú iad uilig,
Níl againn ach geallúint chneasta dhuit, go n-éirí an bóthar is an bealach leat,
Sé ár nguibhe oíche agus maidin dhuit go dté tú go barr *poll*.

Ó bhí tú fhéin chomh carthanach is gur labhair tú tar éis an aifrinn linn,
Dhá dhonacht dhá raibh an mhaidin sin fuair tú éisteacht mhór,
Níl duine ar bith dhá bhfaca thú nár labhair amach in d'ainm ort
Agus cuireadh fáilte charadach go Bearna roimh Dev Óg.

Tá cairde i gCathair na dTreabh againn agus seasfaidh siad sin talamh dhuit
Ón gCladach suas go dtí an Seantalamh, an Daingean is Barr an Chalaidh amach,
Ar an gCearnóg, croí na Gaillimhe, agus sluaite as Cnoc na Radharc,
Loch an tSáile is an Caisleán Gearr amach is mórchuid ón Rinn Mhór.

Áth Cinn agus a cuid bailteachaí, Baile Chláir na Gaillimhe,
Gleann na Scáil is Uarán Mór, as sin amach go Meáraí leat,
Tamhain agus Cinn Mhara amuigh, ar ais go Droichead an Chláirín
Agus cinnte go Bleá'n Rí.

Ó Ghaillimh siar go Garamna is Conamara ar fad, ar ndóigh,
Agus as Oileáin Árann i lár na farraige, déanadh siad ar fad an gníomh,
Agus rachaidh muide i mbannaí dhuit nuair a thiocfas lá na reicneála
Go mbeidh tú fhéin fíorbhuíoch.

47. Dev Óg (Toghchán ’92)

Imíonn siúd is tagann seo
Tagann Déardaoin dubh,
Ach tagann an Aoine órga
Is tá Taoiseach Chonamara tagtha as Corr na Móna.

A Rí na nGrást, nach breá an scéal é
An móramh mór a fuair an fear ón nGaeltacht?
Ó Cuív, Éamon, Dia go deo leis,
Beidh sé i gceannas is i gcumhacht fós ar Éirinn.

Is iomaí míorúilt insa saol,
Is iomaí athrú insa mbliain,
Ach beidh Dev Óg fós, le cúnamh Dé,
Ina thaoiseach againn i dtír na nGael.

Ba mhaith an mhaise d’fhir is mná
Éamon a thoghadh le móramh ard,
Is sibh a chruinnigh ar tugadh le clár,
Beidh rath is séan ar an bhfómhar ar ball.

Is é mo mhian é bheith fós ina thaoiseach,
Éire a ghaelú is Gaeil do shaoradh,
Sé fáth mo bhuartha i ndeireadh na cúise
Tá an t-íochtar in uachtar is na Fianna cloíte.

Tá súil agam fós go dtiocfaidh an lá
Go n-imeoidh an díocas as croí a lán
Is go mbeidh síochán buan againn in Inis Fáil
Mar ag bord na n-aspal a roinneadh an t-arán.

Mhair an comhaireamh ar feadh dhá lá,
Is iomaí duine a bhí ansiúd dhá chrá,
Chaill muid Frank agus craitheadh Bobby,
Is ag Dia atá fios ar an mbreithiúnas aithrí.

48. An Choimhlint sa Dáil

Tá cuntas le fada ar an uisce faoi thalamh
Atá ag tarraingt raic i nDáil Éireann,
Mar tá Séarlas is Ailfí ag imirt chártaí is cnaipí
Go bhfeicfear cé a fhanós sa diallait.

Labhair Ailfí go cinnte leis na hairí ba cliste
Is d'iarr sé orthu beagáinín léargais,
Agus dúirt sé go gasta le Séarlas Chill Dara,
'Bí agam amáireach le scéala.'

D'iarr Ailfí go ciúin an vóta faoi rún
Is ní cheadódh an máistir an scéal sin,
Ach bhuaigh Séarlas gan dua ar chlub *Twenty Two*
Is fágadh Ailfí i ngéibheann.

Thóig Ailfí a ghreadadh is Pádraic Chaisleáin an Bharraigh,
Nollaig Ó Treasaigh agus Máire,
Ach d'fhanadar ciúin go bhfuaireadar cúig
Is ghnóthadar go héasca an báire.

Thuas i Ros Comáin a séideadh an buinneán
Agus dhúisigh an Dochartach Bán na *Blazers*,
Is bhí Ó Ruairc agus Brian ag guibhe ar a ndícheall
Is iad feistithe le srian agus diallait.

Ó Máille is Molloy le teann cion ar a bpáí
Sheas siad go stáidiúil i leataobh,
Is dúirt siad i dtráth má tá Séarlas dhá chrá
Ní chaillfidh muid fhéin deis marcaíocht.

Dheamhan blas ach sé mharc a fuair Máire mar bhean,
Í fhéin agus Brian san áireamh,
Agus Mícheál mo dhuine, crann seasta na coille,
Níor bhailigh sé fhéin mórán téagair.

Ach bhí an lá sin le Ailfí is cheap sé a chuid airí,
Sinsir is sóisir go héasca,
Is dúirt Ó Treasaigh go cneasta le Ailfí go gasta
Nach dtiocfadh sé ag fuipeáil ná ag léasadh.

Mac Searraigh ó Shligeach ar Charlie ní chlisfeadh,
An Búrcach, Ó Coileáin is Ó Loideáin,
Ó Hanláin sé a sheasfadh is bheadh Marcas faoi bhuaireamh
Agus labhródh Proinsias go maith dhó ó Ghort Inse Guaire.

Ní bhíodh faitíos ná criothnú ar Shéamas Ó Tunnaigh
Is é ag socrú na meáchain sna scálaí,
Ach an Cinnéideach rua a bhíodh ar thosach an tslua
Fágadh é fhéin ar an ngannchuid.

Fuair Charlie a scaladh ó Dic Mac an Earraigh,
Fómhar, geimhreadh agus samhradh,
Is ghuibh Piaras le Dia is é ag slíocadh a cheann liath
Go bhfanódh siad fhéin as an sárú.

Thug De Rossa dhó moladh agus fuair sé tréan bualadh bosa
Agus ghuibh saol fada le séan air,
Ach ar iontú do choise bhí Seán agus Diúic ag gáirí.

Beidh deireadh le sárú ó fuair Ailfí na cártaí
Is ó bheas sé go teann i nDáil Éireann,
Ach ar pháipéar an Luain bhreathnaigh Charlie i dtiúin
Mar bhuaigh capall leis fhéin an rása.

49. Na Polaiteoirí (1992)

Tá an cath anois thart is na Fianna fíorbhuailte,
Tá brón agus buaireamh ar theachtaí faoi seo,
Tháinig sárú faoi mhairteoil, is náireach an scéal é
Is a liachtaí sin teallach taobh le greim tor.

Tá Ailfí agus Ó Máille agus Dick Mac an Earraigh
Is John Bruton san áireamh ag cur ola ina lampa,
Tá De Rossa ar a chosa, is deacair é a stopadh,
Tá taoiseach breá dílis le fáil in gach campa.

Slán agus beannacht leis na laochra a bhí calma,
De Valera is Lemass a bhí linn tamall fada,
An Loingseach as Corcaigh ba deacair é a lagadh,
Ach Ó hEochaidh ina dhiaidh sin bhain sé an réalt as a hata.

An Máilleach as Luimneach níor fhan sé i bhfad suaimhneach
Go mbeadh sé fhéin ina thaoiseach más deiseal nó ciotach,
Fuair sé Bobby is Harney is Piaras le *blarney*
Le go gcuireadh siad Charlie ar a ghlúine sa bpuiteach.

Fuair an Máilleach a scalladh is b'éigean dhó glanadh,
Chuir sé suas campa bán, gorm is buí,
Cochall mór fada agus ribín sa gcába
Is cóta go sála sách fada ag fear dlí.

Ansin thosaigh na Fianna ag sárú ina gcampa,
Dhá mbeadh Ailfí ina chinnire go bhfaigheadh móramh sa tír,
Go ruaigfidís Charlie ó bhord na n-airí
Is é a chur sa gcúlbhínse arís lena shaol.

Tá an cath anois thart is an freagra ag Ailfí,
Fuair a chuid teachtaí teann maide ins gach coirnéal den tír,
Anois tóigfidh sé suaimhneas is déanfadh sé aithrí,
Tá an Droimeann Donn Dílis anois gan fear tí.

50. Uallfairt sa Dáil

Tá uallfairt ghránna ag bagairt
Agus ruaille buaille insa tír,
Tá glórtha uaisle ag freagairt
Is tá buaireamh ar Cháit Ní Dhuibhir,
Táimse anocht ag dearcadh
Chois tine mhóna in mo shuí
Ag dearcadh ar éadain ghruama
Tagann déistean ar mo chroí.

Is trua liom do chás, a Bhanba,
Agus thú faoi bhriseadh croí,
Do chlann ar fad ag achrann
Gan cás ná náire faoi,
Níl aon tsúil agat le caraid
Nó go síntear thú sa gcill,
Tá do chlann gan ceann ná ceannas
Is ag magadh faoi Cháit Ní Dhuibhir.

Ach bhí tú measúil tamall
Is faoi onóir i gcúirt gach rí
Agus shiúil tú na seacht ríochta
Gan státcharr, eitleán ná *jeep*,
Tá an fómhar anois bailithe
Ach is leata atá an síol,
Tá scoilteadh cainte ag Teachtaí Dála
Ach níl gach nóta fíor.

Tá an geimhreadh anois tagtha
Is an té a mhairfeas go Féile Bríd'
Ní bheidh síol ceart le cur i dtalamh
Agus is fánach ar an ithir,
Tá an pleibistín anois i dteannta
Agus mac an daba i ndroch-chaoi,
Tá an fheadóg ag Mac an Earraigh
Is é chomh teann le ardrí.

51. Tarbh Choilm

Dé Domhnaigh seo caite a sheol Colm leis Learaí
Go ndéanfadh sé raic ar Dháil Éireann,
Ach fuair an tarbh fíorbhacach dhul isteach ar an mbealach
Agus rinne sé staic ag an droichead air.

Thug Colm dhó snaidhm a chuir gleann ina dhroim
Is níor ghuibh sé aspal ná naomh dhó,
Ach, 'A phúdarlach mhóir, soir leat an Droichead Mór
Nó ní bhainfidh tú fhéin amach cáilíocht.'

Dhul soir Sráid na Siopaí bhí Colm an-tugthaí
Is an tarbh ag éirí an-spágach,
Ach cheangail sé Learaí ansiúd de chrann daraí
Is chuaigh sé ag caint le bean feasa sa gcúinne.

Chuaigh sé ar a ghlúine ag cailleach na corónach
Ag iarraidh fios feasa má bhí sé ina cumhachta,
Chuir sé chúig phínne ar a bhois is chúig phunt ina crúca,
'Ach a mb'fhearr dhom fhéin casadh nó leanacht den chúrsa?'

'Inseofad sin dhuitse amach as mo chúinne,
Tá do tharbh an-bhacach is a chonablach snoite,
Tá a pholláirí ataithe is a shúile ag silt uisce,
Faigh fear leighis dhó go héasca nó tá a bhonnachaí nite.

'Tabhair fascadh is beatha mhaith dhó go gcaitear an tsaoire
Bran mór is féar tirim is beidh sé ag cangailt a chíre,
Gach maidin is tráthnóna tabhair coirce dhó i mbuicéad
Is bíodh sé sa Dáil agat an lá a léifear an buiséad.

'Bíodh sé ansiúd agat an lá a léifear na cuntais,
Bíodh a pholláirí saor agat gan fáinne ná crúca,
Nuair a thosós an chaismirt, an gleo is an sceanadh
Scaoil fud an tí é ag tabhairt na n-adharca sa tóin dhóibh le teannadh.

'A chloiginnín bháin, ó gheobhas tusa trácht
Beidh airgead fairsing ag Séarlas,
Is ó bheas tú sa Dáil coinnigh dhá chrá
Nó go bhfágha muid teilifís Gaeltacht'.

'Tiocfaidh do cháil i bhfad is i ngearr
Ó bheas tú go teann i nDáil Éireann,
Is aríst go lá an bhrách beidh suaimhneas sa Dáil
Mar ní ghearrfar na hadharca de d'éadan.

'Má ligeann tú búir agus Séarlas sa stiúir
Agus an crann seoil a chur do na fraitheachaí
Beidh tú sa gcoill ag Albert gan mhoill
Go mbaileoidh sé suas a dhóthain rútaí.'

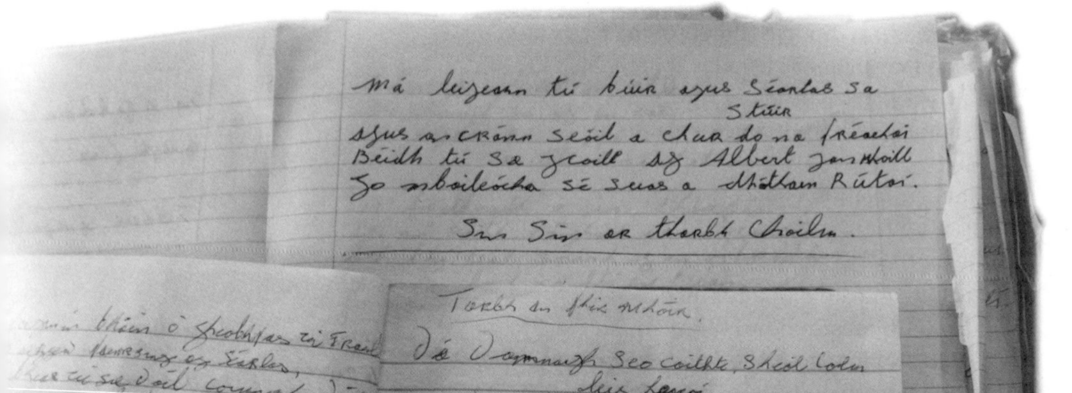

52. Ruaille Buaille sa Dáil

Nach é seo an scéal deacrach le míniú
Ag móruaisle na tíre sa Dáil
Ó fhágfas tú Iomaire an Líonáin
Nó go siúla tú thart Inis Fáil,
A leithéid de liobairt is íospairt
Níor cluineadh ó bunaíodh an Stát
Nó ó marbhaíodh San Ruth in Eachroim
Is ó tugadh Cath Chnoc an Áir.

Aon agus naoi insa líne
Naocha bliain agus a haon faoi dhó
Bhí againn olltoghchán sa tír seo
A d'fhág na móruaisle gan só,
Ach tharla iontas na n-iontas
Agus roinneadh gach aireacht go cóir,
Dearnadh cleamhnas idir Mac an Earraigh is na Fianna
Is ní raibh súil le colscaradh go deo.

Ach séideadh fuaim adhairce ar an Aoine
Is chuir Ailfí tús leis an ngleo,
Chuir sé fearg ar Mhac an Earraigh lá geimhridh
Is beidh trácht air i scríbhinn go deo,
Éilíodh gach páipéar is cáipéis
Is chuaigh tús le caismirt is ár,
Nuair a facthas gach scríbhinn sa bpaca
Bhí fear na dtrí chárta curtha i sáinn.

Anois ó tá an anachain déanta
Is go dtáinig an aithrí rómhall
Tá an droimeann donn dílis gan taoiseach
Is beidh trácht go Lá an Luain ar an ár,
Inniu tá an aistharraingt dhá déanamh
Agus tarlóidh na hiontais ar ball,
Ach cuireadh sa tseanreacht i scríbhinn
Go dtiocfadh Cogadh an dá Ghall.

Dhá bhfilleadh Mac Móirne agus Caoilte
Thiocfadh na Fianna as an ngábh,
Nó dhá dtagadh Naomh Pádraic arís chugainn
Is an t-órbhachall buí ina láimh
Go dtugadh sé Turas na Cruaiche
Agus go gcodlódh sé oíche ar an Mám
Is é dhul ar a ghlúine ar Chnoc Sláine

Le go mbeannódh sé Seanad is Dáil.
Anois ó tá an colscaradh déanta
Beidh uallfairt arís ann Dé Máirt
Is beidh an portán go nimhneach ag scríobadh
Ag tabhairt priocaí a rachas go cnáimh,
Is nuair a thiocfas Eanáir na míosa
Beidh an botún is an buiséad idir dhá cheann na meá,
Ach nó go gcleachta na huaisle dea-bhéasa
Beidh ruaille buaille sa Dáil.

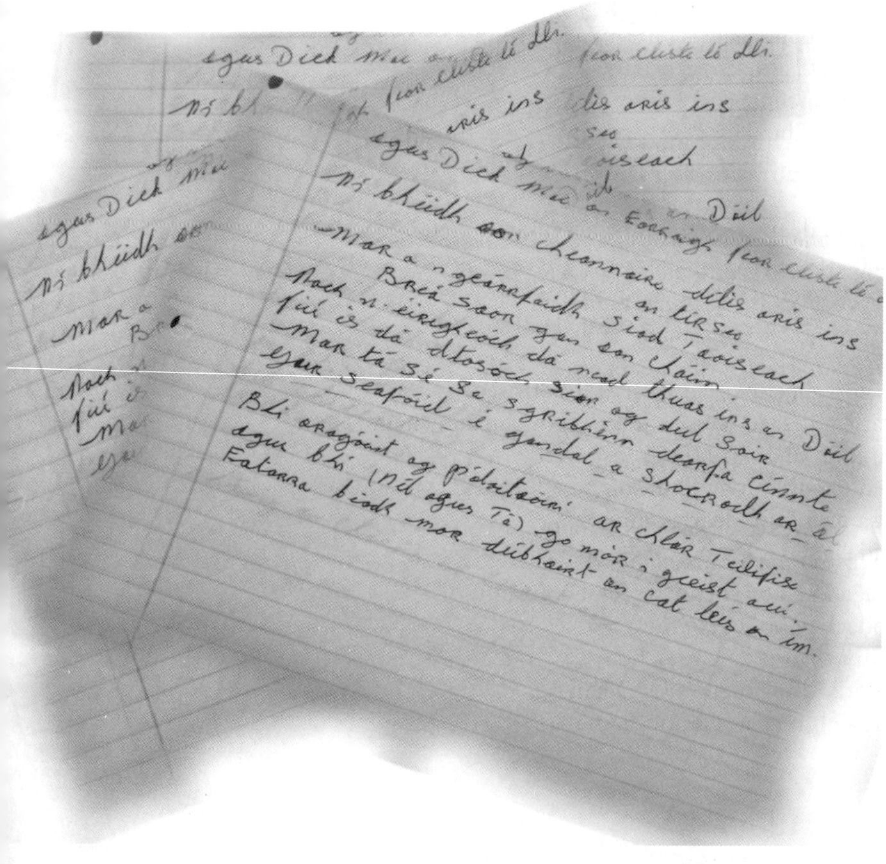

53. Níl agus Tá

Dúirt Mac Anna le damhán alla go raibh dalladh thuas insa Dáil
Is go ndeachaigh Mac Alla ag Mac an Droma is nach raibh sé le fáil
Le dhul sa tóir ar Mhac an Daba a raibh cliú air is cáil
Agus go dtoghfadh sé dhá thaoiseach bheadh saor ó mhí-ádh
Is go ndéanfadh Mac an Pheata iad a bhaistedh mar Níl agus Tá.

Tá an Mac Alla fós gníomhach agus bogha ceatha ina mhórthimpeall
Níl foras ná suaimhneas fós insa Dáil,
Ach beidh na huaisle go cinnte ag siúlóid na tíre
Sa gcóiste bodhar má bhíonn sé le fáil.

Beidh Mac an Droma ar an strapa is é go teann dána ag stracadh
Agus Mac an Daba insa bpaca ag fáil na dtrí chárta is fearr
Agus Mac an Pheata ina phleota
Ag imeacht ag líochán Níl agus Tá.

Chuirfinn comhairle fós fhéin anois ar Mhac Anna
A dhul thart leis an dreoilín thuas ag an Dáil,
Gach leathscór dhá bhfaigheadh sé a chur i nead damhán alla
Is chaillfeadh Mac an Daba a chliú is a cháil.

Sin is éisteacht le intleacht na nÓ-nna is críonna,
Ó Flaithearta, Ó Fátharta, Ó Tuathail,
Ó Cearra, Ó Conchúir is Ó Fínneadha,
Ó Cualáin, Mac Fhualáin is Ó Móráin,
Agus bheadh suaimhneas ag Banba i Sean-Inis Fáil.

Tá an anachain déanta is na Fianna anois cloíte
Is ceannas na tíre ag Contae na Mí,
Tá De Rossa ar a chosa ag bualadh a chuid bosa
Agus Dick Mac an Earraigh, fear cliste le dlí.

Ní bheidh aon cheannaire dílis aríst insa tír seo
Mara ngearrfaidh siad taoiseach breá saor gan aon cháim
Nach n-éireodh dhá nead thuas insa Dáil
Fiú is dhá dtosódh siar ag dhul soir,
Mar tá sé sa scríbhinn dearfa cinnte
Gur seafóid é gandal a shocródh ar ál.

54. Bratach Champa Sheáin

Fóill, fóill, a Aindriú Mhóir,
An tú a d'imir míchneasta na cártaí?
An tú a shéid aréir i Sráidbhaile an Droichid
Is a chroch leat bratach mo pháirtí?

Rinne tú feall agus ár sna Státaí thall tráth,
Mharaigh tú fir, mná agus páistí,
Ach talamh Sheáin Bhuí, níor thug tú fós faoi,
Cén chúis dhuit bheith ag déanamh coir náireach?

Tá Fine Gael ag clamhsán go géar
Is an milleán dhá chur ar na Fianna,
Ag Dia amháin atá fhios ach mar a thuigimse an cás
Is go Tulach na Sióg a chuaigh sé.

Bíonn an slua sí an-luaineach san oíche,
Bíonn siad ar muir is ar talamh,
Crochann siad seol nuair a fhaigheann siad an chóir,
Ní fearr leo seol dubh ná tuar ceatha.

Thug Oisín leis Niamh slán thar muir agus sliabh
Is bhí Oscar teann tréan ar an talamh,
Is Conán Maol bocht, fear caite na gcloch,
Is ba contúirt mhór Lugh Lámhfhada.

Bíonn spraoi agus spóirt amuigh in Inis Mór
Ar phátrún Phóil agus Pheadair,
Ach beidh againne agóid, ní ionadh é, ar ndóigh,
Ar Shráidbhaile an Droichid Dé Sathairn.

Chualas aréir ar uair an dó dhéag
Go raibh bád aeir ag taisteal,
Is gur chaill a treoir ag an Dúmhaigh Mhóir
Mar go raibh an tuar ceatha an-aisteach.

Dúirt fear liom ar ball nárbh fhiú a bheith ag trácht air
Mar go dtáinig Jeaic Séip an bealach,
Is gur bhain sé as sna fásca ag bualadh bosa ar a bhasa
Is ábhar dráir agus báinín faoina ascail.

Bíonn gach dath faoin ngréin i gcábán Jeaic Séip
Ribíní buí, bán agus dearg,
Lásaí faoi ór agus búclaí buí bróg,
Nó clóca a theastódh ó dhailtín.

Anois siúlaí le cósta is cuartaí gach pórsa,
Ní maith é an seanchas fada,
Breathnaí sa gclúid sa *refuge* ar dtús
Agus thíos ar Leac na nÓinseach sa gcladach.

Ach, a Aindriú Mhóir, tá tusa cóir,
Ghlan tú suas an tuar ceatha,
Níl ionat ach tuairt, cé go bhfágann tú buairt,
Ach tá an ghrian ó shin dhúinn ag scaladh.

55. Suíochán Mháire

Ar shuíochán Mháire ar fad atá an aird
Anois ó thús an tséasúir,
Chuaigh an bhróig go sáil i bhFianna Fáil
Is d'fhág sin uaisle ag léirmheas.

Faí le leá, fó lú, fó leá,
Faí le leá, go deo iad na mná,
Beidh an chraic againn ar ball,
Beidh sciob sceab ar vótaí insa nGaeltacht.

Ó Charna aniar a tháinig a triall,
An bhean bhreá bhríomhar léannta,
Bás a hathar a bhain aisti an chéad chraitheadh,
Ach thóig sí a áit i nDáil Éireann.

Faí le leá, fó lú, fó leá,
Faí le leá, go deo iad na mná,
Beidh an chraic againn ar ball,
Beidh coimhlint ghéar insa nGaeltacht.

Ní bréag a rá gur bhuaigh sí an chéad áit
Ar mhná Inis Fáil gan díoltas,
Máire an sárbhean a dtug Taoisigh dhi gean,
Thug siad dhi aireacht rialtais.

Faí le leá, fó lú, fó leá,
Faí le leá, go deo iad na mná,
Beidh an chraic againn ar ball,
Beidh cogadh na mban san Iarthar.

Ó Charna go Mám is soir Uachtar Ard
Ná ar fud Chríocha Fáil ní bréag muis
Sí Máire an ríbhean a fuair meas agus gean
Is an chéad teachta ban ón Iarthar.

Faí le leá, fó lú, fó leá,
Faí le leá, go deo iad na mná,
Beidh an chraic againn ar ball
Má thosaíonn na huaisle ag fáil éadmhar.

Go Sasana anonn as an Dáil a chuaigh triúr
Ag iarraidh cóir cheart agus réiteach,
Bhí Dick curtha i sáinn is ar Ailfí bhí gráin
Ach labhair Máire gan scáth le Major.

Faí le leá, fó lú, fó leá,
Faí le leá, go deo iad na mná,
Beidh an chraic againn ar ball
Má bhíonn an lá leis na Fianna san Iarthar.

Faoi rud nárbh fhiú trácht a dúradh a lán,
Chuaigh an scéal i mbarr bata go héasca,
Ach beidh Cormac Óg i gceannas fós
Má mholann a mháthair leis Dáil Éireann.

Faí le leá, fó lú, fó leá,
Faí le leá, ach dúirt an seanrá
Seachain an t-ól is na mná,
Anois seasaigí go teann le Ó Neachtain, Seán,
Is beidh caraid mhaith eile ag an Iarthar.

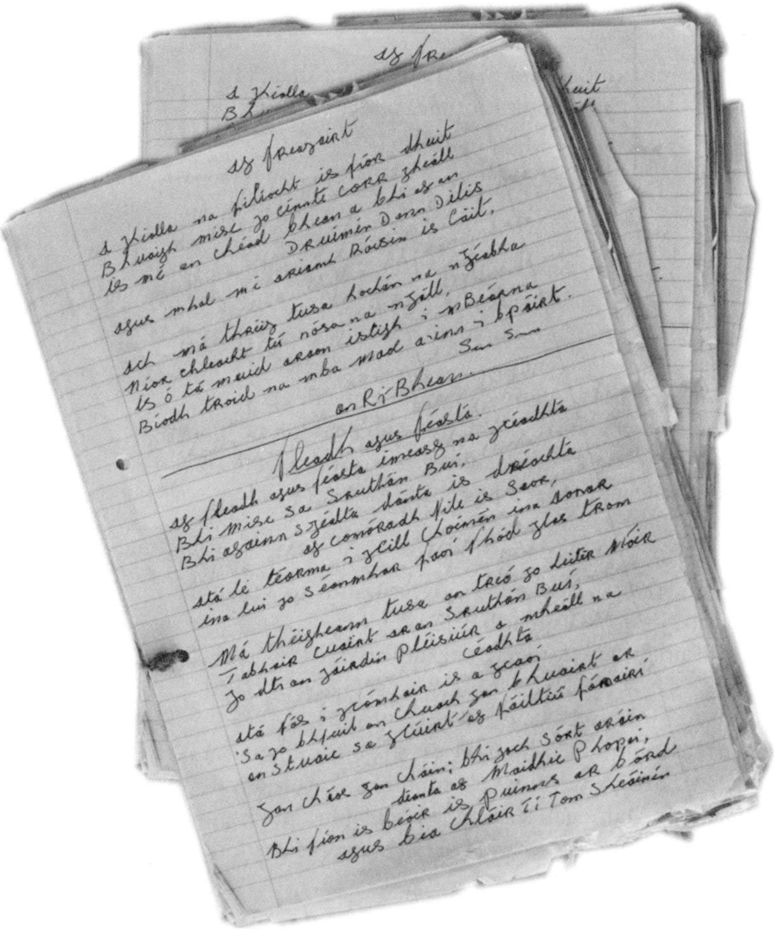

56. An Cailín Óg agus an Baitsiléara

Baitsiléara:

Éist éist, a stór,
Éist go fóill is ná habair smid,
Tá feachtas mór ins an áit
Ó chaith Máire in aer na *politics*.

Cailín:

Tuigim sin, a dhuine chóir,
Beidh láimh dhá craitheadh le sean is óg,
Beidh caint dhá scoilteadh oíche is ló
Is gheobhaidh an baitsiléara corrphóg.

Baitsiléara:

Éist go fóill, a chailín mhaith,
Ní maith an tsamhail a théas i bhfad,
Comhrá caillí a dúirt fadó
Gur dílleachta muice an baitsiléara.

Cailín:

Éist thusa, a mhic ó,
Ná bí chomh géar ná chomh gangaideach,
Fear gan bean, gan beann an baitsiléara,
Is tá sin scríofa i leabhar an tseanchais.

Baitsiléara:

Má táimse fhéin in mo sheanbhuachaill óg
Tuigim fós gleacaíocht imeartha,
Níl oíche dhá dtéim ag ól
Nach mbíonn baintreach an fhir bheo ag siocadh liom.

Cailín:

Caith tharat feasta an tseafóid,
Suigh síos is éist go baileach liom,
Vótaí atá i gceist, a mhic ó,
Tá suíochán Dála sa gceantar seo.

Baitsiléara:

Tuigim do scéal, a bhean chóir,
Mar tá Máire ar an aer an tseachtain seo,
Ní bheadh an clamhsán chomh mór
Marach gur cuireadh an scéal i mbarr bata le teannadh amach.

Cailín:

Vótaí atá i gceist, a mhic ó, i m'aonar
Is beidh cailíní óga ag bladar leat,
Má gheallann tú an chéad vóta dhóibh
Beidh siad ag gáirí go gealach leat.

Baitsiléara:

Ní thaitneodh an gáirí magúil liom,
Ní bheidh aon bhean óg ag sacadh fúm,
Gheobhad fós bean bharainneach
I gCois Fharraige gan aon stróbh.

Cailín: Muise, a mhac, ní bheidh siad siúd ag magadh fút,
Máire Rua ná Cox, ar ndóigh,
Ná an bhean óg ón gClochán thiar ansin,
Fíorchinnte fear Chois Fharraige.

Baitsiléara: Ach ó chuaigh tú insa seanchas
An bhfuil an Ghaeilge go binn blasta acu?
Mná na cathrach bíonn siad gallda, ar ndóigh,
Le Béarla ní luífidh mo chroí go deo.

Cailín: Tá an bhean rua as Áth Cinn amuigh,
Is an bhean bhán i gCathair na dTreabh istigh,
Tá an cailín óg sa gClochán thiar,
Is ná bíodh tú in aimhreas faoin gCois Fharraigeach.

Baitsiléara: Ach éist éist, a chailín mhaith,
Ní thuigimse ceart an ealaín seo,
Mar cloisim gaisce go leor ó Chormacán
Faoi ghrúpscéim uisce Chois Fharraige.

Cailín: Muise tá sé ag báisteach d'oíche is ló
Is tá Cois Fharraige báite fliuch, ar ndóigh,
Níl deoir acu in Inis Mór amuigh,
Sin a dúirt Frank aríst an tseachtain seo.

Baitsiléara: Ach tarlóidh go leor iontas fós
Is bainfear an salann as Cuan na Gaillimhe,
Is céard a deir tú le Ivan Mór
A thug bullán ar bhád aeir anonn go Stalingrad.

Cailín: Á, bíodh foighne agatsa, a mhic ó,
Nó go dtaga na mná dubha ón Afraic againn,
Agus geallaim dhuitse, a stór,
Go mbainfear allas as an mbaitsiléara.

Baitsiléara: Bíodh na mná dubha ag crágadh bóthair,
Ach beidh carr nua ag an mbaitsiléara,
Mar tá Sheikh Mujee gnóthach fós sa tobar thíos
Ag líonadh ola isteach i gcéadta barraillí.

Cailín: Ach tá gaisce agat agus go leor
Agus drochmheas agat ar na cailíní,
Ach Dia go deo le Pól
Sé a líon dhúinn ar fad na sclaigeannaí.

57. Canbhasáil ón Aer

Mo chuach thú, a Mhichael D, is tusa a fuair an tslí,
Chuaigh tú go hard i mbroinn na néalta,
Níor fhág tú réalt ná ríocht ar fad in do shlí
Nár iarr tú uimhir a haon le haghaidh do champa.

Chuaigh tú ar bhád aeir is do bhratach in do dhiaidh aniar,
Ba follasach a bhí do bhrat agus do bhranda,
Vote Labour Michael D a haon,
Ó, beidh Lucht Oibre ceannasach sa Dáil feasta.

Do b'álainn é do bhranda os cionn Gaeltacht Chonamara,
Bhí na sluaite amuigh air ag féachaint,
Fiú caora bheag na n-adharc a bhí ag tiomsacht síos ar d'aghaidh,
Muintir Árann, Chois Fharraige is na Boirne.

Os cionn Trá na gCeann a bhí an radharc ab fhearr,
Bhí na sluaite ar an ngaineamh ansin sínte,
Bhí feiceáil ar gach drár, gach báinín is léine ghearr,
Ach bhí bratach Champa Sheáin fós ar iarraidh.

Céad glóire do Rí na Reann is tú fhéin a bhí in ann
Dhul ag canbhasáil thuas ar na réalta,
Bealach na Bó Finne a lean tú fhéin go cinnte
Agus Buaile an Bhodaigh a thug dhuit ar fad léargas.

'Is tusa an fear is tréine,' a dúirt Banríon na Spéire,
'Feicfidh tú iontais ar na pláinéid,
Anois do chara is fearr an tSlat is an Bhanlámh
Agus gheobhaidh tú gach tacaíocht ón Streoillín.'

'Is cliste thú ná an dreoilín,' a dúirt réaltóg ón Streoillín,
'Agus cuirfeadsa thú ar an eolas,
Tosaigh ag séideadh an bhuinneáin agus scairtfidh dhuit na Mionnáin,
Ach is minic Réalt na Scuaibe mí-eolach.'

'Más fear thusa atá faoi bhuaireamh,' a dúirt Réaltóg na Scuaibe,
'Glac staidéar agus tóig mo chomhairle,
Seol leat go dtí an Cham-Chéacht agus inis ann do scéal
Mar is minic mise fhéin ar fuaidreamh.'

'Muise fáiltím fear na n-éacht,' a dúirt réaltóg ón gCam-Chéacht,
'Nó an tusa fhéin Mac Rí Éireann?
Agus tiúrfad thú gan dua isteach don Réalt ó Thuaidh
Nó go gcuire tú dhúinn síos ar do chúrsaí.'

‘Geallaim dhuitse bua,’ a dúirt an Réalt ó Thuaidh,
‘Tá tú trom tuirseach tarraingthe,
Ach beidh an fómhar go maith ar ball, tá Lucht Oibre gann sa spás,
Beidh tú fhéin is Mac an Earraigh go buacach.

‘Mise Michael D is bhunaigh mé TnaG,
Nó an bhfaca sibh fós an clár *Léargas*?
Bronnaim oraibh aeróg nua agus cloisfidh sibh, ar ndóigh,
Seanchas na bhFiann fós as Éirinn.’

‘Rath Dé ort is do leas is tar ag an Réalt ó Dheas
Agus beannaigh do Réaltóg Mhainnín go laethúil,
Is inis dhóibh go beacht do chúis faoi a theacht
Go bhfuil scáth fós in Éirinn roimh na Fianna.

‘Glacaim buíochas libh ó chroí is ar ais liom ar mo shlí,
Fillfead le Réalt an Tráthnóna
Agus inseod do Dhia le háthas go bhfuil Lucht Oibre gann sa spás,
Slán libh, a phláinéid is a réalta.

58. A Róisín, Is Cás Liom Do Bhuairt Inniu

A Róisín, is cás liom do bhuairt inniu,
Tú fágtha fánach gan cáin dhleathach ag na huaisle anois,
Agus do mharcach ag éirí in airde
Ar a chaoleach dubh.

Chuaigh Sáirséal uait thar sáile fadó ó shin,
Bhí sé go mór i ngrá leat ach níor éirigh leis,
Sheas na laochra Luan Cásca go calma dhuit,
Ó is trua mar a d'éag do chlann an lá sin, a Róisín Dubh.

Ghráigh an Craoibhín thú go dílis níl dabht ar bith,
Mac Éil is Ó Gramhnaigh is Mac Néill go dlúth leo sin,
Agus Gaeil mhaithe ar fud na tíre táim cinnte dhe,
Lucht rachmais a d'fhág do sparán spíonta, a Róisín Dubh.

Tá an lá inniu ina ghála láidir agus is coipthe atá an mhuir,
Tá do mharcach ar chúrsa an rása le beannacht Mhic Uí Dhuinn,
Fíor nó bréag an ráfla is cuma sin liom,
Croch thusa do cheann in airde, a Róisín Dubh.

Tá do bhráthair mór ag teacht anall leat agus Nollaig leis,
Gheobhaidh sé fíon láidir sa *duty free* dhuit,
Fágfaidh a leathbhádóir slán agat, dúradh liom,
Is beidh do cheannáras i gCathair na dTreabh ag an Lia-dán-ach.

Beidh Macintosh san airdeall, tuigim sin,
An bundún leice le peann cleite ag breacadh leis,
Beidh John Player ag plúchadh an léargais le deatach trom tiubh,
Beidh do chlann ag dalladh a chéile ag dearcadh thar muir.

Tá na boicht fós i ngrá leat, a Róisín Dubh,
Tá muid ag iarraidh thú a shábháil, tuig uaim é sin,
An chrúb cham a chráigh thú is a thug an bhuairt seo ort,
Na huaisle a d'fhág briste brúite thú fhéin anocht.

Beidh an lá amáireach ina chalm agus is ciúin a bheas an mhuir,
Beidh Cathal ina ghaltán agus Réamonn leis,
Beidh Lowry ar an halmadóir agus Mac Uí Dhuinn ar deic,
Tochas do dhroma a bheas agatsa feasta, a Róisín Dubh.

59. Maiteanas

Molfar go héag ar gach ócáid
Ben Dunne a bhí carthanach fial,
Chuir sé a lámh go doimhin ina phóca
Nuair a bhí Séarlas an Taoiseach i mbaol.

Anois tá gach cam déanta díreach,
Tá na peacaí dhó maite go léir,
Gan sagart ná easpag ina ghaobhar,
Bhí an aspalóid faighte faoi réir.

Ní fhágfar ar deireadh na sárfhir
A chuidigh le Séarlas sa ngábh,
Beidh cáil orthu anois ar fud Éireann
Mar bhí ar Thadhg an dá veist fadó an lá.

Thosaigh na hadharca dhá séideadh
Is bhí ruaille buaille sa Dáil,
Bhí pleibistín as a chranna cumhachta
Ag liobairt ar lucht Fhianna Fáil.

Labhair Mac an Droma go bríomhar
Is bhí Mac an Daba ansiúd lena sháil,
Bhí John Player ag tochas is ag scríobadh
Is é ag lascadh ar lúidín le fás.

Ina dhiaidh a feictear a leas do na daoine,
Tá an Búrcach é fhéin curtha i sáinn,
Tá an díobháil is an anachain déanta
Ó thóig na boic mhóra an chrúb cham.

Dhá mbeadh muid ag caint go ceann míosa
Bhí Ben Dunne le Lowry go fial,
Sheas sé dhó in am an ghátair
Gur chuir sé fad as a theach soir is siar.

Tiocfaidh toghchán eile tar éis píosa
Is beidh an soiscéal dhá chraoladh go hard,
Beidh an chiotaíl ar fad scríofa sa mBíobla
Is beidh uallfairt go brách insa Dáil.

Sin é mo chomhrása déanta
Is ag na huaisle tá logha iomlán le fáil,
Ach fhad a lasfas réalt ar na spéartha
Íocfaidh na boicht an reicneáil.

60. Rása an Uachtaráin

Tá an Dochtúr Ó hIrghile anois ag scaradh linn
Mar tá dhá théarma curtha isteach aige,
Is ní tharlóidh sin ar ais againn
Go gcaitear an fichiú céad.

Tiocfaidh an tUltach anuas go Gaillimh againn
Is beidh sé luathchosach ag siúl ar leacrachaí,
Ach má gearrtar air aon sreangannaí
Beidh orainn milleán géar.

Tiocfaidh Máire Robinson
Is labhróidh sí go habartha,
Agus má ghéilleann sibh dhá hachainí
San Áras beidh cead isteach agaibh.

Dhá mbeadh an t-uascán mór againn
Thall ar chóstaí Alban,
Cloch an bháis le sreangán leathair air,
Stopfadh sin na lasrachaí tá teacht óna bhéal.

Tá an PD gan aon teachtaire
Sin é ráite an dradaire,
Tá sé anois ina bhambairne
Idir Fianna Fáil is Fine Gael.

Tiocfaidh Brian lá scairteachaí
Is déarfaidh sé *no problem* libh,
Ach seasaí amach go daingean teann
Le páirtí De Valer'.

Ach thug an PD léim leataobhach
Is caitheadh Brian i dtraipisí,
Agus san Áras le mo bharúilse
Ní chodlóidh sé aon néal.

61. Fáiltiú Mary McAleese go Cathair na dTreabh

Fáiltímid go Cathair na dTreabh thú, a ríbhean,
Agus seasfaidh muid go dílis sa gcás,
Tá na Fianna beo bríomhar sa tír fós,
Bhíodar buacach ariamh ag coimhlint i rás.

Anocht tá do chleamhnas dhá dhéanamh
Is beidh ár dtacaíocht mar spré dhuit sa rás,
Nuair a thiocfas lá an chuntais go cinnte
Beidh tú ins an Áras dhá bharr.

Tar chugainn aríst ar chuairt mhíosa,
Is tar ar aonach an fhómhair sa Mám,
Beidh Dev Óg ann i gceannas na ndaoine,
Beidh céad míle fáilte romhat ann.

Feicfidh tú Banríon an tSléibhe,
Bíonn sí gléasta go néata gach am,
Tá cáil uirthi anois ar fud Éireann,
Sí Bina a bheas ag fáiltiú romhat ann.

Feicfidh tú áilleacht na tíre,
Na locha i gciúnas na ngleann,
Beidh sluaite ag na crosbhóithrí
Ag tacú leat fhéin insa rás.

Faoi choimirce Mhic Dara is Mhic Duach thú
Bríd agus Colm Cille na mbua,
Beidh lúcháir uilig ar fud Éireann
Ó Ghaillimh go Dún Phádraig ó thuaidh.

Sin é mo chomhrása déanta,
Is go n-éirí go geal leat sa rás,
Sí Mary McAleese an ríbhean
Le cur san Áras i Sean-Inis Fáil.

62. An Tuíodóir Maggie Thatcher

Tá tuíodóir na gCaomhaigh anois bailithe,
Is díolfaidh sí an máilléad, ar ndóigh,
Ní bheidh meas aici feasta ar thuí sheasc ná ar luachair
Ná faoin ngiolcach ní bhfaigheadh sí aon só.

Dhá maireadh Seán Buí insa tír seo
Rachadh sé le scoilb anonn,
Ach shiúil seisean ar bhóthar uaigneach an Domhnaigh
Agus sí an charóig a frítheadh dhá phógadh le fonn.

Ó chleacht an tuíodóir fíon Spáinneach
Is go ndeachaigh sí go Oileáin Fháclainne anonn,
Anois óladh sí bíodán tae láidir
As taephota Charlie, ar ndóigh.

Tháinig sí ó Shasana an Bhéarla
Anall go hÉirinn ar cuairt,
Ach dhá bhfeicfinnse ag cur stráca le binn í
Ar mo chroí istigh-sa fhéin ní bheadh buairt.

Chuaigh sí go tuaisceart ár dtíre
Suas go dtí Paisley ar cuairt,
Thosaigh sé ag gáire is ag béiciúch
Agus dúirt sé a chuid cainte ina tuairt.

Dhá maireadh na Blácaigh sa taobh seo
Gheobhadh sí neart slata mar dhuais,
Agus bhioródh Seán Buí dhi na scoilb
Marach luaidhe a bhain an chéir as a chluais.

Anois ó tá an tuíodóir seo sáraithe
Is nach mbeidh sí sa dréimire níos mó
Cuirfimid scolb ina hata
Agus fágfaidh muid slán léi go buan.

63. Cléir is Tuata

Tá cléir is tuata ag agairt
Deireadh a chur le caismirt,
Doirteadh fola a sheachaint
Ar son an Aon-Mhic Dé.

Tá an t-ár ar bun rófhada
Agus sluaite curtha i dtalamh,
Tuilleadh i ndaorbhroid caite
Nach saothróidh cáil ná céim.

An tráth a raibh Charlie i gceannas
Chuaigh sé gan bhréag ag taisteal
Thar toinn anonn ag Thatcher
Ag iarraidh síochán a chur i réim.

Ach mo léan, níor fhéad í a mhealladh
Le taephota ná le gealladh,
Séard a dúirt sí, 'Amach le teannadh
Is ná tar ar ais arís.

'Fág an tír go gasta
Nó is leat an máilléad ar an gcamóig bhearraigh,
Is beidh fán ort ag fóidín meara
Le bolscaireacht Sheáin Bhuí.'

Chuaigh Ailfí arís thar caladh
Máire chalma is Mac an Earraigh
D'éist Major leo go baileach
Ach airm a leagan síos.

Cé go bhfuil éan ar charraig
Nach gcreideann cré ná paidir
Is fuath leis fós an abairt
Go mbeadh Éire ag Cáit Ní Dhuibhir

Ach guibhigí-se, a chlanna,
Go mbeidh síochán buan ag Banba
Gan claí ná fál dhá dealadh
Ó theorainn lámha Dé.

64. Piléar Nelson

Bhí Nelson mar Humtaí
Thuas ar an leachta
Cuireadh tine faoina thóin
Ach níor airigh an dumaí bocht tada.

Nuair a phléasc an gath nimhe
Tháinig sé go talamh
Agus tá a shuíochán ó shin
Fágtha fuar folamh.

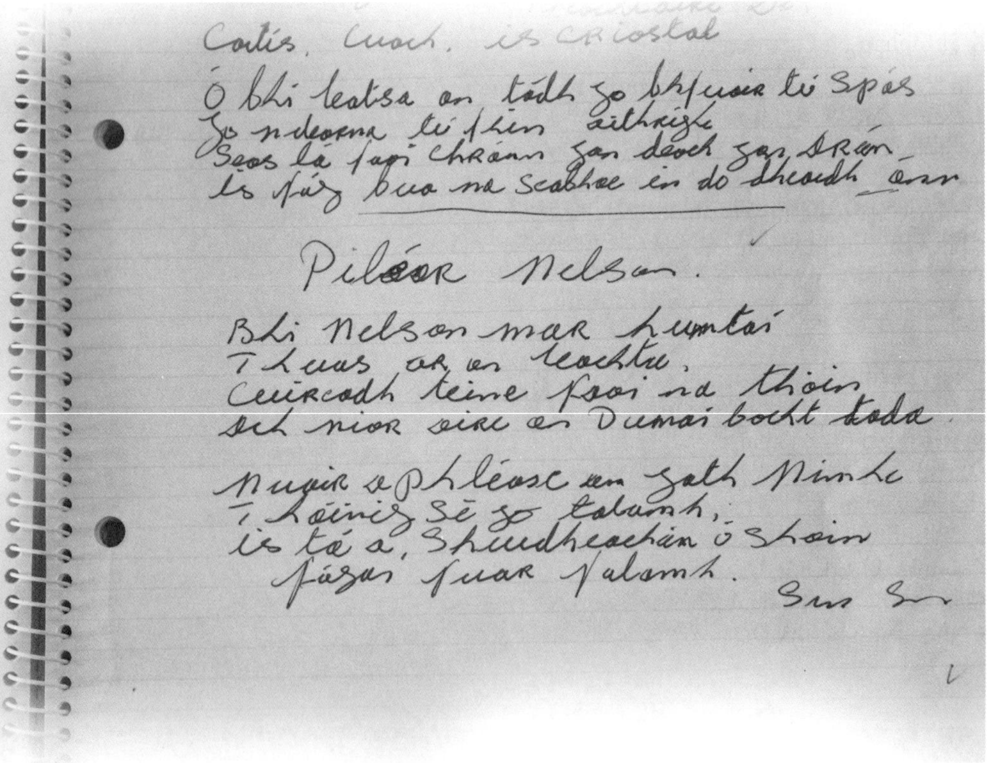

65. Siobhán Ní Fhlaithearta

Dé Sathairn seo caite is mo chúl agam le balla,
Cráite le fuacht ag fearthainn is gaoth,
Tháinig stáidbhean an bealach, ina carr bhí triúr leanbh,
Is labhair sí go cairdiúil is grá Dé ina croí.

Labhair sí i nglan-Ghaeilge is bheannaíos dhá réir dhi
Agus dúirt sí go déirciúil, 'Tar isteach is suigh síos
Is labhair le mo pháistí sa nGaeilge bhinn ársa
Is tiúrfad Cathair na dTreabh thú mas ann tá do thriall.'

Shuigh mé go stáidiúil ansiúd leis na páistí,
Labhair siad go fáilí gan náire ná coimhthíos
I dteanga a seacht sinsear tá acu ó nádúr,
An Ghaeilge bhinn bhláfar ón gcliabhán aníos.

Labhair siad ar an Nollaig, an t-am a bhí i láthair,
Is ar Saintí a thagann sa simléar san oíche,
Is ar Mhuire Bheannaithe Maighdean is Máthair
A thug ar an saol an leanbh Íosa i máinséar asail sa tuí.

A Shiobhán Ní Fhlaithearta, tá dea-bhéasach cneasta,
Sonas is séan ort, tá do chroí go cóir fial,
Thóig tú an mac scaipeach bhí gan dídean, gan fascadh
Is thug tú saor slán mé ó ghangaid is baol.

Le críochnú mo véarsaí molaim go haer thú
Agus cumhdach na naomh ort i gcúram do chairr
Do chlann is d'fhear céile is do chairde fré chéile
Ó Leitir Móir aerach siar don Trá Bháin.

A Shiobhán, a théagair, beannacht Mhic Dé ort
Is go dtaga tú i gcónaí slán saor as gach gábh,
Is gheobhaidh tú fear béasach i Leitir Móir aerach
Nó thíos sa Trá Bháin
A chuirfeas do cháilíocht i véarsaíocht níos fearr
Ná an filí bocht fáin.

66. Seanchas le Máire

Misneach agus fearúlacht
Is annamh a chlis ar fhear ar bith,
Casadh cailín deas orm
Ag teacht aníos an bóthar,
Labhair sí liom go gealgháireach
Is d'fhiafraíos fios a hainm di,
Dúirt, 'Máire Ní Mháille m'ainm-sa
De bhunadh Ghráinne ó Mhaigh Eo.'

Is aici a bhí an siúl spéiriúil,
Bhí sí gléasta amach go faisiúnta,
Ní fhacas fós bean ag spaisteoireacht
A bhainfeadh an barr dhi le dathúlacht
Le deiseacht ná le méin,
Soineantacht is gileacht a héadain,
Thug mo chroí-sa taitneamh dhi
Maraon le duibheacht folt a cinn.

Bhíos go grinn ag dearcadh uirthi
Is thug sí fhéin faoi deara sin,
Bhí sí croíúil meanmnach
Múinte macánta agus cóir,
Labhraíos fhéin go haigeanta
Is mé ag smaoineamh ar í a mhealladh liom,
Níorbh fhada liom ráithe an earraigh, ar ndóigh,
Dhá mba liom fhéin an tseoid.

Labhair sí aríst go carthanach
Is dúirt go bhfuair mo theachtaireacht,
'Seanchas a thug an bealach mé
Agus ní ábhaillí ná spóirt,
Tá fear céile anall ón bhFrainc agam
Tá grá im chroí i dtaisce dhó,
Is ní dhéanfad choíche a mhalartú
Ar airgead ná ar ór.'

Más seanchas atá ag teastáil uait
Is gurbh in é a thug an bealach thú
Fáiltím isteach go teallach romhat
Agus go maire tú gan brón,
Suífidh muid síos chun seanchais
Go caoithiúil le teann carthanais,
Níor chuir tú dall i dteachtaireacht
Sé croí na féile Leon.

67. Caitríona

Mise an fear fáin is níl nóta in mo cheann
Ach chumfainn dán nó corrvéarsa,
Is mé i reacht seoil ag coirm cheoil
Dhearcas plúr na mban óg dhom fhéachaint,
Is d'iarr sí ar ball go múinte tláth,
'An dtiúrfá ormsa cuntas i véarsaíocht?'

A stór mo chroí, bí anois in do shuí
Agus dearc orm fhéin anall,
Go dtóigfead go cruinn i meabhair mo chinn
Do chumraíocht ó bhaithis go sáil,
Agus déanfad cur síos nó is gearr é mo shaol
Ar an bpéarla ó Uachtar Ard.

Do leithéid de sheod i mbaile ná i ndeois'
Ní fhacas fós in mo shaol,
Do mhalaí deas caol is do leaca geal mín
Agus do ghrua ar dhath na gcaor,
Do shúile cruinn glas is do bhéilín deas
Agus duibheacht folt do chinn.

Dhá dtagfása an tslí fadó in mo linn
Thiúrfainn dhuit bannaí béil
Go dtiocfainn gan spás go hUachtar Ard
Is tú a iarraidh ar do mhuintir fhéin,
Ach tá an lá sin thart agus mise anseo sean
A Chaitríona, a phlúr na gcraobh.

Aríst i mbád mór faoi chulaith bhreá seoil
Sheolfadh muid ar Loch Coirib amach,
Is shiúlfadh muid thart ar Oileán na gCearc
Ins an áit a raibh an Flaitheartach seal,
Is ar Chnoc an Dúin gach trathnóna ciúin
Thiocfainn ag siúlóid leat.

Fút ón teach bheadh cóiste trí each
Ag dhul go Gleann na Smól,
Faoi dhó sa ló ag bleán na mbó
Bheadh seanbhuachaill óg dhuit fhéin,
Is dhá seoladh chun féir don Ros nó don Léim
Agus dhá dtabhairt ag an mbuaile ar ais.

Bheadh bradán is breac geal ón Ros isteach
Go minic mar lón agat fhéin,
Breallach is breac ón gCladach ó Dheas
Dhá mba áil leat é ina dhiaidh,
Feoil chearc is smior mart dhá dtaitneodh sé leat
Agus mil bheach i gcónaí faoi réir.

Ag siúl dhúinn sa drúcht, a chuisle is a rún,
Ní chuirfinn ort fearg ná gruaim,
Dhul ag iascach na mbreac le bradóg is slat
Bheadh againn comhrá deas ciúin
Is ar maidin Dé Luain níor mhór liom dhuitse mar dhuais
Caisleán Achadh an Iúir.

Bhí Raiftearaí dall is ba mhór an feall
Ach chum sé go leor faoi bhean,
Ar an leaba san oíche ag ligean a scíth
Bhí an oíche dhó chomh geal leis an lá,
Agus anois, a Cháit-Ríon, ó táimse san aois
Mo chúig chéad beannacht leat.

68. An Cailín Mánla

Is mór an spóirt í an ghnaíúlacht
Agus an chroíúlacht ag tacú léi,
Casadh cailín mánla orm
Ar cholbha an bhaile mhóir,
Labhair mé léi go carthanach
Is d'fhiafraíos treoir an bhealaigh dhi,
Séard a dúirt sí, 'Siúlfad tamall leat,
Giorraíonn beirt an bóthar.'

Shiúil mé lena taobh amach
Is chuaigh muid insa seanchas,
D'fhiafraíos ansin a hainm dhi
Nó, 'Cá gcónaíonn tusa, a stór?'
D'fhreagair sí mé go paiteanta
'Máirín Chartúir is ea m'ainm-sa
Is cónaím i gCois Fharraige
Gan bhréag, a bhuachaill óig.

'Tá teach ar bhéal an bhealaigh agam
Sin is gabháltas talúna,
Gamhna deasa is cupla bó
Bhuaileas bóthar i ndiaidh an aifrinn dhom,'
A dúirt sí arís go meanmnach
'Mar tá cairde i gCathair na dTreabh agam
Is tar éis obair mhór na seachtaine
Gheobhad aer an bhaile mhóir.'

Shiúil sí liom go gealgháireach
Is í gléasta amach go faisiúnta,
Ní fhacas fós aon bhean mar í
A chráigh chomh mór mo chroí,
Leis an loinnir a bhí ina héadan
Níor fhéadas gan a bheith ag dearcadh uirthi,
Is dhá dtarlódh dhom í a mhealladh liom
Níorbh fhada liom mo shaol.

Ach fós bhíos fhéin in aiféala
Gur tharla moill faoi bhealach dhom,
Is gur bhuail fóidín meara mé
An tráth ar fhágas teach an óil,
Dúras ansin go haigeanta
Go raibh cara i dteach na n-easlán liom,
Nuair a shíleas dhul chomh fada leis
Gur chailleas fhéin mo threoir.

‘Cónaím thiar i Sailearna
Is ar aon neach beo ní cheilim é,
Déanaim obair thalúna
Is deasaím píosaí bóthair,
Is minic mé ag spailpínteacht,
Bainim féar ar fud na mbailteachaí,
Is bainim torann cinnte as clárachaí
Nuair a théim ag teach an cheoil.’

‘Más spailpín thú nó scafaire
Is fear ar fónamh an spealadóir,
An sleádóir is an carraera,
Fear láí ag déanamh earraigh, ar ndóigh,
Is é ag iontú suas an fhóid,
Ach comhairle dhuit in aisce uaim
Fan as teach an leanna amach
Nó beidh sáil cham ar do bhróig.’

Dúirt mé fhéin go baileach léi
Nuair a fuair mé an chomhairle charadach
‘A stóirín, seo í m’achainí,
Tar anocht ag teach an cheoil
Agus fágfad ar ais sa mbaile thú
Is tiocfad arís i lár na seachtaine
Agus go deo ní iarrfad scaradh leat
Nó go dté péine orm faoin bhfód.’

69. Comhghairdeachas

Comhghairdeachas leat, a Chaitríona,
Is go maire tú in do shláinte do chraobh,
Thug tú an geall anall leat thar taoide
Is tá Banba lánsásta as do ghníomh.

Rith tú an rása go cliste
Le crógacht, le misneach is brí,
Thug tú an chraobh leat go seanoileán Phádraic,
Rath Dé ort is treoir ón Sprid Naomh.

Coinnigh ort ag coimhlint i ngeallta
Go spóirtiúil, go fuinniúil is go dian,
Smaoinigh go deo ar na laochra
Ar thréan-neart agus gaisce na bhFiann.

I gContae an Chabháin a tóigeadh sárbhean
A thug bua léi thar taoide anall,
Go lúfar cliste le neart is fuinneamh
I ngach alt is cuisle thug sí an chraobh go hInis Fáil.

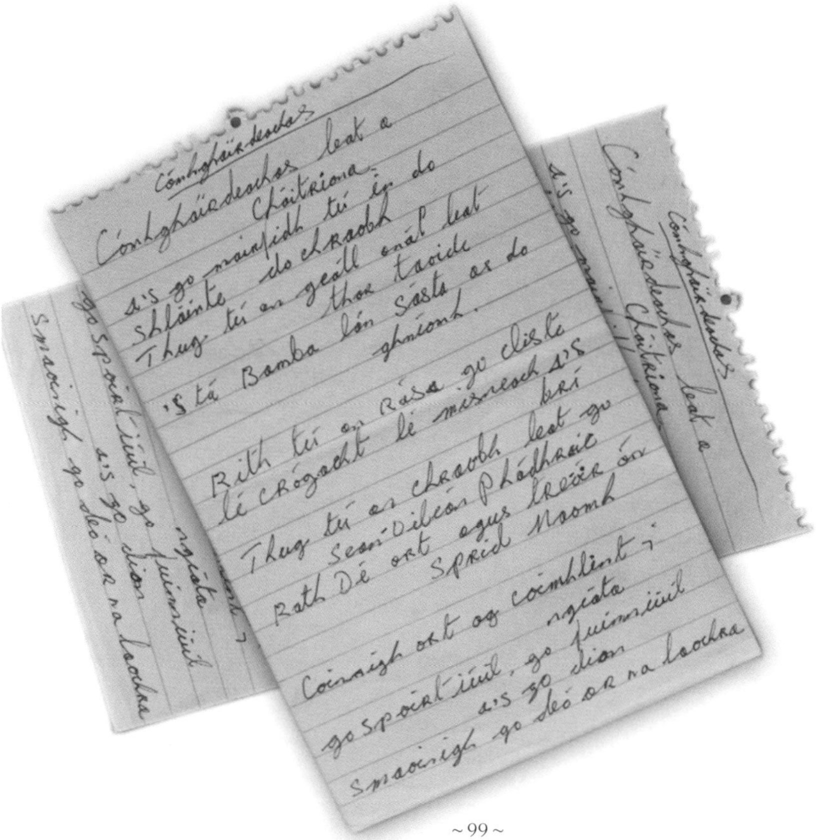

70. An Ríbhean

Tar éis na Nollag le cúnamh Chríosta
Scríobhfad píosa i bhfoirm dán
Ar Nóra chliúiteach scoth gach cúige
Croí gach siamsa agus buaiteoir geall.

I gciumhais an tsléibhe in Iarthar Éireann
A tóigeadh an péarla atá mé a rá,
Is dhá mbeadh sí in éifeacht nuair a bhíos óg aerach
Dar brí mo mhóide bheadh sí liom ar láimh.

Chumfainn véarsa is mé ag cómhrá léi
Ag Lochán na nGéabha nó i Rinn an tSrutháin,
Agus ansin le córtas dhá bhfaighinn a mórtas
Thóigfinn áras sa nGarraí Ard.

Ach d'athraíos intinn agus d'fhágas muintir
Is ar chomhrá gaolta níor thugas aird,
Is níl fleá ná féile nach ndeachaigh an spéirbhean
Agus thug sí an chraobh léi as Dún na nGall.

Tháinig pianta i rith na mblianta
Is d'imigh an óige uaim mar an gceo,
Is ba bhinne a glórsa ná na cuacha
Agus í ag tóigeáil geallta le sean-nós.

Comhghairdeachas anois leat, a Nóra,
Is go maire tú in do shláinte gach craobh,
Is tú an chéad bhean a bhí ag an Droimeann Donn Dílis
A líon Corn Uí Ríada fá thrí.

Nóra ag freagairt
A ghiolla na filíocht, is fíor dhuit,
Bhuaigh mise go cinnte corrgheall,
Is mé an chéad bhean a bhí ag an Droimeann Donn Dílis
Agus mhol mé ariamh Róisín is Cáit.

Ach má thréig tusa Lochán na nGéabha
Níor chleacht tú fós nósa na nGall,
Is ó tá muid araon istigh i mBearna
Bíodh troid na mba maol againn i bpáirt.

71. An Ainnir Dhubh Chatach

Istigh dhom i nGaillimh ar maidin inné
Ar thóir luibh leighis a mhaolódh mo phian
Casadh mé in áras roimh uair an mheán lae
Ina raibh fir is mná óga ag cur deatach go haer,
D'fhanas i leataobh ar an stól liom fhéin,
Bhí an aeráid an-truaillithe is an boladh fíorghéar,
Nuair a d'osclaíos an doras ar thóir beagán aeir
Sea dhearcas an ainnir 'na suí le mo thaobh.

Bhí a folt dubh catach go camarsach réidh
Go slamarach slaodmhar ag feacadh léi síos,
A grua mar an rós is a súil gan scéin,
Ba réalt í ar thalamh ainnir na gciabh,
A rosca glasa mar gheamhar tré chré
Mar shoilsiú gréine bhí fáinne a méar,
I leatharchóta fáiscthe b'álainn í fhéin
Is a pearsa dhá réir ó bhaithis go fíor.

Bheannaíos don ógbhean i dteanga na nGael
Is d'fhreagair ar ais mé an ainnir go séimh,
Dhomsa a hainm d'aithris sí fhéin,
'Caitlín m'ainm, sin agat gan bhréag,
Mo mhuirnín níor mhúin dhom an Ghaeilge, mo léan,
Ach tuigim a brí is déanaim iarracht í a léamh,
Is dhá mbeadh sé ar mo chumas í a labhairt go tréan
Do cháilíochtsa scríobhfainn i véarsa nó i ndréacht.'

An File
A bhruinneal ghealgháireach tuigim do scéal
Is táimse san aois mar is eol dhuit fhéin,
Learaí sea m'ainm, ráite fírinneach béil,
Ach thiúrfainn dhuit taitneamh nuair a bhíos in mo réim,
Le cleasa is le bearta do shílfinn thú a mhealladh,
D'fhanfainn san oíche leat ag ceann bóthair nó bealaigh
Is dhá ndéanfá mé a dhiúltú ní bhuailfinn buille sa mbéim.

An Ainnir
Ná smaoin thusa in d'aigne is ná síl in do chroí
Má táimse gealgháireach nach mbíonn buaireamh thríd,
Chloíos le aclaíocht seal maith dem shaol
Is chuaigh m'ainm in airde i mbaile is i gcéin,
Bhíos an tráth sin óg aerach, sin tríocha mór bliain,
Sin dhuitse mo cháilíocht, mo theastas, mo chéim,
Is tá mo leanbh anois ina dhéagóir
Is ag fáil teagaisc ón gcléir.

Táim sna bólaí seo le téarma maith blian
Is iomaí scéal agam nár inis mé ariamh
Ó bhíos in mo pháiste nó gur éiríos in aois
Ar pháipéar ná cárta níor chuireas a leath ná a dtrian,
Ba mhinic mé i ngleannta i lúib coille ag triall
I leatharbhuataisí arda ar chaoleach ag fiach,
Is minic i m'aice na fir chalma go léir
Go rialta Tigh Dhonghaile i mBearna ar an gcéibh.

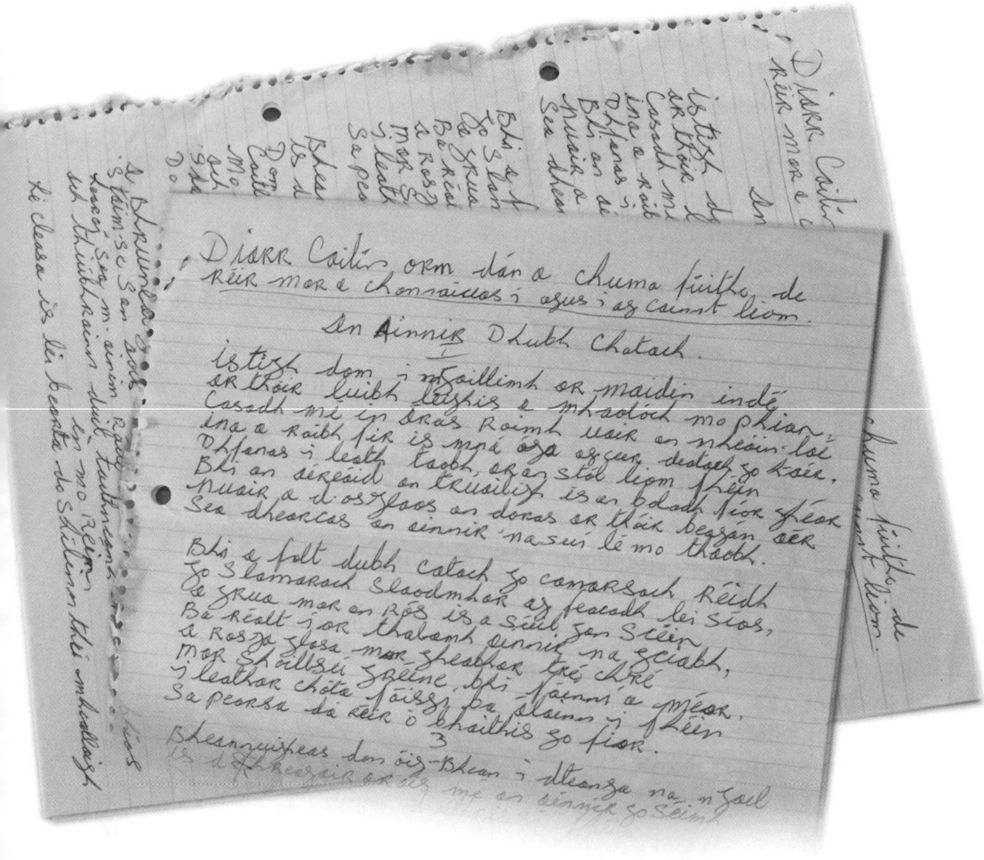

72. An Ainnir Máire Bhán

Beidh cuimhne agam an fhad is mhairfeas mé ar an ainnir Máire Bhán
A d'imigh uaim thar farraige is a chuir arraing thrí mo lár,
Néal ní chodlaím suaimhneach ó thús oíche nó go ngeala lá,
A stór, mara bhfille tú abhaile agam go héag ní bheidh mé slán.

Tá mná óga an bhaile seo ag rá go bhfuil mé sean
Is nach bhfuil aon bhean i Sailearna a thiúrfadh dhom fhéin gean,
Ní hé sin fhéin is measa liom ná a chránn an croí im lár
Ach Máire a dhul thar caladh uaim is níor fhág sí agam slán.

Tá teach is píosa talún agam chomh deas is tá san áit,
Ba agus caoirigh geala chomh breá is tá in Inis Fáil,
Éanlaith clóis níl a leithéid sa deoise a chuirfeadh ort gliondar croí,
Is a Mháire, a rún, tara go ciúin nó ní mhairfidh mé beo mí.

Cheannóinn fhéin culaith éadaigh dhuit chomh maith is tá le fáil,
Bríste cúng caol ioscadach, veist agus seaicéad gearr,
Hata ard le ribín breá bheadh go rídheas ar do cheann
Agus cóta deas de thogha an leathair a chlúdódh thú go sáil.

Is faide liom lá ná seachtain ó d'imigh tú uaim anonn
Anseo faoi sprocht is tocht i m'ucht ag dearcadh amach an cuan,
Marach an aimsir a bheith chomh garbh sin agus na farraigí chomh hard
Réiteoinn suas mo churachín agus leanfainn an bád bán.

Sheolfainn amach ón gcéibh anseo is d'imeoinn soir le gaoth,
Threabhfainn cuanta is calafoirt ag tóraíocht stór mo chroí,
Thiocfainn go Cionn tSáile síos, Lios Dún Bhearna agus Trá Lí
Is ní fhillfinn ar ais go Bearna, ar ndóigh, go gcloisfinn thú ag gabháil fhoinn.

Is gearr uainn anois an tOireachtas is fill, a Mháire, aríst
Ach rachaidh mé Port Láirge síos sula ligfidh mé mo scíth,
Siúlfaidh mé thart Dún Garbhán is go cinnte, ar ndóigh, an Rinn
Is mara bhfeicfead ar an ardán thú ní fada buan mo shaol.

Stopfad feasta an seanchas is ní abróidh mé níos mó
Mar táim anois in aistiúlacht is ní mhairfidh mé le cumha,
Guibhim oíche agus maidin dhuit go n-éirí leat an bua,
Seachain go héag an cladhaire, a stór, is ná géill don chamán luatha.

73. Muic Fhada Bhán

Bhí muic fhada bhán ag Méimí san Aird
Is bhí sí ar *sale* ann le fada,
Tháinig Éinniú ann is Peaitín i gcarr
Ach briseadh an margadh a déanadh.

Tháinig Tomás is Staff as Dumhaigh Ithir isteach,
Bhí Beairtle is Seáinín ann rompu,
Le margáil ghéar cuireadh an mhuic seo an céad
Is í bheith roinnte go cothromúil eatarthu.

Séard a dúirt Peaidí Neain gur iontach an pleain
Ó Bheairtle dhá cur as na rataí,
Is gur álainn an blas a chuirfeadh sí ar ghabáiste Staff
Nuair a bheadh sí cruaite suas insa salann.

Ag tigh Mhéimí an Ghabha a bhuail Seán í den ord
Is chuir Seáinín an scian ina croí,
Is gur baineadh Staff as a riocht nuair a chuala sé an chéad ghlao
Is níor stop sé go ndeachaigh don *trawler*.

Ag tigh Mhéara Beag cinnte bhí an obair le déanamh
A glanadh, a réiteach is í a roinnt ann,
Bhí Tomás is Staff ag fadú an teas
Ag líonadh na bpotaí is dhá dtaoscadh.

Bhí Beairtle agus Seán lena gcuid sceanaí ann
Is iad raspáilte amach acu cheana,
Cuireadh an obair chun cinn is dearnadh an roinnt
Is bhíodar réitithe amach ann tráthnóna.

Níl aon mhagadh ann mar níl uilig ann ach greann
Is níl fear ins an áit nach bhfuair píosa,
Is gur dhúirt Tomás liom fhéin gur álainn an ithe í
Le gabáiste glas agus meacna.

Sé dúirt Peaidí Mhic gur iontach í an cheird
An mhuic seo a chur as na boimbéil,
Is nach bhfuil aon fhear acu ann nach mbeidh ag canadh ann ard
Nuair a bheas deireadh na muice seo ídithe.

74. Ar an Ordóg

Ag dhul dhom chun an teampaill ag Aifreann na Marbh
Ag siúlóid go spágach agus mo chos bhacach an-tinn,
Thóraíos deis taistil ar bhean rua faoi bhealach,
Ní dhearna sí gáire ná meangadh ach is gruama d'fhéach sí.

Muise, a ghlic-rua gan forás, loirgní píopa nó spriosán,
Is mairg don tír a bheadh taobh leat,
Dall nó fear meata a thitfeadh leat i bpeaca,
Céile leaba ní bheidh go Lá an Bhrátha agat.

Beidh slis fós ar do dhromán dhul thart ar an gcnocán,
Ní scairtfidh an ghrian chuile lá ort,
Beidh tú in do dhonóg le spúnóg sa gcupán,
Tharla sé ariamh do chroí cráite páiste,
Ná malrach ní ghlaofaidh Mama go deo ort.

Beidh do choinneal fós gan lasadh agus do shlat fhéin do do lascadh,
Smaoinigh ar an ní átá mé a rá leat,
Mar is iomaí fear, bean is leanbh a baineadh as cleachtadh
Is a fágadh gan Mrucha gan Mánas.

Anois, a bhean mhór gan charaid, go n-éirí go geal leat,
Beannacht Mhic Dé ort ins gach bealach,
Ach is mairg don bhalbh, fear cam ná fear bacach
A thóródh uait cabhair ná deis taistil.

75. An Fear Siúil

Bhí mise an lá cheana ag siúl síos go Gaillimh,
Bhí mé crom casta is mo chnámha fíorthinn,
Chuaigh an bhanríon amach tharam ar nós sinneán gála lá earraigh,
Bhí an chois thíos go clár ach ní raibh sí fhéin caoch.

A bhanríon bhinn mhaiseach, is maith a chonaic tú an mac seo,
Bhí tú rósdhearg ag dhul thairis amach,
Ní raibh cat agat ná mada, bhí an suíochán siúd folamh
Is d'fhág tú an mac scaipeach gan fascadh ar an mbóthar.

A bhanríon na gcarad, éist liomsa sealad
Mar is iomaí cor casta atá tagtha sa saol
Ó bhí tusa in do pháiste nó gur éirigh tú in airde
As an lagphortach de do ghogaide thíos.

A bhanríon gheal gháireach, go mba seacht fearr thú amáireach
Ach is iomaí lá álainn tá imithe chun siúil
Ó bhí tusa ar scáth an chnocáin is do chúl leis na sinneáin,
Ó nach iomaí cloch shneachta a bhuail thú fhéin insa tóin.

Nuair a d'fhág tusa an baile dhul ar aimsir go Gaillimh
Go háras na n-easlán ar phunt nó deich fichead
Ní raibh do dheis taistil chomh mór sin sa bhfaisean
Stocaí na n-alt agus dhá slipéide buí.

Ó tá sé ina chalm go n-éirí go geal leat
Sin iad mo smaointe agus ráite mo bhéil,
Ní baol dhuit gath gréine, sé an fóthanán is géire,
Má scallann an neantóg tá fuarú sa gcopóg le bualadh os a chionn.

76. An Bhláthbhean Bhuí

Maidin fhómhair is mé amuigh i m'aonar
I sruthlán gléigeal thíos chois trá
Ar chúl na gaoithe is ar aghaidh na gréine
De chnocán aerach ag Trá na gCeann,
Bhí an fhuiseog iontach go hard sna néalta
Ag giolcadh go haoibhinn gan brón gan crá,
Bhí an smól ag feadaíl, an lon dubh is an chéirseach
Ag fáiltiú an lae ghil sa gcoill taobh thall.

Bua ón nádúr ag na héin go sárbhinn
Is siamsa ar siúl acu i measc na dtom,
An ghrian ag éirí ag bun na spéire
Gan smeámh as aer ach an drúcht go trom,
Ceo bán ag éirí ón Léana Riabhach
Is an eala go haoibhinn i Loch Roisín amuigh,
Campaí ina líne ag Cora na gCaorach
Is gealach na gcoinleach an tráth seo istigh.

Ach thosaigh mo chroí in mo lár ag léimneach
Ar fheiceáil dhom stáidbhean ar an trá uaim soir,
A cúl le Bearna is a haghaidh ar Mhálbé
Mar liamhán gréine ar maidin moch,
D'iarras treoir ar Mhuire Mháthair,
Chuas ag fuarán is d'ólas deoch,
Nó an mbeadh sé i ndán dhá dtéinn i ndáil léi
Go mbeinn fhéin tarraingthe le cúis gan choir.

Bhíos i sáinn ag Trá na gCeann thíos
Mo chúl le haill is mé ag creathadh na gcos
Faoin ógbhean álainn bhí sínte ar trá thíos,
An raibh sí báite nó ag tóigeáil sos?
Ansin ar ball beag sea bhí an t-ádh liom,
Dhírigh sí aniar ar an ngaineamh fliuch,
Bhí a cúilín fáinneach chomh dubh le airne,
A craiceann bláthbhuí is a droim lomnocht.

Shiúil sí láithreach aníos an trá agam
An bhean dob áille is ba duibhe folt,
Labhair sí liomsa le smigeadh gháire
'A bhuachaill dhána, is tusa an boc.'
Bhíos-sa sáraithe tar éis snámh as Málbé
Is ar an trá seo sea thóigeas sos,
Is dhá mbeifeá ag faire orm go gcaillteá an náire
Go lá do bháis ní bhfaighidh tú uaimse sult.'

Dhá mbeinnse im cheannfort ar dhúiche an Bhlácaigh
Is caisleán álainn agam ó thogha na saor
Le urlár meáirbil is togha ceann sclátaí
Earraí áille agus seodaí daor
Bheadh maithe na tíre liom in aimsir chóisir
Is ógmhná dílse ag ól na dí,
Ach d'fhágfainn Bearna is ghabhfainn go Málbé
Is chuirfinn faisnéis ar an mBláthbhean Bhuí.

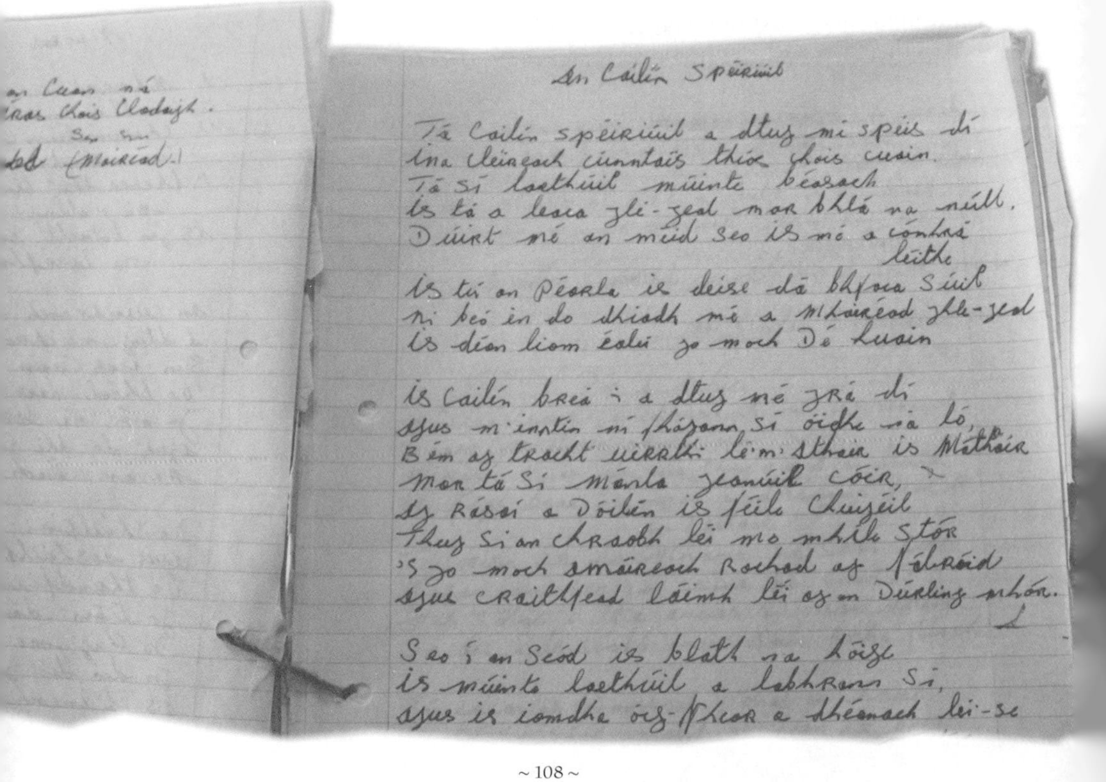

77. An Cailín Spéiriúil

Tá cailín spéiriúil a dtug mé spéis dhi
Ina cléireach cuntais thíos chois cuain,
Tá sí laethúil múinte béasach
Is tá a leaca gléigeal mar bhláth na n-úll,
Dúirt mé an méid seo is mé ag comhrá léi,
'Is tú an péarla is deise dhá bhfaca súil,
Ní beo in do dhiaidh mé, a Mhairéad ghléigeal,
Is déan liom éalú go moch Dé Luain.'

Is cailín breá í a dtug mé grá dhi
Agus m'intinn ní fhágann sí oíche ná ló,
Bím ag trácht uirthi le m'athair is mo mháthair
Mar tá sí mánla geanúil cóir,
Ag Rásaí an Dóilín is Féile Chuigéil
Thug sí an chraobh léi, mo mhíle stór,
Is go moch amáireach rachad ag fálróid
Agus craithfead láimh léi ag an Duirling Mhóir.

Seo í an seod is bláth na hóige
Is múinte laethúil a labhrann sí,
Is iomaí ógfhear a dhéanfadh léi mórtas
Dhá bhfaigheadh sé an t-eolas do na Fothraí Maol',
Níl sí bródúil le greann a thóigeáil
Mo ghrá go deo í, sí stór mo chroí,
Is mé liom fhéin ag comhrá ag cumadh an amhráin
Is fíoraineolach nach santódh í.

Sí Mairéad álainn an cailín mánla
A dtug mé grá dhi, searc is tnúth,
Tá a grua níos deirge ná rós i ngairdín,
Is deas í a gáire is a leagan súl,
Tá a cúilín fáinneach chomh dubh le airne
Is ar dhath an aoil a dath is a snua,
Más beo mé amáireach grian ann nó báisteach
Tóigfead seársa go dtí an t-áras cuain.

78. Maidin Luan Cásca

Maidin Luan Cásca
Is mé go fíormhoch ag taisteal
Casadh dhom an ógbhean
Ag ceann bóthar an chladaigh,
D'fhiafraigh sí dhíom, an stuabhean,
'Cá gcónaíonn tusa, a charaid?'
'Faoi shliabh atá mo lóistín
Is táim ag triall ó tigh an leanna.'

'Anois aithris go beacht dhom
Cé dhár dhíobh thú go baileach,
An bhfuil tú fhéin geallta
Nó an bhfuil do phósadh ar charraig?'
'Táimse gan pósadh is slán ó gach aicíd
Ní dhéanaim aon chéilíocht, ní ligeann an tart dhom,
Tá mo mháthair bhocht lag lúbach
Agus m'athair curtha i dtalamh.'

Ise
Muise éist liomsa, a ógfhir,
Is ná labhair liom go searbh,
Ach tóig uaim mo láimh dheas
Agus siúlfad leat sealad,
Mar tá airgead go leor agam
Agus feilm chaorach san Astráil,
Pósfad thú gan pínn spré
Is ní dhéanfad do mhalairt.

Mise
Ach éist thusa, a ógbhean,
Mar bímse ag ól leanna,
Tá fiacha i dtigh an óil orm
Is gan slí lena nglanadh,
Má tá airgead is ór agatsa
Is tréad caorach ar thalamh,
Gheobhaidh tú fear measúil
A bheas cóir leat is cneasta.

Ise
Bhíos-sa go brónach liom fhéin ag an gcladach
Nó gur mhothaíos do nótaí is tú ag canadh ar do bhealach,
Thugas taitneamh do do ghlórtha
Atá in mo chroí agam i dtaisce,
Faigh beannacht ó do mháithrín
Agus comhairle ó do shagart
Is déanfar muid a phósadh,
Ar ndóigh, san Astráil.

Do thiúrfainn dhuit féirín
Lá saoire is gach Satharn
Agus cóiste trí each fút
Dhul ag triall chun an aifrinn,
Culaith bhreá éadaigh
Chomh maith is tá sa bhfaisiún
Is a rúnsearc mo chléibhe,
Is leat fhéin mé le mo mharthain.

Mise
A ógbhruinneall álainn,
Ní háil liom do chleasa
Mar is glas iad na cnoic
Ach is sleamhain iad a sleasa,
B'fhearr liomsa i lár sléibhe
Lá Márta is é ag feannadh
Ná i gcéintír lá gréine
Gan dúchas ná caraid.

79. Mairéad

A Mhairéad a stóirín, sé mo bhrón nach liom fhéin thú
Is cheannóinn dhuit béabhraic dhá ndéantá liom éalú,
B'fhearr liom thú ar láimh liom ná Héilin is ná Véineas
Agus gan bólacht ar shléibhte ní iarrfainn pínn spré leat.

An cuimhneach leat an lá úd a dtug mo chroí gean dhuit
San áras cuain istigh ar an bhfascadh?
Do bhéal deas ba mhilse go mór ná mil bheacha
Agus do dhá shúil ba ghlaise ná an reolach lá seaca.

Do shiúlfainnse soir agus do shiúlfainn fhéin siar leat,
Do throidfinn an bás dhuit go teann dána dhá mb'fhéidir,
Do thug mo chroí grá dhuit go deo deo grá daingean,
Is d'imeodh an aois dhíom dhá ndéarfá gur leat mé.

A chumann is a stóirín, ó rinne tú mo mhaltraid
Guibhim gach tráth go n-éirí go geal leat,
Beannacht na naomh ort is an Mhaighdean do d'fhaire,
Ach táimse go tréithlag is na deora dhom dhalladh
Agus ní leor dhom an cuan ná an t-áras chois cladaigh.

80. Mise agus Mairéad

Mise
Dia dhuit fhéin, a Mhairéad,
An bhfuil blas ar bith insa scilléad?
Tá mé tuirseach traochta
Ag tóraíocht lao agus bó.

Mairéad
Níl tada agam in aon scilléad
Níl canna agam ná buicéad,
Cailín mé atá ag coinneáil chuntais
Agus táim geanúil ar fhear gnó.

Mise
Muise b'fhearr dhuit mac na baintrí
A mbeadh teach aige is cupla garraí,
A thiocfadh dhuit ag baint chreathnaí
Is ar an gcnoc ag fosaíocht bó.

Mairéad
Níl ach campa ag mac an cheannaí,
Is maith í a cheird ar a lán bealaí,
Bíonn sé go síoraí ag taisteal
Is tá gabhair aige agus asail ar gach aonach beag is mór.

Mise
Beidh aonach an fhómhair ar an Mám Dé Máirt
Is cheal deis taistil ní bheidh mé ann,
Agus, a Mhairéad, an dtiocfaidh tú ag an aonach liom?
A stór mo chroí, tar is éalaigh inniu.

Táimse i ngrá leat, a Mhairéad óg,
Agus fós ní bhfuaireas blas do phóig,
Is, a Mhairéad, an dtiocfaidh tú ag an aonach liom?
A stór mo chroí, tar is éalaigh inniu.

Mairéad
B'fhearr liom go mór scorach fir
Nach mbeadh ach scór nó bliain is fiche
Ná camán luatha gan croí ar bith
Bheadh ar creathadh le fuacht is a shúile ag silt.

Tá tusa leathchéad nó trí scóir
Is tá cor in do thóin ag siúl an bhóthair,
Ach nigh do chosa anocht ó ló
Agus codail an oíche go sásta.

Mise
Ní fíor mar a dúrais, a Mhairéad óg,
Níl mise leathchéad ná trí scóir,
Mo cheann níor liathaigh leis an aois go fóill,
Agus siúlaim díreach agus labhraím cóir.

Is searbh mar a labhair tú, a chailín chóir,
Nó an bhfuil d'amharc leathnaithe tar éis oíche mhór óil?
Táimse amuigh ar thóir na mbó
Agus thugas liom ón rata an caimín.

Mairéad
Séard thú fhéin ná buachaill bó
A chaith do shaol gan sult gan só,
Ach scríobh ag an mbiúró go Maigh Eo
Agus réiteoidh sin do chás dhuit.

Inis go fíor mar a dhéanfadh prionsa fir
Gur chaith tú téarma i measc na gcnoc,
Gur éalaigh an óige i ngan fhios dhuit,
Go dtáinig an aois ort is gur fhás ort cruit.

Mise
Tar siar ar d'fhocal, a Mhairéad óg,
Mar ní thagann ciall roimh aois, a stór,
B'fhearr dhuit mise agat ná an buachaill óg
Agus éalaigh liom lom láithreach.

Mairéad
Éist liom feasta, a phleota mhóir,
Díol, díol agus díol gach bó,
Díol gach gleann agus tréig an cnoc
Agus luigh sa gclúid mara mbeadh fút ach sop.

81. Tús m'Óige

Chaith mé tús m'óige
Siamsúil go leor,
Anois tá mé seanda
Is cráite le brón.

Ag cuimhniú ar chailín
D'oíche is de ló,
D'fhág sise mise
Is ní fhillfidh go deo.

Gileacht a héadain
Áilleacht a glóir,
Sin é a chránn
Is a d'fhág mé gan treoir.

Tá sí fíorálainn,
Soineanta séimh,
Nó an bhfuil sé ina claonta
Go ndéanfadh sí bréag?

Cailín mar ise
Níl insa ríocht,
Agus d'fhág sise mise
Le cnoc ar mo chroí.

Táimse croíbhriste
Ag smaoineamh go doimhin
Ar ghrá geal mo chroí istigh
Ar a dtug mé de roghain.

An bhfuil insa saol seo
Seafóid chomh mór
Le seanduine críon
Bheith i ngrá le bean óg?

Táimse le bliain
Gan néal ar mo shúil
Ag súil le do phóigín
Caillte le dúil.

A Dhia mhóir na Glóire,
Ní fada mo shaol,
Goilim fras deora,
Tá saighead in mo chroí.

Tá an oíche seo, a stóirín,
Dorcha is fuar,
Táim gan do ghrá-sa,
Mo chreach is monuar.

Éist liom, a stóirín,
Tara go ciúin,
Tabhair dhom do phóigín
Is tiocfad chun suain.

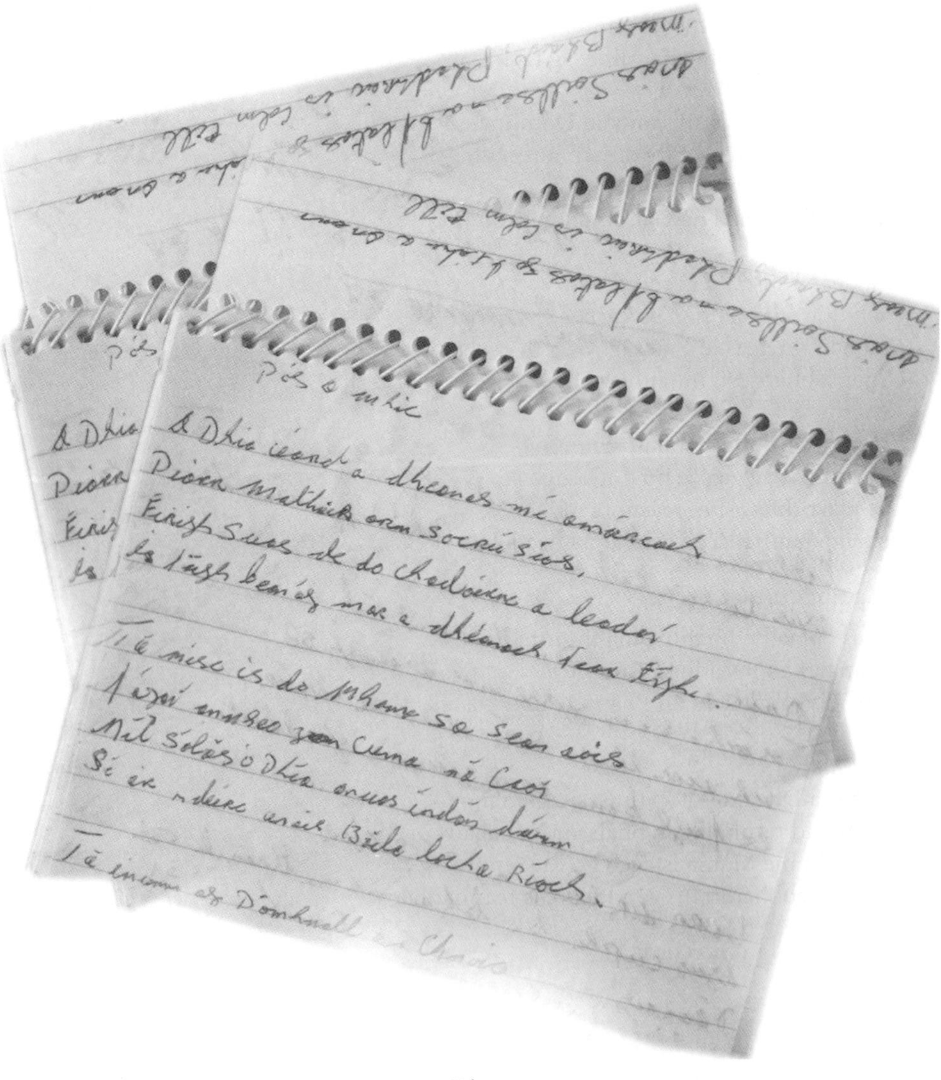

82. Pós, a Mhic

Mac
A Dhia, céard a dhéanfas mé amáireach,
D'iarr m'athair orm socrú síos,
'Éirigh suas de do chadairne, a leadaí,
Is faigh bean óg mar a dhéanfadh fear tí.'

An tAthair
Tá mise is do Mhama sa seanaois
Fágtha anseo gan cuma ná caoi,
Níl sólás ó Dhia anuas i ndán dhúinn,
Sé ár ndeireadh anois Baile Locha Riach.

Tá iníon ag Dónall an Chnoic
Is tá sí sách maith ag fear ar bith,
Tara dhá héileamh Dé Luain
Is bíodh fear scoilte na cainte ag tacú leat.

Croch leat tar éis aifreann an Domhnaigh
Agus tara faoin sliabh i dteachtaireacht,
Faigh buidéal nó dhó den stuf crua
Nó beidh Dónall na Gaisce ag magadh fút.

Ná déan thusa fhéin mórán óil
Ach líon suas Dónall go carbad,
Labhair go deas le Cáit Óg
Agus tabhair cáil mhaith ar Dheaide agus Mama dhi.

Nuair a dhéanfas Dónall roinnt óil
Tosóidh sé ag gaisce nó d'athraigh sé,
Ach iarr thusa spré réasúnta mór
Is faigh bannaí crua géar ar a gheallúintí.

Iarr air chúig nó sé scóir
Agus cupla bó bhainne ina theannta sin,
Déanaigí an pósadh sa Róimh
Is beidh beannacht an Phápa agaibh ina aice sin.

An Mac
Anois, a Dheaide, stop thusa an gleo mór
Nó an iad rámhaillí an bháis atá ag bagairt ort?
Cuirfidh mé Mama isteach go Rushmore
Agus gheobhaidh tusa an Pháirc is teannadh leat.

Níl pínn dhár shaothraigh mé fós
Nár bhain tusa dhíom go gangaideach
Ach bhuach mise an Lotto aréir
Is tá milliún go leith le theacht agam.

Labhróidh mé fhéin le Cáit Óg
Is ní bheidh tusa ná Dónall ag dradaireacht,
Rachaidh muid soir don Rinn Mhóir
Ag fear Oifig na Móid is na nGeallúintí.

Tá sé níos gaire ná an Róimh
Is ní bheidh mí na meala thar lear againn,
Ach, a Dheaide, buail bealadh faoi d'ioscaidí,
Tiocfaidh tusa ar féarach an tseachtain seo.

An tAthair
Ní raibh ariamh nach mbeidh aríst
Agus is fíor mar a dúradh sa tairngreacht
Go dtiocfaidh sé fós insa saol
Go mbeidh an maicín gann gortach lena Dheaide bocht.

An Mac
Ach, a Dheaide, gheobhaidh tú beatha dheas ar maidin is tráthnóna
Agus greamannaí feola a thaitneos leat,
Is nuair a fheicfeas tú na banaltraí óga
Tosóidh tú ag grágaíl is ag cocaireacht,
Ach nuair a gheobhas tú barr snáthaide sa tóin
Bainfidh sé sin an macnas dhíot.

83. Rámhaillí

Bhí mise ag rámhaillí aréir
Go raibh mé sínte amach fuar ar chlárachaí,
Mo chois go hard os mo chionn
Agus dochtúirín dubh dhá sáibhéaracht.

Ansin is mé fós i dtromnéal
D'athraigh an aisling go gasta dhom,
Cheapas go bhfacas dháréag
Jabaerai muc le camógaí.

Ach nuair a dhúisigh mé ceart as an néal
Bhí mé go cinnte san ospidéal,
Sin é an tráth ar thuigeas an scéal
Go raibh obráid na corróige ag teannadh liom.

Siúd isteach banaltra ar ball,
Thug sí dhá phiolla agus gloine dhom,
'Caith siar iad seo,' a dúirt sí,
'Agus cuirfead dath buí ar do chois go hioscaid síos.'

Nuair a bhí mé i gcóir is i gcaoi
Sáitheadh síos mo leaba sa bpasáiste,
Thosaíos ag déanamh faoistean le Dia,
Bhí lagmhisneach an tráth sin ag teacht orm.

Ní raibh mo chomhrá ar fad cloiste ag Dia
Go rabhas sínte ar bhord na himeartha,
Togha na máinlia in mo thimpeall
Agus banaltraí cróga ina gcuideachta.

Fuaireas barr snáthaide sa ngorún
Is thosaigh an bheoichte as an gcois ag imeacht uaim,
Thosaigh an obráid dháiríre
Agus tugadh an fabht as an gcnáimh ón smior amach.

Bhí brat dorcha crochta os mo chomhair,
Ar a chúla bhí an dochtúr ag sáibhéaracht,
Bhí dochtúr deas séimh ag ceann boird
Ag míniú dhom obráid mo chorróige.

Go gairid tháinig banaltra anall
Ag fiafraí an rabhas i gcónaí go compóirteach,
Níl anois ann ach meandar nó dhó,
Tá críoch dhá chur leis na táilliúracht.

Níl ort ach lá nó dhó
Nó go mbeidh tú ag siúl le fráma aríst againn,
Ach ná caith do sheanléim go deo
Nó go bhfágha tú cleachtadh ar na camógaí.

Sin é mo scéalsa ar an obráid,
Táim ar ais aríst insa mbaile anois,
Mé ag siúl le camóg amháin
Más ceannaitheoir muc nó fear bacach mé.

84. An Dochtúr Éamon

Naoi gcéad déag de réir mar a léitear
Seachtó cúig i gceann an méid sin
Tháinig go hÉirinn ógbhean spéiriúil
Is tharraing míchliú ar an Dochtúr Éamon.

Siúd mar tharla, a dúirt lucht léinn liom
Go dtáinig anall Áine ina haonar,
Gur bhris sí móid le fear gan réasún
Is d'iarr ar Éamon an chúis a phlé léi.

Ba é siúd fhéin an fear múinte léannta
Fearúil fiúntach beannaithe béasach,
Saighdiúir Chríost i mbróig is in éadach
Is fial le bocht ag treorú a thréada.

Mar bhí Éamon go cráifeach dúthrachtach
Chuir sé tús lena cás a réiteach,
Thug dhi fíon is puins dhá réir sin
Agus leaba chluthmhar ina phálás gléasta.

Sin mar a thuigeas ó lucht a léite
Gurb é grá na hailpe bhí ag an mbeirt dhá chéile,
Gurb í barróg na gcos a fuair ceann na cléire
Agus Peadar an toradh a bhí téarma séanta.

Is amhlaidh a chríochnaigh suas an péire
Go docht ar an leaba i ngéaga a chéile,
Ag plioncadh is ag smalcadh mar Ádhamh is Éabha,
Ní raibh trácht ar Dhia ná ar dhlí na cléire.

Ach thosaigh fuacht i rith an tréimhse
Is tháinig sneachta go tiubh ina dhiaidh sin,
Tagann grá idir cairde cléibhe
Ach tagann gráin, mo léan, dhá réir leis.

85. Pádraic Ó Ceannabháin

Tráthnóna Dé Sathairn ag teacht dhom as Gaillimh
Sea casadh dhom Ceannabhán ag teacht ar an *mail*,
Bhí *tie* agus *collar* feistithe go deas air
Agus bhí a chuid *knickerbockers* air ceanglaithe gan bhréag.

Níl fear ins an áit seo níos breácha ná Pádraic
Mar tá bónaí arda air is cufaí ardléinn,
Tá hata mór ard aige déanta ón táilliúr
Is tá cóta go sála air, díol mac an bhreithimh.

Thug seisean seársa thart timpeall na háite
As an Áth Buí sea d'fhág sé tráthnóinín aréir,
Soir go dtí Seáinín is as sin go Doire Fhatharta
Ach as an Tuairín sea d'fhág sé an bhean bhí gan chéill.

Chuaigh siad go stáidiúil don Tuairín an lá sin,
Chuir sí rompu fáilte, míle agus céad,
'Ach, a Cheannabháin bháin, is náireach an cás é
Nach bhfuair tú bean áitiúil le theacht faoi mo dhéint.'

'Éist anois, a ghrá geal, is ná déan mórán glámhóid,
Bhíos thoir go dtí Máirín tráthnóinín aréir,
D'iarr mé go fáilí liom siar insa gcarr í
Ach níor thug sí aon aird ar a thíocht faoi do dhéint.'

'A Cheannabháin bháin, thug mise grá dhuit
Is ba chóir dhuit bean áitiúil a thabhairt faoi mo dhéint,
Tá saothrú mo chnámha le dhul síos in do mhála
Is níl blas agat le 'speáint dhom ach gabhar is seanghé.'

'Éist anois, a ghrá geal, tá tú ag cur náire orm,
Tá go leor eile fós agam nach bhfaca tú fhéin,
Tá capall is carr agam chomh breá is tá san áit
Is tá dhá ghabhairín bhána agam le haghaidh bainne an tae.

Tá feilm bhreá thalún agam suas ó Tigh an Fhathartaigh,
Tá comharsanaí lách agam, Ferris is Hart,
Beidh mé deas múinte ar maidin is tráthnóna
Agus fearg go brách ní chuirfead ort fhéin.'

An bhean
'Chualas ar ball nach bhfuil agat ach seanbhráicín
Simléar ina cheann is gur den seandéanamh é,
Is go mb'fhearr liomsa báite ná dhul ar an Áth Buí
Agus is rímhór an náire thú theacht faoi mo dhéint.

'Tá *factory* álainn agam thuas ar an Áth Buí
Agus déanfaidh tú gáirí an tráth a bhfeicfidh tú é,
Beidh mise is mo spóilín ag oibriú an tseoilín
Ag saothrú mug pórtair is cupáinín tae.

'Beidh tusa go stáidiúil in do shuí síos sa bpárlús
Ag cniotáil is ag cardáil má níonn tú dhom é,
Beidh mias ins gach láimh leat ag déanamh na gcácaí,
Beidh tú ag meangaireacht gháirí is tú ag réiteach an tae.'

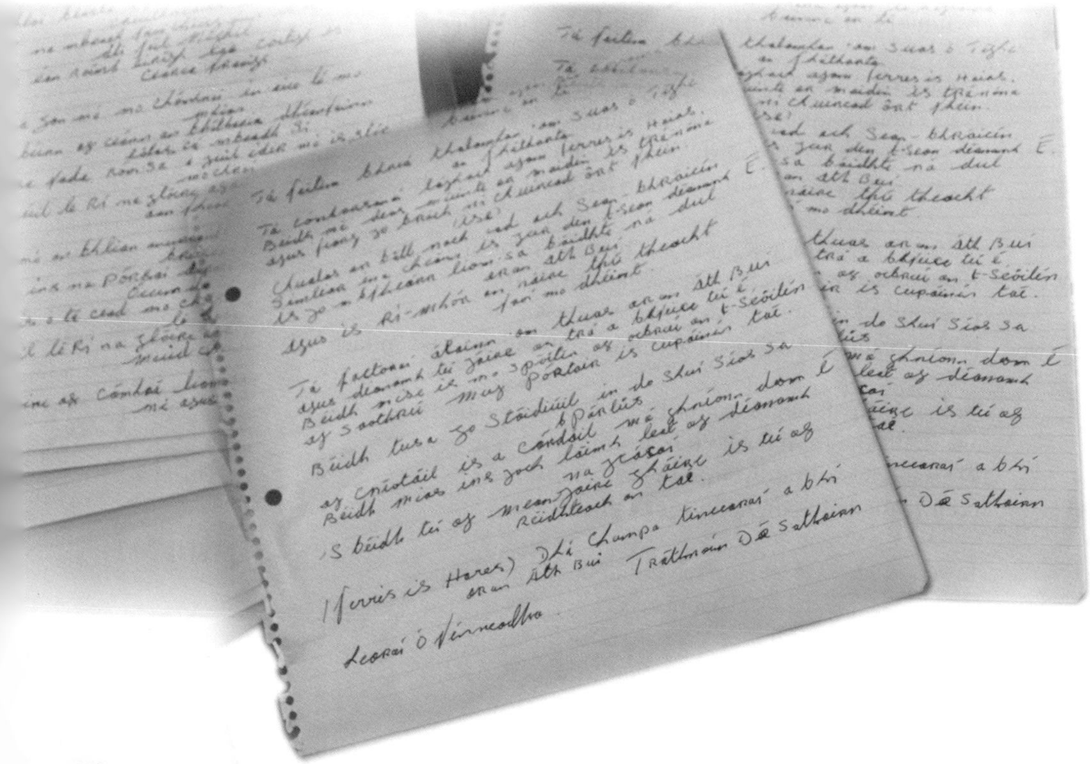

86. Geallúint Shéamais

A Shéamais Uí Dhiolúin, mo sheacht míle grá thú
Mar is agat a bhí an gealltanas i dtosach do shaoil,
Tá tú sa gcathair le trí bliana go ham seo
Is níl blas de do bharr agam ach sciodar an bháis.

Níor chuir tú na fataí, níl an chruithneacht le fáil uait,
Níl an coirce sna stácaí istigh i mbaile ná i dtír,
Céard a thóigfeas an capall tá ag tarraingt an chairr dhúinn?
Mara n-ithe sí na bairnigh tá sí gan greim.

Táimse is mo bhean bhocht is m'áilín beag páistí
Sa mbaile úd thall in aice an tSrutháin Bhuí,
Bhain tú an *dole* dhíom mar gheall ar theach trátaí
Is scaoil tú gach mangaire isteach insa tír.

Bhí tusa ar an stáitse ag gealladh go láidir
Go mbeadh chuile shórt fairsing arís insa tír,
Ach sé a bhfaca muid agat do chuid seanchearca bána
Ag imeacht chomh spágach le seanchrotach caoch.

Chuaigh mise go Gaillimh Dé Sathairn is mála agam,
Casadh dhom garda thoir ar an n*green*,
D'fhiafraigh sé dhíomsa céard a bhí sa mála agam
Nó an bhfuil an plúr fairsing siar agaibh faoin tír?

D'insíos don gharda nach raibh tada sa mála agam
Is nár ith mé aon cháca le bunáite mí,
Tá mo bhean is mo pháistí sa mbaile go cróilí
Is gan tada sa mála a choinneodh leo greim.

Dúirt an garda lom láithreach, 'Tara liom go dtí an sáirsint
Is gheobhaidh tú uaidh páipéar feistithe ón dlí,
Is tara le do mhála ar ais ag tigh Pheámar
Is gheobhaidh tú plúr geal ann is maingín min bhuí.'

Tá mé ag fágáil mo bheannacht go deo ag an ngarda
Mar fuair mé tigh Pheámar luach mo dheich fichead,
Thugas abhaile é ag an mbean is ag na páistí
Is cuireadh romham fáilte agus cathaoir le suí.

Tá súil le Mac Dé agam nach bhfaighe mé bás choíchin
Go bhfeice mé an lá úd agam arís
A mbeidh an capall is an carr agam ag tarraingt na málaí
Ar chúig déag an ceann gan *ration* ná dlí.

87. Foireann Jack

Molfar Jack is na sárfhir tréan
Le laoithe, dánta agus ráite séimh,
Beidh gártha molta ag Gaeil i gcéin
Ar aghaidh le Jack is le Gráinne Mhaol.

Beidh soilse is tinte cnámh ag Gaeil
Is fíon is fuisce ar chlár le scléip,
Beidh gliondar croí ar thuata is cléir
Ag guibhe le Jack is le Gráinne Mhaol.

Tiocfaidh slua ó Éirinn don Oileán Úr
Is beidh a gcairde gaoil dhá bhfáiltiú anonn,
Beidh foireann ár dtíre go deo i réim
Agus Dia le Jack is le Gráinne Mhaol.

Beidh siad fiúntach fáilteach fial
Lena muintir ní bréag ná baol,
Beidh na Gaeil go haoibhinn lán de scléip
Agus molfar Jack is Gráinne Mhaol.

Tiocfaidh na mílte ó gach ceard faoin ngréin,
Ón bhFrainc, ón nGréig is ón Spáinn go tréan,
Beidh na Gaeil go teann ag rá gan bhréag
Hurá le Jack is le Gráinne Mhaol.

Beidh ól is ceol, beidh dánta is scléip
Ag uaisle ag freastal ar na sárfhir tréan,
Beidh an Spáinneach grinn ar a mhine ghéir'
Ach Dia le Jack is le Gráinne Mhaol.

88. An Péintéara

Bheannaíos fhéin do bhuachaill óg
Bhí ina shuí ar leac ag binn mo thí
Maidin fhómhair fhuar ghruamánta
Is braon i mbéal na gaoithe.

'Ó céard é seo dhá dhéanamh agat
Le cárta, scuaibín is péint bhuí?'
'Seo í do chruach mhóna is do choca féir faoi bhrat
Agus sin é do choileach sráide tá go stáidiúil ag cró na gcearc.'

'Nach dána an mhaise dhuitse theacht anseo gan cead
Ag péinteáil is ag tarraingt pictiúirí le díol go daor thar lear,
Ag stealladh magadh fúmsa, mo choileach is cró na gcearc,
Sé an teachín seo mo chaisleánsa is bailigh thusa leat.'

'Maith dhom é, a dhuine chroí, má tháiniceas gan cead,
Cónaím thall i Meiriceá, glaoitear air na *Bronx*,
Casadh mé sna bólaí seo is fuaireas treoir go dtí do theach,
Tabhair dhom do lámh anois, mise do gharmhac.

An pictiúr seo atá tarraingthe agam ní dhíolfad é thar lear,
Tiúrfad liom abhaile é ag Deaide is ag Mam,
Crochfar suas sa bpárlús é is gheobhaidh sé aire mhaith
Is beidh trácht ar an gcoileach sráide arís le linn na bhfear.'

'Céad míle fáilte romhatsa, a bhuachaill óig mo chroí,
Tar liom ón leac anois isteach chun an tí,
Suigh ar an hab ansin go ligfidh tú do scíth,
Fiuchfaidh mise an citeal agus ólfaimid síbín.'

89. An Ceannaí Mór

Is fada go dtáinig an smaoineamh
Isteach go cinnte in mo cheann,
Le go scríobhfainnse fhéin cupla líne
Faoin gceannaí mór anallód.

Shiúileadh sé thart an taobh tíre
Agus labhraíodh sé borb is teann,
Ach ní ghlacadh sé fhéin mórán buíochais
Tar éis a bholg mór a bheith lán.

Thagadh sé thart ag riar daoine
Is d'fhaigheadh sé dídean na hoíche go lá,
Ach ba mheasa é ná slua cait sa meán oíche
Dhá n-óladh sé fuisce ná leann.

Labhair sé garbh le daoine
Is ní dhearna sé siamsa ná greann,
Dhéanfadh a chroimbéal scuab sráide
Ach í a ghreamú de ghéagán as crann.

Bhí sé bacach le blianta
Ach shiúil sé le tacaíocht dhá chlár,
Is dhá dtagadh fonn troda air go cinnte
Sé an fíorbhata droighean leis ab fhearr.

Théadh sé ar scáth an chnocáin san earrach
Is le gealach na gcoinleach sa ngleann,
Ach le gáifeacht an gheimhridh go cinnte
Ar an gcóngar a ghearradh sé crann.

Thréig a dháimh é is a mhuintir
Mar shantaigh cnoc agus gleann,
Ach cé go bhfuair sé lóistín na hoíche
Labhair sé ar maidin gan náir.

D'fhiafraigh mise go simplí
Ar imigh bacach na gcláir,
Agus thosaigh sé ag feannadh is ag íospairt
Ach fuair sé fhéin is an maingín an tsráid.

Aon agus naoi insa líne
Is bliain as dhá scór ina cheann
Sea a d'iontaigh sé a chúl ar an bhféasóig
Agus imeacht gan teacht a bhí ann.

90. Deoraí an tSléibhe

Dhearcas fhéin créatúr bocht
Lá feannta i gciumhais an tsléibhe,
Ba stiallta a bhí a sheanchóta
Is ní ar fónamh a bhí a léine,
Ach é ar a chorragheábh ar scáth carraige
Ag fadú giúsach
Fraoch is fiontarnach
Nó go ngorfadh sé suas a ghéaga.

Bhí an ghaoth aduaidh go damanta
Agus bhí an talamh reoite,
Ba léir dhom an tráth dhearcas é
Go raibh sé cromtha breoite,
Is go raibh an duine bocht in aistiúlacht
Ag crágadh bóithre is móinte,
Is gan ach *plastics* air mar bhalcaisí
Dhá shábháil ar na seoide.

Tháiniceas air gan aireachtáil
Is é leis fhéin go huaigneach,
Na deora goirt dhá dhalladh ansin
Agus é ag comhrá leis go buartha,
Bhí an brosna fós gan lasadh
Is an ghaoth aduaidh dhá phréachadh,
Is gan dídean maidin sheaca
Ag deoraí bocht an tSléibhe.

Labhair mise leis as Gaeilge
Ach d'fhreagair sé i mBéarla,
Is dúirt sé liom, 'Is duine mé
Tá tréigthe ag dáimh is muintir,
Sciob an bás mo chéile uaim
Is táim anois gan dídean
Ag siúl liom le muineál crom
Agus ní eolach dhom mo ghaolta.'

Dúirt mise leis, 'A dhuine bhoicht,
Is trua liom fhéin do splíontaíocht,
Tar liom go teach is socród leat
Is beidh lóistín agat roimh oíche.'
Ach dúirt go tláth an seanfhear mall,
'Beidh mise ar ball ag Muire Mháthair
Is ag Seosamh Naofa, a céile,
Ach buille ó charr a rinne an t-ár
Is a chríochnaigh Deoraí an tSléibhe.

91. Deoraíocht

Tá gáifeacht an gheimhridh ag bagairt
Is gaimh nimhneach ag teacht insa ngaoth,
Tá plána na fuinneoige ag sileadh
Agus seanfhear ag dearcadh amach thríd.

Ag dearcadh dhó ar an taobh tíre
Na deora óna shúile is é ag gol,
Tá na sléibhte uaidh imithe ó léargas
Is é ar lóistín i dteach na mbocht.

Tá sé ar chathaoir ina aonar
Is é ag comhrá leis fhéin gach tráth,
A cholainn bhocht snoite ag na blianta
Agus pianta na gcnámh dhá chrá.

Sin áit ar shíl sé seal eile
Nach gcodlódh sé néal ann go brách,
Ba chuma leis doineann ná téigle
Nuair a bhí sé óg bríomhar faoi bhláth.

D'oibrigh sé géarchúiseach cneasta
Ag cartadh is ag fuirseadh gan pái,
Is níor thuig a lán daoine cén t-údar
Nár spáráil sé allas a chnámh.

Ach ghráigh sé dúlra is nádúr,
Shaothraigh sé a bheatha is a dheoch,
Bhí sé gach séasúr go gníomhach
Ag feistiú a fheilm bheag gharbh na gcloch.

Cén t-ionadh a shúile ag silt deora
Is é i gcoirnéal istigh i dteach na mbocht?
Má théann sé siar bóithrín na smaointe
Cén t-ionadh an brón is an tocht?

Nuair a smaoiníonn sé ina aigne ar thús a óige
Cén t-ionadh dhá bpléascfadh a chroí,
Is a liachtaí oíche gheanúil a chaith sé
Go sásta sa teachín ceann tuí.

92. Dhá Luimneach

Bhí fámaire d'fhear ar an Tulach
A raibh pictiúr míol mór ar a bhrollach
    Do théadh sé faoin toinn
    Ar nós *submarine*
Agus *hurricane* thuas ar a mhullach.

Bhí ollamh againn sa gcoláiste
Agus thiúrfadh sé an saol ar oráiste
    Ach tá oráistí gann
    Is níl an t-ollamh in ann
Aon tsásamh a bhaint as gabáiste.

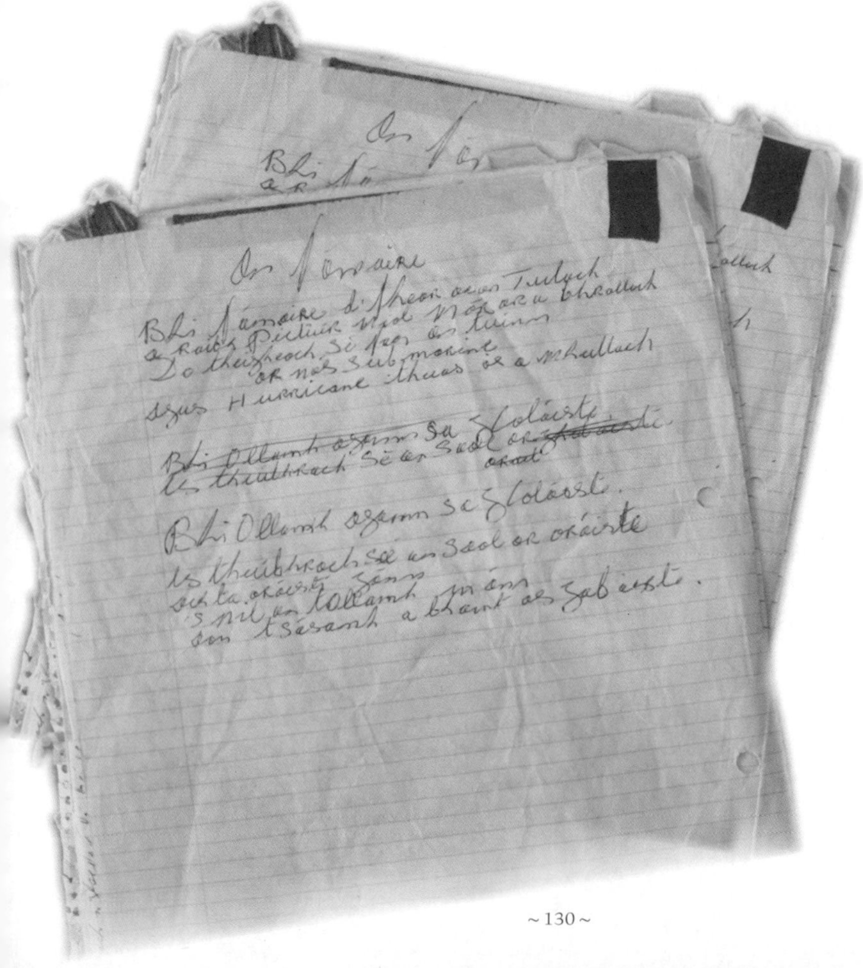

93. Tháinig an Bás

Tháinig Bríd lena brat,
Deireadh le síon agus tús le borradh,
Tháinig an bás chun an tseomra
Is ar shlua na marbh chuaigh mo Mhama.

Ba lách í Mama, mo mháithrín chroíúil,
Ba grámhar Mama, mo mháithrín dhílis,
Ba ceolmhar Mama lá agus oíche dhom,
Croí an tí agus grá mo chroí-sa.

Sí a bhí gléigeal i mbláth a hóige,
Sí a bhí ródheas le folt geal gruaige,
Sí a bhí múinte ag tabhairt gach treoir dom
Scéalta beannaithe is orthaí den tsórt sin.

Ó aois an linbh bhí an grá in mo chroí dhi,
Ó d'fhásas suas do chuireas maoil air,
Níor thuigeas ceart fáth a dílseacht
Gur bhuaileas fhéin faoi chúram an tsaoil seo.

I rith mo shaoil ní bréag dhá ndéarainn
Ní fhacas gruaim ariamh ina héadan,
Bhíodh a súile ag gáirí ina ceann le pléisiúr
Le fulaingt carghais, troscaidh is tréanais.

Is beannaithe an oíche ar chríochnaigh do bhlianta,
Breis is naocha trí ar an saol seo,
Bhí an oíche fuar ach níor airís na síonta,
Deireadh geimhridh agus Féile Bríde.

Ar feadh na hoíche ar cholbha do leaba
Dúraíos dhuit go leor seanranna,
Ach le breacadh an lae tháinig an bás id choinne
Is d'éalaigh tú uaimse ag tarraingt osna.

Beannacht Dé agus brat Bhríde ort,
Mícheál Aingeal agus a sciath leat,
Muire Mháthair go raibh go síor leat
Agus ceol na n-aingeal go raibh i gcúirt na naomh agat.

94. I gCuimhne Uí Chadhain

A Mháirtín Uí Chadhain, mo chúig fichead slán leat,
Bhí meas ort ar do dhúchas agus ins gach baile fearainn sa tír,
Tá an Ghaeltacht in uaigneas is ceart mór aici faoi
Is tá muidne dobrónach ó síneadh do chnámha sa gcill.

Scéal cráite ar an mbás nach dtug dhuitse seal eile ar an saol,
Mar choinneodh tú an sprid dhúinn sa náisiún
Le peann in do láimh dheas ag scríobh ach ó d'fhág tusa an gleann seo
Tá do lóistín i lár pharthais i bhflaitheas na naomh.

Má tá Gaeltacht sna flaithis beidh tusa go cinnte i gceann an tí,
Beidh na naomhphátrúin in do thimpeall, Pádraic, Colm Cille is Naomh Bríd,
Mac Éil is Ó Gramhnaigh, an Breathnach agus Dubhghlas de hÍd'
Is beidh Eoin Mac Néill is Sean-Phádraic ag déanamh moltóireacht dhaoibh.

Is minic mise ag smaoineamh ar an am a rabhas óg
Nuair a bhuaileas ar dtús leat istigh i dteach an óil,
D'éisteas go haireach is thugas an-chluais do do ghlór
Agus suntas dod bhriathra nach bhfágfaidh m'intinn go deo.

Sé an saol seo an seanmháistir agus is mairg nach mbaineann as só,
Ní mhaireann éinne ach tamall is ní thagann an óige faoi dhó,
Is doiligh ceann críonna a chur ar ghuaillí tá óg
Ach léigí saothar Mháirtín is mairfidh an Ghaeilge linn beo.

Críochnóidh mé an comhrá ach tá sé uaigneach ó chuaigh Máirtín faoi chlár
Ach tá *Cré na Cille* againn mar uachta is níl an tsraith fágtha ar lár,
Nuair a thiocfas an lá cairde beidh muid ina chuideachta fós
Is cuirfidh sé romhainn míle fáilte i nglan-Ghaeilge le bród.

Chaith Máirtín seal beag i ngéibheann ach choinnigh sé an chúis dhá plé
Agus tháinig lá geal na saoirse is fuair sé seal fada le séan,
Anois beannacht Dé dílis lena anam
Is abair thusa mar fhreagra, 'Áiméan'.

95. Bás mo Chara

Líon suas do phíopa is faigh lasair
Agus suífidh muid go fóill ar an gcloch,
Cuirfimid paidir le hanam na mairbh
Tá Mícheál Mór básaithe inniu.

Ó, go ndéana Dia grásta ar an dea-fhear
Bhí dea-chroíúil carthanach fial,
Tá sé go cinnte os cionn cláir
Ach tá a anam ar Naomh Peadar ag triall.

Ba iontach an mac é go cinnte
Is meangadh gháire ariamh ar a bhéal,
Anois go gcúití Muire is Mac Dé leis
Gach dea-obair dhá ndearna sé ariamh.

Ar bhainis mo phósta lá Aibreáin
Sea casadh liom Mícheál ar dtús,
Mar phrionsa na huaisle a shamhlaíos
An dea-dhuine is a mháthair leis ag suí.

Is iomaí lá fada is oíche airneáin
A bhíos ina chuideachta ó shin,
Anois soilse na bhflaitheas go bhfaighe a anam
I measc Bhríde, Phádraic is Cholm Cill'.

Ach anois ó d'fhág sé an saol seo
Is go bhfuil a anam sna flaithis istigh
Má bhíonn sé ina dhoirseoir ag Peadar
Ní choinneoidh sé Labhrás taobh amuigh.

96. Bás an Ógfhir

Tá muintir an cheantair seo buartha
Ó síníodh ins an uaigh an t-ógshíol,
Is trua sin gur cailleadh an buachaill
Agus gan é fós ach naoi déag,
A shamhail ní raibh sna bólaí,
Bhí an chraobh tugtha suas dhó le luas,
Ba Máilleach go cinnte ins gach slí é
Go ndéana Dia grásta ar Dhaibhí.

Ag breith dhó aniar ar Choill Bhearna
Is é ag filliúint abhaile ón spraoi
Ansiúd a bhí an chontúirt i ndán dhó
Ach ní thuigeann an óige í faraor,
Cuireadh dhá ghluaisrothar gan spás é
Agus chuaigh sé go hard ins an aer,
Ní bhfuair sé cead aithrí ón mbás
Fiú, 'Slán libh, a chairde go léir'.

Is mór a bhí ar a thórramh an dá oíche,
Bhí sé Luan agus Máirt os cionn cláir,
Bhí dólás ar óg is ar aosta ann,
Níorbh fhéidir é a thórramh ní b'fhearr,
Bhí trácht agus meas sa taobh tíre air
Cé nach raibh sé inár measc ach seal gearr,
Sé ár nguibhe dhó maidin is oíche
Go raibh a lóistín i gcúirt gheal na ngrást.

Chuaigh sé ar a ghluaisrothar Dé Domhnaigh
Amach lena chairde ag an spraoi,
Ach ar fhilliúint dhó abhaile tráthnóna
Bhí an t-éag ina theannta faraor,
Nach trua sin don lánúin a thóig é
Is nach bhfeicfidh brat pósta air go héag,
Níl acu ach síorshileadh deora
Is ag osnaíl go brónach ina dhiaidh.

Aon agus naoi insa líne
Naocha agus trí arís dhá réir
Sin agus Márta na bliana
Ar síneadh an fear óg insa gcré,
Sé a scuabadh den saol i dtús óige,
Saol fada ní raibh dhó i ndán,
'Nois sin é mo chomhrása déanta
Gan áibhéil, gan magadh ná greann.

97. Saol an Duine

Nuair a tugtar an leanbh ó umar an bhaiste
Bíonn a anam sin líonta le tuile na ngrásta,
Tagann dhó misneach nuair a thagas dhó tuiscint
Go bhfuair sé saorthaisteal ó Pheaca na Sinsear.

Nuair a bhíonn muid sna déaga nó an scór againn i gcúinne
An mbíonn muid drochmheasúil ar an seanduine lúbach?
Nó an síleann muid faraor nach dtiocfaidh an lá cairde
Is gur fánach an leagan a chuirfeadh faoi chlár muid?

Nuair a bhíonn muid mór láidir agus dhá scór againn slánaithe
Gach lá dhá dtéann tharainn giorraíonn sé an cúrsa,
Ba chóir do gach duine againn bheith ag cur stampa ar a chárta
Má thagann scór eile sin trí cheathrú den rása.

Má théann muid scór eile bíonn ár léas anois caite
Críonta ag an aois is lag cloíte sa leaba,
Anois déanadh muid aithrí agus urnaí gan faillí
Mar rinne Brian i gCluain Tarbh ar a ghlúine sa gcampa.

Má fhaigheann muid seal eile sin blianta gan rath
Ach más toil é le Dia is fearr ann muid ná as,
Ach sé deireadh ár laetha paidir is cré
In uaigneas na cille go doimhin síos ón scraith.

98. Ná Mealltar Thú

A dhuine, ná mealladh an tsaint thú,
Craos, tnúth, ná maoin shaolta,
Seachain do dhul go Leic na bPian
Is bí i dtréad an Uain ar Shliabh Síón.

Cuimhnigh anois ar an turas fada
Agus is mairg don té nach sílfeadh,
Mara bhfuil d'anam slán is do choinneall lasta
Tá doirse leathana baolach.

Déan urnaí, troscadh is déirc,
Do Chríost bí calma cróga,
Tagann Déardaoin dubh,
Beir leat an Duine Órga.

Smaoinigh siar ar an dícheannadh
A rinne Héaród ar cheithre mhíle leanbh,
Do Dhia atá cumhachtach níor thaispeáin fearg
Ar shléachta an lae úd Déardaoin dearg.

Bíodh do choinneall lasta leat mar lón
Ag fágáil an tsaoil seo, gleann na ndeor,
Is iomaí gleann dorcha dubh
A thiúrfas treascairt dhuit, óchón.

Tiocfaidh tú ansin os comhair an tslua,
Do choinneall leat mar chlaimhe,
Ar Ifreann thíos gheobhaidh tú bua,
Is Liúsafar beidh air easpa.

Smaoinigh anois ar Chríost sa bhfásach,
Na chúig arán is dhá iasc i láthair,
Le mórmhíorúilt riar sé an slua,
Ní raibh easpa ann ach fuílleach.

Coinnigh os do chomhair Crann na Páise,
Na tairní géara a chuaigh ina ghéaga geala,
Seachain fuath agus fearg,
Ná tabhair thú fhéin dhó masla.

Searc is grá uait, a Íosa Críost,
Is ná fág muid fhéin faoi bhuaireamh,
Go raibh muid leat Lá an tSléibhe
Sínte ar leaba luachair.

99. Guibhim

Guibhim thú, a Íosa, a Rí na nAingeal,
Mo thoil, mo chroí, mo smaointe a ghlanadh
Le toil do Mháthar is do ghrásta geala
Is ar mo námhaid tarrthaigh m'anam.

A Mháthair Chríost, in mo chroí-sa tara,
A bhláth ghlanshoilseach mhilis mhaiseach,
Coinnigh go síor in mo chroí-sa an phaidir
Is go leic na bpian go deo ní rachad.

Molfad seasta go deireadh mo bheatha
Do ghrásta geala, do charthanacht naofa,
A Mhuire bheannaithe, a Mháthair an Aoin-Mhic,
Guibhim ortsa an peacach is pian ní baol dhom.

Más peacach bocht ar an saol seo fhéin mé,
A Mháthair an Uain, ná diúltaigh m'éilimh,
Go ríocht na glóire tabhair mé Lá an tSléibhe,
A Bhanríon Bheannaithe an Phaidrín Naofa.

Lá na Breithe, Luan an tSléibhe,
Lá na feirge de réir mar léitear,
Lá dubhach deorach brónach géarghoil,
Ar leic na corónach beidh mórchuid éigneach.

Le teann boirbe is stoirme an lae sin
Crithfidh na flaithis is lasfaidh na spéartha,
Ní bheidh solas ar ghealach ná radharc ar réalta,
Beidh an ghrian bhreá plúchta le smúit ag éiclips.

Beidh Mícheál Ardaingeal ar thaobh an tsléibhe
A thrumpa leis is é go teann dhá shéideadh,
Ar neamh is in ifreann cloisfear an scéala
Ar Shliabh Sión leat ag iarraidh do shéala.

A Bhanríon bheannaithe gheanúil ghléigeal
Shoilseach ghlórmhar thrócaireach naofa,
Leasaigh feasta mo bheatha is mo bhéasa
Agus tabhair m'anam bocht go flaithis saor leat.

Siúd é an lá nach nglacfar le bréaga
Ná bladar béil ó theanga an éithigh,
An t-anam bocht os comhair an Aoin-Mhic
Agus Liúsafar ag tnúth le dhul dhá léasadh.

Is ábhar uafáis Luan an tSléibhe,
Íocfar fuil an Mhic a céasadh,
Beidh deora goirt is gíoscán fiacal
Faoi shúiste Oscair is na ndiabhail in éineacht.

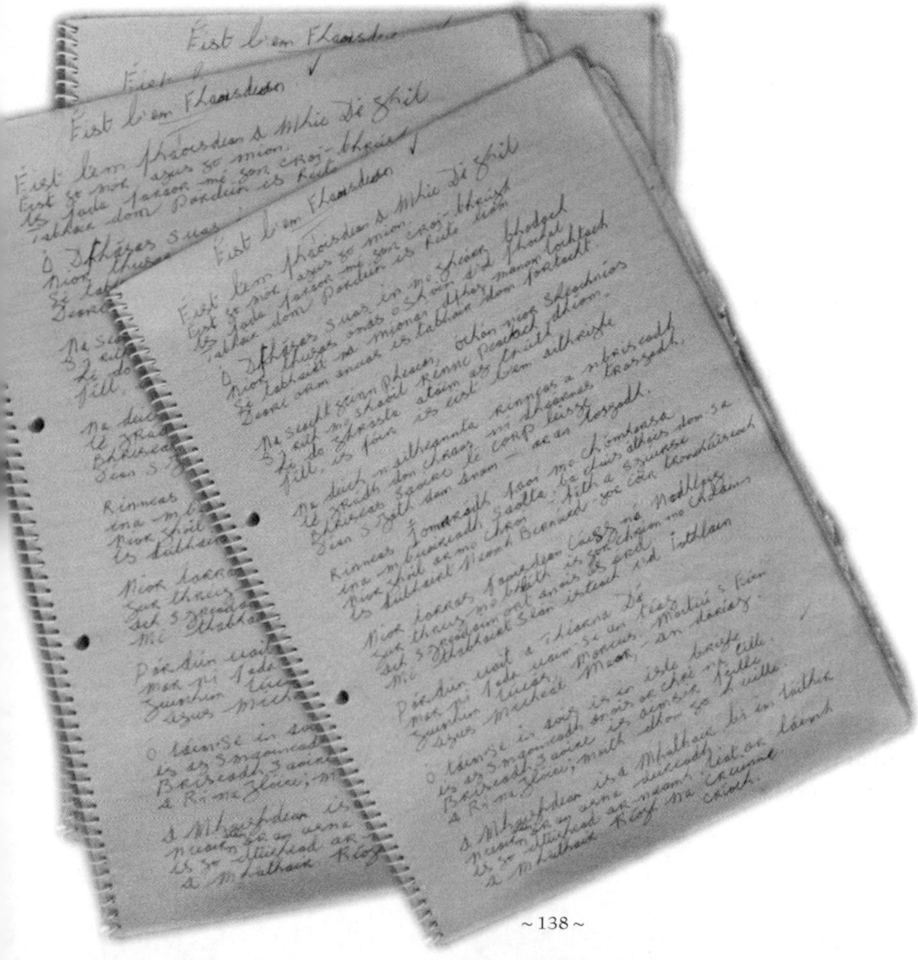

100. Éist le m'Fhaoistean

Éist le m'fhaoistean, a Mhic Dé ghil,
Éist go mór agus go mion,
Is fada faraor mé gan croíbhrú,
Tabhair dhom pardún is réitigh liom.

Ó d'fhásas suas in mo ghearrbhodach
Níor thugas ómós ó shin do d'fhocal,
Sé tabhairt na mionnaí d'fhág m'anam lochtach,
Dearc orm anuas is tabhair dhom fortacht.

Na seacht gcinnpheacaí, óchón, níor sheachnaíos
Is i rith mo shaoil rinne peacach dhíom,
Le do ghrásta atáim ag tnúth,
Fill is fóir is éist le m'aithrí.

Na deich n-aitheanta rinneas a mbriseadh,
Le grá don chraos ní dhearnas troscadh,
Bhriseas saoire le corp leisce,
Déan scáth do m'anam ar an loscadh.

Rinneas iomrá faoi mo chomharsa,
Ina mbuaireamh saolta bhí cúis áthais dhomsa,
Níor ghoill ar mo chroí fáth a sciúirse,
Is dúirt Naomh Bearnard gur coir thromchúiseach.

Níor iarras faoistean Cáisc ná Nollaig
Gur thréig mo bhláth is gur chríon mo cholainn,
Ach screadaim ort anois os ard
Mé a thabhairt slán isteach in d'iothlainn.

Pardún uait, a Thiarna Dé,
Mar ní fada uaimse an t-éag,
Guibhim Lúcás, Marcas, Maitiú is Eoin
Agus Mícheál maor an dáréag.

Ó táimse in aois is in ísle brí
Is ag smaoineamh anois ar chré na cille
Briseadh saoire is aimsir féile
A Rí na Glóire, maith dhom go huile.

A Mhaighdean is a Mháthair, bí im láthair
Nuair atáim ar an osna deiridh
Is go dtéad ar neamh leat ar láimh
A Mháthair Rí na Cruinne.

101. Cuireadh

Tar chugainn anall is fan lá ar Thrá na gCeann anseo thíos,
Ní cailliúint dhuit lá, níl ann ach tabhartas ó Dhia,
Déan do ghoradh le grian is sín siar ar an ngaineamh deas mín,
Tá tarraingt a lán ann ó thír i bhfad soir agus siar.

Tá ceiliúr na n-éan ar gach géag sa gcoill le do thaobh,
Tá Tobar Éinne ina colbha,
Feac do ghlúin ann is guibh don sárnaomh,
Bhí leigheas ann don tsúil agus fóirithint don chluais ar dhrochphian.

Éist aifreann Dé i séipéal Mhuire gan Smál,
Bíodh cluais ort le héisteacht
Agus gheobhaidh tú scéal deas ón Athair Leon ar ball
Is beidh ann céad míle fáilte romhat fhéin, bean agus clann.

Má fhanann tú seachtain beidh do chuairt seacht n-uaire níos fearr,
Siúl thart fud an cheantair
Is feicfidh tú áilleacht san áit is ar do thuras ar ais dhuit
Go n-imí tú amach uainne slán.

102. Ceannlíne an Pháipéir

Céard é seo ar cheannlíne an pháipéir
Nó an dtuigim a bhrí is mé dhá léamh,
An ginmhilleadh is dúnmharú atá i ndán dhúinn?
Ó guibh orainn, a Mhuire na nGael.

Cuir ár gcruachás in iúl do Naomh Pádraic,
Feileann a chabhair dhúinn faoi láthair,
Mar thrí luaíocht a ghuibhe ar Loch Dearg
Chuir sé deireadh le ollphéist an áir.

Nó an dteastóidh ár n-aspal aríst choíchin
Is an t-órbhachall buí ina láimh
Go dtuga sé Turas na Cruaiche
Is go gcodlódh sé oíche ar an Mám?

É ag déanamh mórshiúl ó Iomaire an Líonáin
Thart ar fud Inis Fáil,
Agus guibhe ó chroí ar Chnoc Sláine
Go mbeannódh sé Seanad is Dáil.

103. Aspal Mór na hÉireann

Fíorbhuíochas go deo leis an sárnaomh
A tháinig go hÉirinn fadó,
Is céad míle glóire don Athair Síoraí
A thug dhósan an chumhacht is an treoir.

Do theagasc Naomh Pádraic ár sinsir
Leis an bhfíorchreideamh dílis ón Róimh,
Fuair sé bua ar dhéithe bréige is lucht draíochta
Is chuir sé Crom Dubh de dhroim seoil.

Shiúil sé thart an taobh tíre
Agus bhaist sé an sean is an t-óg,
Bhaist sé íseal is uasal
Is gach duine dhár éist lena ghlór.

Shiúil sé cnoic agus sléibhte
Ag imeacht go haonraic leis fhéin,
Is nuair a tháinig an oíche ar an sliabh air
Chóirigh sé leaba i Mám Éan.

Ba í an chloch ghlas an oíche sin a leaba
Gan paca toicht ná clúmhach éan,
Agus is ríbheag a cheapfadh an tráth sin
Go mbeadh séipéal inniu lena taobh.

Rinne sé a ghuibhe ar an leac ann
Is phléasc an t-uisce thrína ceartlár aníos,
Bhí sé na déaga de bhlianta agamsa cheana
Ach níor tháinig air caonach le aois.

Shiúil sé amach thrí na sléibhte
Is níor ghéill sé do bháisteach ná ceo,
Níor stríoc sé ó dhraíocht ná ó chlampar
Gur ghuibh sé ar an gCruach i Maigh Eo.

Thug sé dúshlán Tine na Teamhrach
Gan faitíos roimh dhiabhlaíocht ná draíocht,
Thóig sé clochair is teampaill
Is níor shantaigh sé caisleán ná ríocht.

Ghuibh sé in aimsir an ghátair
Is chuir sé seamróg thríd an bhféar glas aníos,
Choisric sé sagairt is easpaig
Le cumhacht agus treoir ón Sprid Naomh.

Chuaigh Crom Dubh is a chlann mhac 'na dhiaidh cinnte
Le draíocht is le tacaíocht dhá ghadhar,
Ach ghearr Pádraic ina dtimpeall mórlíne
Agus chuir sé orthu glas béil agus ladhar.

Nuair a chonaic an draíodóir an mhíorúilt
Chuaigh sé isteach i bpluais ar an sliabh,
Is d'itheadar ansiúd ina bheatha é
Gach míoltóig dar shiúil féar ariamh.

Chaith mac leis lasair sa gcriathrach
Go bplúchfadh sé an tAspal sa ngríosach,
Ach loisceadh é fhéin ins an iarracht
Is d'imigh an mac eile as a chiall.

Chuaigh Pádraic as sin suas go hAontroim
Is bhaist sé bean feasa le práinn,
Ach d'fhan a fear céile ar an leaba
Is ba fíorchodladh bréige a bhí ann.

Ghuibh Naomh Pádraic dhó suaimhneas
Is 'Go gcodlaí tú fhéin ann do sháith,'
Ach chodail sé ar fad ann an bhliain sin
Is ní raibh fhios aige an oíche thar an lá.

Tháinig an sárnaomh i gcionn lae is bliana
Is d'iarr sé air éirí ina shuí,
Bhaist sé ansin ar an toirt é
Agus thug sé dhó séala an Sprid Naomh.

104. An tSíoraíocht

Smaoinigh ar do pheacaí, a dhuine,
Agus cuir thú fhéin d'anam i gcóir,
Mar tiocfaidh an bás coscrach cinnte
Luath nó mall ar do thóir.

Ná síl go bhfuil tú fíorláidir
Is go ndéanfaidh tú an tsíoraíocht gan dua,
Mar cuimhnigh go bhfuil Oscar ag lascadh
Ar Chromail na Mallacht gan trua.

Smaoinigh ar ár dTiarna sa ngairdín
Mar ghuibh sé ansin ar do shon,
Le thusa a shaoradh ón bpeaca
Chuir sé fíorallas fada go trom.

Anois, a chomrádaí dhílis,
Déan thusa do chion dhó gach lá,
Abair do phaidir gach maidin
Is ag luí dhuit aríst tar éis am tráth.

Smaoinigh ar na créatúir lag bhochta
Atá ag fulaingt san Afraic ó dheas,
Tá sé le léamh agat sna nuachtáin
Is le feiceáil ar bhosca na gcleas.

Tá siad ag titim ina gcéadta ann
Ag fáil bháis le ocras is tart,
Ach déan thusa do chion fhéin ar an saol seo
Is ná mol go deo ach an ceart.

Cuimhnigh ar na laethantaí tá caite
A mbíodh an chónra ar ghuaillí go hard,
Tá deireadh an ré sin tagtha
Is carr cróchair anois ina áit.

Cuimhnigh ar do uaigh fhéin dhá líonadh
Is gan 'do chosaint anois ach an clár,
Is scaipfidh do dháimh is do ghaolta
Is beidh tusa in íochtar ar lár.

Má chaill tú éisteacht an aifrinn
In do splíota le balla taobh amuigh
Beidh sin in d'aghaidh dearfa scríofa
Is le feiceáil i scáthán an chirt.

Smaoinigh ar an ngiúsach ar lasadh
A thug teas dhuit is solas fadó,
Siar leat ar bhóithrín na smaointe
Agus cuimhnigh ar an tsíoraíocht faoi dhó.

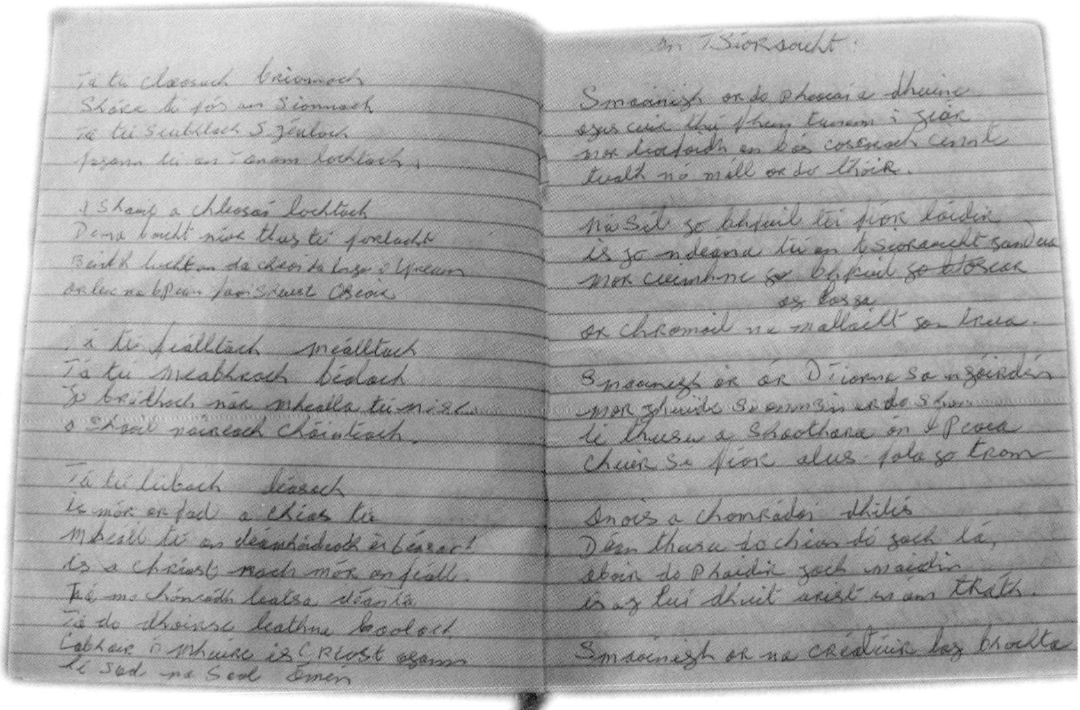

105. An tÓl agus an Chiall

Tá clamhsán dhá dhéanamh ag móruaisle na tíre,
Tá bó Ghuinness gan climseáil ó Oíche Nollag Mór,
Tá Arthur bocht traochta dhá tabhairt chun an aonaigh
Agus John Power gan aon chumhacht le sloig a thabhairt dhó.

Bhí comhairle mhaith cinnte ariamh ag seandaoine,
Go mba fada buan iad an chuid sin atá beo,
Scadán ar róistín ba deas é Dé hAoine,
Bagún is cóilis ba mhaith é mar lón.

Dhul leis an gcanna ag iarraidh fíoruisce an ghleanna
Mar bhíodh uisce le iasc agus bainne le feoil,
Má tá bóithre róchorrach ag bean tá trom torrach
A dhul ag taisteal le daoine tá líonta le ól.

Smaoiníodh sí feasta ar Mhuire, Máthair Íosa,
A chuaigh ar mhuin asail go stábla fíorfhuar,
Saolaíodh dhi an leanbh ar uair an mheán oíche
Is tháinig aingle ó na flaithis aici ag canadh is ag ceol,
Faraor géar deacrach iad siúd a bhfuil teach acu
Nach bhfanann sa mbaile in áit taisteal ag ól.

Bhí Seosamh a céile go foighdeach ag freastal
Ar Bhanríon na Scaball, Muire Máthair Dé,
Tar éis achar fada a chur dhi ar mhuin asail
Sea saolaíodh dhi an tAon-Mhac mar a d'ordaigh an t-aingeal
Tar éis trí ráithe mar gach leanbh a chaitheamh in áras a cléibh.

Tá an saol anois athraithe agus deis taistil sna bealaí
Is cead éirí san aer le dhul aon áit ar domhan,
Tá an t-aos óg ag ól leanna agus drugaí ina theannta,
Níl meas ar an asal mar dearnadh cion faillí
Agus níl fuascailt na faidhbe ag Finucane ná an tUasal Mac Gabhann.

Slán agus beannacht leis an am a chuaigh thart
A mbíodh an chuinneog chois comhra lán le bainne bláthach deas,
An boirdín cruinn miotail lena thrí chois ar leac
Is é maisithe dhá réir sin le éadach cláir slat
Leis na fataí breá móra a bhíodh ag gáirí gan scairt
Agus céad slán don bhó mhaol a thugadh an lacht.

106. An tAnam agus an Cholainn

Nach trua dhúinn fós más fíor na scéalta
A scríobh na húdair mhúinte léannta
Go dtiocfaidh Lá Luain an tSléibhe
Ina mbeidh an cholainn is an t-anam ag rocadh a chéile.

An tráth séidfear an trumpa ar mhullach an tsléibhe
Osclófar in ifreann na geataí iata,
Tiocfaidh aníos mar lasair léanach
Gach anam bocht os comhair an Aon-Mhic.

Ansiúd a cluinfear na gártha géara
Ag gach anam bocht tá le cianta daortha
Ag dhul ina scail thrí na spéartha
Ar thóir a cholainn tá lofa sa gcré thíos.

An tAnam
Déarfaidh le fearg san uallfairt is géire
Mo mhallacht dhuit, a cholainn, a bhí ariamh in do bhréantas,
Tar liom láithreach as an gcré aníos
Is gheobhaidh tú faisnéis ar do bhreithiúnas déanach.

Táimse cráite ó scar tú fhéin liom
Do mo loscadh ar leic na bpian thíos,
Faoi shúiste Oscair do mo léasadh
I measc na ndeamhan is na ndiabhal in éineacht.

Gheall tú dhomsa is rinne tú bréag liom
Go ndéanfá aithrí i rith do laethanta
Urnaí, troscadh agus mórchuid déirce
Is pardún a iarraidh ar Rí na gCréachta

An Cholainn
Táimse anseo le fada i m'aonar
Is m'aghaidh soir ar aghaidh na gréine,
Gan féith, gan fuil, gan feoil, gan smior
Agus mo chnámha diúlta ag daoil is péiste.

Táim gan rith, gan lúth, gan éifeacht,
Gan tuiscint, meabhair ná réasún,
Leathshúil chailleas le díth céille,
Táim gan léargas agus is dona é m'éisteacht.

Cén fáth thú a theacht faoi mo dhéint-sa,
Cén fáth a dtugais do mhallacht ghéar dhom?
Níl ionam éirí ná siúl ar aon chor
Mar chailleas an chois dheas leis an lanna ghéar úd.

An tAnam
Fuair mise ciall ó Dhia agus réasún
Is bhí mé sásta in do chliabhrach píosa,
Ach bhain tú an mheabhair dhíom le drochmhianta
Le tnúth, drúis is go leor drochghníomhartha.

Gach Nollaig is Cáisc bhí tú súgach,
Le scléip is ól a chaithis gach Domhnach,
Ba mhór do ghlór i dteach an óil
Ach ba mhó do thóir ar bhean do chomharsa.

Ba mhór do thóir ar lucht an stóir
Ag ithe is ag ól ar fleá is féasta,
Agus mise agat fágtha gan corp an Tiarna
A thug a chuid fhéin fola ar do shon Aoine an Chéasta.

An Cholainn
Is trua liom do ghéarghol is do scread
Ach ní thuigim do chruachás mar is ceart,
Bhí mise faoi dheireadh go beo bocht
Is chríochnaigh mo théarma i dTeach na nGealt.

An tAnam
Ba stuacach mórfhoclach a chaith tú tréimhse
Ag trácht ar d'fhoghlaim is feabhas do thréithe,
Mhaslaigh tú an Mhaighdean is a hAon-Mhac, Íosa,
Dhiúltaigh tú an soiscéal is an tSacraiméid Naofa.

Screadaim ort anois, éist go géar liom,
Léim as an uaigh, caith aníos an chré dhíot,
Beidh muid araon go síoraí i ngéibheann
Mar thréig tú Críost ar nithe gan éifeacht.

An Cholainn
Má fhaighimse an bhrí is an spreac in mo ghéaga
Gheobhad bata droighean ag dhul chun an tsléibhe,
Má cuirtear síos go leic na bpian mé
Beidh mé ag pléatáil diabhail an fhad a sheasfas an droighean dom.

107. An Saol

Mo náire ort mar shaol
Nach ndúnann do dhoirse baoil,
Tá tú corrach fallsa ciotach
Ach nár mheallair mise choíchin.

Tá tú bréagach cleasach
Is iomaí neach a fuair tú santach
A chuir a dhúil i gcuid a charaid
Is mairg a mealladh isteach in d'eangach.

Bíonn tú meangach ag socrú eangach
Ach ní choinníonn tú do gheallúint,
Dia idir mé is m'aimhleas
A shaoil bhréagaigh bhradaigh.

Tá tú cabach bradach
Agus is mairg a chreid do ghealllúint,
Is tusa fhéin an scáthán bréige
Don aineolach a rinne thú a leanúint.

Tá tú cleasach brionnach,
Sháraigh tú fós an sionnach,
Tá tú siúlach scéalach,
Fágann tú an t-anam lochtach.

A shaoil, a chleasaí lochtach,
Do na boicht níor thug tú fortacht,
Is beidh lucht an dá chroí dhá lascadh in ifreann
Ar leic na bpian faoin súiste ag Oscar.

Tá tú fealltach mealltach,
Tá tú meabhrach béalach,
Go brách nár mhealla tú mise,
A shaoil náireach cháinteach.

Tá tú lúbach léasach
Is mór ar fad a chéas tú,
Mheall tú deabhóideach is béasach
Is, a Chríost, nach mór an feall.

Tá mo chomhrá leatsa déanta,
Tá do dhoirse leathana baolach,
Cabhair ó Mhuire is Críost againn
Le saol na saol. Áiméan.

108. An Dóchas

Coinnigí bhur ndóchas, a chlanna,
Is guibhigí Muire Síor-Ógh,
Seasaigí dílis don phaidir
Is gheobhaidh sibh an tsíoraíocht gan stró.

An urnaí, an urnaí, a chlanna,
Níor chlis sí i ngábh ariamh,
Tiúrfaidh sí sibh go ceann cúrsa
Is beidh sibh leis an Uan ar an sliabh.

Sí an réalt eolais go Parthas na nGrást í
Anois, aríst is ó thús,
Sí a chuireas ar gcúl uainn ár námhaid
Is a chuireas leis an tsíoraíocht dhúinn dlús.

Dearc anuas ar do thréad anois, a Íosa,
Agus scrúdaigh gach peacach go mion,
An tréad ar fhulaing tú an pháis dhóibh
Is ar dhoirt tú do chuid fola ar a son.

An tréad a ghráigh tú le dílseacht
Is a cheannaigh tú go daor ar an gcroich,
An tréad a thug tú go fíor leat
Nach dona mar a smaoiníos muid ort?

Glac trua dhúinn inniu is amáireach
Is do na daoine nár baisteadh go fóill,
Glac trua is tabhair cabhair dhár bpáistí
Atá ar seachrán i ngleann seo na ndeor.

Is mealltar an duine bocht simplí
Ar an saol seo anois is aríst,
Ach tabhair thusa dhó cabhair agus cúnamh
Agus tiocfaidh sé slán as an mísc.

Tá cathú i ndiaidh imirt is ól,
Ó is minic a níonn sé aimhleas,
Ach abair do phaidir is ní baol dhuit
Is ligfidh tú an cathú sin thart.

Éist leis an ní atá mé a rá leat
Nó beidh sé scríofa go teann os do chomhair,
Ná tréig thú fhéin iomar do bhaiste
Ná an creideamh ar tóigeadh ann thú.

Ná héist anois le drochtheagasc
Atá ag treabhadh na mbealaí amach romhat,
Smaoinigh anois ar do phaidir
A chuirfidh gach ainsprid ar gcúl.

A Mhuire Síor-Ógh, guibh orainn,
A Mhaighdean a gineadh gan smál,
Éist lenár n-osna ar an uaigneas
Agus cuir muid go humhal faoi do bhráid.

Ár nAthair go naofar fhéin d'ainm
Is cosain ár n-anam go buan,
Go ndéantar do thoil ar an talamh
Ar neamh, ar chnoc is ar chuan.

Tabhair dhúinn inniu ár n-arán laethúil
Is maith dhúinn ár gcionta gach tráth,
Ná tréig sinn in aimsir an chathaithe
Ach saor sinn ó olc is mí-ádh.

Sé do bheatha, a Mhuire na nGrást,
Tá an Tiarna lánsásta as do thoil,
Is beannaithe thú fhéin thar na mná
Agus is beannaithe é toradh do bhroinn.

Féach orainn, a Naoimh Mhuire Mháthair,
Le cumhacht is le grásta do Mhic,
Guibh orainn ar uair ár mbáis
Agus sábháil ar an áibhirseoir sinn.

109. An Cholainn

A cholainn bhocht, seo chugat an deireadh
Do chonablach críon is do chnámha snoite,
Sin mar a bhí, más buan do chuimhne,
Imeacht gach glúin ó dhuine go duine.

Smaoinigh siar ar na blianta a d'imigh
Nuair a bhís faoi bhláth gan brón, gan tuirse,
Ach smaoinigh feasta ar chré na cille
Mar tiocfaidh an bás faoin ursain chugat.

Creid nach fada uait an t-éag,
Tá do rása rite is tuig nach bréag,
Níl insa saol ach seal,
Dúirt Rí na Cruinne, ní chuirfear Neamh ar ceal.

Féach an óige imithe uait,
Is tú an crann gan duilliúr,
Gach lá feasta feac do ghlúin
Is in onóir an Uain abair deichniúr.

Smaoinigh arís ar amharc do shúl
A chonaic cuach ar chraobh is seabhac ar aill,
Tá ceo anois tagtha ag dalladh do dhearc
Is ní léir dhuit crann ná carraig.

Imeacht do chos is lú do lámh,
Is tá tú basctha ag pianta cnámh,
Anois déan an aithrí gan lúb ar lár,
Tá briseadh in do ghlór is bodhaire ar d'éisteacht.

Ós sa gcré is dual dhuit dhul,
Cuimhnigh ar do uaigh dhá hoscailt,
Is ann bheas tú go Lá an Luain
Mar thréig do bhláth, a cholainn.

110. An Bás

Is ábhar uafáis nach dtugann spás,
Giolla gan chuireadh thusa, a bháis,
Tagann tú gan aon chall
Agus ar ais arís gan focal a rá.

Bíonn faitíos romhat ar muir is tír,
Bíonn fáilte romhat ag tréithlag tinn,
Do laoch ná rí níor thug tú spás,
Agus sciob tú an naíonán gan aon chás.

Is ort nach féidir bua a bhreith,
Néal ná suan ní thagann ort,
Buaileann tú an seanóir tá breoite crom,
Síneann tú an t-ógfhear tá ag treabhadh sa ngort.

Fealltóir thú d'oíche is de lá,
Ó do bhreithiúnas faightear crá,
Sciobann tú leat an seang is an t-olc,
Fós níor facthas amharc ort.

Is cuma leat fírinne, bréag ná áibhéil,
Is cuma leat bodach dána ná bean dheas,
Ní dhéanann tú rogha idir grinn is dall,
Faigheann tú an bua ar Fhear na gCleas.

Níor chuir ort scáth lucht an ghleo
Agus chuir tú síos an draoi,
I mbothán, teach ná caisleán
Is giolla thú atá gan dlí.

A bháis, is tú a thagann teann,
Ní fheacann tú glúin is ní chromann tú ceann,
Cuireann tú an rí, a bhean is a chlann,
An bocht is an nocht in aon bhád amháin.

111. Agallamh an Bháis leis an bPeacach

An Bás
Tá tú anocht, a sheanóir chríonna,
Gan rith gan lúth i ndeireadh do scríbe,
Tá tú agamsa i ngéibheann cinnte,
Do rása rite is níl d'aithrí déanta.

An Peacach
Cé hé thusa atá ag labhairt chomh dána
Le seanóir liath tá breoite cráite?
Anocht liom fhéin gan gaol ná cairde,
Is le seanaois chlis mo shláinte.

An Bás
Mise an bás nach dtugann spás uaim
Is leagfad fúm a dtiocfaidh is a dtáinig,
Úr is críon gan cás ná náire
Agus leagfad thusa gan aon lá cairde.

An Peacach
Fill, a bháis, is tabhair cairde fós dhom,
Ar feadh naoi dtráth fág go fóill mé,
Is iarrfad treoir ar an Maighdean Ghlórmhar
Le go ndéanfad faoistean le Rí na Glóire.

An Bás
Is fada an chairde a fuair tú ó thús ama,
Ó d'fhág tú fadó broinn do Mhama,
Mar mhair tú ariamh sea mhairfeá feasta,
Tá do rása thart is do ré anois caite.

An Peacach
Níor iarras ort ó táim agat sáinnithe
Ach spás an-ghearr go ndéanfainn aithrí,
Codladh bliana fuair an draoi ag brionglóid
Agus Naomh Pádraic ní dhearna air cion faillí.

An Bás
Geallúint bhréagach bhí ar feadh do shaoil uait,
Do theachtaire Dé níor chlaon tú glúin síos,
Le mionnaí móra, éad is díomas
Thréig tú Muire agus a hAon-Mhac, Íosa.

An Peacach
Chlaonas don tsagart thug ar dtús Corp Chríost dhom
Is d'éist sé faoistean uair sa mí uaim,
Dúras urnaí maidin is oíche
Agus bhí anam gléigeal in mo chroí bocht píosa.

An Bás
Tá deireadh do sheanchais, a chluanaí, déanta,
Leis an mailís bhí do chrúba gníomhach,
Bhain tú pléisiúr as drochghníomhartha,
Agus mianta na colna níor chuir tú srian leo.

An Peacach
Chualas fadó agus léigh mé i scríbhinn
Gur dalladh Pól de bharr drochghníomhartha,
Gur shéan Peadar an oíche úd Íosa
Is tar éis na haithrí thug ina ríocht dhóibh dídean.

An Bás
Fuair Pól a léargas tar éis aithrí a dhéanamh,
Agus Peadar an eochair tar éis é a shéanadh,
Is ar bhunchloch na fírinne na haitheanta scríofa,
Is le cumhacht an Aon-Mhic an creideamh a chraobhscaoileadh.

An Peacach
Aithris dhom, a bháis, de ghlanfhírinn'
Cén sórt daoine a bhíonn dhá ndaoradh?
Tuig go bhfuil sé sa mBíobla scríofa
Gur clann aon Athar an cine daonna.

An Bás
Inseod dhuit is ní dhéanfad bréag leat,
An aithrí mhall tá sí baolach,
Tá do chairde caite is do théarma saolta,
Is an oíche tá i láthair beidh tú in ifreann thíos uaim.

An Peacach
Is trua liom do bhreith is mo chás ar láimh leat,
Is tusa, a bháis, nach dtugann spás uait,
Más fíor do ráite beidh m'anam cráite
I seilbh na ndiabhal sa ngríosach ghránna.

An Bás

Sínfead síos thú, a pheacaigh ghránna,
Ar urlár lom gan cás ná náire,
Beidh na péiste ag diúl do chnámha,
Is ag Ard-Rí na nDiabhal beidh d'anam amáireach.

Beidh d'anam ansin briste brúite
'Measc lucht feille, póite is drúise,
Lucht magadh, cúlghearradh agus cladhairí dúiche
Agus Oscar ag lascadh oraibh lena shúiste.

Gheobhaidh tú an goradh ar na ngráta
Ar leic chruánach ansiúd sa gceárta,
Aríst ar ais an iarraidh chráite
Mar fuair Dónall an bior is a chosa in airde.

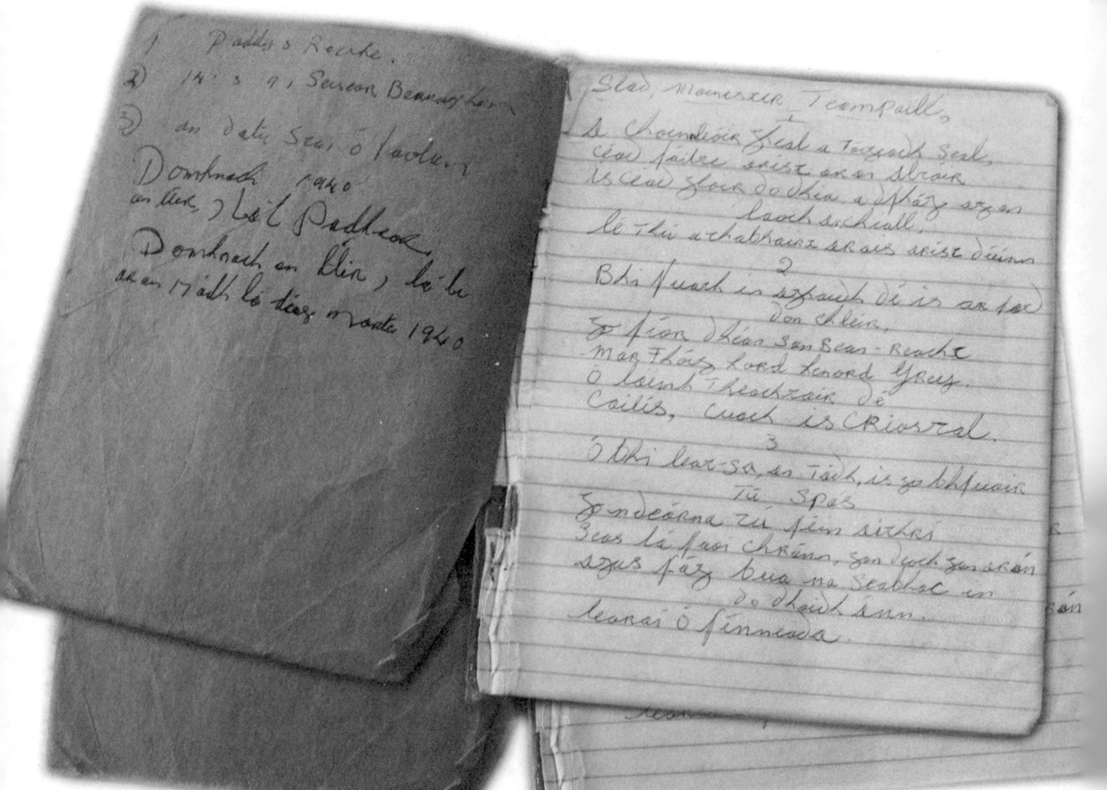

112. An Coinnleoir Geal

A choinnleoir gheal, a tóigeadh seal
Do chéad fáilte aríst ar an altóir,
Agus céad glóire do Dhia a d'fhág ag an laoch an chiall
Le thú a thabhairt ar ais aríst dhúinn.

Bhí fuath in aghaidh Dé is ar fad don chléir
Go fíordhian sa seanreacht,
Agus thóig Lord Ginkell Grey ó láimh theachtaire Dé
Cailís, cuach agus criostal.

Ó bhí leatsa an t-ádh go bhfuair tú spás
Go ndearna tú fhéin aithrí,
Seas lá faoi chrann gan deoch gan arán
Agus fág bua na seabhac in do dhiaidh ann.

113. Ré na Línseach i mBearna

Phós William Ó Línsigh go cinnte
Bantiarna Uí Allmharúin tráth,
Is bhí saibhreas gan chuimse ag an Línseach
Is Muintir Allmharúin ag imeacht 'un báin.

Mhair a sliocht siúd go cinnte
Seacht nglúine i ndiaidh a chéile gan crá,
Ach dhá fhad is a sheasann oíche airneáin
Sé a deireadh sin fhéin an lá.

Chaith siad na blianta go cráifeach
Is chuir siad a muinín as Dia,
Thóigeadar cúirt liathróid láimhe
Agus séipéal i bPáirc na bhFia.

Thóigeadar buachaill deas gorm
A tháinig ón Afraic anall,
Is de réir mar a fuair mé air cáilíocht
Bhí an Ghaeilge aige fhéin thar barr.

Ach ansin chas an roth tuaifeal
Agus fágadh Marcas Óg go brónach leis fhéin,
Mar bhásaigh a aonmhac muirneach
Na mílte míle amuigh i gcéin.

Míle agus naoi de chéadta
Agus ocht mbliana go beacht ina cheann
An t-am ar éag Marcas Óg Ó Línsigh
Is d'fhág Teach Bhearna gan oidhreacht Línseach go brách.

Throid a mhac Nioclás san Afraic
Ach thit sé mín marbh san ár,
Is cuireadh na céadta acu i dtalamh
Gan bráillín ina dtimpeall ná clár.

Cheannaigh an Coimisiún an eastáit
Ó Loch Roisín go Claí Bán ó thuaidh,
Is an tOllamh Ó Máille Teach Bhearna
Ó sconsa na coille go cuan.

Anois níl morán trácht ar na Línsigh
Ach go maireann an focal san áit
Go mba cosúil le lá na seacht síon
A cuireadh Sean-Mharcas faoi chlár.

Aon agus naoi insa líne
Leathchéad is dhá bhliain leis go teann
Sea a cheannaigh fear áitiúil Cora na gCaorach
Cnoc Mharcais Óig is an gleann.

Cheannaigh fear eile Tigh an Mháilligh
Is an choill idir géagán is crann,
Is cheannaigh fear eile Teach Bhearna
Atá suite ansiúd leis an sruthán.

Tá Tobar Éinne ansin leis na cianta
Agus is mór a shiúil thart lena bhruach,
Is tugann daoine go cinnte an turas
An Domhnach céanna a dtéann na mílte ar an gCruach.

Ansin a ghuibh Éinne agus Colm
Is tháinig an mhíorúilt ón Ard-Rí tá thuas
Mar frítheadh leigheas ann ar thinnis
Mar ghalraí súl is cluas.

Ach céad míle glóire don Athair síoraí
Is abair thusa mar fhreagra, 'Áiméan',
Mar laethantaí beag eile ina dhiaidh sin
Téann na sluaite go Tobar Mhám Éan.

Sin é mo scéalsa ar na Línsigh,
Sé deireadh gach líne an bás,
Ach is álainn go deo an áit le saoire
Bearna agus Trá an gCeann.

114. Máistir Scoile

Tá tú tóigthe as Bearna, a Shean-Mháistir,
Agus do chnámha i gcónra chaol cláir,
Chaith tú seal ann in uaigneas na cille
I ngan fhios do do ghaol is do dháimh,
Óir rinne tú fhéin an gníomh ciotach
Dhíol tú na Gaeil leis na Gaill.

Le trí scóir agus ocht déag de bhlianta
Bhí tú in do chodladh i ngleann sléibhe go sámh,
Más fíor mar a dúradh sa scríbhinn
Sí cúirt an mheán oíche chuir thú ann,
Ar na hÓglaigh sea rinne tú scéala
Is ó Sheán Buí thóig tú an chrúb cham.

Ba dona í do cheird-sa, a chladhaire,
A thug ar na hÓglaigh an mí-ádh,
Ach fuair siad amach do lámhscríbhinn
Agus ceapadh do phasóid gan spás,
Tugadh chun bealaigh thú oíche gheimhridh
Is fuair tú toradh do ghníomhartha, piléar a chur trí do cheann.

Ní thiocfaidh bunús do scéil go deo i scríbhinn
Le gur thóig tú ó na Gaill an chrúb cham,
Ní bhfuair tú do sheans é a scríobh síos
Cé go raibh cailc in do phóca agus peann,
Rinne na Dúchrónaigh drochghníomhartha
Is tháinig scaipeadh ar Sheán Buí is ar a dhream.

Tá fianaise do thréathra ar iarraidh,
Tá obair do láimhe gan fáil
Nó go mionfar go mion an taobh sléibhe
Go dtórfar gach cnocán is gleann
Go gcartfar na caochphoill mórthimpeall,
Nó go dtaoscfar Loch an Daill síos go láib.

Anois ó tá d'aiséirí déanta
Agus thú tóigthe as an áit seo go ciúin
Tá na seanfhondúirí imithe fré chéile
D'fhan fianaise an ghníomh ina scéal rúin,
Tá na ribíní dearga séanta
Is cuireadh Seán Buí fadó chun suain.

115. An Marú ag Trá na gCeann

Bhí buachaillí bána in Éirinn go dána
Is rinne siad briseadh agus bascadh,
Ach bhí siad thar barr ar thaobh Chontae an Chláir
Is chuir siad fhéin tréas ar na Flaitheartaigh.

Tháinig Clanna Riocaird le cóir go bun Chnoc Mharcais Óig
Is chuir siad suas campaí sa bhFearsaid,
Chaith siad lá is oíche ag baint meabhair as an tslí
Ag breathnú go grinn ar an mapa.

Chuaigh siad gan spás go taobh Uachtar Ard
Mar is ann a bhí an Flaitheartach ar fascadh
Le go ndéanfaidís ár in achar an-ghearr
Eallach a bhailiú is a bhascadh.

Chrochadar leo lao, eallach is bó
Agus bhailigh siad síos Cnoc an Champa,
Ach ar maidin go luath facthas lorg na mbó
Is ghlaoigh Murcha na Tua ar na fearaibh.

Chuaigh siad sa tóir ar na buachaillí bó
Míle laoch cos agus marcach,
Agus fuaireadar treoir ag Droichidín an Ghabha
Is rinne siad síos ar Chnoc Mharcais.

Chuaigh na Flaitheartaigh caol díreach síos Cora na gCaorach
Agus tháinig siad suas leo sa bhFearsaid,
Is níl aon mhac máthar dhá dtáinig ón gClár
Nár thit ina cholainn gan cheann insa gcladach.

Níor fhan seabhac ó Cheann Léime nár tháinig don réimse
Ag déanamh tréanthitim go talamh,
Is bhíodar ansiúd ag piocadh na súl
Ag sloigeadh na fola is ag placadh.

Bhí an chuach ar an gcraobh is pian ina croí
An lon dubh, an smólach is an chéirseach,
Is d'fhan gach éinín dhá bhinne gan nóta a sheinm
Agus i bhfolach sa bhféar a chuaigh an traonach.

D'éirigh lucht feille na coille amach as a gcodladh,
Treibh súite na fola nach mblaisfeadh de phéiste,
Agus chuadar le deifir síos ag an sléachtadh,
Carógaí, easógaí is búistéirí an tsléibhe.

Bhí mise lá ag siúl ar an trá
Is mé ag cuimhniú go cráite ar na fir úd,
Agus d'fhiafraíos go tláth de charraig bhreá ard
'Cá bhfuil an trá bhán nó an gaineamh is gile?'

An Charraig
'Mise an charraig is sine i mbarr cladaigh, i mbéal toinne,
Agus is iomaí scéal cráite nár inis mé fós,
Ach ansin os mo choinne a dícheannaíodh gach duine
Is d'fhág sin Trá na gCeann air mar ainm.

Anois bí ag imeacht, a dhuine,
Is tar ag an teampall go cinnte,
Abair paidir is las coinneal do Bhanríon na Cruinne
Go dtreoraí sí go flaithis Dé gach créatúr.

I mbliain a cúig déag, leathchéad is ceathair déag
A rinneadh an sléachta san áit seo,
An fhad a bheas gaineamh ar an trá is cuileann ag fás
Beidh trácht i mBearna ar an scéal sin.

An dóú lá is fiche de na laethantaí is faide
A rinneadh an doirteadh fola ar an trá sin,
Ach go deimhin, a dhuine, is iomaí lá a d'imigh
Nó go ndeachaigh Labhrás ag trácht air.

116. The Battle at Silver Strand

On the twenty second day of June
And all things were in bloom
Clanricarde came across from Clare
As Whiteboys they were brave
For to maim cattle by the scores
In the year fifteen sixty four.

They came in their boats
With four men on the oars
On waters calm and still
They floated like a quill
And sheltered for moonlight
At the foot of Lynch's Hill.

They travelled through the night
Without fear or fright
And collected O'Flaherty's stock
From his herds near Uachtar Ard
Drove them thick and thin
Through the lowlands at Lough Inch
For to maim them off the cliff at Barna Bay.

Before the dawn of day
The herdsmen they did wake
They really got a fright
For no cattle was in sight
And they had to tell the tale
To O'Flaherty, the Wild Heir.

Of Clanricarde he was aware
And called his warriors like a bear
They went on horseback hell bent
With tracker dogs to scent
Through rough mountains and green land
'Til they cornered the Clare Clan
At the strand in Barna Bay.

With sharp swords in their hands
They beheaded the Clare Clan
It was the feast time of John
When they fought the battle on that strand
And ever since that day
Barna Bay is called Trá na gCeann.

117. Oíche Airneáin i mBearna

Is iontach mar a chríochnaigh oíche airneáin
I gceantar Choill Bhearna fadó,
Tosaíodh ar imirt chúig chárta
Is beidh trácht ar an oíche sin go deo.

Oíche Lá na Naomh a bhí inti
Nuair a thosaigh an imirt le greann,
Ach bhí sé in am mharbhúch na hoíche
Nuair a ghnóthaigh fear amháin le cíonán.

Cuireadh leis geall ar an bpointe
Nach dtiocfadh sé síos Trá na gCeann,
É ag crochadh leis láí nó píce
Is cloigeann nó dhó a bhaint go teann.

Ghuibh sé do Mhuire is dhá hAonmhac
Is d'iarr sé cabhair ón Sprid Naomh,
Thug sé aghaidh ar an gcladach
Ag taisteal in onóir na naomh.

Thosaigh sé ag fuirseadh sa ngaineamh
Agus chart sé dhá cheann as aníos,
Ach labhair an glór leis go dána,
'Cuir iadsan go doimhin síos arís.'

'Ag an diabhal feannta go raibh tú
Nó an bhfuil tusa ansin ariamh?'
Is an comhrá beag fánach a chualas
Ní bréag a bhí ann ach an fíor.

Freagra ón nGlór
Níl mise feannta ná scallta
Ach cónaím faoin mórmhuir go fíor,
Is marach chomh láidir do dhóchas san Ard-Rí
Bheadh do cheann fhéin anocht ar an spiar.

Ghnóthaigh tú imirt na gcártaí
Ach ní raibh do chairde leat fial,
Chuireadar leatsa na geallta
Nach dtiocfá ar an trá seo in mo thriall.

Bhí tusa fhéin múinte agus mánla
Is níor thóig tú geall uathu ná bríb,
Chuir tú do dhóchas san Ard-Rí
Agus tháinig tú in ómós na naomh.

D'imigh tú aonraic gan faitíos
Is ghuibh tú ag Tobar Éinne ar do shlí,
D'iarr tú ar Éinne is ar Cholm
Thú a shábháil ar ghangaid is draíocht.

Anois fill ar ais ar do bhealach
Is fág an trá seo anocht gan aon bhuairt,
Marach do dhóchas as Dia bheith chomh láidir
Bheadh cuimhne go Lá an Luain ar do chuairt.

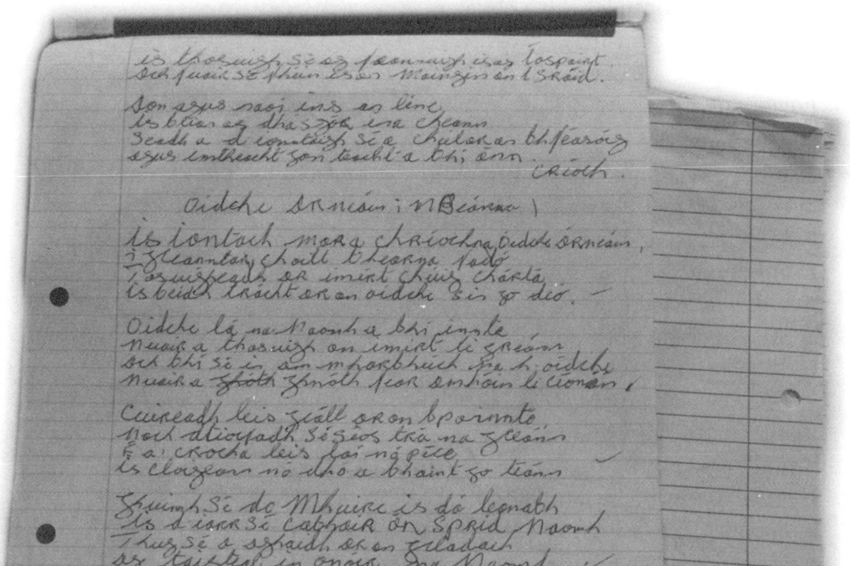

118. An Corcán Óir

Bhí fear ar an Lochán
A bhíodh ag tachtadh corrbhradán
Is chuir sé maoil ar a chorcán
Leis an ór buí.

Dhíoladh sé an bradán
Leis na boic as an gcrompán
Agus leis na fíorbhochtáin
Ní chaitheadh sé leathphínn.

Bhíodh sé sa tóir
Ar lucht maoin agus stóir
Ach ar bhainis nó cóisir
Ní óladh sé deoir.

D'óladh sé brachán
Le bainne bó bliochtáin
Agus dhúnadh sé an doras
Ar an dearóil.

D'iompair sé an corcán
Leis ar a dhromán
Is chuir sé faoin bhfód é
I ngan fhios don domhan.

Chuimhnigh sé ar chleas
Agus chuaigh sé ag an eas
Ach sciorr sé le fána
I sruth millteach na habhann.

Do frítheadh é ina chorpán
Is ní raibh fáil ar an gcorcán
Ach bhí cead snámh ag an mbradán
Ón loch go dtí an cuan.

D'imigh na daoine is na blianta
Ach d'fhan grian agus gealach,
Is ní raibh fios ag sean ná ag óg
Cá raibh an téagar i bhfolach.

In aimsir lánú na bhfátaí
Bhíodh siad ag obair go mear,
Is i nGarraí na Stalach bhí Colm an fear
Is sa ngort lena thaobh bhí an Séamas col ceathrar.

Chonaic Séamas siogán
Is ar a dhroim a bhí an t-iogán
Agus thug sé dhó suntas
Thar an gcuid eile den tréad.

Chart sé an cnocán
Agus áras na siogáin
Is fuair sé corcán
I bhfolach ann thíos.

Ghlaoigh sé ar Cholm
Dúirt, 'Tar anall chugam
Tá agamsa corcán
Lán de ghineachaí buí.'

Fuair Colm súgán
Ghlan sé an clár go dtí an lúbán
Is ní bhfuaireadar thíos ann
Ach ciarógaí donn.

Bhí siad ansiúd ina staic ar an gcnocán
Gan gáire, le eagla, ar scanradh is ar crith,
Gan Mrucha gan Mánas
Gan mogall ar bith.

Ní raibh call le aon sárú
Faoin ór buí a chlárú,
Bhí an corcán faoi dhraíocht
Ag an Iascaire Dubh.

119. Ór ag Leipreachán

Dúradh ariamh insa seanchas
Go raibh ór ag an leipreachán
Is go gcónaíonn sé i lios eicínt
Nach eolach fós do chách,
Ach dhá mbeifeá go maith ag aclaíocht
Agus snámh in aghaidh an sruth láin
Go bhfaighfeá comhairle charadach
Ó Chailleach an Chapaill Bháin.

Dhul ag siúlóid chois coille amach
Ag cnagadh drúchta roimh an lá
Maidin Lae Bealtaine i bhfoirm duine fáin,
Fanacht glan ar dharógaí is an fhuinseog gan bláth,
An sceach gheal an crann is ansa leis
Faigheann sé cosaint faoina scáth,
Ach bí lúfar aigeanta
Nó is truamhéalach do chás.

Má thagann tú air gan aireachtáil
Ná fág aon lúb ar lár,
Cuir na hordógaí ar a dhúdán
Agus déan a chéalacan a chrá,
Ná breathnaigh fút ná tharat
Nó is leis an leipreachán an lá,
Ní bheidh ansin agat ach bonnaíochaí,
Ní bheidh tuairisc air ná tásc.

Beidh tú ansiúd in do bhambairne
Croíbhriste ní bréag a rá,
Ag imeacht ag lascadh tomachaí is gan fóirithint agat le fáil,
Stróicthe stiallta ag driseachaí is deilgní dod chrá,
Ach mholfainnse dhuit an pholaitíocht
Le dhul sa Seanad nó sa Dáil,
Mar má ritheann tú gann san airgead
Sé Ben Dunne do sheans is fearr.

120. Pangar Bán

Mise agus Pangar mo pheata an cat bán
Níl muid le chéile ar aon cheird amháin,
Bíonn seisean ag seilg is bímse ar seachrán,
Ní dual dhomsa cliú le peann ná leabhrán.

Bímse san oíche ag léamh amhráin is dánta,
Is as míniú na bhfocal faighimse fhéin sásamh,
Níl feithideach dhá dtagann in mo líonsa ó na bánta
Nach mbíonn mo charaid ag faire, sé fhéin an mac dána.

Nuair a fhéachaimse tharam is néal ar mo shúil
Bíonn Pangar faoi cholg is a dhrioball ina lúib,
Níl aon luchóg dhá siúlann an t-urlár go ciúin
Nach mbíonn mo pheata fíorsthásta is í ina ghéarchrúib.

Tá mise is mo pheata inár gcónaí in aon teach
Is níl aon aird againn ar aon chineál neach,
Bímse ag scríobh is ag léamh amhráin
Is bíonn Pangar san airdeall go síoraí ag crónán.

Tá mo pheata fíordhílis i nósa is i mbéasa,
Tá mise, mo léan géar, ag fáil beagán aosta,
Sin agat ár gcáilíocht i bhfoirm sórt véarsa,
An cat agus mise i bhfochair a chéile.

121. Bréagach

Chonaic mé, má chonaiceas, iontas mór,
Dhá bhfeicfinn mar a deirim ó,
Ó d'fheicfinn iontais go leor,
Cearc i mbéal muice ag baint choirce le corrán Dheaideo.

Ga gréine oíche sheaca
Ag fuarú fear sneachta sa ngleann,
Ach le ruagán ón dealbh
Níor imigh an ga gréine slán.

Chonaic mé an chreach oileáin
Ag díol coileáin ar an gCréin Mhór,
Agus clochar líonóg gan cianóg
Go flaithiúil istigh i dteach an óil.

Chonaic mé Carraig Áine istigh i sáinne
Ag cráineadh ar Thobar Sheáin Óig,
Agus Aill na bPotaí cosnochtaithe
Sa scioból ag bleán na bó.

Chonaic mé bairneach go práinneach
Ag deasú bróga i ngarraí an lín,
Eascon agus buidéal aici ag tiomáint dhó tairní sna boinn
Agus cat mara ina chodladh go síoraí ag gabháil fhoinn.

Bhí ronnach ribeach ar an leachta ann
Agus drioball coinín aige ag cur faobhar ar speal,
Is cearc uisce ina phóca go spóirtiúil ag cóiriú nead,
Bhí luchóg is ciaróg ag coinneáil gach nóta i gceart.

Chaith Carraig an Mhatail an Satharn
Ag tóraíocht Dé hAoine sa gceo,
Agus cloch an chaipín go gaisciúil
Ag ól phórtair Tigh Phádraic Joe Joe.

Chonaic mé portán ag sú moirtéil
Le corrán thíos insa luaith,
Fód coise ar an teallach ag screadach ag iarraidh ola an dó
Is an tlú ansiúd dhá bhaisteadh le streall ola mhór.

Dhá n-inseoinn a bhfacas, ar ndóigh,
Ní chreidfí uaim focal mo bhéil,
Bullán faoi aisliméad ag tochras ar a cheirtlín fhéin,
É ag grágaíl sa bpárlús ar maidin i ndeireadh an lae.

Chonaic mé siogán ag lascadh ar bhogán le tál,
Níl buille dhár bhuail sé nár chruaigh sé an bhlaosc air níos fearr,
Séard a dúirt Cailleach na hAirde,
'Ní fheicfidh sé aríst lá den ádh.'

Chonaic mé Loch Chearra is Loch Fada
An lá cheana faoi reolach seaca
Dhá dtaoscadh ag seanchoinín óg
Agus fear giortach fada ina chrampa le séathlán ag cabhrú leo.

Bhí an mhuic mhara ag baint sceacha
Lá an tsneachta ar leataobh an bhóthair,
Is an fíogach go haireach dhá mbailiú leis ina ghabháil,
Agus an traonach te teolaí sa gcladach ar gor insa ngróbh.

Is céard a deir tú le bruach portaigh
A shiúil go Gaillimh ag iompar seoil,
Agus each uisce ar meisce ag dioscó is í ag casadh ceoil,
Is Diomlaic go suaimhneach ag ruaigeadh caorach go Luimneach lá ceo?

Óra, chonaic mé iontais nach bhfaca mórán fós,
Gabhar bradach gan ceangal chomh socair le lao na bó,
Agus lacha bhacach coischrapach
Ag rith rása le mionnán óg.

Chonaic mé bean chabach ag scríobh abairt
Agus tairne seaca aici mar pheann,
D'inseodh an ghangaid go raibh diabhlaíocht ag rith thrína ceann,
Sin is fear balbh gan amharc ag bearradh seanchaora le sleán.

Sheas mangach ar neantóg ach dúirt sé, 'Ó, bhó,'
'Cóirigí a leaba,' a dúirt an róistín, 'go beo.'
Bhí an spig neanta ina theannta ag míniú faoi luibheannaí dhó,
Is cat Róisín sa leaba ag rúscadh dreancaid le gró.

Tá an triuch ar Rí Triuf ó thosaigh a ghrá geal ag snámh,
Rí Spéireat ina aonar ó d'imigh a chéile thar sáil',
An Chuileata ag Rí Muileata más fíor do na mná,
Níl aon scairt ag Rí Hairt ó d'éalaigh an Bhanríon le drámh.

Chonaic mé Cnoc Néifinn ar Thrá na gCeann,
Cnoc Mordáin is Cnoc Ógáin chaill siad an greann,
'Beidh lá eile ag an bPaorach,' a dúirt Cora na gCaorach,
Thosaigh Cnoc an Bhlácaigh dhá shliseáil thíos ann.

Bhí slis ag Sliabh Mis ag climseáil Chnoc Ógáin le práinn,
Agus Loch Roisín mar ghoisín ar phláta péatair ag Tiarna Thír Eoghain,
Is bád iomartha gan croga ar a cromada ar Chnoc Leitir Móir
Agus clárfhiacail circe amach roimpi dhá gabháil.

Chonaic mise cois fuipe ag broc muice ag tiomáint bus go Maigh Eo,
Cruach Phádraic san airdeall ag lasadh na soilse dhó,
Préachán go péacach ag snámh ar Loch Measc gan dua,
Agus splanc i mbéal circe mar theach solais ar Chnoc Chathail Óig.

Sin deireadh na n-iontas agus críoch leis an scléip
Go ndúnfad mo shúile is go dtóigfidh mé néal,
Má tá aon scéal agatsa seol chugam é,
Cuirfear i véarsa é más fíor é nó bréag.

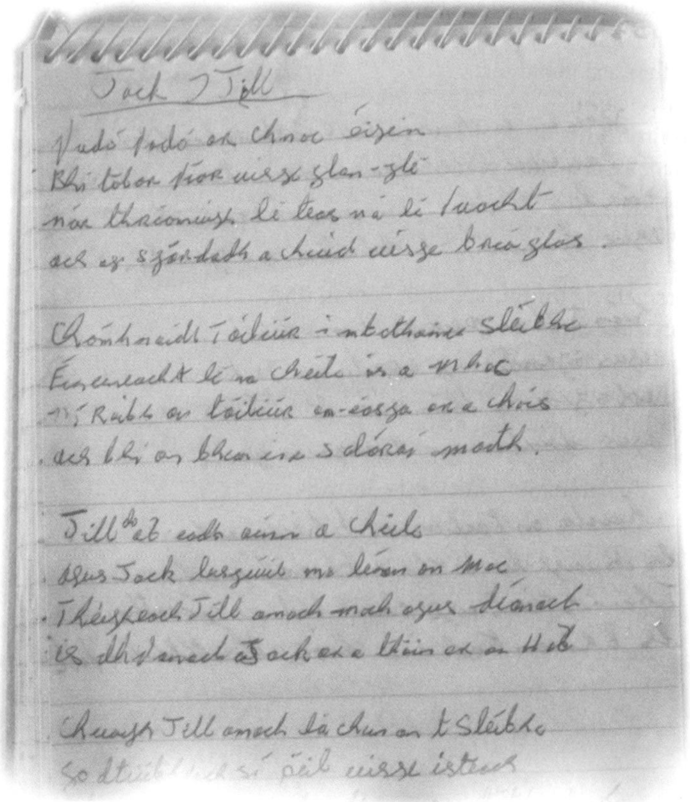
Jack ⁊ Jill

122. Jeaic agus Jill

Fadó fadó ar chnoc éigin
Bhí tobar fíoruisce glan glé
Nár thriomaigh le teas ná le fuacht
Ach a scardadh a chuid breá glas.

Chónaigh táilliúr i mbotháinín sléibhe
In éineacht lena chéile is a mhac,
Ní raibh an táilliúr an-éasca ar a chois
Ach bhí an bhean ina soláthraí maith.

Jill ab ea ainm a chéile
Agus Jeaic leisciúil, mo léan, an mac,
Théadh Jill amach moch agus déanach
Agus d'fhanadh Jeaic ar a thóin ar an hab.

Chuaigh Jill amach lá chun an tsléibhe
Go dtiúrfadh sí péil uisce isteach,
Chuaigh Jeaic ina diaidh amach go leitheadach
Is thosaigh sé ag guairdeall thart.

Sciorr an dá chois uaidh in éineacht
Is buaileadh a chloigeann faoi leac,
Síos leis le fána is é ag bladhrúch
Agus chloisfeadh bó bhodhar a scread.

Líon Jill an péil suas go boimbéal
Agus scread sí go cráite ar Jeaic,
Agus sciorr sí fhéin síos le fána
Agus doirteadh an t-uisce ar fad.

Chuala an táilliúr an bhéiciúch
Is chuaigh sé lena chois bhacach amach,
Tháinig siad aige fliuch báite is gearrtha
Is bhí an teach ina chíor thuaifeal ar fad.

123. An File

Fear cliste nó duine gan chéill
An file is é ag comhrá leis fhéin,
A ghuth mar mhacalla ó shliabh
Is é fhéin gan ceannas gan ceann.

A bhriathar gan bhrí lena bheo
Is na smaointe a chuir Dia ina cheann,
Tuairim cheanndána, mo bhrón,
Gur ní gan éirim dán.

An té a bhí faoi mheas is onóir
Le téarma mór blian ag cách
Ní thuigeann ach beagán an bhrí
Ná an éirim a chuir Dia ina cheann.

Is fadbhreathnaitheach an mac é an saol
Ach sé giolla an dá chroí atá cam,
Níl idir é agus codladh na hoíche
Ach na sluaite a threascairt gach am.

Is an file ag foghlaim a cheird
Ag cur ceol agus ciall le caint
Go huaigneach aonraic leis fhéin
Mar bheadh caora fuaid insa ngleann.

An lóchrann ó Dhia ina chroí
Is gur léir dhó áilleacht an tsaoil,
Níl ann ach tabhartas ó Dhia
Le go gceapann sé dréacht nó dán.

Ní raibh riamh nach mbeidh arís
Is beidh suim i ndréacht is i ndán,
Múinfidh an saol an t-aos óg
Is beidh an file bocht is leac ar a cheann.

124. An Gruagach Ribeach

Is ríbheag an t-ábhar a fuair an gruagach ón bpáiste
Nuair a mhol sé a chuid glasraí go cliste,
Iad feistithe go cóir le cur ar cheann boird
Díol cinnire tíre nó ardrí.

Má shíleann an fear fánach ó mhaslaigh sé an páiste
Go mbuailfidh sé báire in aghaidh file,
Cuirfidh mise náire air má bhíonn sé san áit seo
Mar is boc é a bhfuil cuma rud dona air.

Thug mise spás dhó sular éiligh mé sásamh
Nó gur scrúdaigh mé an t-ábhar níos cruinne,
Ach ós fíor a bhfuil ráite bí feasta ar do gharda
Is tiocfaidh mise lá ar bith os do choinne.

Faoi obair mínáireach a dhéanas an burlamán gáirí
Mar is cosúil le béar é sa bhfuinneog,
Fógraímse gráin air, tá moing síos go sáil air
Agus dearcann sé ar nós an bhroc muice.

Labhróidh mé amáireach le óige na háite
Is míneoidh mé an cás seo go cinnte
Gur mhaslaigh tú an páiste gan tsiocair gan ábhar
Anois leagan na slat agus cruit ort.

Ó choirnéal shráid Bhearna go ceartlár Uíbh Fháile
Níor facthas aon rud leath chomh gliobach
A tháinig don áit seo ag éileamh lá pái
Is bhí tú ina chall sin go cinnte.

Níl caraid san áit seo dhá gcloisfidh mo chás-sa
Nach ndéarfaidh, 'Scéal cam ansin thoir ort,'
Ó bhí tú gan náire is gur bhuail tú an páiste
Fógraím anois fán agus crith ort.

Má táimse lagbhríoch nó ag éirí san aois
Seasfad fós talamh go teann leat,
Ná ceap is ná síl, a phus ribeach bhuí,
Go n-imeoidh tú saor ó mo lámha.

125. An Sciolladh

A ghiolla na sciortán, na gcriogán is na mbréag
Le streille muice go muineál is do chroí dubh le éad,
Sháraigh tú an púca gan dídean ná caisleán
Ag cartadh is ag fuirseadh ó mheán oíche go tús lae.

Ar aonach an Mhháma, Dé Máirt a bhí ann,
Chuaigh tú ag sacadh faoi fhear déanta na ndán,
Rinne tú margadh, ní raibh náire ort ná cás,
Do liopa ar do smig thíos is ba leathan í do cháir.

Bhí tú in do smíste i gceartlár an aonaigh
Gan pínn rua in do phóca ach thú ag crúbáil do phlíoma,
Níl plandóg ná bean bhreá a shínfeadh síos taobh leat
Ná an Chailleach Bhéarra dhá maireadh sí míle.

Ó bhí tú chomh beartúil chomh glic gan aon náire
Gur bhris tú fhéin d'fhocal, níor bhuaigh tú an báire,
Dhiúltaigh tú don bheithíoch bocht a bhí fíorghleoite álainn
Is gur iompair a threibh anallód an leanbh agus Máire.

Séard thú fhéin buimbiléad burlamán bodalán dána
Fíorchiotach mínáireach ag tochas do mhásaí,
Chomh fada le m'eolas níl agat mórán cairde,
Broim an diabhail in do thóin agus corc raithneach ghallda.

Ós le gleacaíocht a bhuail tú fhéin fúmsa gan ábhar
Dearg suas in do phíopa a bhfuil ar fad in mo ráite,
Liathchan mo chinn agat agus gáirchaointe na siógaí,
Púcaí na Samhna do do lascadh sna tomachaí,
Nár thuga tú do láimh glan ó do thóin
Ná do thóin ó na driseachaí.

126. Freagairt an Dúshláin

A dhuine chroí, tóig suaimhneas 'shiúl oíche
Agus fan as an mbruth faoi thír,
Sa racálach rua atáimse a lua
Ná bíodh do láimh agat sáite,
Mar i ngan fhios dhuit fhéin i mbarr an chléibh
Bhí cac an mhada báite.

Má bhíonn ann aríst géaraigh do scian
Agus tara go coirleach síos,
Faigh fíorfheamainn dhubh glanghearrtha den chloch
Fan as an láib is as an draoib,
Agus ná bíodh cuthach ort ná dáir ag seó Bhaile na nGall
Mara mbuafaidh tú ar fad na geallta.

Ó thóig mise páirt ag seó Bhaile na nGall
Tá do theanga géarcháinteach dhom léasadh,
Anois deirim le cách, ní bréag é le rá,
Go ndiúltaíonn mo pheann mórán a scríobh ar do bhéasa.

Labhair tú liomsa go tur cé nár chleacht tú fhéin spor,
Bhí tú siodmhagúil béalach,
Dúirt go teann gur socraíodh an peann in mo láimh,
Agus thug tú mo dhúshlán i véarsaíocht.

Is bréag dhuit a rá gur socraíodh peann in mo láimh
Mar cumaim in mo cheann na véarsaí,
Ní scríobhann an peann ach mar a fheileann sé an ceann
Má thuigeann tú éirim ar aon chaoi.

Ní dhearnas ach scairt nuair a chaith tusa an chéad dairt,
Bhí mo chluais go haireach ag éisteacht,
Labhair tú gan slacht, cháin tú mo phaca is mo bhrat,
Sé do léithide a bheadh drochmheasúil béalach.

Rinne mise dhó greann ach bhí tusa ag clamhsán,
Ba mhór leat go bhfaighinnse aon téagar,
Nuair a sheinn an moltóir an port shéid tusa an sop,
Agus d'imigh tú spadhartha spréachta.

Ní mholfainnse an t-olc agus a bheith ina dhiaidh go beo bocht,
Níor mhol mé ariamh éad ná díomas,
An té atá saor gan aon locht caitheadh sé an chéad chloch,
Níl aon inseacht scéil ar a díobháil.

Tagann dólás le aois an té a thuigfeadh í,
Imíonn an choisíocht agus an bhrí mar lóchán le gaoth,
Ach ná ceap is ná síl, a mhic mic Sheáinín Teaimín Mhíchíl,
Go scanróidh tú Learaí le ráflaí.

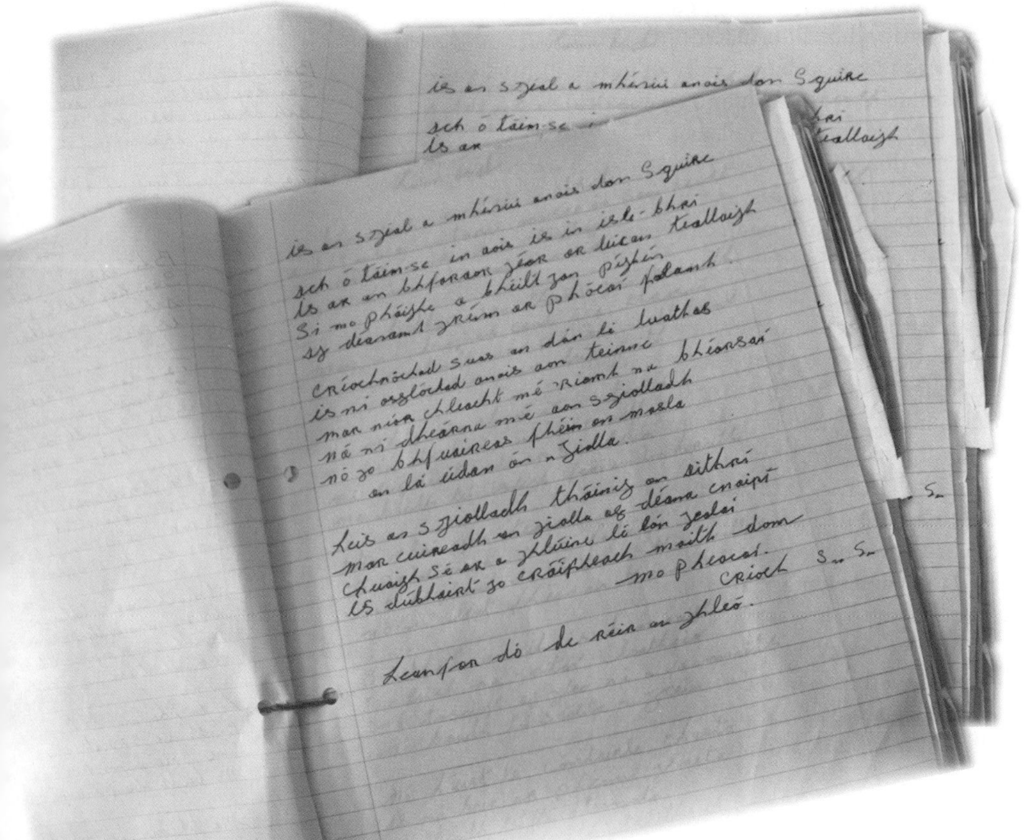

127. Cor Gearr

Bhí daoine séimh is bóthar deas réidh
Sa Leic Léith sa seanreacht,
Ach tháinig athrú mór is cúngadh an bóthar
Agus anois ní thiúrfá cat le srathar ann.

Tá scór is carr agus fógra ar chlár
Socraithe ansiúd go baileach
Is dhá mbeadh do chás ar láimh an bháis
Ná habair, 'Fág an bealach'.

Má thiteann cloch amach ar charr
Is go ndéana sí é a scríobadh
Cuir cóir ar an bhfál sula bheas tú mall
Nó tá do phasóid scríofa.

Amach san oíche má théann do lao
Is go ndéana sé aon mhístaid
Beidh comhairle dlí ag fear le buile
Is beidh tusa ag fáil do bhille.

Le do bhó má théann tú an treo
Bíodh do scuab ar láimh leat,
Is ná salaigh an ród le maith na bó
Nó beidh do phróis le fáil agat.

Má bhíonn do ghadhar leat ag triall
Bíodh sé agat ar adhastar
Ar eagla foghail ná aon taghd
Cuir glas béil is ladhar air.

Tá clocha an chlaí amach ar d'aghaidh
Is iad sáinnithe le eangach *wire*,
Ach caithfidh muid scríobh go Teach Laighean
Agus an scéal a mhíniú anois don *squire*.

Ach ó táimse in aois is in ísle brí
Is ar an bhfaraor géar ar leic an teallaigh
Is í mo pháí a bheith gan pínn
Ag déanamh grinn ar phócaí folamh.

Críochnód suas an dán le luas
Is ní osclód anois aon tine
Mar níor chleacht mé riamh na véarsaí
Ná ní dhearna mé aon sciolladh
Nó go bhfuaireas fhéin an masla
An lá údaí ón ngiolla.

Leis an sciolladh tháinig an aithrí
Mar cuireadh an giolla ag déanamh cnaipí,
Chuaigh sé ar a ghlúine le lán gealaí
Is dúirt go cráifeach, 'Maith dhom mo pheacaí.'

128. Siúlach Béalach

Siúd chugaibh anoir é
Ar dhroim gearráin
Cáir an mhagaidh air
Ó Bhaile an tSrutháin.

Marcach tréitheach
Na mias is na gciseán
Siúlach béalach
Ar bóthar agus cosán.

Anois ó tharla ar a bhéal an gobán
Beidh suaimhneas seal ag Lupán,
Le fearg las sé an súgán
Thóig marc ar thóin an ghearráin.

Siúd aniar aríst é
Ó Chora an Chaisleáin
Mias ins gach láimh leis
Ag cuartú dosáin.

Soir le teannadh é
Faoi na Cartúir le mias leathlán
Le feamainn is sliogáin,
An mhias eile thar maoil
Le bualtrach bulláin.

Anois coisric do mhalaí
Síos leat chuig Lorcán
Agus gheobhaidh tú do phardún
Gan ór ná corcán.

Faigh tiarach déanta
Ó lámha Lorcáin
Agus ní bheidh aon mharc
Ar thóin do ghearráin.

Ná caith do théarma ag meascadh an bhracháin,
Le saint sa tsaol thiocfadh seachrán,
Cuimhnigh anois agus feasta choíchin
Tá an cheird ar fad ag fear an Locháin.

Anois ós tusa giolla na n-éacht
Suas leat ar strapa
Le do cheamara
Comhair gach réaltóg sa gCam-Chéacht.

D'fhan trácht gan milleán ar Scorach Ghlionnáin,
Bhí sé láidir fearúil cóir,
Ar chlár an éadain bhuail sé bulláin,
Bhain sé an t-ocras de go leor.

Ach ós tusa an mac is iontaí
Is go bhfuil tú gníomhach i measc na n-óg,
Ar bharr an tsimléir leat oíche fhuar geimhridh
Tomhais slabhra deataí le do bhuatais mhór.

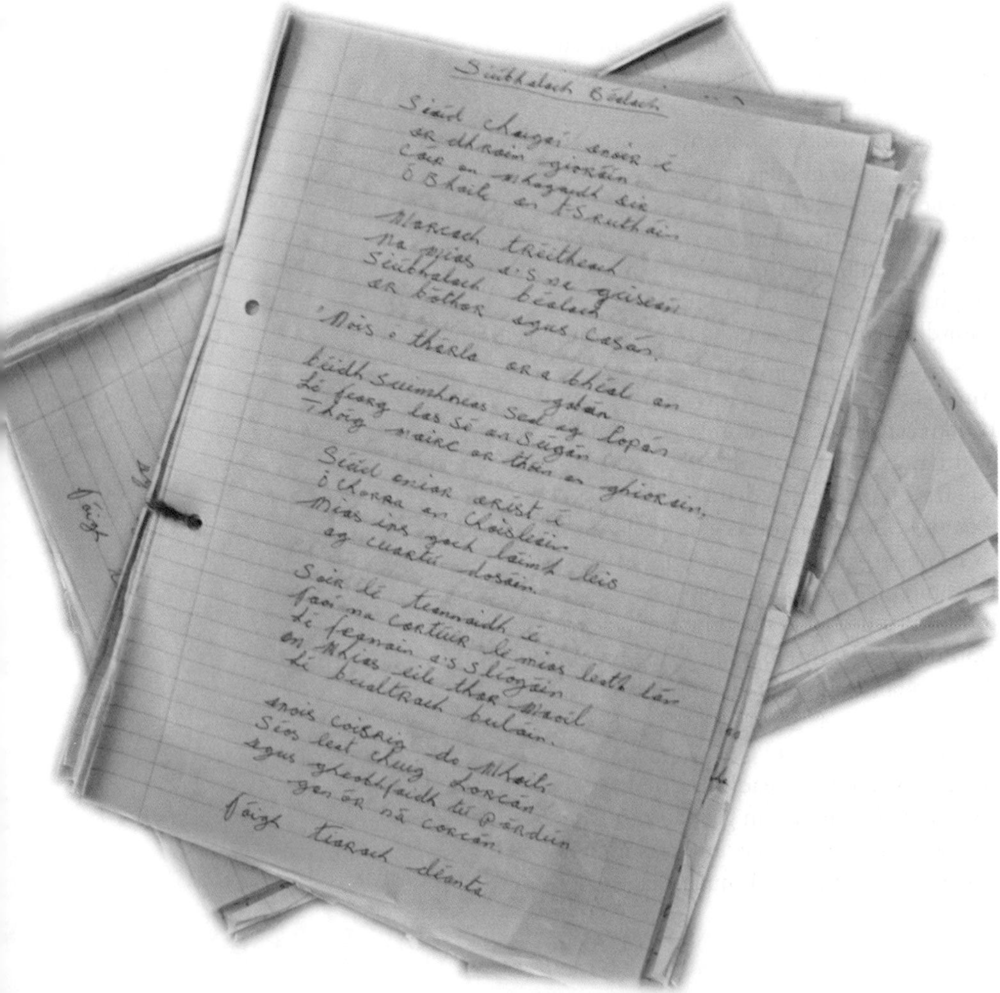

129. An File agus an Speal

An File
Mo thuirse ortsa mar speal mhór ghobach
Nach dtéann tú ag gearradh mo gharraí féir
Agus mise a fhágáil faoin sceach go socair
Go maolódh teas na gréine siar.

Dhá ndéantá dhomsa anois mar leithscéal
Glanadh le claí is thart le colbha
Dhéanfadh Mac Uí Chon Raoi an chuid eile a lomadh
Mar dhéanfadh tréadaí caorach leis an deimheas.

An Speal
Deirimse leatsa caith thart an ráfla,
Caith dhíot do veist agus do bháinín,
Tar ag gearradh liomsa de réir do láimhe
Agus gearrfad an pháirc dhuit gan scáth gan náire.

Beir ar an gcloch agus déan mé a ghéarú
Is tabhair an clár ar ais ón gcúl aniar dhom,
Is deirim leatsa roimh meán an lae ghil
Go mbeidh stiall maith bainte againn i dteannta a chéile.

An File
Ghéaraíos cheana ón ngob go sáil thú
Ach ceann mo mhéire an chéad phlaic ab fhearr leat,
Luigh tú ansin gan cás gan náire
Níor dhúirt tú, 'Dia leat', ná níor bhain tú tráithnín.

An Speal
Is náireach an cás dhuit mise a lochtú
Mar bainim an pháirc dhuit is ní dhéanaim í a bhochtú,
Ní iarraim pái, bia ná deoch ort
Ach mo chúl le talamh is gan mo lanna a ghortú.

Is de mo bharrsa a bhíos toirt i gcoca
Punann i stuca agus sceimheal ar stáca,
Coinním cír leis an loilíoch in am an ghátair
Agus sodar faoin gcapall ar chúrsa an rása.

An File
Loilíoch gan cír a bheadh de do bharrsa
Agus bolg folamh ag an gcapall rása,
Marach mise agus spreac mo chnámha
Níorbh fhearr thusa ná muc i mála.

An Speal
Is de mo bharrsa a bheas d'iothlainn láidir
Le cruithneacht is coirce faoi dhíon i stácaí,
Is mé a bhaineann cíb dhuit le cur i stráca
Agus san Ostair thall atá mo cheárta.

Géaraigh amach mé ó ghob go tairne
Is tar ag gearradh chuile lá liom,
Cuirtear anall muid i dtús an tséasúir
Agus bíonn orainn fáil tigh Tamaí Réamainn.

An File
Dá mhéad do ghaisce as tír do dhéanta
Tá ceárta i Loch Garman againn sa tír seo
A rinne meaisín capall, ba mhaith í píosa,
Agus scian don tarracóir a d'fhág acraí sínte.

An Speal
Tuigim do chás, a dhuine shimplí,
Bain liomsa an féar iarraim ort mar impí,
Agus sábháil an mhóin, is maith ann í an ghríosach
Mar las Saddam an chuimse *diesel.*

130. An Choirm Cheoil

Tráthnona Dé hAoine
Faoi Fhéile Bríde a bhí ann,
Chuas fhéin ag an gcoirm cheoil
Go dtóigfinn páirt sa ngreann,
Bhíodar aníos as Gaillimh ann
Ó Bhearna agus Bóthar na Trá
Ón Spidéal aniar is Indreabhán
Is anuas ó Uachtar Ard.

Ar phointí an naoi an Aoine seo
Chuaigh tús le spóirt is greann,
Agus molaim go haer na huaisle údan
A bhí ina bhun is ina cheann,
Tá halla anois sna Forbacha
Chomh breá is atá in Inis Fáil,
Go mba fada buan le neart is lúth
Gach duine dhár chuir ann láimh.

Ansiúd gan dua os comhair an tslua
Chan Ó Gráinne, Seán,
Arís ar ais le lúibín deas
Bhí Traolach leis i bpáirt,
Peatsaí aríst an Ceannabhán binn
A bhfuil air cliú agus cáil,
Is Róisín Ní Mhainnín ag daimhsiú ríl
Bhain sí torann as na cláir.

Bhí Máirín agus Joe Steve ag síordhéanamh grinn
Is a gclann ag seinm ar théada,
Agus Mac Donncha, Páid, mar aon le Dordán
Chuireadar ceol go spéartha,
Labhrás le dán is aige bhí an greann
Ag fiach i ndiaidh taibhse sna sléibhte,
Is mara raibh tusa i láthair
Chaill tú fhéin craic agus pléisiúr.

Sé mo chlamhsán ní raibh an halla ach leathlán
Sé Learaí atá ag caint nó ag véarsaíocht,
Ach dhá mbeadh na laochra úd ann is an bheirt acu i bpáirt
An Piarsach is Ó Conaire in éineacht
Chumfadh siad dán is dréacht gan aon chás
A mhúsclódh an sprid insa nGaeltacht,
Ach is mairg don té nach molfadh an tae
Agus ceapairí breá a bhí ar fáil ann.

131. Brionglóid

Aréir bhíos ag brionglóidí
Go rabhas i gContae an Chláir
Ag siúl thríd chloch sa talamh thíos
I *gCave* na hAille Buí
Gur sciorr mo chois ansiúd ar leic
Agus amach liom sa *waterfall.*

Ansiúd ar chloch is mé báite fliuch
Gur dhearcas aríst drochradharc
Chomh dubh le muic nó dubh ar bith
Miosúr leaid na n-adharc
Gur chualas glór os mo chionn san aer
'Seo chugat an *Polar Bear*.'

Labhair mé leis an nglór go dána ansin,
'Aingeal in aghaidh do ghuth idir mé agus an *Polar Bear*,
Cabhair ó Mhuire Máthair an Uain agam
Agus na hAspail, an dáréag,
Go mba ag an gCailleach Bhéarra thusa uaim
Agus an speal aici breá géar.'

Dhúisíos suas de phrap ansin
Sách mífhoighdeach ní bréag a rá,
Agus fuaireas peann tar éis tamall beag
Agus chuireas mo bhrionglóidí ar phár,
Ach bhí bláth bán ar gharraí an iascaire
Is ní mba léar dhom Contae an Chláir.

132. Colm de Bhailís

Míle agus seacht de chéadta
Naocha bliain dhá réir sin is sé
Sea rugadh Colm de Bhailís
Is fuair léargas ar shoilse na ré.

Saolaíodh é i gCeantar na nOileán
Ar an dóú lá de shamhradh gan bhréag,
Fuair sé saol folláin fada gan aimhreas,
Chuaigh sé bliana sa naoú céad déag.

Bhí earrach na bliana sin déanta
Is an chuach go hard ar an gcraobh,
Ach nuair a tháinig dhó aois agus éirim
Chuaigh sé le ceird is le scríobh.

Rinne an Gobán Saor cat is dhá dhrioball
I gCaisleán Lambairt in aice Bhleá'n Rí,
Ach rinne Colm áras gan mharach
Ar a dtug sé Cúirt an tSrutháin Bhuí.

Chuir sé a bunchloch go doimhin síos i dtalamh
Is as sin suas go barr chloch an éin
Idir urlár, fuinneogaí is ársaí
Frámaí agus ráillí dhá réir.

Chuir sé na rataí go daingean sna ballaí
Le meabhair cinn agus stuaim a chuid lámh,
Is rinne an Clochartach pionnaí maith daraí
A cheangail gach taobhán is clár.

Chuir sé matal maith giúsaí ina ceartlár
Agus simléar a chuirfeadh deatach go haer,
Hab ins gach clúid don deoraí
Agus tinteán nár facthas a leithéid.

Chuir sé *marble* ón nGréig ar an urlár
Is as Cill Dá Lua fuair sé slinn,
Agus chóirigh sé suas stuaic an áiléir
Go ligfeadh ann triallaire scíth.

Shiúil sé thart an taobh tíre
Le máilleád, ceapord agus toireasc,
Thóig sé stáblaí agus árais
Agus ársaí ariamh nár sciorr.

Chum sé amhráin is dánta
Gan mairg gan gangaid ar bith,
Fuair teideal Colm na Ceirde agus File
Agus maireann an t-ainm inniu.

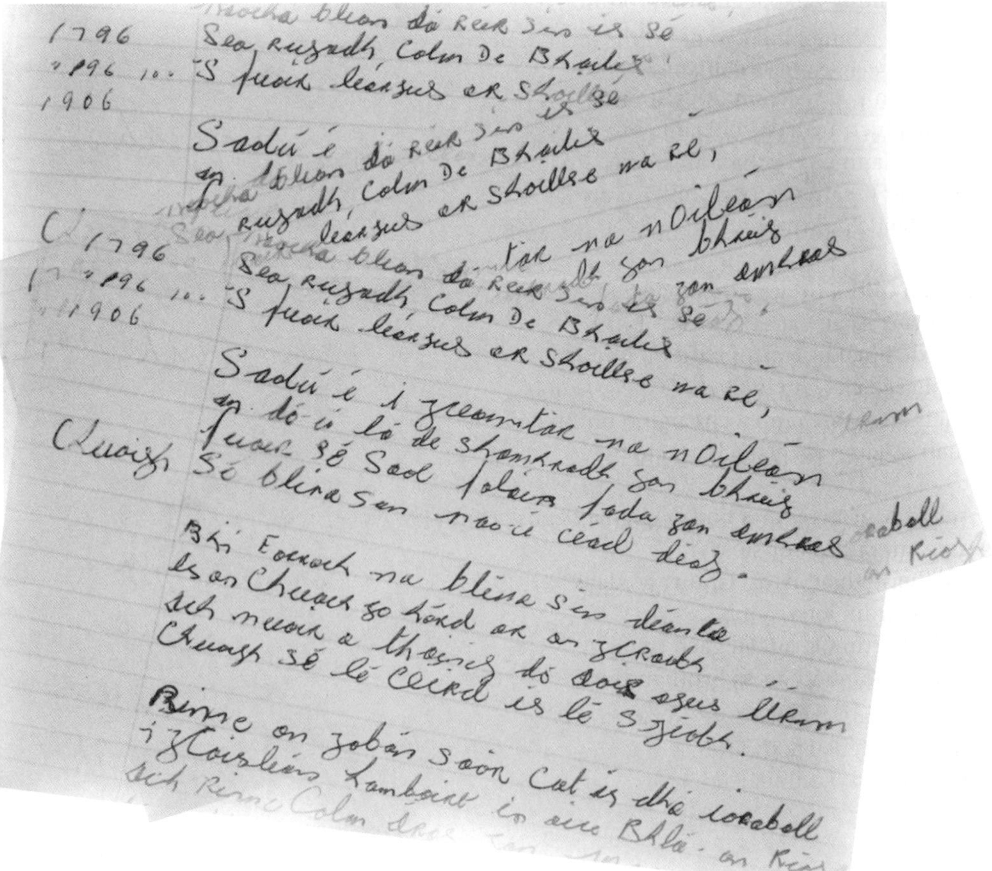

133. Fleá agus Féasta

Ag fleá agus féasta i measc na gcéadta
Bhí mise sa Sruthán Buí,
Bhí againn scéalta, dánta is dréachta
Ag comóradh file agus saor
Atá le téarma i gCill Choimín ina aonar
Ina luí go séanmhar faoi fhód glas trom.

Má théann tusa an treo go Leitir Móir
Tabhair cuairt ar an Sruthán Buí,
Go dtí an gairdín pléisiúir a mheall na céadta
Atá fós i gcóir is i gcaoi,
Is go bhfuil an chuach gan buairt ar an stuaic sa gcúirt,
Ag fáiltiú fámairí.

Gan cíos gan cáin bhí gach sórt aráin
Déanta ag Maidhc Phapaí,
Bhí fíon is beoir is puins ar bord
Agus biachlár Tigh Tom Sheáinín,
Is anraith thiubh go deas dhá bruith
Agus Maidhc Phapaí ann dhá roinnt.

Sé Maidhc an fear a fuair cáil thar lear
Sa Hilton i dtír Sheáin Bhuí,
Is tá a phictiúr thall i bhfráma buí
Sa mbialann os comhair an tsaoil,
Ó, is nár thé mé i gcré go bhfeice mé
A leithéide sa Sruthán Buí.

D'fhan cáil sa tír ar an nGobán Saor
Ó ghearr sé an cat sa gcloch,
Ach de Bhailís crón an bard do bhí
Thóig sé cúirt gan locht,
Is leis an maide cinn a chuaigh ó bhinn go binn
Fuair sé lámh ón gClochartach.

Ach ar Mheáirt is ar a bhean tá gnaoi agus gean
Agus mórán ag cur síos
A d'fheistigh ar ais an Chúirt go deas
Is an gairdín lena taobh,
Is tá Máirtín Óg ag fáil gach treoir
Óna sheanmháthair sa Sruthán Buí.

Seal gearr ó anocht ní bheidh brón ná tocht
Ach bród agus gliondar croí,
Beidh leacht go docht ar a uaigh tá nocht
Agus athchló ar shaothar an tsaoir,
Óir tá Micheál óg ina stiúrthóir cló
Is go mba fada buan é ag scríobh.

Anois slán go fóill le Leitir Móir,
Leitir Calaidh agus Cill Choimín,
Le sean is óg a bhí ansin ag spóirt
Is a chuir romhamsa fáilte ó chroí,
Is beidh trácht thar lear le linn na bhfear
Ar Chúirt an tSrutháin Bhuí.

134. Saothar an tSaoir

Tráthnóna De hAoine chuas fhéin ag an siamsa,
Bhí mórsheoladh le déanamh ar shaothar an tsaoir chóir,
Bhí ceol agus craic ann, bhí togha na bhfir chainte ann,
Is cuireadh amhráin le teannadh ann go barr Chnoc Leitir Móir.

Ó cheartlár mo chléibh molaim an t-eagarthóir séimh
A chuir ar ais ar an saol dhúinn saothar Bhailís,
Micheál is a chló go mba buan iad i ngnó
Agus sonas is séan ortsa, a Ghearóid.

Áras an tSeoigigh molaim go mór é
Chodlaíos go sámh ann go maidin,
Tá sé ag ceann bóthair ar scáth Chnoc Leitir Móir
Tá an lánúin go laethúil gan ghangaid,
Chuas ina dtreo ní uair ach faoi dhó
Tá fáilte ann is céad roimh an dearóil.

Ó Domhnaill Bán le ceol is amhráin
Thóigfeadh sé an brón de chroí cráite,
Ach marach tinneas na gcnámh bheinnse fós ann
Agus bheadh seanchas fada insithe nó ráite.

Ón Sruthán go Mám is amach Uachtar Ard
Bhí macalla amuigh ar fud sléibhte,
Bhí fuaim is greann ó Chúirt an tSrutháin ag Sonaí is a chlann
Ar na boscaí go teann chuireadar ceol go spéartha.

Sa reilig ghlas ard bhí oráidí breá
Agus moladh go hard ann an Piarsach,
Is cuireadh fáilte arís roimh Ghráinne Mhaol
A tháinig fadó le fóirithint
Ar Bhanba bhocht a bhí faoi chois go docht
Ag Gallaibh dúra duairce.

Teachtaire Dé bheannaigh sé leacht agus cré
Is gach créatúr atá sínte faoin bhfód ann,
Ach, a Chonradh na Gaeilge, go maire tú in Éirinn
Is beidh cromleac fós ar gach Gael maith.

Bhí Pádraic Ó Tuathail le glór binn gan uaill
Ag canadh dhúinn amhráin go sásta
Is an boirdín cruinn miotail má thagann tú chuige
Gheobhaidh tú éadach cláir fite ón gcaoladóir cliste
Is ní scéithfidh aon lúb go brách as.

Sonaí Choilm Learaí togha an fhir ar na cnaipí
Chas sé dhúinn ceol go gealgháireach,
An Clochartach Rua le croí mór gan fuath
Dhaimseodh sé fós ar thóin pláta,
Agus Michael Phapaí ag daimsiú ríl
Ní bhrisfeadh sé blaosc faoina shála.

Máirtín Chóil Neain is go maire sé i bhfad,
Daimseoir, amhránaí is scéalaí,
Fíorchuideachta dheas ó Ráth Chairn ghlas,
Éireannach geanúil spóirtiúil.

Ó Monacháin, Seán, is air a bhí an greann
Agus é ag baint clúmhach as an dreoilín,
Le bior fada bán agus crúca ina bharr
Thóig sé an ronnach ón róistín.

Sorcha aríst is Máire Bríd
Agus Treasa aníos ó Bhearna
Chan siad go binn amach óna gcroí,
Sin buaiteóirí coirn is geallta,
Agus an filí bocht fáin nach bhfuil nóta ina cheann
D'aithris sé fhéin a chuid dánta.

Má tá Colm ar lár tá a shaothar fós ar fáil
Molaim aríst an tréaniarracht
Agus faoi thua ná meath ní thiocfaidh an tSean-Ghaeilge bhreá
A bhí faoi ardréim ag ár sinsear.

135. Ceist ar Shean-Phádraic

Bhí ceist ag Máirtín Tom Sheáinín ar an raidió lá
Cén bhlian ar bhásaigh Sean-Phádraic?
An freagra a thugas
Le bheith chomh beacht agus atá a dhealbh ar an leacht
Tá trí scór agus trí bliana imithe sa bhfeacht
Ó múchadh a thart agus ó chuaigh sé ag triall ar Rí na bhFeart.

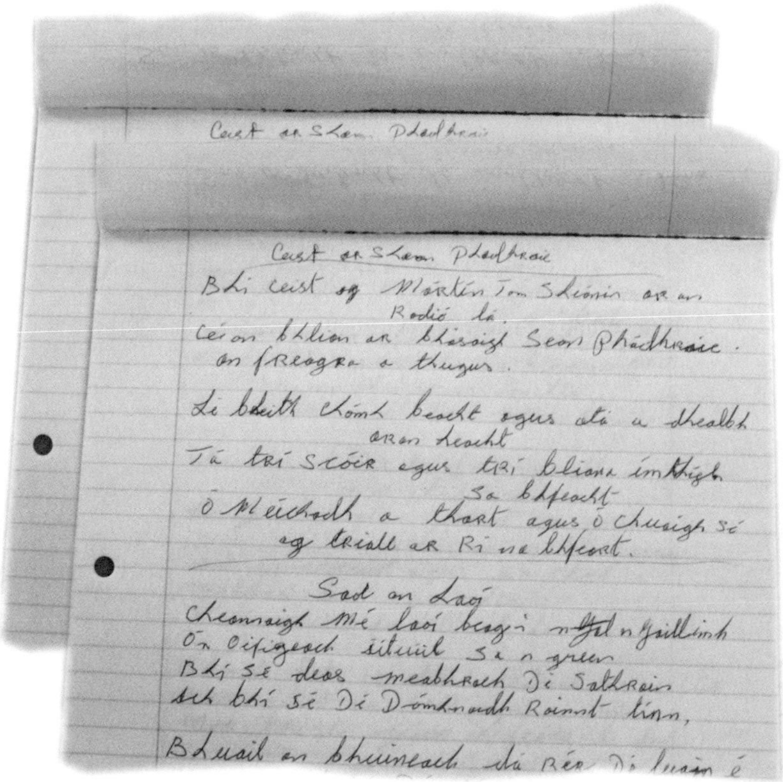

136. Clár Sheáin Bháin

Dhá bhfeicfeá Seán Bán sa bhfolcadán
An fón lena chluais faoi bhileog a hata,
Bhí Cynthia taobh thall ag brú leis anall
Mar bhí an t-uisce an-te is é dhá scalladh.

Chuaigh an moltóir ar an toirt go dtarraingeodh sé an corc
Is go scaoilfeadh sé an t-uisce le fána,
Ach bhí an corc údan docht is an t-uisce fíorthe
Agus bhí téagar Sheáin Bháin ina bhealach.

Chuaigh an Flaitheartach as dúshlán ag coraíocht le Dubhán
Is chloisfeá gach uaill uaidh istigh in Árainn,
Ach thug Ó Dubháin dhó brú a d'fhág é go ciúin
Sínte ina scraith ar an ardán.

Bhuail an réiteoir an clog is dúirt sé leo stop
Agus dhírigh sé aniar de na cláir é,
Ach ní le cantal ná taghd a bhí David is Goliath
Ach ag déanamh grinn ar an ardán.

Casadh dhóibh port is bhuail siad air cois
Agus do b'álainn ar fad an radharc iad,
Ach thóigeadar sos mar a bhuailfeá do chois
Nuair a facthas Seán Bán i gcruachás.

Thug Colm leis Learaí isteach as an ngarraí
Go bhfeicfeadh sé fhéin an t-aláram
Is dúirt sé le Learaí, 'Ní bheidh tusa *sorry*
Mar seo í an chraic chéanna i nDáil Éireann.'

D'iarr an buachaill go gasta ar fhear an chleite sa hata
'Tabhair dhomsa léirmheas ar an gcéapar,'
Ach chuaigh Meáirt an fear bocht abhaile le sprocht
Mar b'fhearr leis fhéin Cynthia sa leaba.

137. Siamsán an Óstáin

Go deo deo aríst ní fhágfainnse an baile
Ar ór ná ar chomhairle Pháidín
Le bheith ansiúd in mo scraiste in mo shuí ar an leachta
Is gan orm ach drár agus báinín.

Chuas fhéin le fonn go dtí an t-óstán mór chois cuain
Le go bhfaighinn spóirt is greann ar mhuintir an tsiamsáin,
Ach mo chreach agus mo chrá dúradh liom gan cás,
'Beidh muide ar ball do do chúinneáil.'

'Croch leat ar dtús isteach sa *Jacuzz'*
Bain dhíot an drár agus an báinín,
Mar bríste gearr is fearr le dhul amach ar snámh,
Agus bainfidh tú fhéin amach cáilíocht.'

Ach isteach orm sa *Jacuzz'* tháinig slíomóg mhór ón Rúis
Agus agamsa ní raibh cion mo náire,
Is dúirt sí liom go mear, 'Tara liom mar a dhéanfadh fear
Isteach sa linn snámha go héasca.'

Ghluaiseas léi chun siúil ach bhíos beagán cúthail,
Bheadh mo cháil anois ar fud Éireann,
Ach ba gearr dhom fhéin ansiúd go rabhas tite ar mo thóin,
Is bhí an tslíomóg ina luí mar liamhán gréine.

Dhearc sí orm anall is dúirt sí, 'A mhíle grá,
Níl tusa in ann snámh, a chréatúir,
Anois tara liom ar láimh sa *sauna* ansin taobh thall,
Agus beidh muid seal ann ag pléisiúr.

'Seo í an chraic sa Rúis is ní smaoineodh muid ar dhrúis,
Ach cuimleod síos do ghuaillí is do chaoldroim,
Agus beidh fóirithint agat go luath
Mar déanfadsa do chois cham díreach.'

Ach sé an teachín úd sa ngleann a bhí ag rith thrí mo cheann,
Agus an teagasc a fuaireas ann go spéisiúil,
Ach dar brí agus spreac mo chnámh bheadh gíoscán ag na cláir
Dhá bhfaighinnse an tslíomóg ann faoi na fraitheachaí.

138. Trácht ar Pholl

Is iomaí poll ar dearnadh trácht air
Ar an raidió le seachtain,
Tá Poll na gCearc i bhfad siar sa tír,
Faightear comharthaí uaidh ar aimsir.

Poll báite ó thús an tsaoil é
I measc na mullán insa gcladach,
An té a chuaigh ann is a tháinig slán
Bhí sin aige stropa ballach.

Tá poll báite amuigh sa gcíocra
I gcíocra Pholl na Dúthaí,
Simléar an poll atá ins gach teach
Agus ansin a faightear súiche.

Tá poill agus prochóg ar bóthar is ar cosán,
Tá *black hole* istigh sa mbeairic,
Coimeád an dlí mar is cóir,
Sin caoi mhaith lena sheachaint.

Tá Poll an Mhadra ar scáth Loch Chearra,
Baintear móin ann agus corrcharcair,
Tá Poll na gCaorach thíos sa gcladach,
Baintear feamainn ann san earrach.

Ag an gCladach Gearr tá an ceann feadhain,
Uaidh sceacha géara gheofá crúca,
Faoi chnocán ard istigh i logán
Sin é agat Poll an Phúca.

Ar bhrí an leabhair Poll an Ghabhair
Bhí trácht go leor air píosa,
Aimsir féile ins gach séasúr
Dhéantaí ann an créatúr.

Ar an gcreig dhubh thall tóigeadh fál,
Bhíodh ba ann seal ar buaile,
Tá sé anois ina thalamh bán,
Sé sin Poll an Chuaille.

Tá teas is fuacht faoi shliabh ó thuaidh,
Téann fear an phoist le scéala,
Mar a bhí ó thús is a bheas go deo
Baile fearainn An Poll céanna.

Talamh báite chois an chladaigh,
Tugtar air sin fearsaid,
Ach caochpholl i lár easca,
Is iomaí beithíoch a fuair ann treascairt.

Tá poll cladaigh thíos i mBearna
Idir Cnoc an Bhlácaigh agus Cnoc Hackett,
Faightear breallach ann agus sceana mara,
Ar Pholl an Oistre atá mé ag tagairt.

Canna stáin nó mias an aráin,
An sáspan cáirt nó an buicéad,
Má thagann poll ina dtóin
Tabhair suas do chás don tincéar.

Tá rípholl fós ar gach poll,
Bíonn go leor air sin ag faire,
Le urchar slabhra déan do ghnó go beo
Má bhíonn tú i dteach an asail.

139. Turcaí Dhoire Fhatharta

Ag Colm Dhoire Fhatharta tá an tréad éan is áille,
Thug Maidhc Phapaí an chraobh dhó thar a bhfaca sé fós,
Chuaigh sé fhéin is Norita ann an lá roimh an tsaoire,
Agus mhol sé na héanlaith go ceart is go cóir.

Thug siad an seársa thart timpeall na háite
Ón Sruthán Buí a d'fhág siad le breacadh an lae,
Bhí an t-am ag rith gearr is an fhéile le hadhradh
Is na reoiteoirí folamh ag Maidhc Phapaí ó inné,
Ach bhí Dia leo an tráth seo fuair siad faisnéis ó Mháirtín
Go raibh tréad i nDoire Fhatharta, fíorphór na n-éan.

Chuaigh siad go stáidiúil go Doire Fhatharta an lá seo,
Cuireadh rompu fáilte, míle agus céad,
Casadh leo Tomás agus Beartla na ngeallta,
Is chuaigh siad sa gcarr leo ag ceannacht an éin.

Bhíodar ansiúd ina scórtha ar na bánta
Beaite le eorna agus togha mine buí,
Áras deas cóiriúil le dhul ann ar lóistín
Agus cead codladh go sámh ar leaba fraoch mín.

Phioc Maidhc Phapaí an t-éan ab ansa leis fhéin,
Is d'fhiafraigh cé méid é seo faoina dhroim,
Tá an t-iogán breá ramhar is a mhuineál maith fada,
Tá tiús mo dhá mhéir ina chnáimh ghéill,
Tá an geolbhach breá dearg is a chírín ina sheasamh,
Agus is geall le slat mara an sprochaille fhéin.

Ní raibh call le aon tápa, meáchan ná scála,
Bhí feoil ar an bhfráma gan mhagadh gan bhréag,
Bhí Norita breá sásta is chuir Beartla sa gcarr é,
Dhá scór ar an tairne a d'íoc Maidhc ar an éan.

Thugadar leo é síos go dtí Pádraic,
Chuir leathscór ina láimh le go ndéanfadh sé an sléacht,
'Sciob an ceann dhó le rásúr nó tacht é lom láithreach,
Tá an t-am ag rith gearr is a ghríscín le téamh.'

Chuaigh Maidhc is Norita síos ag Micí go cinnte,
Fuair siad plúr geal uaidh agus leathchloch *wholemeal*,
Oinniúin bhuí aibí is chuile shaghas glasraí,
Rísíní is *bananas*, silíní is *sultanas*
Agus sliseogaí bagúin le cur ar bhrollach an éin,
Chuaigh buíocán ubh lacha is im baile gan salann
Agus minéigle sa meascán a dhéanfadh milis an t-éan.

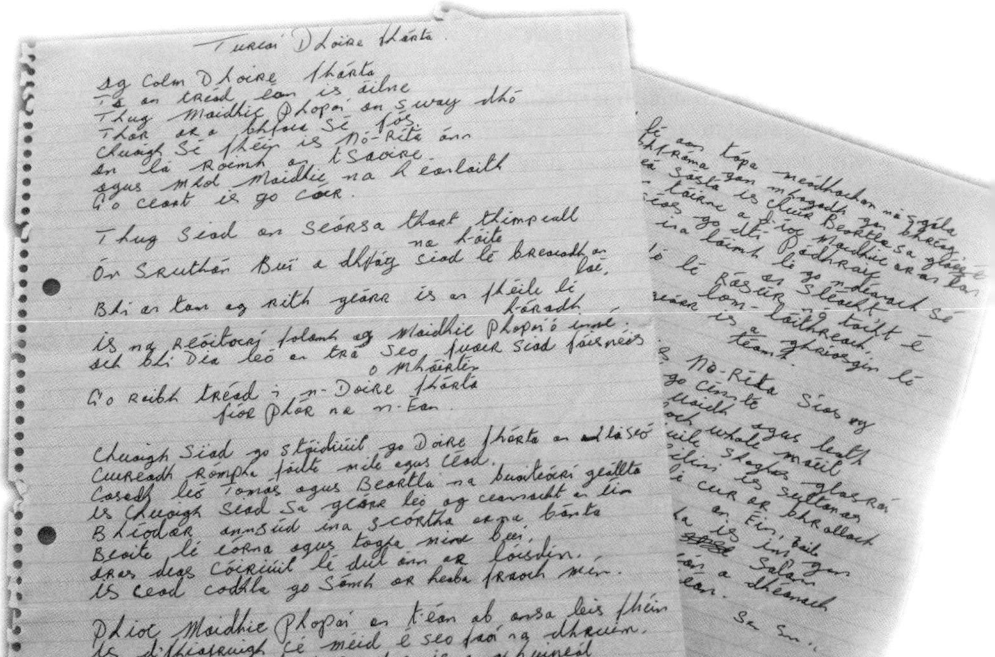

140. XRB

Tá an XRB ag RNG
I ngeall le beagán laethantaí,
Bhí sí bliain is mí ag an IRB
Is ag an RUC ina dhiaidh sin.

Théadh sí an tslí le seacht dó naoi
Is í feistithe suas go néata,
Bhí uirthi cáil abhus is thall
Mar d'iompair sí na céadta.

Chaith sí geábh ag Páidín Bán
Go huaigneach i ngleann sléibhe,
Is thug sí leann i bhfad is i ngearr,
Tugtar air 'an créatúr'.

Bhí sí thall ar thalamh Sheáin,
Is chaith sí seal ag Paisley,
Bhuaigh sí geall sa nGearmáin
Le míle agus beagán péirsí.

Dubh nó bán dath an chairr
Más carr í siúd nó cóiste,
Long nó bád nó eitleán
Ní heol dhom fhéin go fóilleach.

Ag saoi nó rí má chaith sí mí
Ag séacla buí nó scódaí,
Mise a scríobh is a chum an dán
Is sí an t-asal fós mo ródaí.

141. Tórramh Dheaideo

Dhearcas cailín óg ag an síbín is í faoi bhrón,
Bhí a seanathair os cionn cláir an oíche sin,
Bhí a grua ar dhath na rós is í ag silt síos na ndeor
Is mairg don té nach ndéanfadh trua dhi.

Labhair mé léi go tláth agus chásaíos léi a bhás,
Shuigh mé ina cuideachta ar feadh píosa,
Dúras le Meaigí Bhán, 'Ná bí chomh buartha is táir,
Tá Mamó sna flaithis roimhe cinnte.'

D'fháisc Meaigí mo dheasláimh, sé dúirt sí, 'A Labhráis,
Tá na múrtha fáilte anocht anseo romhatsa,
Iarrfad ort ar ball seanphaidir nó dhó a rá,
Déanfaidh sin fóirithint ar mo chroí bocht.'

'Déanfad sin dhuitse, a stór, le hanam do Dheaideo,
Chuir sé fhéin óna chroí amach iad píosa,
Go minic sa nGleann Mór bhíodh ina thimpeall an t-aos óg,
Is Tigh Loideáin ag an Spidéal lá aonaigh.

Ar aonach na muc is na gcailín óg bhíodh an-spóirt againn fadó,
Thagadh na sluaite as gach ceard ag an siamsa,
B'iontach é Deaideo ag tabhairt dhóibh dea-threoir
Is é ag rá amach go líofa Teagasc Bhríde.

Ba sásta é i dteach an óil ag ól sláinte Phádraic gan aon ghleo,
Agus an Mharthain bhí sí aige go bríomhar,
Agus is iomaí buachaill breá a bhí eitithe ag puismhná
Ar fhága sé a chleamhnas déanta.

Sin agat anois, a stór, a cháilíocht síos go cóir,
B'iontach an t-aifreannach é go cinnte,
Beidh na haingle anois le bród go síor dhó ag seinm ceoil,
Shaothraigh sé an ghlóir lena ghníomhartha.'

142. Ár Seod

A Bhríd, a Phádraic is a Cholm Cille,
Tugaí ar ais dhúinn ár seod a bhí linn agus a d'imigh,
Mar tháinig an Béarla is rinne sé criogadh,
Ach níl muid mall fós le cur ina choinne.

Molaimse an Ghaeilge mar sí ár seod fhéin í,
Is labhraím fhéin fós í amach ó mo chroí,
Ach tháinig an Béarla is scaip sé fíoréasca,
Agus d'fhág sé le huacht againn canúint Sheáin Bhuí.

A Phádraic ghil naofa, seol againn arís í,
Ná heitigh na Gaeil bhoicht ar a bhfaca tú ariamh,
Agus beidh muid do d'adhradh ar pháipéar is ar chárta,
Is beidh an tseamróg in airde againn ar do lá fhéin sa Márta.

Déan comhrá deas ciúin dhúinn i gcuideachta Bhríde,
Agus inis faoi rún dhi go bhfuil muid dháiríre
Faoi néal dubh an Bhéarla tá ag dalladh na ndaoine,
Agus cuir ár n-impí ag Colm Cille a chuaigh anonn uainn thar taoide.

Mo ghrá thusa, a Ghaeilge, mar b'álainn thú tráth,
Cé go bhfuil tú le tamall mar bheadh dealbh ar aill,
Níl mórán trácht ná cur síos ar na filí a bhí ann,
Níl aon suim in do líofacht ag ár laochra sa Dáil.

Sin é go léir agaibh mo scéal,
Ach má cuirtear le chéile scaipfear an néal,
Is beidh an Ghaeilge beo bríomhar ag aos óg na tíre,
Is ní bheidh streille orthu an lá sin ag géarghol ná ag caoineadh.

143. Éist le Glór

A Chlanna Gael na páirte,
An fíor mar a dúirt an ráite
Go bhfuil an Béarla anois in airde
Is an Ghaeilge in ísle brí?

Go bhfuil teagasc cruinn Mhic Dháibhís
Is an Athar Ó Gramhnaigh an sárlaoch
Ag fáil anois droim láimhe
In oileán seo na saoi?

Tá fonnadóirí breá i gCarna,
Muiceanach is gach áit siar,
Ón mBánrainn soir go Bearna
Is i Ros an Mhíl chois cuain.

Éistí leo is mo ghrá sibh
Is gheobhaidh sibh glórtha breá uatha
Is na suantraithe mín is áille
Dhár chuala cluais ariamh.

Tá siad acu go glórmhar
Anuas ó na filí móra,
Bhíodar ann ina scórtha
Dhá mbeinnse in ann air trácht.

De Bhailís croí na féile
Agus an Clochartach mar an gcéanna,
Dá gcuirfeá slat ar Éirinn
Ba deacair a sárú a fháil.

Raiftearaí an dall ba bhreá é,
Is na Callanáin a chráigh é,
Sin is an filí cáiliúil
Ó Maoildhia as Eanach Cuain.

Dhá mbeidís anois i dteannta a chéile
An Suibhneach is Filí an tSléibhe
Ní bhuaifí geall ar Éirinn,
Is bheadh ár n-oileán saor.

Faighigí amach a mbriathra
Is leanaigí dhá dtréathra,
Smaoiní ar de hÍde
Agus seasaí amach dhár dtír.

Seo é an t-am, a Ghaela,
Le seasamh amach don Ghaeilge,
Cumaí dánta is dréachta
Is déanaí a mbreacadh síos.

Tá deireadh le tithe airneáin
A mbíodh an t-aos óg iontu ina gcarnáin,
Tá an strúiméad thuas in airde,
Sin é an *satellite*.

’Nois smaoiní ar bhur gcairde
A chuaigh ar athrú bráite,
Tá an Ghaeilge acu go bláfar
I Ráth Chairn ghlas na Mí.

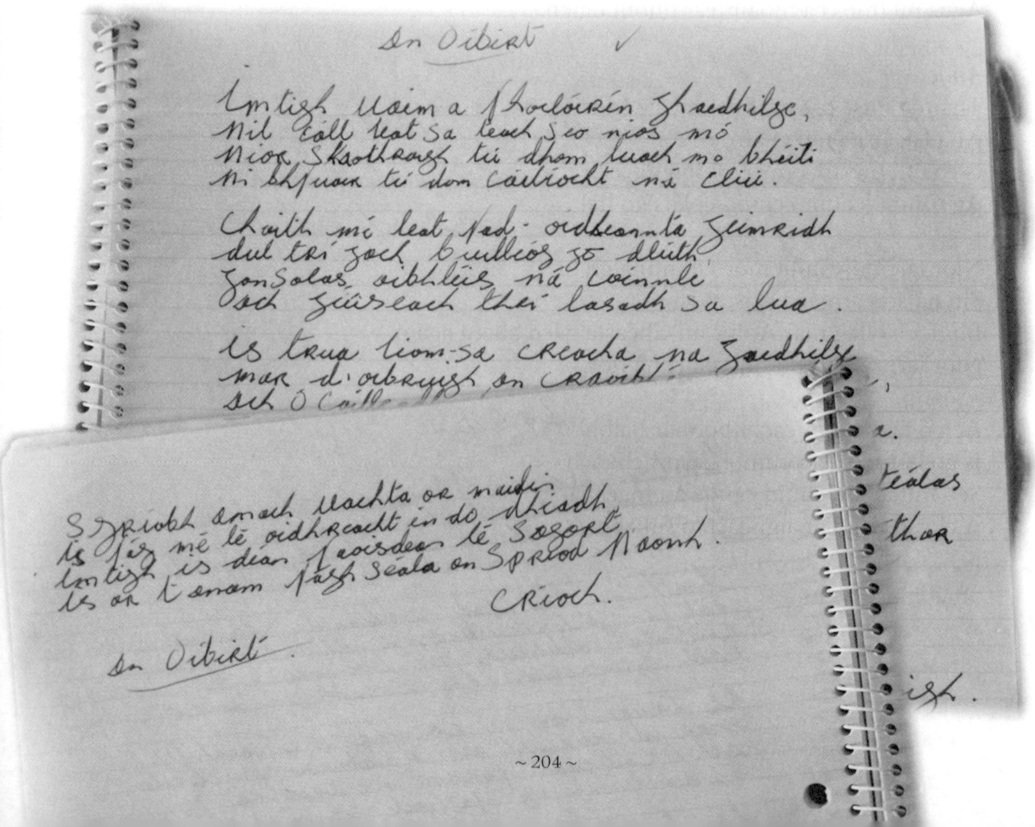

144. An Díbirt

An file
Imigh uaim, a fhoclóirín Gaeilge,
Níl call leat sa teach seo níos mó,
Níor shaothraigh tú dhom luach mo bhéile,
Ní bhfuair tú dhom cáilíocht ná cliú.

Chaith mé leat fadoícheanta geimhridh
Dhul trí gach bileog go dlúth,
Gan solas aibhléis ná coinnle
Ach giúsach thrí lasadh sa luaith.

Is trua liomsa creachadh na Gaeilge
Mar d'oibrigh an Craoibhín an-chrua,
Ach ó cailleadh faraor na laochra
Tá an Béarla ag fáil greim ar an slua.

Is iontach mar fuair an Béarla seo an t-eolas
Ag taisteal mar ghadaí san oíche,
Chuir sé an dúchan ar theanga ár máthar
Le méid a chuid gaisce nó draíocht.

Sin é mo chomhrá leat déanta
Is bí ag imeacht amáireach go luath
Mar táimse tuirseach tinn tréithlag,
Agus níl fhios cá mbainfear dhom uaigh.

An foclóir
Tháinig mise ó Nua-Eabhrac go hÉirinn
Anall agatsa ó do chairde gaoil
Is chaith mé an aimsir go foighdeach
Ag roinnt leat mo chuid eolais go fial.

Níor iarr mise cóta mór Domhnaigh ort
Sin ná aon airgead síos,
Bhí Lá Nollag mar Aoine an Chéasta gach bliain agam,
Níor iarr mé braon fuisce ort ná fíon.

Ach ó tá tú ag imeacht bodhar balbh
Is go bhfuil tú go cinnte geamhchaoch,
Sé samhail do chuid cainte an macalla
A cloistear go huaigneach ó shliabh.

Ná lig mé le réic ná fear meata
Nó is ar iasacht na n-iasacht mo thriall,
Beidh ceacht dhíom i gceartlár na sceacha
Is dhá dtrian dhíom plúchta sa draoib.

Scríobh amach uachta ar maidin
Is fág mé le oidhreacht in do dhiaidh,
Imigh is déan faoistean le sagart
Is ar d'anam faigh séala an Sprid Naoimh.

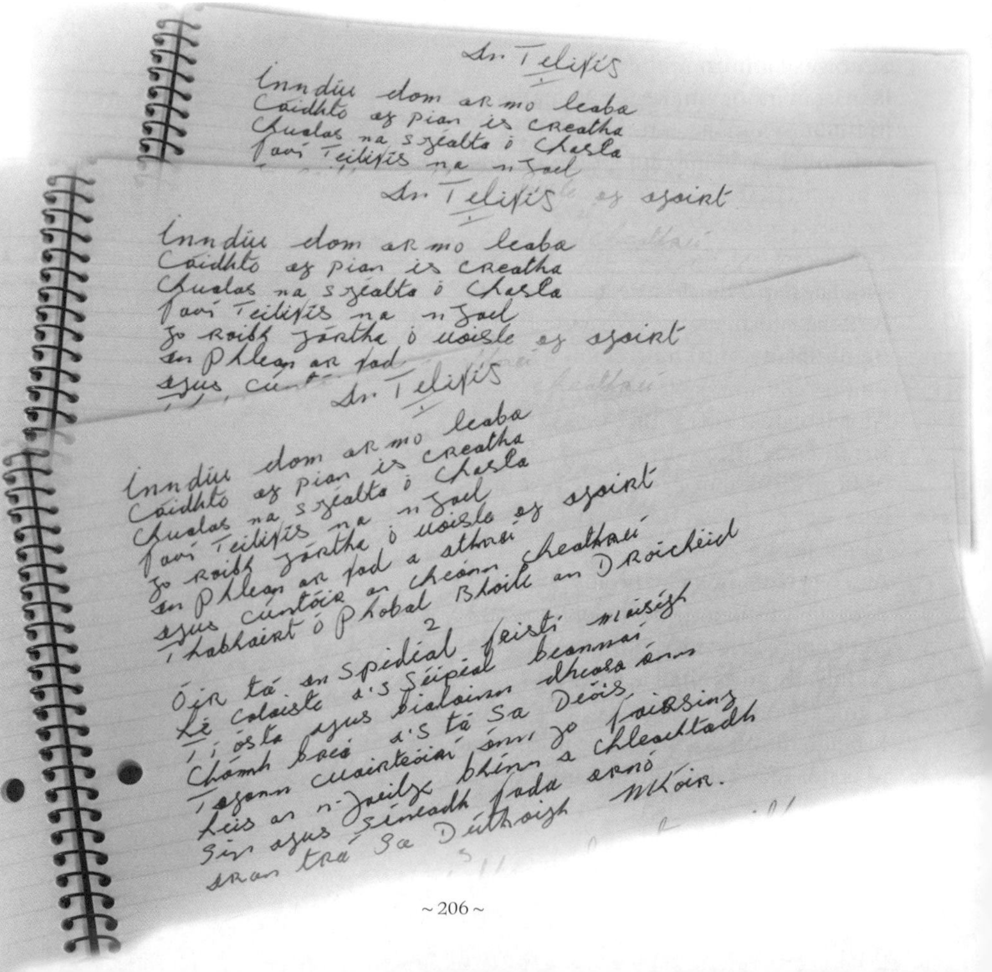

145. An Teilifís

Inniu dhom ar mo leaba
Cráite ag pian is creathadh
Chualas na scéalta ó Chasla
Faoi Theilifís na nGael,
Go raibh gártha ó uaisle ag agairt
An phleain ar fad a athrú
Agus cúntóir an cheanncheathrú
Thabhairt ó phobal Bhaile an Droichid.

Óir tá an Spidéal feistithe maisithe
Le coláiste is séipéal beannaithe,
Tá tithe ósta agus bialainn dheasa ann
Chomh breá is atá sa deois',
Tagann cuairteoirí ann go fairsing
Leis an nGaeilge bhinn a chleachtadh,
Sin agus síneadh fada, ar ndóigh,
Ar an trá sa Dumhaigh Mhóir.

Tá sruth na habhann le teannadh
Ag dhul ó shliabh go cladach,
Tá bradáin is bric gheala
Le tóigeáil ann go réidh,
Tá eastáit mhór Chill Ainnín
Tréigthe le tamall fada,
Ach má tá síochán buan i ndán dhúinn
Gheofar í mar spré.

Thar tír isteach go caladh
Tiocfaidh móruaisle seasta,
Agus ag Cloch an Tobac feasta
Beidh sluaite ag sú na gréin',
Beidh craic ann is pléaráca
Ag feistiú teach na mBlácaigh,
Beidh De Klerk agus De Gaulle ann
Ag tuirlingt as an aer.

Tá na sléibhte ar fad le caomhnú
Agus na ballaí uilig le díriú,
An tsaighneáil, ar ndóigh, le déanamh
Agus comhairle mhaith dhá réir,
Ní fheicfear dramhaíl feasta,
Campa, ciomachaí ná paca,
Is beidh diúltú do mhac an cheannaí ann
Más fíor mar a dúirt lucht léinn.

Mo chomhairle dhaoibhse, a dhaoine,
Déanaí a gcuid fhéin den ghníomh seo,
Is sinseáil bheag go cinnte dhúinn
An ceathrú cuid muid fhéin,
Tá na milliúin ina scórtha
Sa mBruiséal thall sa gcomhra,
Is gheobhaidh muid gach grásta is treoir mhaith
Anois ó cheann an tréid.

Sin é mo chomhrá déanta
Go dtaga an *contract* scríofa,
Ach seasaí ar fad go dílis
Is ná ligí lúb ar lár,
Mar tharlódh athrú millteach
In imeacht ráithe nó míosa,
Bheadh cailliúint sa taobh tíre
Nach leigheasfaí aríst go brách,
Smaoiním ar theagasc Bhríde
Cholm Cille is Phádraic Naofa,
Is beidh rath is séan le saol na saol
Ar theanga bhinn ár máthar.

146. Foinse

Tá *Foinse* anois ag teacht againn,
Go maire sé seal fada linn,
Fáiltímis gach seachtain é,
Tá trácht ann ar gach sórt,
Tá sé Gaelach maith,
Soléite ag fear is bean,
Mór le rá don tír ar fad,
Beidh trácht air fós sa seanchas,
Agus molaimse go hard anois
Pádraig Ó Céide is a chriú.

147. Bliain Mhór an Chéid

Sí bliain mhór an chéid seo bliain naocha trí,
Is tá Éireannaigh fíora ag comóradh na laoch
A bhunaigh Conradh na Gaeilge go fearúil gan coimhthíos,
Mairfidh a gcáilíocht is molfar iad choíchin.

Anois seasaí don Ghaeilge, a chairde mo chroí,
Mar tá muileann an Bhéarla ag carnadh dúchan le gaoith,
Seasaí go dílis dhi i Sean-Éirinn na naomh
Mar sheas ár sárlaochra sa mbliain naocha trí.

Sé Dubhghlas de hÍde a chuir tús leis an ngníomh
Is a chomrádaithe dílse a sheas leis ar taobh,
Las siad lóchrann don Ghaeilge dhá treorú sa tslí
Nuair a bhí dúchan an Bhéarla dhá creachadh is dhá cloí.

Tá cliú agus cáil ar an gCraoibhín inniu,
Is an tAthair Ó Gramhnaigh an sárlaoch a rinne cion fir,
Sheas siad don Ghaeilge nuair a bhí an ceo go trom tiubh,
Agus sí a labhair Sean-Phádraic leis an asal beag dubh.

Tá de hÍde is Ó Gramhnaigh anois go haoibhinn ar neamh
Na sárlaochra ina dtimpeall idir fear agus bean,
Tá an Breathnach ón Lochán is Ó Cadhain ann ón Spidéal,
Is tá dealbh de Shean-Phádraic istigh i gCathair na dTreabh.

Mo ghrá-sa na laochra a d'oibrigh go crua,
As gach coirnéal den tír, thiar, theas, thoir is thuaidh,
Ach coinní bhur ndúchas agus seasaigí an fód,
Is ar thonntracha an Bhéarla gheobhaidh muid bua.

Anois seasaí don Ghaeilge, a chairde mo chroí,
Mar tá muileann an Bhéarla ag carnadh dúchan le gaoith,
Seasaí go dílis dhi i Sean-Éirinn na naomh
Mar a sheas ár sárlaochra go fearúil gan coimhthíos.

148. Oireachtas an Daingin 1992

Bhí mise ag brionglóidí aréir
Go raibh mé go hard os cionn farraige,
Gur lean mé préachán san aer
Is go dtug sé leis síos go dtí an Daingean mé.

Fuiscí, ó rabhdal dom rabh,
Fuiscí, ó rabhdal dom, cailleachaí,
Fuiscí, ó rabhdal dom rabh,
Beidh an-deireadh seachtaine sa Daingean thíos.

Nuair a dhúisigh mé ceart as an néal
Ó, bhí mé go fóill insa leaba, muis,
Rinne mé an machnamh go géar
Is dúirt mé go dtiúrfainn an t-aistir sin.

Fuiscí, ó rabhdal dom rabh,
Fuiscí, ó rabhdal dom, colpaí,
Fuiscí, ó rabhdal dom rabh,
Beidh an-deireadh seachtaine sa Daingean thíos.

Chuaigh mé ar an ordóig go Gaillimh,
Is ar an ráille amach go Trá Lí,
Casadh liom *blonde* i dtigh an óil,
Is thug sí léi síos go dtí an Daingean mé.

Fuiscí, ó rabhdal dom rabh,
Fuiscí, ó rabhdal dom, ceathrúnaí,
Fuiscí, ó rabhdal dom rabh,
Tá siad fíor-Ghaelach sa Daingean thíos.

Bhí mé ag comhrá le fear as Lios Tuathail,
Chuir sé síos ar áilleacht na háite dhom,
Thrácht sé ar an margadh mór
A ndíoltar ann laonnta le grabairí.

Fuiscí, ó rabhdal dom rabh,
Fuiscí, ó rabhdal dom, budógaí,
Fuiscí, ó rabhdal dom rabh,
Is beidh muid sa Daingean an Satharn seo.

Bíonn siad ann beag agus mór
Chuile shaghas pór ar a dhath fhéin,
Ceannaíonn Peadar agus Pól na heasláin,
Ach tagann an charóig ar cuairt acu.

Fuiscí, ó rabhdal dom rabh,
Fuiscí, ó rabhdal dom, bonnaíochaí,
Fuiscí, ó rabhdal dom rabh,
Tá chúig nó sé scóir ansin imithe uait.

Beidh Maidhc Dainín ag cur teannadh le ceol,
Is Maidhc Mháire an Ghabha ina chuideachta,
Beidh Meaití Jó ag seinm na bpíob,
Is ní bheidh nóta amháin fhéin ar sliobarna.

Fuiscí, ó rabhdal dom rabh,
Fuiscí, ó rabhdal dom, ceoltóirí,
Fuiscí, ó rabhdal dom rabh,
Is blífidh muid an gabhar sa gcanna síos.

Blífidh Tomás Mac Eoin an tseanbhó,
Is beidh bainne agus im ar bord againn,
Róstfaidh an Ciarraíoch an gabhar,
Is beidh féasta lá agus fiche againn.

Fuiscí, ó rabhdal dom rabh,
Fuiscí, ó rabhdal dom, cailleachaí,
Fuiscí, ó rabhdal dom rabh,
Beidh fáilte agus fiche roimh na Gaillimhigh.

Inseoidh Tom Bheartla seanscéal,
Beidh Tom Pheaidí ar an toirt le ceann eile agaibh,
Ach ná hiarraigí Learaí ag gabháil fhoinn
Mar níl nóta amháin fhéin sa bpluic aige.

Fuiscí, ó rabhdal dom rabh,
Fuiscí, ó rabhdal dom, lasrachaí,
Fuiscí, ó rabhdal dom rabh,
Is beidh muid sa Daingean an Satharn seo.

Casfaidh na baird dalladh ceoil,
Is bainfidh Séamaisín torann as clárachaí,
Beidh Máirtín Chóil Neain lena sháil,
Agus mo ghoirm go deo an bheirt acu.

Fuiscí, ó rabhdal dom rabh,
Fuiscí, ó rabhdal dom, clárachaí,
Fuiscí, ó rabhdal dom rabh,
Bhí rírá le deich lá ag an Oireachtas.

Is gearr go mbeidh mo chomhrása déanta,
Ach coinnigí ag imeacht an tOireachtas,
Doirfear do Mheaití an bhó bhán
Is beidh lao faoi dhó sa mbliain aici.

Fuiscí, ó rabhdal dom rabh,
Fuiscí, ó rabhdal dom, scraitheachaí,
Fuiscí, ó rabhdal dom rabh,
Beidh an tOireachtas i nGaillimh aríst agaibh.

Beidh lao aici luath sa mbliain nua
Is beidh sé chomh geal leis an gceaileacó,
Ach tiúrfaidh sí dhó an sine diúil
Agus beidh sé mór ramhar in achar gearr.

Fuiscí, ó rabhdal dom rabh,
Fuiscí, ó rabhdal dom, strompachaí,
Fuiscí, ó rabhdal dom rabh,
Is bhí comórtais bhreá ag an Oireachtas.

Beidh an lao eile aici taca na Samhna
Ach scanróidh sé caoirigh as na garrantaí,
Ní bheidh ribe bán ina cheann ná ina thóin
Mar beidh sé chomh dubh leis an bpúca, ar ndóigh.

Fuiscí, ó rabhdal dom rabh,
Fuiscí, ó rabhdal dom, cailleachaí,
Fuiscí, ó rabhdal dom rabh
Is beidh an bhó bhán dá bleán ag na sióga í.

Seoladh leabhra Gaeilge ag an Oireachtas,
Agus molaim go mór na comhlachtaí
A chuir i gcló na bileogaí,
Molaim an raidió go haer agus molaim go hard Cló Iar-Chonnachta.

Stopfaidh mé feasta an curfá
Agus caithfidh mé tharam an ghibstireacht,
Suífidh mé go ciúin ar an stól
Agus fágfad ag Seáinín Tom Bán an tráchtaireacht.

149. Óid d'Oireachtas an Chéid

Fágaim céad slán ag na laochra a bhí ann
A sheas go fearúil an fód dhúinn,
Is a d'oibrigh i ngach tráth le dílseacht is grá
Le teanga ár máthar a chaomhnú.

Is fada an téarma a bhí sí tréithlag
Gur chuir ár sár-Ghaeil tús le gníomh,
Agus go séanmhar tá muidne léannta
Is gan cás ná náire roimh ráflaí Sheáin Bhuí.

Is bríomhar láidir a sheas na sár-Ghaeil
Lenár dteanga bhláfar a ardú aríst,
Is tá an Conradh Gaelach ag leathnú a fréamha
Le neart is éifeacht ins gach ceard den tír.

Céad de bhlianta dáta an téarma
Ó chuir ár sár-Ghaeil tús le gníomh,
Níl bliain ón tráth sin nach ag neartú atá sé,
Tá sprid sa náisiún nach múchfar choíchin.

Shíl Seán Buí gránna ár dteanga ársa
A chur faoi chrá is faoi dhubhcheo,
Ach sheas na Gaeil suas in Oileán Phádraic
Is beidh ár seod breá bláfar aríst go deo.

Tá seachtain Ghaelach gach bliain in Éirinn
Ó thús an chéid seo ag sean is óg,
Slua de Ghaeil mhaith ag teacht le chéile
Ag labhairt na Gaeilge le meas is bród.

Bíonn amhráin cheolmhar go binn dhá ngabháil ann
Agus coimhlint fíorchrua ar thóir an gheaill,
Caint is comhrá faoi na filí móra
Tá go doimhin faoin bhfód thíos in Inis Fáil.

Bíonn agallamh beirte is ceol dhá réir ann,
Lúibíní is dréachtaí go cruinn dhá rá,
Scéalta móra faoi Fianna Éireann,
Is cainteoirí líofa dhá gcur ar fáil.

Slán is céad leis na laochra móra
A chosain ár seod dhúinn gan cás ná crith,
Lean siad sampla réalta an eolais,
Bríd, Pádraic agus Colm Cill'.

Is iomaí ní sin a scríobhfainn síos air
Dhá mbeadh ionam éirim le peann is pár
Ar ghníomhartha Gaeil mhaith, a ngrá is a ndílseacht
A sheas go bríomhar in am an ghá.

Sin é an tOireachtas atá beo bríomhar,
Agus don Chonradh gléigeal tá na cianta ann,
Tá an céad agat slánaithe anois in Éirinn
Is ag dhul in aois na hóige ó lá go lá.

Bhí fir agus mná ag obair gan scáth
Le Conradh na Gaeilge ar feadh an chéid seo
Go Gaelach is go dian le teanga na bhFiann
Chuir borradh agus bláth ar an nGaeilge.

Tá an Conradh le séan ag obair go tréan
Le fearúlacht, misneach is dúthracht,
Is le cúnamh Mhic Dé ní ligfear i léig
Saibhreas cainte ár sinsear.

150. Oireachtas na nDéise

Anois teacht an gheimhridh is an oíche ag dhul chun síneadh
Ní dhéanfad aon suaimhneas nó go scríobha mé dán
Ar Oireachtas na Gaeilge a bhí againn an mhí seo
Thíos sna Déise i nDún Garbhán.

A Chonradh na Gaeilge, mo ghairm go héag thú,
Is tú a tharraingíos le chéile na Gaeil as gach ceard,
Ó Chiarraí, ó Ghaillimh, ó Árainn is Málbé,
Gaoth Sáile, Ráth Chairn agus Sean-Dún na nGall.

Isteach liomsa go Gaillimh ar maidin an lae seo,
Thosnaíos sa gClub-Theach, Tigh Mháirtín Nee,
Ní rabhas ach in mo sheasamh ann nuair a bhí gloine agam is cárta
Ó Mháire Seoige an bhean mhánla ó Árainn na Naomh.

Tháinig Máirtín is Máire go gairid ar ball beag,
Is chuaigh an ceathrar againn le chéile ag triall ar an Rinn,
Bhí Máirtín go laethúil ag léamh na gclocha cinn mhíle,
Agus Máire go stáidiúil ag dearcadh sa tslí.

Bhí mise os cionn staidéir ag smaoineamh ar véarsaí,
Agus cailín óg Árann ag dearcadh an mhapa go grinn,
Bhí sos againn i Luimneach is aríst i bPort Láirge,
Ach in Óstán na Páirce sea thóigeamar scíth.

Bhí an Ghaeilge bhinn bhlasta le cloistint san Áras,
Agus lucht Chonradh na Gaeilge ag cur gach rud i gcaoi,
Bhí spraoi agus spóirt ag óg is ag aosta ann,
Is an Ródaí sa gcarrchlós ag cur barr slaicht ar gach ní.

Ach fágaim mo bheannacht go deo ag Bríd Bhreathnach
A thug ina carr mé thart thimpeall sa Rinn,
Síos go Cuan Heilbhic a bhfuil cáil air sna réigiúin
A bhfuil fascadh ann is dídean ag curach, loing is bád seoil.

Tá oistrí go tréan ann agus sliogáin faoi phéarlaí,
Sceana mara agus séaclaí chomh fairsing le cíb,
Tá an bradán is an gliomach dhá dtóigeáil ina gcéadta ann,
Tá ruacáin dhá réir ann, an bia is milse le rí.

Ar ais liom tráthnóna isteach go dtí an halla
Ag éisteacht le sárfhonnadóirí bhí ag canadh go binn,
Ag éisteacht go haireach gan tromnéal ná míobhán,
Is ag fanacht go foighdeach le mórthoradh na hoíche.

Glaodh ar ais ar mhórsheisear mar bhí na moltóirí a dh'iarraidh,
Bhí an choimhlint an-ghéar is na geallta le riar,
Fuair siad sármholadh Máire Ní Dhomhnaill is Caitríona,
Ach sé Lillis Ó Laoire a thug leis an chraobh.

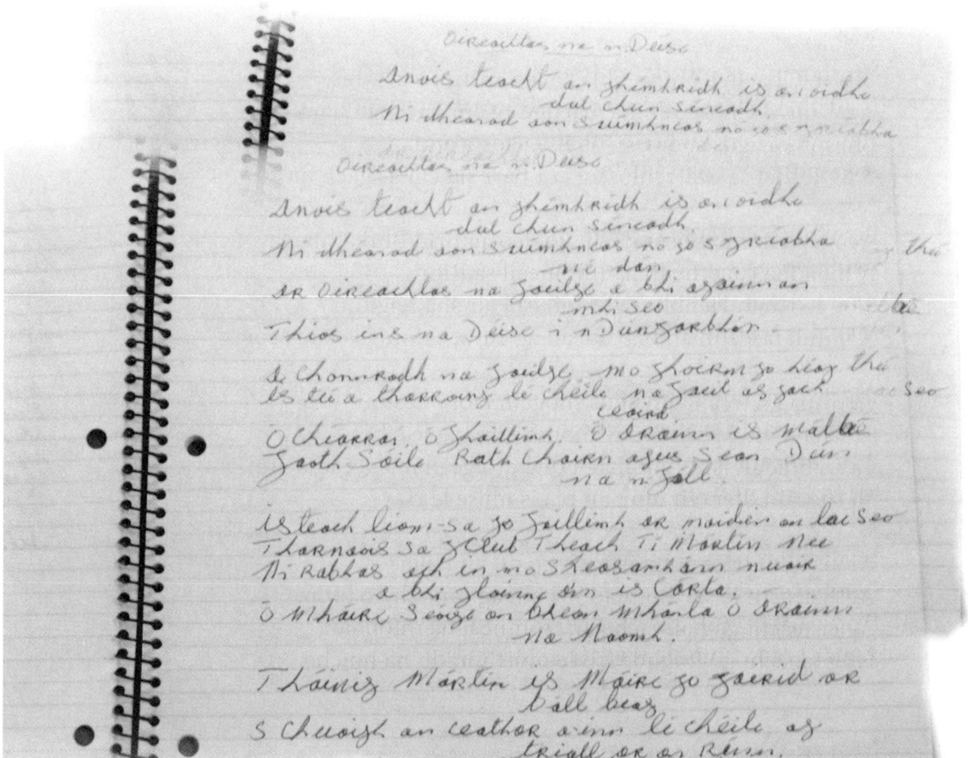

151. An Bhó Bhán

Chuaigh muide i dtús an gheimhridh
Ag an Oireachtas go híochtar tíre,
Bhí an Daingean lán le daoine ann
Cruinnithe as gach ceard.

Sé Meaití croí na féile
A chuir an t-amhrán i dteannta a chéile,
Níor chuala cluais le cianta é
Ó chuaigh draíocht ar an mbó bhán.

Nuair a thosaigh sé ar na véarsaí
Bhí sí na mílte i bhfad as léargas,
Thug sí léim is ghéim sí
Agus chaith sí Ard an Bhóthair.

Tháinig sé gan buarach
Is chuaigh sí thríd an slua isteach,
Is d'éist sí ansin le dílseacht
Le 'Bóithríní an Locháin'.

Beidh sí linne in éineacht
Ag teacht abhaile go spéiriúil,
Is ní baol dhúinn Tiarnaí Luimnigh
Ná Tiarna Lucan a bhí in Uarán Mór.

Beidh muid sa mbaile amáireach,
Is go bhfága Dia againn an mháithreach,
Agus beidh ceiliúr ar an mBaile Fánach
A mhairfeas lá agus bliain.

Beidh fuisce, fíonta is beoir ann,
Beidh pórtar dubh go leor ann,
Beidh Neain Pheaidí ag roinnt an óil ann
Mar tá sí flaithiúil fial.

Cuirfear an bhó bhán ar féarach
Is gheobhaidh sí an aire chéatach,
Agus blifear an loilíoch ghléigeal
Trí huaire chuile lá.

Beidh im is bainne is cáis ann,
Beidh bainne ramhar ag feara Fáil ann,
Beidh an chuinneog ag cincín an chomhra ann
Agus í líonta aníos le bláthach.

Nuair a thiocfas an teas sa séasúr
Leanfaidh muid den phléisiúr,
Tiúrfaidh muid an bhó bhán go Leitir Móir siar
Agus síos go dtí an Trá Bháin.

Beannóidh Muire agus Críost í,
An ghealach gheal is an ghrian í,
Beannóidh an fear thoir is thiar í,
Agus beannóidh Meaití fhéin í
Le cúr a cuid lachta fhéin.

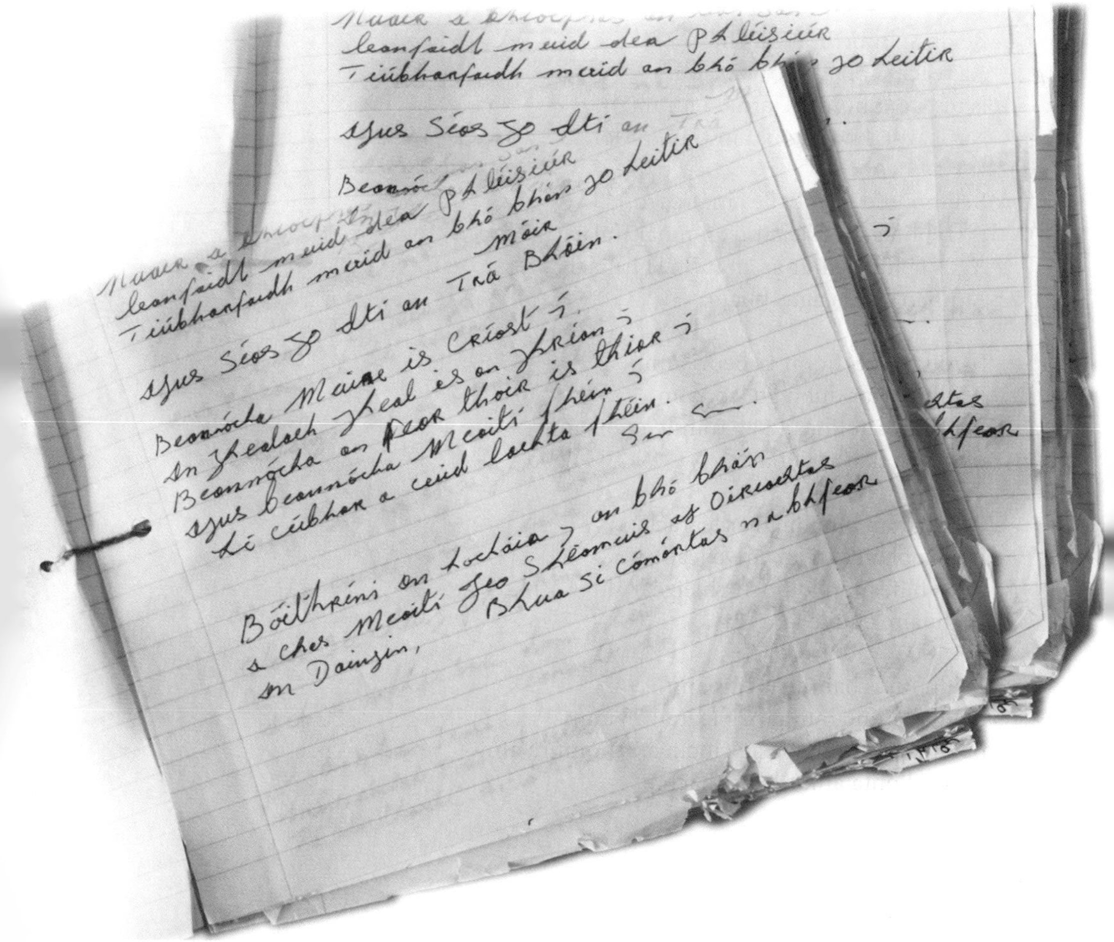

AISTE CHRITICE

'Go dtiúrfainn léirmheas . . .'
Léamh ar Fhilíocht Learaí Phádraic Learaí Uí Fhínneadha'

1. Bóithríní an Locháin

Sa Lochán Beag, ceithre mhíle siar ón Spidéal i gceartlár Ghaeltacht Chois Fharraige, a rugadh Learaí Phádhraic Learaí Ó Fínneadha sa bhliain 1932, agus is ar an mbaile céanna a tógadh é. Ba as an mbaile taobh thoir de, Cnoc na hAille, a mháthair, Máire Choilm Mháirtín Uí Thuathail, agus a sheanathair ar thaobh a athar, Learaí Ó Fínneadha, a phós isteach sa Lochán Beag tar éis dó seal blianta a chaitheamh i Meiriceá. Bhí jeaint agus capall ag athair an fhile, Pádhraic Learaí, agus i bhfocail Learaí féin, 'an té a raibh carr agus capall aige bhí seift aige ag dhul Gaillimh' le beagán saothraithe a dhéanamh, rud a d'fhág nach raibh aon ghanntan orthu, a deir an file, agus an chlann ag teacht aníos.

Chuaigh Learaí chuig Scoil Sailearna sna hAille go raibh sé trí bliana déag d'aois agus is ansin a d'fhoghlaim sé léamh agus scríobh na Gaeilge agus an Bhéarla. Ainneoin gur scoláire maith meabhrach a bhí ann, d'fhan sé ón scoil ina dhiaidh sin le cúnamh a thabhairt sa bhaile. File aitheantais de chuid an cheantair ab ea Pádhraic Learaí, agus maireann cuid dá chuid amhrán beo i gcónaí i measc an phobail – b'fhéidir gurb é 'Bóithrín an Locháin', a chasas an t-amhránaí sean-nóis Meaití Joe Shéamuis Ó Fatharta go minic, an t-amhrán is mó le rá díobh sin. D'fhoilsigh Cló Iar-Chonnacht cnuasach dá chuid dánta i 1994, *Bóithríní an Locháin agus amhráin eile*. Thosaigh Learaí ag cur suime san fhilíocht den chéad uair go gairid tar éis dó an scoil a fhágáil. Scríobhadh sé saothar a athar, nach raibh léamh ná scríobh aige féin, ar bhileoga scaoilte agus dhéanadh sé 'léirmheas' (a fhriotal féin) san am céanna orthu. Taca an ama seo freisin a deir sé a 'thosaigh sé ag cur corrphíosa mífhásach le chéile' é féin. Bhí cultúr an airneáin go láidir sa cheantar ag an am agus bhíodh Learaí ar cuairt ó theach go teach, go mór mór sna tithe is mó a mbíodh seanchas le fáil iontu. Chuir sé eolas ar an seanchas agus ar shaothar na bhfilí sna tithe seo mar a rinne an bard baile ó Oileán Uibhist in Albain, Dòmhnall Ailein Dhòmhnaill na Bainich, a chuir síos ar an airneán mar seo (Macdonald 1999: 28–9):

> Cha mhòr nach robh taigh àraid anns dàrnacha baile anns am bìodh daoine a' cruinneachadh airson rudan dhen t-seòrsa sin èisdeachd . . . . Cha robh taigh dhan rachadh tu nach robh cuideigin de sheann daoine aor choreigin goirid a bhiodh a' bruidhinn air seann rudan agus air seann òrain agus air eachdraidhean . . .

Chaith Learaí an cineál céanna saoil cuid mhaith agus a chaith a athair agus a sheanathair roimhe, saol an fheilméara bhig thraidisiúnta i nGaeltacht Chonamara. Fearacht a sheanathar, phós sé isteach ar ghabháltas talún sna Fothraí Maola, Bearna, nuair a phós sé Máirín Ní Chartúir sa bhliain 1955.

Mar seo a labhair sé fúithi sa dán 'An Cailín Mánla', a chum sé dhá bhliain roimhe sin:

Is mór an spóirt í an ghnaíúlacht
Agus an chroíúlacht ag tacú léi,
Casadh cailín mánla orm
Ar cholbha an bhaile mhóir,
Labhair mé léi go carthanach
Is d'fhiafraíos treoir an bhealaigh dhi,
Séard a dúirt sí, 'Siúlfad tamall leat,
Giorraíonn beirt an bóthar.'

Chuireadh sé fataí agus glasraí le díol ar mhargadh na Gaillimhe, bhaineadh sé a chuid móna féin agus mharaíodh sé corrbhreac san fharraige agus sa loch chomh maith. Choinníodh sé beithigh freisin, agus bhí cion ar leith aige ar asail agus ómós speisialta aige dóibh. Bhíodh sé á ndíol is á gceannacht ar aontaí ar fud na dúiche in imeacht na mblianta – go deimhin cheannaigh sé dhá asal ar Aonach an Fhómhair ar an Teach Dóite an lá sular cailleadh é ar an 27 Deireadh Fómhair 1999. Bhíodh asail oibre aige féin, agus carr agus asal a bhíodh aige i gcónaí agus é i mbun a chuid oibre ar an bhfeilm. Bhíodh sé le feiceáil go minic ar bhóthar mór Bhearna, carr agus asal aige i lár an tranglam tráchta, ag seasamh mar shiombail den seansaol i lár fhurú agus dhriopás na nua-aimsearthachta i mbaile a bhí ag fás ina bhruachbhaile de chuid chathair na Gaillimhe. Dúirt sé le Máirtín Davy Ó Coisdealbha ar an gclár *Comhluadar* (a craoladh ar RTÉ Raidió na Gaeltachta ar an 8 Nollaig 1991) nach 'raibh aon deis taistil agam . . . ach an rud céanna a bhí ag Máirtín Ceannaí, an t-asal, an *Jerusalem taxi*', ag tagairt ar ndóigh don ainmhí a d'iompair Críost isteach go dtí Cathair Ierúsailéim seachtain roimh a bhás. Níor thiomáin Learaí carr riamh agus ba mhinic é le feiceáil ar an mbóthar, ar chóras na hordóige mar a deireadh sé féin, ag síobshiúl go Gaillimh agus áiteanna eile. Níor choinnigh an méid sin teanntaithe i ngort an bhaile é, áfach, agus bhíodh sé le feiceáil go rialta ag ócáidí sóisialta agus siamsaíochta éagsúla. Théadh sé chuig margaí, chuig aontaí agus go mór mór chuig seónna capall agus asal ar fud Chontae na Gaillimhe agus fiú chomh fada ó bhaile le Contae an Chláir, agus bhí gean ar leith aige ar Aonach Mór an Fhómhair sa Teach Dóite, Aonach Mór an Mháma mar a thugadh sé féin air.

Chaitheadh sé seársaí agus é ina fhear óg i mBaile Chláir, ceantar Gaeltachta ar Achréidh na Gaillimhe a raibh riar áirithe Gaeilge fós á labhairt ann san am. Bhíodh sé ag obair scaití ag Paddy Murphy, Peaitsín Bán an dáin 'Baile Chláir' agus col ceathrar dá bhean féin Máirín. Agus é socraithe i mBearna, théadh sé soir ar cuairt go minic ann agus dhéanadh sé freastal i gcónaí ar Sheó Bhaile Chláir agus ar an Scoil Éigse agus Seanchais a reachtáiltí ann. Dúirt sé le Máirtín Tom Sheáinín ar an gclár *Siamsán Maidine* ar an 23

Márta 1995 go raibh 32 bliana caite aige ag dul soir is anoir go dtí Baile Chláir agus gur minic a théadh sé soir ann maidineacha Domhnaigh ar a rothar d'aifreann a haon déag, turas a thógadh 35 nóiméad air a deireadh sé. Maidir le cúrsaí Gaeilge agus seanchais, dúirt sé ar an gclár: 'Bhíodh an-seanchas i mBaile Chláir. An-chur síos Tigh Hession tar éis an aifrinn Dé Domhnaigh.'

Dhéanadh sé freastal go rialta freisin ar fhéilte agus ar ócáidí a bhaineadh le cúrsaí Gaeilge agus éigse i gcoitinne ar fud Ghaeltacht Chonamara, leithéidí Shiamsa Choilm de Bhailís, Pléaráca Chonamara, Éigse an Spidéil, rásaí bád, coirmeacha ceoil agus go mór mór na Scoileanna Éigse agus Seanchais, ócáidí filíochta agus seanchais a reachtáladh Coiste Gairmoideachais na Gaillimhe idir 1955 agus 1990 i bparóistí i gceantair Ghaeltachta na Gaillimhe ina raibh gairmscoil agus é mar aidhm acu 'An nuacheapadóireacht a fhorbairt, seanchas áitiúil agus béaloideas an cheantair a bhailiú agus saibhreas cainte na Gaeltachta a chaomhnú' (Ní Fhlatharta 2005: 4). Mar aon le go leor eile de na filí pobail i nGaeltacht Chonamara le linn na tréimhse sin, níl aon amhras faoi ach gur ghríosaigh na Scoileanna Éigse céanna Learaí le dul i mbun na cumadóireachta. Ní raibh an file taobh le himeachtaí áitiúla Gaeilge ach an oiread, agus bhíodh sé de nós aige freastal a dhéanamh chuile bhliain ar Oireachtas na Gaeilge, ócáid a mbíodh sé ag tnúthán léi ar feadh na bliana uilig. Ghnóthaigh sé duaiseanna i gComórtais Liteartha an Oireachtais don fhilíocht thraidisiúnta sna blianta 1993–6 le cuid mhaith de na dánta atá sa leabhar seo.[1] Bhíodh dán nua cumtha aige i gcónaí d'Oireachtas na Samhna, cóip de ina phóca aige ar fhaitíos go ngabhfadh sé amú sna focail (rud nach dtarlaíodh ach go hannamh) agus fonn air é a reic ar stáitse nó i gcomhluadar cairde agus lucht aitheantais. Chum sé riar dánta freisin faoin bhféile: 'Oireachtas an Daingin 1992', 'Óid d'Oireachtas an Chéid', 'Oireachtas na nDéise' agus 'An Bhó Bhán'.

Deireadh Learaí gurbh iad na filí is mó a raibh meas aige orthu Raiftearaí ('Ní raibh a shárú ann: chuala muid scéalta faoi agus léigh muid a shaothar'), Colm de Bhailís, Filí Bhaile na mBroghach nó Joe Shéamais Sheáin Ó Donnchadha mar ab fhearr aithne air, Michael Phaddy Mac Diarmada as an Lochán Beag, Pádraicín Chóil Ó Fatharta as an Teach Mór, agus ar ndóigh a athair féin. Ainneoin a shuime san fhilíocht ó aois an-óg agus go háirithe i ndéantús a athar, áfach, ní bréag a rá gur mhó an tionchar a bhí ag a mháthair ar Learaí óg ná ag a athair. De réir thuairisc an fhile féin, bean an-diaganta a bhí ina mháthair a raibh suim ar leith aici i seanchas an chreidimh, orthaí, seanphaidreacha agus mar sin de. Deir an file i réamhrá an leabhair *Ó Bhaile go Baile*, bailiúchán de sheanphaidreacha, de dhánta diaga agus d'orthaí éagsúla a d'fhoghlaim sé den chuid is mó óna mháthair, go raibh suim aici 'i nithe ar bith a bhain leis an saol osnádúrtha' (1993: 12). Tharla gurbh é Learaí an seachtú mac, deireadh sé i gcónaí go raibh cion agus aird ar leith aici air agus gur dósan go sonrach a thug sí an stór tuiscintí traidisiúnta seo ar an saol eile.

Dúirt sé in agallamh liom sa bhliain 1998: 'Tharla sé go mba mise an seachtú mac a bhí aici agus coinníodh iad sin dhomsa agus d'fhoghlaim mé iad agus scríobh mé iad.' Deireadh sé féin riar mhaith de na seanphaidreacha go rialta, agus bhíodh daoine á n-iarraidh go rialta air freisin, go mór mór an Mharthain Phádraic. Mar a léireofar ar ball, bhí tionchar nach beag ag dearcadh seo a mháthar ar mhúnlú chruinneshamhail a mic sa méid agus gur buntéama leanúnach ina shaothar ar fad réimse sin na hosnádúrthachta agus na reiligiúndachta i gcoitinne.

Tá 151 píosa ceapadóireachta, idir dhánta agus agallaimh bheirte, ar marthain ó láimh agus ó bhéal an fhile, ar cumadh a mbunáite ó na 1980í i leith. Filíocht thuarascálach í seo, tuairisc rannpháirtí *in medias res* ar imeachtaí a chruinne féin de réir mhodhanna reacaireachta a tháinig anuas chuige le tuiscint oidhreachtúil. Ceiliúradh ar an bpobal agus ar imeachtaí a shaoil féin mar bhall den phobal atá ina shaothar, agus ní hamháin go dtugtar chun suntais na himeachtaí sin san fhilíocht ach buanaítear iad chomh maith trína bíthin. I dtéarmaí eitneagrafaíochta is é atá inti tuairisc an dúchasaigh air féin, radharc ón taobh istigh i bhfráma a fheileas é agus a thuigeas sé, murab ionann is tuairisc allúraigh, scoláire nó duine a d'fhéachfadh thar chlaí isteach agus slata tomhais de chineál eile ar fad aige. Mar a shonraigh Steve Coleman (1996: 72) ag trácht dó ar amhránaíocht Sheosaimh Uí Éanaí: 'The song tradition as a form of discourse is an important site for the social construction of the subject and subjectivity in general.' Cumadóireacht *engagée* atá anseo, áit nár chóir a bheith ag súil le dearcadh oibiachtúil, mar dhóigh de, ná le tuairisc neamhchlaonta. Tá dubh dubh agus bán bán agus cead cainte dá réir sin ag an bhfile, nó caitheachtáil chainte fiú. B'fhéidir go mbíonn aigne an fhile ó thráth go chéile cromtha le brón, le fearg, le buaireamh fiú, ach ní monalóga inmheánacha ná inmheánaithe iad dánta Learaí, ná ráitis fhileata as seomra dorcha aonaráin, agus is cinnte nach mbíonn a aigne cromtha le haon cheist.

Ceann de sheanbhóiní beannaithe nó de láimhdhéithe an dreama a dhéanfadh béaloideasú ar an bpobal (féach Rannóg 10 thíos) gur cumadóireacht neamhphearsanta atá san fhilíocht seo agus nach sonraítear aon fhéin-chomhfhios ná aon phearsantacht shainiúil indibhidiúil aonair inti – gur guth pobail agus an méid sin amháin atá inti. Cruthaíonn saothar Learaí gur míléamh amach is amach a leithéid. Ainneoin na dtréithe traidisiúnta, idir ábhar agus mhodh a reicthe, nach bhfuil bunúil i gciall chritic liteartha na nualitríochta, tá súil ghéar agus gob géar duine ar leith le haireachtáil ar fud na mball. Ní hamháin go léiríonn sé dearcadh sainiúil ar leith ar roinnt mhaith ceisteanna, ach tugann a shaothar léamh don éisteoir/faireoir/léitheoir ar a shamhailchruinne phearsanta agus ar a bheatha inmheánach féin, agus déanann sé ceiliúradh agus meabhrú orthu trí bhíthin an fhocail – cúram aos dána riamh anall, ní gá a mheabhrú. Ní hamháin sin, ach bíonn cuid de na dánta thar a bheith 'pearsanta', an file ar a mharana agus cora crua an tsaoil á gcur trí chéile aige nó sin an file agus é ag déanamh a anama, mar shampla. Murab ionann is an nuafhilíocht, áfach, ní cuirtear aon bhéim ar fhlaitheas na hindibhide a mhaireas de leataobh go minic ón bpobal. A mhalairt atá fíor san fhilíocht thraidisiúnta: feictear an indibhid mar bhall de phobal, i gcaidreamh le hindibhidí eile. Ar an gcaoi seo is léar go múnlaíonn Learaí Ó Fínneadha a chuid ráiteas fileata de réir *agenda* dá chuid féin agus go ndéanann sé 'léirmheas ar an domhan' (téarma a úsáideas sé féin go minic[2]) de réir slata tomhais a roghnaíos sé féin agus a fheileas a chás féin. Díol suntais dinimic inmheánach an áitithe agus na hargóinteachta sna dánta féin agus go deimhin an tuiscint agus an meon a léirigh an file i leith na ngnéithe seo dá cheird in agallaimh éagsúla. Tá an dinimic seo fréamhaithe go domhain i sainluachanna cultúrtha a bhaineas le hoidhreacht cheird dúchais an fhocail agus i dtuiscint an fhile ar an rud is fírinne, nó ceart, nó moráltacht ann. Fágann seo freisin, ar ndóigh, go bhfuil gné láidir shóisialta agus theagascúil ag roinnt leis an bhfilíocht seo agus go bhfuil córas luachála cinnte ag roinnt leis an ngaisneas a baintear as an teanga féin i ríomh agus i láithriú an scéil.

Bhíodh faisean rialta ag Learaí tar éis píosa a reic nó píosa seanchais a dhéanamh a dheimhniú, 'Agus sin í an fhírinne ghlan! Tharla sé sin go cinnte!' Is minic freisin sna lámhscríbhinní a scríobhadh sé 'Sin sin!' nó 'Learaí a chum' i ndeireadh dáin mar dhúnadh agus mar dhearbhú ar fhírinne an scéil, ar údarás an ráitis fhileata. Tá an intinn chéanna le feiceáil arís agus arís eile sna dánta féin freisin tharla gurb é atá san fhilíocht mar cheird 'ráite fírinneach béil' ('An Ainnir Dhubh Chatach') agus gurb é cúram an fhile an ráiteas sin a dhéanamh mar a dhéanadh lucht an léinn agus an eolais roimhe:

> Ní bréag ná magadh atá mé a dhéanamh
> Mar tá sé i scríbhinn ag lucht léinn.
> ('Loch Roisín')

Dá réir sin, má dhéanann an file ráiteas trí mheán an dáin ní bréag a rá go mbeidh an fhírinne aige fiú i réimse chomh 'réalaíoch' saoil le cúrsaí polaitíochta:

> Ó Charna go Mám is soir Uachtar Ard
> Ná ar fud Chríocha Fáil ní bréag muis
> Sí Máire an ríbhean a fuair meas agus gean
> Is an chéad teachta ban ón Iarthar.
> ('Suíochán Mháire')

Maidir le ceist seo 'fhírinne' a scéil, d'fhiafraigh mé den fhile le linn agallaimh i 1998 cén chaoi a mbuaileann sé faoi phíosa a dhéanamh agus cá bhfaigheann sé ábhar nó scéal an dáin. Is é freagra a thug sé:

LÓF . . . go leor anois dhár chum mé, bhí scéal ag baint le riar maith dhóibh, an dtuigeann tú. Chuimhneoinn ar scéal agus é a choinneáil i bhfráma maith, an dtuigeann tú, mar déarfá, gan aon bhuille gránna a bhualadh anonn ná anall chor ar bith dhá bhféadfá, mar déarfá, agus mar sin . . . b'fhéidir go mbeadh píosa ansin agat agus go ngabhfá ar ais air dhá rá dhuit féin, an dtuigeann tú, agus b'fhéidir go ndéarfá leat féin ná raibh an scéal ag coinneáil a chéile ann agus go gcuirfeá scagadh beag air agus véarsa eile a chur isteach anseo, mar déarfá, agus bheadh leat ansin.

GD An ngabhfadh líne amú ort ar an gcaoi sin?

LÓF Ní thiocfadh. Bhfuil fhios agat is minic a chuimhnigh mise ar é a thosaí is ar é a chríochnú agus coinneáil air ansin. Sea cineál críoch maith go leor a bheith leis ar chuma ar bith. Bhuel i gcónaí bheinn ag iarraidh scéal a bheith ag rith thríd, agus tá scéalta i gcuid acu sin [na dánta] mar déarfá nach bhfuil – tá an scéal fíor iontu ceart go leor. B'fhéidir nach dhom féin anois a tharla cuid acu, mar déarfá . . . cuimhneoidh tú ar na rudaí sin a chuala muid, agus má tá tú á chur i bhfoirm fileata, mar déarfá, cuirfidh tú cor ina chluais de réir mar fheilfeas sé dhuit, mar déarfá . . .

Is léar ón méid sin nach gá go mbeadh fírinne na healaíne agus fíricí an tsaoil iarbhír ag teacht le chéile i gcónaí! Mar a dúirt deartháir an fhile Cóil i ndeireadh an dáin 'Carraig an Mhatail' (Ó Finneadha, C 1999: 133):

Seo é anois críochnú mo thráchtais
Is nár lige Dia go mbeadh déanta agam bréag.

Ach an oiread le bunáite na bhfilí pobail – agus go mór mór filí mar Johnny Chóil Mhaidhc, Joe Steve agus Joe Shéamais Sheáin – tá an greann go smior i bhfilíocht Learaí, agus ba thábhachtach leis sin. Dúirt sé in agallamh i 1998 agus é ag trácht ar thábhacht an lucht éisteachta dá chuid filíochta gur cheart na dánta 'a choinneáil deas greannmhar' i gcónaí d'fhonn a n-aird a choinneáil. Greann simplí, soineanta, neamhchasta, spleodrach, aerach, áibhéileach an traidisiúin atá sna dánta seo – déarfadh daoine áirithe, b'fhéidir, gur greann neamhshofaisticiúil atá ann. Níl aon amhras faoi, áfach, ach gur greann caomhantach go maith é agus gur ar mhaithe le siamsaíocht agus spórt, le gáire boilg, agus fiú le diabhlaíocht, a bhíos an file seachas aon teagasc mórthaibhseach morálta. Fuintear an greann as gnáthshaol an phobail, as a n-imeachtaí laethúla agus as taithí an tsaoil a mhair an file féin. Déanann sé spórt as feilméaracht féileacán (coincheap aduain ar fad i súile an fhile, ar ndóigh, ar feilméara 'ceart' é féin), as cúrsaí pósta agus cleamhnais agus seanscéal an tseanfhir atá i ndiaidh na mná óige (go mór mór ina chuid agallamh beirte – téama coitianta de chuid an tseánra), agus as athruithe saoil sa phróiseas nua-aoisithe a fhágas an feilméara traidisiúnta ina chadhan aonair sa nuaré, mar a feictear i ndán mar 'Cor Gearr', mar shampla:

Amach san oíche má théann do lao
Is go ndéana sé aon mhístaid
Beidh comhairle dlí ag fear le buile
Is beidh tusa ag fáil do bhille.

Le do bhó má théann tú an treo
Bíodh do scuab ar láimh leat,
Is ná salaigh an ród le maith na bó
Nó beidh do phróis le fáil agat.

Bíodh is nach bhfuil dánta Learaí chomh raibiléiseach le cuid de shaothar Johnny Chóil Mhaidhc, i ndánta ar nós 'An Cailín Beag sa Chúinne' (1987: 24–5) nó an dán neamhfhoilsithe leis 'An Galar Scioptha', nó Joe Steve ina chuid agallamh beirte (1986: 9–63), téann sé chun tíriúlachta ar uaire i ndánta mar 'Siamsán an Óstáin', 'Trácht ar Pholl' agus go háirithe in 'An Dochtúr Éamon' a dhéanas cur síos ar an gcaidreamh a bhí ag Easpag na Gaillimhe, an Dr Éamon Ó Cathasaigh, le Annie Murphy, ar rugadh mac dóibh dá bharr, Peter, i 1974. Seo mar a shamhlaigh an file an lánúin:

Is amhlaidh a chríochnaigh suas an péire
Go docht ar an leaba i ngéaga a chéile,
Ag plioncadh is ag smalcadh mar Ádhamh is Éabha,
Ní raibh trácht ar Dhia ná ar dhlí na cléire.

Ní hamháin go bhfuil 'téacs' an dáin seo greannmhar, ach is léar ón aon taifeadadh beo atá ar fáil gur bhain an file an-phléisiúr as é a reic agus gur bhain an lucht éisteachta an-spórt as an dán a reic dóibh le linn oíche filíochta agus ceoil a reachtáladh mar chuid de Phléaráca Chonamara – lucht éisteachta tuisceanach báúil de chuid a phobail féin – agus ar craoladh mír faoi cúpla lá ina dhiaidh sin ar an gclár *Siamsán Maidine* ar RTÉ Raidió na Gaeltachta ar an 13 Meán Fómhair 1994.

Ach an oiread le saothar a athar, a dhearthár, agus filí eile an cheantair, gan trácht ar bhaird bhaile na hAlban (McKean 1992, Macdonald 1999), clúdaíonn saothar Learaí gnáthréimse na filíochta traidisiúnta béil ó thaobh ábhar na bpíosaí féin. Ainneoin nach bhfuil na dánta ar fad ar aon chaighdeán feabhais, agus ainneoin go sciorrann an file ó thráth go chéile ó thaobh struchtúir, cheol teanga agus meadarachta, agus fiú ó thaobh ábhar an dáin féin i gcorrchás, fós féin tá aontacht shoiléir ó thaobh ábhair agus foirme i mbunáite na ndánta iontu féin, agus sa saothar ina iomláine, a léiríos go raibh Learaí Ó Fínneadha ar dhuine de na filí pobail ba bhisiúla agus ba chumasaí lena linn féin i nGaeltacht Chonamara. Breathnaítear ina shaothar ar fad ar an saol trí mheon an bhaile bhig agus trí shúile an duine bhig agus insítear a scéal araon sna dánta. Píosaí ócáidiúla atá i gcuid mhór de na dánta: eachtra, scéal, píosa seanchais, seanchuimhne, nath cainte a spreag a shamhlaíocht, duine a chas leis ina chuid siúlta, nó le scéal gairid a dhéanamh de, ní suntasach ar bith a ghoinfeadh a aire file. Tá píosaí déanta aige faoi eachtraí na haon uaire a bhain go pearsanta dó féin nó do dhaoine muintreacha leis – faoi dhuine a thug greadadh dá gharmhac, faoina mhada, faoi eachtraí a bhain dó agus daoine a casadh leis ar an gcóras iompair ordóige, faoi obráid corróige a bhí aige. Tá caointe agus dánta molta (agus cáinte, ar ndóigh) ar dhaoine aige agus tá riar mhaith dánta aige ar mhná a reictear i stíl an-traidisiúnta agus ar meascán iad de dhánta molta ban agus den seánra ris a ráitear 'amhráin ghrá'. Tá sraitheanna dánta aige faoin áit dúchais, faoi chúrsaí polaitíochta, faoi chúrsaí reiligiúin, faoi stair agus seanchas an cheantair agus faoi imeacht an tseansaoil i nGaeltacht Chonamara. Shonraigh Brown (1999: 3) mórán an leagan amach céanna faoin bhfilíocht bhéil i ndeisceart na hAfraice:

> In addition to prominent public forms of panegyric to the leader, other forms of oral poetry have flourished – and continue to flourish – in African societies: songs to the clan; family songs (especially at weddings and funerals); love lyrics; children's verse; work songs; personal praises; religious songs; songs to animals; and songs of divination.

Agus má cuirtear an t-asal in áit an chamaill, agus garrantaí beaga Bhearna in áit an ghaineamhlaigh, is beag idir filíocht Learaí agus saothar an fhile Bheidiúnaigh Ad-Dindān arbh é a chúram, i dtuairim eagarthóir a shaothair (Kurpershoek 1994), léargas a thabhairt ar shaol a phobail trí bhíthin mhodhanna traidisiúnta cheird na filíochta, agus ar cúrsaí grá, molta, camall agus paidreacha ar son na báistí is mó atá le fáil ina chuid dánta, sin agus ómós agus grá domhain daingean don áit dúchais.

2. An Baile Céimiúil

Saintéama leanúnach bunúsach é tábhacht na háite dúchais nó gné an dinnseanchais i bhfilíocht an bhéil bheo i nGaeltacht Chonamara, agus go deimhin i dtraidisiúin éagsúla ar fud an domhain. Rianaíonn an fhilíocht seo dáimh dhomhain an duine lena cheantar dúchais agus le talamh na muintire, leis na glúine sinsear siar, agus le himeachtaí agus eachtraí a tharla sna háiteanna a ndéantar trácht orthu. Mar a shonraigh mé in áit eile (Denvir 2003), léiríonn an próiseas seo an dlúthnasc idir domhan inmheánach teibí na sícé agus domhan seachtrach nithiúil na colainne trí léarscáil spás-chultúrtha a sholáthar don duine ina bhfréamhaítear fios agus taithí na mblianta go sonrach in áiteanna ar leith. Seo í, gan aon cheist, an bhunchloch a bhfuil filíocht Learaí Uí Fhínneadha tógtha uirthi.

Is é an Lochán Beag, Lochán na nGéabha, an baile céimiúil, an baile dúchais, atá i gceartlár na cruinne. 'Parrthas neamhthruaillithe, Tír na hÓige i ndáiríre' atá sa cheantar inar tógadh an file, mar a shonraigh Lillis Ó Laoire (2003: 59) ina aiste faoi choincheap na háite sa traidisiún amhránaíochta. Is é an baile dúchais tobar an uile mhaitheasa agus sonais agus slat le cur ar thaithí saoil san alltar mór aduain sin amuigh agus luann Learaí go mion agus go minic sna dánta é. Molann sé an Lochán mar a mhol filí ar nós a athar roimhe é i dtéarmaí a dtabharfadh an intinn réasúnaíoch áibhéil orthu. Is ann a faightear go rábach na tréithe sin ar fad a bhfuil meas ag an bhfile orthu. Is ann atá na comharsana is geanúla, an éanlaith agus na hainmhithe is fearr, an ceol agus an seanchas agus an Ghaeilge is saibhre, na filí agus an lucht léinn is cumasaí, an taobh tíre is deise. Tá *slip* an Locháin, fiú, ar an gcéibh is mó agus is foscúla sa dúiche uilig. Le scéal gearr a dhéanamh de, is é croílár na cruinne é agus níl a shárú le fáil in aon áit eile:

> Tá an chéibh is deise ann dhá bhfuil in Éirinn
> Déanta ag tréanfhir le meabhair is stuaim,
> Is níl gaoth dhá séidfidh aniar ón tréanmhuir
> Nach bhfuil fascadh ag céad bád i mbéal an chuain.
> ('An Lochán Céimiúil')

Labhrann athair an fhile, Pádhraic, ar an Lochán Mór (mar a thugas sé air) sna téarmaí ceanann céanna ina dhán 'Doire Cholm Cille' (1994: 31):

> I mBaile an Locháin Mhóir
> Sea tógadh mé ó cheart
> An baile ba deise gleoite
> Dá raibh ins an domhan ar fad.

Tá an moladh céanna ar an áit dúchais ina théama lárnach i saothar bhaird bhaile na hAlban freisin. Molann Dòmhnall Iain Dhonnchaidh (Innes 1998: 48) muintir a oileáin féin, Uibhist, sna téarmaí céanna le Learaí agus na filí pobail eile ina dhán 'Cuach na Bàrdachd':

Tha daoine fialaidh, càirdeil ann,
Gu rianail, bàidheil, ciùin;
Tha luchd mo ghaoil a' tàmhnachd ann
'S tha pàirt dhuibh cnàmh na ùir

Tá síoraíocht agus buanaíocht ag roinnt le tréithe aiceanta na háite i ndánta Learaí freisin – na lochanna, na garrantaí, na sléibhte, an fharraige – agus i gcomórtas leis sin tá an duine fánach, lag, suarach, duthain. Níl ag an duine ach a sheal ach beidh an áit ann go deo ina dhiaidh. Sin é sruthán nádúrtha na beatha daonna mar is léar, mar shampla, sa dán 'Sruthán an Líbirtí':

Nach iomaí lá álainn tá bailithe chun siúil
Ó sciorr tusa le fána ó Loch Inse ar dtús,
Imíonn gach créatúr ó ghlúin go glúin
Is tá tusa teann láidir ag cur uisce go cuan . . .

Fágaimse slán agat, a shrutháin, go buan,
Tá tusa mar theorainn ó shliabh go dtí an cuan,
Tá síoraíocht ag baint leat go lá breithiúnais Dé,
Beidh tú ag cur uisce le fána agus mise sa gcré.

Mar is léar ón sliocht sin freisin, tá an domhan beagán níos fairsinge ná Baile an Locháin, agus má chaith sé a shaol go haerach i dtús a shaoil sa Lochán Beag

. . . sciob an grá mé agus i ndiaidh stór mo chléibhe
Chuaigh mé ar deoraíocht go dtí na Fothraí Maol'.
('An Lochán Céimiúil')

Tá ceantar Bhearna, gona stair agus a sheanchas, agus go mór mór áiteanna mar Thrá na gCeann, Tobar Éinne, Loch Roisín agus Sruthán na Líbirtí, ar cheann de na háiteanna sacráilte, *lieux sacrés*, is suntasaí i bhfilíocht Learaí agus rianaíonn sé stair agus seanchas an cheantair ó dhán go chéile. Seo é an ceantar ina raibh a theach cónaithe féin ó phós sé, 'caisleán an duine bhoicht' ('Comhrá'), nó seanteach mhuintir a mhná ar den ailtireacht dúchais é, murab ionann is na 'caisleáin ar na cnocáin, díol cinnire nó rí' ('Comhrá') a bhí á dtógáil ar na saolta deireanacha ag lucht rachmais agus ag lucht nua-aoisithe an cheantair. Moltar áilleacht an cheantair, luaitear cúrsaí staire, cultúir agus seanchais go minic agus cosnaítear an áit ar dhochar ón taobh amuigh i sraith dánta faoi chúrsaí forbartha agus tithíochta. Is é Bearna na Gaeilge agus na Gaeltachta a cuirtear chun cinn i gcónaí sna dánta seo, agus díol suntais gur ceantair Ghaeltachta, fiú más Gaeltacht í atá faoi bhrú teanga agus cultúir, is mó a thuilleas bheith istigh i measc na n-áiteanna móra le rá i gcruinneshamhail an fhile. Ach an oiread le Bearna, ceantar eile atá faoi bhrú teanga is ea Baile Chláir, a raibh gean ar leith ag an bhfile air, mar a sonraíodh cheana, agus an-mheas aige ar Ghaeilgeoirí agus ar lucht seanchais na háite:

> Ní raibh paróiste ar bith le fáil b'fhearr liomsa ná Baile Chláir,
> D'oibríos leo ar feadh na mblianta,
> Ón Séipéal go Gleann na Scáil is an Chairn Mhór taobh thall,
> Laoideacán, an Chreig Bhuí is Gort an tSléibhe.
> ('Baile Chláir')

Moltar ceantar Gaeltachta na Rinne i bPort Láirge freisin, áit a ndearna an file freastal ar Oireachtas na Gaeilge i 1994, sna téarmaí díreacha céanna a moladh sé an Lochán agus Bearna, á rá mar shampla go raibh bia cladaigh go fairsing le fáil ann:

> Tá oistrí go tréan ann agus sliogáin faoi phéarlaí,
> Sceana mara agus séaclaí chomh fairsing le cíb,
> Tá an bradán is an gliomach dhá dtóigeáil ina gcéadta ann,
> Tá ruacáin dhá réir ann, an bia is milse le rí.
> ('Oireachtas na nDéise')

Luaitear daoine go minic freisin de réir na n-áiteanna arb as iad, á thabhairt le fios gur cuid dá bhféiniúlacht phearsanta agus phoiblí an méid sin:

> Tá an Breathnach ón Lochán is Ó Cadhain ann ón Spidéal,
> Is tá dealbh de Shean-Phádraic istigh i gCathair na dTreabh.
> ('Bliain Mhór an Chéid')

Tugtar le fios gur as Ceantar na nOileán an bhean lách a thug síob don fhile agus é ag déanamh a bhealaigh go Gaillimh ar chóras na hordóige, agus is léar gur údar molta an méid sin:

> Le críochnú mo véarsaí molaim go haer thú
> Agus cumhdach na naomh ort i gcúram do chairr
> Do chlann is d'fhear céile is do chairde fré chéile
> Ó Leitir Móir aerach siar don Trá Bháin.
> ('Siobhán Ní Fhlaithearta')

Cuirtear in iúl freisin gur as Contae an Chabháin an lúthchleasaí buacach Catherina McKiernan, á thabhairt le tuiscint go raibh baint ag an áit dúchais le cothú a cumais ghaisce:

I gContae an Chábháin a tóigeadh sárbhean
A thug bua léi thar taoide anall,
Go lúfar cliste le neart is fuinneamh
I ngach alt is cuisle thug sí an chraobh go hInis Fáil.
('Comhghairdeachas')

Chomh maith le hainmneacha bailte, agus mórainmneacha mar Inis Fáil sa dán thuas, luann an file go leor mionainmneacha sna dánta – garrantaí, srutháin, marcanna sa chladach, clocha agus carraigeacha – agus a scéal féin ag roinnt leo go minic. Cuidíonn reacaireacht mhantrach seo liodán na n-ainmneacha bailte, agus na mionainmneacha, leis an duine an léarscáil phearsanta agus phobail a léamh le linn aistear na beatha, agus tugann dáimh phearsanta an fhile leo treoir agus sólás dó in aimsir na hanachana. Níl aon amras faoi, ach an oiread, ainneoin a shocraithe agus a bhí an file ina bhaile nua thoir i mBearna, go bhfuil cumha áirithe i ndiaidh an tseanbhaile, an Lochán Beag, le sonrú ar na dánta agus gur iarracht ar leigheas ar an gcumha atá san athchruthú ar an seanbhaile sin trí mheán na cuimhne san fhilíocht, tharla, mar a deir an seanfhocal, gur cara cumha cuimhne. Ina theannta sin, dearbhaíonn mioneolas seo an fhile ar an timpeallacht aiceanta ainmnithe a údarás mar urlabhraí ar son an cheantair agus a phobail.

Slán agus beannacht le Cora na Trá thíos
Is le Lochán na Leathóg atá ansin lena thaobh,
Mo bhrón géar ar maidin gan mé arís in do chladach
Ag tarraingt na mballach isteach ó Chloch Mhíchíl.
('An Teachín Aoldaite')

Chumfainn véarsa is mé ag cómhrá léi
Ag Lochán na nGéabha nó i Rinn an tSrutháin,
Agus ansin le córtas dhá bhfaighinn a mórtas
Thóigfinn áras sa nGarraí Ard.
('An Ríbhean')

Spreag ceist ar Raidió na Gaeltachta faoin leagan ceart Gaeilge ar an bhfocal Béarla *pothole* an dán 'Is Iomaí Poll', agus is geall le tráchtas ar mhionainmneacha Chois Fharraige a bhfuil an focal poll iontu freagra an fhile:

Tá Poll an Mhadra ar scáth Loch Chearra,
Baintear móin ann agus corrcharcair,
Tá Poll na gCaorach thíos sa gcladach,
Baintear feamainn ann san earrach.

Ag an gCladach Gearr tá an ceann feadhain,
Uaidh sceacha géara gheofá crúca,
Faoi chnocán ard istigh i logán
Sin é agat Poll an Phúca . . .
Tá poll cladaigh thíos i mBearna
Idir Cnoc an Bhlácaigh agus Cnoc Hackett,
Faightear breallach ann agus sceana mara,
Ar Pholl an Oistre atá mé ag tagairt.

D'fhéadfaí an rud céanna a rá faoin dán 'An Fiach ar Damaseen', a eascraíos as an seánra céanna le 'Fiach Sheáin Bhradaigh' Raiftearaí agus 'An Gráinneach Mór' le Joe Shéamais Sheáin, agus a chuir fiach thart timpeall na dúiche ar fad, mar dhóigh de, ar chomhlacht tógála a bhí ag iarraidh tabhairt faoi fhorbairt tithíochta a tharraing conspóid i mBearna. Seo mar a labhair an file féin faoin dán agus faoin gcoincheap liteartha agus cultúrtha atá ar a chúl in agallamh liom féin sa bhliain 1998:

LÓF . . . tháinig sé isteach in mo chloigeann ar chuma ar bith, mar déarfá, píosa fiach a chumadh ar Damaseen lena ruaigeadh amach as an áit . . . cheap mé píosa fiach a dhéanamh ar an Damaseen nuair nach raibh fhios ag dream a raibh an fhoghlaim mhór orthu cé hé fhéin, an bhfuil fhios agat, cheap mé fhéin píosa spóirt a dhéanamh faoi, an dtuigeann tú, agus lig mé orm fhéin go raibh mé thoir ann . . .

GD An raibh cosán déanta amach agat i d'intinn sa bhFiach?

LÓF Na háiteachaí stairiúla thart, mar déarfá, choinnigh mé i bhfráma an cheantair é, i gceantar Bhearna anois, mar déarfá . . . chuir mé timpeall an dá chaorán déag é . . . má tá achar fada le déanamh agat – cén chaoi a bhfuil sé ar chor ar bith – is í an tslí mhór an aicearra, nach ea? D'fhéadfá duine a chur in aistir agus é a chur thimpeall an dá chaorán déag, thart timpeall ar fad in áit é a chur treasna.

Cuirtear Damaseen ar fud an cheantair san fhiach, agus ní hamháin go bhfuil an drochrud á dhíbirt, mar dhóigh de, ach tá stair agus seanchas an cheantair á ríomh agus a bhfiúntas agus a dtábhacht á ndearbhú trí mheán na reacaireachta, gan trácht ar ghaisneas a bhaint as seandeismireacht de chuid cheird na filíochta, mar atá, cumas traidisiúnta an fhile duine nó neach a dhíbirt trí chumhacht an fhocail:

Ag Cora na gCaorach d'imigh sé caoch uainn,
Chuaigh sé soir ina scail thríd an bhFearsaid,
Chaith sé Cnoc Mharcais Óig de thruslóg faoi dhó
Is rinne poillín in airde ar Chnoc Hackett.

Chuaigh sé suas Cnoc na Cathrach mar ghearrán gan searrach
San áit a raibh Skerrett anallód,
Tharraing sé crann as Coill Bhearna, ní raibh cás air ná náire,
Thug sé dúshlán Línseach is Blácach.

Tá sé le tuiscint dá réir sin gur coir mhínáireach cholúil aon dochar a dhéanamh don timpeallacht, agus sin an t-údar is mó ar chuir sé in aghaidh na forbartha. Mhillfeadh agus thruailleodh an fhorbairt an ceantar, agus is geall le tonnbhriseadh aiceanta nó tubaiste éiceolaíoch a thuaras sé sa dán 'Na Páipéirí dhá Saighneáil', a mheabhródh éagaoin 'Sheáin Uí Dhuibhir an Ghleanna' go bhfágfaí an cine dúchais gan ghéim:

Beidh ár gcladaí deasa gan slacht gan maise
Truaillithe salach le boladh bréan,
Beidh ár n-uiscí glan anois ina lathach
Is ní mhairfidh an portán, an breac ná an t-éan.

Beidh an rón is an breac ansiúd 'na staic
Is iad sínte ar chúl a gcinn,
Beidh an eascon mhear gan cor ná car
Is í plúchta sa dramhaíl.

Is geall é an próiseas ar fad, dar leis, le díshealbhú an duine as a dhúiche féin, an áit 'a bhfuil a mbunadh ón seanreacht' ('Léim Ard'), téama luchtaithe sa chuimhne cine. Is é údar a chuid feirge go bhfuil seilbh á glacadh ag 'lucht na gcótaí leathair', ag boicíní an airgid mhóir, ar a cheantar féin, ar an seanbhaile.

Ná bí taobh le comhairle Mhac Anna
Is fan glan ar uaisle an bhaile,
Nó cuirfear thú as sealbh
Istigh in do dhúiche fhéin.

('Léim Ard')

Ar an gcuma chéanna, cúis alltachta dó an dream a lasfadh an sliabh arae déanann tine sléibhe scrios damanta ar an taobh tíre, ar ainmhithe agus ar éin:

Nár ba fáilte romhatsa, a loscadh sléibhe,
Mar is tusa fhéin a níos an chreach,
Loisc tú cheana mo chúig chéad crann géagach
Is táim inniu gan tom ná sceach.

Dúlra ná nádúr ní fhaigheann uait pardún
Is tú ag réabadh is ag loscadh leat,
Is mairg don té sin a fhaigheann ort pléisiúr
Agus éanlaith an tsléibhe ar gor ina nead.

('Loscadh Sléibhe')

Is é mórthábhacht na háite dúchais, áfach, go gcothaíonn sé an duine, idir anam is chorp, ó thús deireadh aistear na beatha. Tá íomhánna cothaithe agus beathaithe le fáil go fairsing sna dánta, agus ní hé an duine amháin a bhíos i gceist ach ainmhithe agus éin chomh maith.

Le fuacht is feannadh faigheann éanlaith mara
Bia go fairsing ansin gach am,
Tréigeann an ghé is an gandal na sléibhte folamh
Is faigheann siad beatha is fascadh faoina scáth.
('Loch Roisín')

D'éiríos go moch agus d'ólas sárdheoch
Fíoruisce breá glas an tsléibhe
('An Gandal ar Strae')

Is é a fhearacht chéanna é ag baird bhaile na hAlban. Deir Dòmhnall Iain Dhonnchaidh, mar shampla, sa dán 'Fàilt' air Tìr an Eorna' (Innes 1998: 48) gurb é Uibhist 'An t-eilean uain' a dh'àraich sinn', an t-oileán a d'oil é, agus sa dán 'Moladh Uibhist' tugann sé le fios gurb é an t-oileán é a bhfuil chuile ní dá fheabhas agus dá thorthúla ag fás ann leis an duine a chothú, agus fearacht Learaí is liosta le háireamh aige na maitheasa a luaitear sa chomhthéacs sin:

Ach eilean uaine nan àrd-bheann
'S e uibhist chruachach a' chàise –
Gur ann chaidh smuais bainne màthar nam phòraibh . . .
An t-eilean breac-loineil, greannmhor
Sa bheil a' phailte gun ghanntar,
'S e torrach, beairteach le annlann a' còpadh –
Gu lusach, dearcagach, planntach.

Tá an téama céanna seo go láidir i bhfilíocht Dhòmhnaill Ailein Dhòmhnaill na Bainich freisin, a deir in 'Oran Uibhist' (Macdonald 1999: 92) gur 'óg a fhuair mi m'àrach ann / Nam phàiste beag gun chiall', agus cuireann sé leis sin in 'Oran Eile Air Uibhist' (Macdonald 1999: 188) go bhfuil chuile chineál cothaithe dá thorthúla le fáil ann:

Far 'm pailt an t-ìm 's an gruth 's an càis',
'S am bainne blàth ri ól ann
Tha glan gun smùr à ùth na bà,
'S an t-uachdar snàmh na chròic air.

Tráthúil go maith, tá íomhá thorthúil seo na bó ag Learaí freisin sa dán 'An Bhó Bhán', agus ní gá a mheabhrú go mba ghné bhunúsach de stádas eacnamaíoch agus sóisialta an duine sa phobal an sealbhán bó, agus dá réir sin an bainne ina shlaoda, a bheadh aige:

Beidh im is bainne is cáis ann,
Beidh bainne ramhar ag feara Fáil ann,
Beidh an chuinneog ag cincín an chomhra ann
Agus í líonta aníos le bláthach.

Ní hamháin go bhfuil an duine ar a chompord go fisiciúil san áit i bhfilíocht Learaí, ach is ann atá a nádúr freisin. Coincheap é an nádúr atá ag sníomh tríd an bhfilíocht ar fad. Ar an bhfód dúchais atá nádúr an duine, an áit inar oileadh é ó bhí sé ina pháiste trí aistear an tsaoil nó go mbí sé ina sheanfhondúir, agus an áit arb as a bhunadh i bhfad siar. Mar a deir an file sa dán 'An Timpeallacht':

Dhá bhfilleadh seanfhondúirí ar a nádúr
Ní aithneodh siad fód a ndúchais inniu,
Ar an sean-tsráid ina rabhadar ina bpáistí
Níl duine dhá mbunadh anois.

Samhlaíonn sé an nádúr céanna leis an teanga agus leis an gcultúr dúchais freisin a shealbhaíos an duine ón gcliabhán ach an saol a bheith ag gabháil mar is ceart i súile an fhile. Sin mar a bhí sa dán 'Siobhán Ní Fhlaithearta' faoin mbean a thug síob don fhile ar an mbóthar agus a mholas sé as a féile agus as leanacht den nádúr is dual cine di:

Shuigh mé go stáidiúil ansiúd leis na páistí,
Labhair siad go fáilí gan náire ná coimhthíos
I dteanga a seacht sinsear tá acu ó nádúr,
An Ghaeilge bhinn bhláfar ón gcliabhán aníos.

Ach an oiread leis an duine, tá nádúr san ainmhí agus san éan freisin, agus is geall le heiseamláir de phaidir Uí Ríordáin mar a feictear é i ndán mar 'Oileán agus Oileán Eile', gona ghuth éin a bhí ag raideadh ceoil leis an mbith (1952: 80), an t-éan atá ag ceol in 'An Bhláthbhean Bhuí':

Bua ón nádúr ag na héin go sárbhinn
Is siamsa ar siúl acu i meac na dtom

Is é an scéal céanna é ag an bhféileacán in 'Feilméaracht Féileacán', a bhfuil a 'nádúr go smior leis an gclochmhóin dhubh' agus, fiú is gur tréith dhiúltach sa chás seo é, ag an gcapall dubh in 'An Scadán' a bhfuil 'bua cinnte aige ón nádúr . . . scead bhán a chur' sa duine. Is fórsa diamhair dúchais an nádúr a thiomáineas an dúil bheo ionann is go hinstinniúil tríd an saol cuid mhaith mar atá le feiceáil i ngearrscéalta Liam Uí Fhlaithearta in *Dúil* (féach Denvir 1991). Is é a threoraíos an chuach ar ais i dtús an tsamhraidh bliain i ndiaidh a chéile go dtí an áit chéanna agus a ruaigeas arís san fhómhar í go dtí na tíortha teo:

Imíonn tú uainne sa bhfómhar
Agus is uaigneach í an tír gan do ghlao,
Tagann tú aríst leis an nádúr
Tagann dúlra agus áilleacht sa tír,
('Fáilte Romhat, a Chuachín')

Is é freisin a léiríos an chonair don lacha fhiáin in am tráth:

Bíonn an lacha is an bardal thart ag máinneáil
Ó Lá Fhéile Mártan go Féile Bríd',
Ag sloigeadh péiste agus scadáin ghainimh
Nó go dtuga an nádúr iad ar ais sa bhfraoch.
('Loch Roisín')

Tréith eile a luaitear go sonrach agus go leanúnach leis an áit an foscadh agus an chosaint ar an drochaimsir agus ar an drochdhuine atá le fáil ag an duine ina bhaile agus ina cheantar féin. Teálta nó tearmann atá sa seanteach inar tógadh an file 'an teachín aoldaite a thug fascadh dhom tamall / Nuair a bhí mé go haerach in mo ghasúr ag fás' ('An Teachín Aoldaite') agus arís 'An teachín álainn ar chaith mé m'óige / Is thug fascadh dhomsa go lá mo phósta' ('Ar Bhóithrín na Smaointe'). Is é a fhearacht chéanna ag an gceantar dúchais é áit a bhfuil 'fascadh ann is dídean fá choinne an drochlá' ('An Chaora') ag an duine agus 'beatha is fascadh' ('Loch Roisín') ag éan agus ag ainmhí. Díol suntais go bhfuil an coincheap seo sa dá dhán atá aige faoi chóras na hordóige, mar a thugadh an file ar an nós a bhíodh aige síobshiúl a dhéanamh. Meafar don saol, agus d'aistear an tsaoil, atá ann, agus thug an dea-dhuine, Siobhán Ní Fhlaithearta, a thóg an file, foscadh agus dídean comharsanúil don mhac scaipeach, don fhánaí:

A Shiobhán Ní Fhlaithearta, tá dea-bhéasach cneasta,
Sonas is séan ort, tá do chroí go cóir fial,
Thóig tú an mac scaipeach bhí gan dídean, gan fascadh
Is thug tú saor slán mé ó ghangaid is baol.
('Siobhán Ní Fhlaithearta')

A mhalairt ghlan a rinne an bhean aitheantais a d'fhág ar an mbóthar é gan foscadh ná dídean ná comharsa gheanúil a thabharfadh go ceann scríbe é:

A bhanríon bhinn mhaiseach, is maith a chonaic tú an mac seo,
Bhí tú rósdhearg ag dhul thairis amach,
Ní raibh cat agat ná mada, bhí an suíochán siúd folamh
Is d'fhág tú an mac scaipeach gan fascadh ar an mbóthar.
('An Fear Siúil')

Tá sé le léamh ar shaothar an fhile fré chéile, áfach, go bhfuil seansaol seo an Locháin Bhig agus Bhearna (comhthionól fuinniúil fuinte Uí Chadhain) imithe ar throigh gan tuairisc anois, agus téama láidir sna dánta an caitheamh maoithneach ina dhiaidh agus an tsúil chumhúil siar. Tá sé sonraithe ag tráchtairí éagsúla go bhfuil an tsúil chumhúil siar seo ar sheanlaethanta glórmhara ar cheann de shain-nótaí na filíochta traidisiúnta ar fud na cruinne. Tagraíonn Ong (1982: 9), mar shampla, don 'corporate retrospection' a chuidíos leis an duine i gcultúir bhéil na seantuiscintí traidisiúnta ar an saol a thabhairt leis. Is minic an file ag 'smaoineamh ar an am a chuaigh thart' ('Ar Bhóithrín na Smaointe', 'Sruthán na Líbirtí', 'Deoraíocht', 'Baile Chláir', 'Táim san Aois') agus déantar comórtas soiléir dénártha idir an seansaol glórmhar, uasal, Gaelach, duineata, agus an nuashaol crua, mídhaonna, gallda, neamhphearsanta. Filleann sé arís is arís eile ar na gnéithe céanna den phróiseas nua-aoisithe nach maith leis agus é ag cásamh na n-athruithe: tá an teachín aoldaite, caisleán an duine bhoicht, 'gan cuma ná caoi' agus ina áit 'caisleáin ar na cnocáin, díol cinnire nó ardrí' ('Comhrá'); tá meaisín ag gearradh móna agus 'fear an tsleáin ina shuí ar chloch' ('Athrú Mór Tagtha'); tá deireadh leis an airneán agus leis an gcaidreamh nádúrtha daonna a bhí ag gabháil leis agus an teilifís, 'an strúiméad thuas in airde', ag cur gobán i mbéal an duine ('Éist le Glór'); agus níl 'caora ná uan thart ag méileach' ('Deoraíocht') ná ní chloiseann sé 'an traonach on móinfhéar . . . san oíche' ('Beochan').

Sa chomhthéacs seo seasann an t-asal i saol agus i saothar an fhile mar dhúshlán, mar shainchomhartha pearsanta agus mar ráiteas an fhile i leith an tseansaoil agus phróiseas an nua-aoisithe. Bhí cion ar leith ag Learaí ar na hasail mar a sonraíodh cheana agus deir sé sa dán 'XRB' gurb é 'an t-asal fós mo ródaí', a chóras pearsanta iompair. Feictear an t-ómós don asal freisin sa dán 'Comórtas na nAsal', cuntas ar asal a bhuaigh 'an t-ór is an t-airgead' ag Seó Bhaile Chláir. Is léar práinn agus mórtas an fhile as an ainmhí a bhí réitithe feistithe de réir an tseanghnáis:

> Bhí sé feistithe Gaelach ceart
> Le mapa tuí agus ceanglacháin,
> Féar sna cléibh go táiseachaí
> Is an tseamair Mhuire go buinne béil,
> Bhí súgán saic sna heiriseachaí
> Déanta as fiontarnach ón gcriathrach,
> Ceannaí stáin a rinne an choirb úd
> Agus rópa *nylon* a bhí sa tiarach.

Tá an phráinn agus an mórtas céanna as an asal le feiceáil sa dán spraíúil, áibhéileach 'An Sleamhnán Gaelach', cuntas idir mhagadh agus dáiríre ar shleamhnán, nó 'iongás Gaelach', a chuir an file ar an asal le móin a chur den phortach. Bhí an deis chomh hiontach sin, ach an oiread le Rí na Gréige a shantaigh Cúirt an tSrutháin Bhuí a thóg an file Colm de Bhailís, gur

> Tháinig scéala againn ó Shasana ar maidin moch Dé Céadaoin
> Go raibh an Bhanríon leitheadach anall ag teacht ag íoc éarnais amach ina chéadta
> Ar an múnla atá sa sleamhnán Gaelach seo
> A bheadh aici i measc na nAlp ag déanamh pléisiúr.

Ainneoin an spóirt ar fad, áfach, is léar don fhile go bhfuil an seansaol caite agus deireadh ré sroichte:

> Ach tá deireadh le traidisiún
> Aríst go Luan an tSléibh',
> Níl trácht ar an teorainn cladaigh
> Ná rabharta mór na n-éan,
> Tá deireadh le scian fheamainne
> Gad maoil agus staic an chléibh.
> ('Comórtas na nAsal')

Is geall le creill shiombalach ar imeacht sin an tseansaoil phearsanta agus ar theacht i réim na ré nua mídhaonna an dán 'Ar Bhóithrín na Smaointe', a chuireas síos ar chuairt a thug sé ar sheanteach na muintire atá anois ina fhothrach agus gan aon tarraingt ann ach ag strainséirí agus ag fámairí, agus gan de theach ná d'áras acu ach campa na haon oíche a thugas siad leo ar a ndroim lá i ndiaidh lae. Níor thuig sé a dteanga ná a modh saoil neamhbhuan, iad ina bhfánaithe éidreoracha i gcomórtas leis an bhfile a mhaireas saol socair agus a bhfuil fréamhacha láidre sa chré dhúchais aige:

> Casadh liom ógmhná a bhí Gallda cliste,
> Níor thuig siad mo Ghaeilge ná mo Bhéarla briste,
> Bhí fíon is ceol acu is iad ar mire
> Is iad ag feistiú campa ar shráid mo shinsear.

Íomhá choitianta é imeacht an tseanteálta dúchais den athrú seo saoil san fhilíocht bhéil ó chultúr go cultúr, agus tá dán seo Learaí an-chosúil leis an dán 'Songs of Sorrow' le Kofi Awoonor (Elimimian 1992: 36), file de chuid na treibhe Ewe ó Ghána, áit a ndéanann sé trácht ar mheath an chultúir dhúchais de dheasca ionraí allúrach, ach go gceiliúrann sé an cultúr sin san am céanna trí thagairt do ghnéithe den chultúr is ansa leis féin. Tagraíonn sé do Kpeti, bunaitheoir na treibhe, a bhfuil a theach, fearacht sheanteach Learaí, ina fhothrach anois:

And Kpeti's great household is no more,
Only the broken fence stands;
And those who dared not look in his face
Have come out as men
How well their pride is with them
Let those gone before take note
They have treated their offspring badly.

Fearacht dhán sin Awoonor, caoineann dán Learaí 'An Timpeallacht' imeacht an tseansaoil freisin ar bhealach cumhachtach a chuimsíos téamaí éagsúla an mheathlaithe gona shúil chumhúil siar: tá na héin ina dtost, an capall is an t-asal imithe, seanchleachtais oibre caite i dtraipisí, an seanlonnú imithe agus tithe nua áirgiúla tógtha ina n-áit:

Tá dath athraithe ar dhromchla na talún
Agus na héin sárbhinn ina dtost,
Níl scread ag an traonach ón móinéar,
Tá truailliú ar shliabh is ar loch.

Níl corrán feistithe ar ghualainn
Ná ar fhear géarú na speile níl trácht,
Níl capall ná cairt ar na bóithre
Agus as an asal ón ngort níl gráig.

Tá an teachín ceann tuí anois go náireach
A cheann thíos faoi is é nocht,
Tá caisleáin de thithe ar na cnocáin
Atá tóigthe as bríce nó cloch.

Tá an ghné dhuineata de cheangal an duine lena thimpeallacht trí bhíthin 'obair stuama lámh' (nath de chuid an tseanfhile Colm de Bhailís in 'Cúirt an tSrutháin Bhuí' agus é ag trácht ar an gcaoi a ndearnadh an chúirt mhaisiúil) imithe anois agus an meaisín ina áit:

Tá innill ag cartadh is ag fuirseadh
Is ag cur deireadh le obair stuama na lámh.

Ní hamháin sin, ach tá an seanbhunadh imithe agus strainséirí ina n–áit, agus fiú is go bhfuil ainm an bhaile greanta go healaíonta ar chloch i mbarr na mbóithríní, de réir an fhaisin nua, ní heol don dream seo stair ná seanchas an bhaile. Níor theastaigh an chloch ghreanta ón seanbhunadh arae bhí ar a gcumas léarscáil fhisiciúil agus chultúrtha an cheantair dhúchais a léamh dá huireasa. Bhí a fhios acu cá raibh siad, cérbh iad féin, cé dar díobh iad agus cén oidhreacht dúchais a tháinig anuas chucu:

Dhá bhfilleadh seanfhondúirí ar a nádúr
Ní aithneodh siad fód a ndúchais inniu,
Ar an sean-tsráid ina rabhadar ina bpáistí
Níl duine dhá mbunadh anois.

Tá na seanbhailte fearainn an-athraithe
Ó chuaigh siadsan óna ndúchas i gcéin,
Ach tá ainm an bhaile ag ceann bóithrín
Greanta i gcloch eibhir le ginn.

Ceanglaíonn an file an méid sin leis an athrú atá ag tarlú sa timpeallacht de bharr róthéamh domhanda, athrú aeráide agus an dochar a dhéanas ceimicí don timpeallacht nádúrtha, an timpeallacht chéanna inar mian leis an bhfile cur faoi i gcónaí:

Tá an aimsir fhéin imithe as compás
Agus feisteas gach séasúir ag teacht in aghaidh an lae,
Tá bánú i leasú ceimiceach an mhála,
Nochtaíonn sé meallamáin clocha thrí chré.

Tá innill ag cartadh is ag fuirseadh
Is ag cur deireadh le obair stuama na lámh
Is tá díle báistí ó spéartha
Ag cur borradh le aicíd na gcnámh.

Chuir an leasú mála críoch le déantús an mharla
Is d'fhág sin an talamh go bocht,
Tá boladh trom ola san aeráid
Nó an gcuirfear gach feithideach ó shliocht?

Tá an file ag fógairt deireadh ré, bánú an tseansaoil a chleacht sé féin óna óige, agus tá sé soiléir go ndéanann sé sin i dtéarmaí a thagas go hiomlán leis an tuiscint atá anois againn ar an rud is *nostalgia* ann i dtéarmaí liteartha agus fealsúnachta san allagar comhaimseartha idir an sean agus an nua, idir an ghlóir a samhlaítear go minic leis an seansaol slán agus saol smidiríneach iar-nua-aoiseach an lae inniu. Mar a deir Linda Hutcheon (2000: 195):

> Nostalgia, in fact, may depend precisely on the *irrecoverable* nature of the past for its emotional impact and appeal. It is the very pastness of the past, its inaccessibility, that likely accounts for a large part of nostalgia's power – for both conservatives and radicals alike. This is rarely the past as actually experienced, of course; it is the past as imagined, as idealized through memory and desire. In this sense, however, nostalgia is less about the past than the present. It operates through what Mikhail Bakhtin called the

'historical inversion': the ideal that is *not* being lived now is projected into the past. It is 'memorialized' as past, crystallized into precious moments selected by memory, but also by forgetting, and by desire's distortions and reorganizations. Simultaneously distancing and proximating, nostalgia exiles us from the present as it brings the imagined past near. The simple, pure, ordered, easy, beautiful, or harmonious past is constructed (and then experienced emotionally) in conjunction with the present – which, in turn, is constructed as complicated, contaminated, anarchic, difficult, ugly, and confrontational. Nostalgic distancing sanitizes as it selects, making the past feel complete, stable, coherent, safe from 'the unexpected and the untoward', from accident or betrayal – in other words, making it so very unlike the present. The aesthetics of nostalgia might, therefore, be less a matter of simple memory than of complex projection; the invocation of a partial, idealized history merges with a dissatisfaction with the present.

Má d'imigh sin is má tháinig seo, áfach, is léar ina dhiaidh sin féin gur lean Learaí féin i gcaitheamh a shaoil de cheird an fheilméara bhig ar a dheoraíocht sna Fothraí Maola arae tá tagairtí don chineál sin saoil trína shaothar ar fad ó thaobh ábhar na ndánta féin agus ó thaobh phatrún na meafarachta agus an chineál dioscúrsa atá ag sníomh tríothu fré chéile. Mar a bheifí ag súil leis, b'fhéidir, tá tréadachas láidir ag rith trí na dánta ar fad. Fear tuaithe go smior é Learaí a dhearcas ar an saol tríd an bpriosma sin agus neadaíonn sé cuid mhaith dá léargaisí air féin, ar an bpobal agus ar na nithe is cás leis i dtéarmaí a bhaineas leis an dúlra, le hainmhithe, le héin, le saol an chladaigh, an phortaigh agus an gharraí. Tá sé go mór i dtiúin leis an timpeallacht agus le rithimí bunúsacha an tsaoil nádúrtha ina thimpeall. Tá an tréith seo le sonrú go láidir ar fhilíocht bhéil dhúchasach Mheiriceá chomh maith, dar le La Vonne Brown Ruoff (1990: 2) áit a bhfuil 'an emphasis on the importance of living in harmony with the physical and spiritual universe, the power of thought and word to maintain this balance, a deep reverence for the land and a very strong sense of community.' Ainneoin go mbíonn a thriail go minic ar Ghaillimh, ach an oiread lena chol leis an nua-aoiseachas, ní mór é gean an fhile ar an gcathair:

> B'fhearr liom cinnte in uaigneas cladaigh
> Ná ar rothaí móra an tsaoil ar bhóithrí casta
> Ná i mbailte móra faoi lóchrann lasta
> Is gan néal san oíche ach gleo agus sceanadh.
>
> ('Maidin i m'Aonar')

Rialaíonn timthriall rithimiúil na séasúr mar a braitear i saol na tuaithe é an saol aige. Mar shampla, bíonn dóchas, fás agus borradh faoin uile ní, idir cholainn agus spiorad, idir iarbhír agus teibí, nuair a leathnaíos Naomh Bríd a brat ar an talamh le teacht an earraigh, an séasúr de réir cosúlachta is ansa leis an bhfile, agus an séasúr is mó a mbíonn cur síos aige air:

> Tagann an t-earrach agus beannacht Bríde air
> Bíonn gliondar is misneach i gcroí gach aon neach,
> Tagann duilliúr ar chranna agus ceiliúr ag éanlaith
> Is uain óga ag rince ar na bánta féarach.
> ('Séasúir na Bliana')

Is léar tríd síos chomh maith go bhfuil an file ar a chompord, ar a nádúr sa dúlra, ní ar bhealach rómánsúil ach ar bhealach a léiríos taithí saoil agus tabhairt faoi deara an rannpháirtí ghníomhaigh, agus is mór dá réir sin idir rómánsúlacht chumhúil na ndánta faoin seansaol a luadh ar ball agus réalachas na ndánta dúlra. Níl aon bhoige bhréagach, mar shampla, ag roinnt leis an gcur síos seo ar mharú éan agus ainmhithe ag tine sléibhe sa dán 'Loscadh Sléibhe':

> An giorria bocht a bhí ag tabhairt na gcor
> Is í ar dualgas i dtinneas clainne
> Tá sí anois ina cuailín cnámh
> Is an fiach dubh ansin dhá piocadh.

Ní cruthú tearmainn de leataobh ón saol atá sa chuntas seo ar an saol a chaitheas an file ach scáthán leis an saol mór amuigh agus slat lena thomhais. Mar a deir Holden (1974: 26) agus é ag trácht ar fhilíocht thréadach na Sean-Ghréige:

> Its quality . . . conscious or unconscious, is to illustrate in the pastoral way of life the deficiencies of all others, either specifically or otherwise. Pastoral is unavoidably a yardstick for other kinds of society; this is what distinguishes it from simple nature poetry. It may be used as a spur, a means of cleansing or redemption, never as a retreat.

Tá gean ar leith ag Learaí do dhúile Dé uilig, d'ainmhithe, d'éisc, agus go mór mór d'éin (idir éin chlóis agus éin fhiáine), gean atá le sonrú ar fud na mball sna dánta:

> I dtom chois bóithrín bhíodh an lon dubh is an dreoilín
> Is an smólach béalbhinn ar chíor an tí,
> An traonach scréachach sa móinéar féarach
> Is an chuach go meidhreach ar chrann Choilm ag glaoch.

An lacha is a háilín ar snámh sa srutháinín
Ag tarraingt ar a háras faoi chomhair na hoíche,
An ghé is an gandal ar a gclann ag freastal
Ar oileán sceachach sa loch ó thuaidh.
('An Lochán Céimiúil')

Ina dhiaidh sin féin, ní miste leis an marú a dhéanamh go neamhleithscéalach, neamh-mhaoithneach, fuarchúiseach fiú, nó luí go láidir ar an lagar, fearacht na ndúile beo eile, d'fhonn é féin a chothú:

Amuigh dhom sa sruthán ar chiumhais na mara
Píce im láimh ag cuardach breallach,
Fíogach is freangach ag slogadh is ag placadh,
An láidir i gcónaí ag luí ar an lagar.
('Maidin im Aonar')

Ina theannta sin, tá dlúthcheangal idir coincheap an dinnseanchais a pléadh ar ball agus compord nádúrtha seo an fhile sa dúlra, sa timpeallacht aiceanta ina maireann sé. Feictear é seo go sonrach sa dán 'Maidin Chiúin', a osclaíos le radharc ina bhfeictear an file go socair sásta i gceartlár an tírdhreacha dhúchais:

Maidin chiúin is an tír faoi dhrúcht
I lár an fhómhair bhuí
Is mise ag siúl chois coille síos
Agus nach aerach do bhí mo chroí.

Déantar ceangal láithreach ansin sa chéad véarsa eile idir an dúlra, an timpeallacht aiceanta, agus ainmneacha áite agus gnéithe fisiciúla den timpeallacht ainmnithe trí phróiseas an dinnseanchais.

An ceo bán ag éirí le solas an lae
Ón Léana Riabhach aníos
Is Loch Roisín faoin ngréin mar bheadh scáthán glan glé
Do chuirfeadh an saol chun suain . . .

Bhí an coinín scáfar ar Chnoc an Bhlácaigh
Ar thóir an luibh ab fhearr leis
Is an spideog go séimh ag moladh Dé
Ag Tobar Éinne an tráth sin.

Seo é an áit is mó ina mbíonn an file istigh leis féin agus leis an gcruinne ina thimpeall, agus go deimhin leis an té a chruthaigh an chruinne sin, agus ní féidir eilimintí éagsúla na miúine, na heipifeáine fiú, a scarúint óna chéile sa chruinneshamhail chomhtháite a nochtas an fhilíocht seo, mar is léar ó chríoch an dáin:

Bhí an eala bhán sa loch ar snámh
Is mise ag siúl i m'aonar
Agus nochtaíos mo rún do Rí na Cruinne
Ag Tobar Éinne is Cholm Cille.

Dá réir sin ar fad, d'fhéadfaí a áiteamh freisin go bhfuil cosúlachtaí áirithe idir saothar Learaí agus an éicifhilíocht, fosheánra filíochta atá tagtha chun cinn le blianta beaga anuas a bhfuil teachtaireacht láidir éiceolaíochta inti maille le fealsúnacht shoiléir *engagée* ghlas, filíocht i dtuairim an fhile Mheiriceánaigh, James Engelhardt (2007), '[which] must connect to the culture and society it inhabits' ar bhealach a léiríos freagracht an duine i leith a thimpeallachta. Dúisíonn Engelhardt sraith ceisteanna faoi fheidhm agus aidhm na héicifhilíochta, agus go mór mór faoina cuid fréamhacha sa saol ina timpeall, ceisteanna a bhíos ag dó na geirbe ag Learaí ina shaothar féin:

> Like other poetic models that assume a connection and engagement (feminism, Marxism, witness, etc.), ecopoetry is surrounded by questions of ethics. Should the ecopoem do something in the world? But how can a poem be said to accomplish anything? Or is that position only of a poetics that recognizes only aesthetics? Is there a rhetoric to ecopoetry? Can the ecopoem be compelling as an object and as a political call?

Ina dhiaidh sin féin, níorbh fholáir a chur san áireamh anseo, dar liom, ainneoin go ndúisíonn Learaí ceisteanna faoi fhorbairtí nua-aoiseacha nach maith leis (tithíocht agus galfchúrsa Bhearna) agus faoi cheisteanna eile timpeallachta (loscadh sléibhe, bás ainmhithe agus éan, truailliú na timpeallachta, rótheamh domhanda, athruithe sochaíocha agus cultúir, eitic na polaitíochta), gur mó den saol beo mar a mairtear é atá sna dánta ná de reitric chomhfhiosach, shaothraithe, ghlas nó éiceolaíoch mar a tuigtear sin inniu. Baineann dearcadh Learaí sna cúrsaí seo leis an tréadachas nádúrtha sin atá ina chuid bhunúsach den dioscúrsa dúchasach i bhfilíocht na Gaeilge leis na céadta bliain, agus ar tháinig sé féin ina sheilbh le hoidhreacht mhuinteartha, seachas le haon fhealsúnacht a bheadh fréamhaithe san allagar iar-nua-aoiseach glas. San am céanna, is sampla eile fós an ghné seo dá shaothar den mheascán idir an sean agus an nua, idir an traidisiúnaíochas agus an nua-aoiseachas, agus léargas eile fós nach féidir aon déscaradh dénártha a dhéanamh idir an fhilíocht 'thraidisiúnta' agus an fhilíocht 'liteartha' agus go deimhin gur féidir leis an bhfilíocht thraidisiúnta athrú in imeacht ama le dul i ngleic le hathruithe saoil.

3. An saol ó bhonn aníos

Tá dearcadh láidir ó bhonn aníos an ghnáthdhuine i gceantar Gaeltachta Chois Fharraige le fáil tríd síos i saothar Learaí. Mar atá sonraithe cheana, léitear an saol trí shúile an fheilméara bhig a bhí gafa leis an talamh, leis an gcultúr dúchais agus le seansaol traidisiúnta na muintire. Is é an té a bhfuil meas agus gean aige air an fear a oibríos an talamh go crua, go leanúnach agus go tuisceanach, fearacht an tseanfhir sa dán 'Deoraíocht':

D'oibrigh sé géarchúiseach cneasta
Ag cartadh is ag fuirseadh gan páí,
Is níor thuig a lán daoine cén t-údar
Nár spáráil sé allas a chnámh.

Ach ghráigh sé dúlra is nádúr,
Shaothraigh sé a bheatha is a dheoch,
Bhí sé gach séasúr go gníomhach
Ag feistiú a fheilm bheag gharbh na gcloch.

Is beag a mheas ar na boicíní, 'lucht na gcótaí leathair', lucht gnó agus cumhachta, agus go háirithe iad siúd a bhainfeadh mí-úsáid as a stádas le luí ar an duine lag. Mar a chéile na piarannaí móra seo leis na tiarnaí talún a bhíodh ann fadó, agus sa dán 'An Gandal Buí', a bhaineas leis an tsraith faoin bhforbairt tithíochta i mBearna, guíonn sé an chinniúint chéanna orthu leis na tiarnaí sin, mar atá, nach mbeadh a leithéidí arís ann:

Má thagann an lá go dtiocfaidh long ar an trá
Le piarannaí móra is lucht rachmais
Beidh cóistí trí each taobh amuigh den rí-theach
Ag iompar boic mhóra is lucht ceamara.

Ach coinnigí an chiall is guibhigí go dian
Nach gcasfar a leithéidí aríst ann,
Mar bhí siad ann fadó ariamh is chuaigh siad amú ar an sliabh
Ag déanamh ceap magaidh den chréatúr bhí ag iompar mála nó cliabh.

Feictear dó go bhfuil an saol ag athrú chun donais, gurb iad lucht an rachmais a d'fhág sparán na tíre spíonta lena gcrúb cham agus gurb é an duine beag a bhíos siar leis an obair sin i gcónaí:

Sin é mo chomhrása déanta
Is ag na huaisle tá logha iomlán le fáil,
Ach fhad a lasfas réalt ar na spéartha
Íocfaidh na boicht an reicneáil.

('Maiteanas')

Feictear crúb cham seo na mboicíní i súile an fhile sa tsraith de chúig dhán a luadh cheana i Rannóg 2 faoin gconspóid i gceantar Bhearna i dtús na 1990í maidir le forbairt tithíochta de 157 teach a bhí le déanamh ar shuíomh deich n-acra a bhí i seilbh comhlacht forbartha darbh ainm Damascene Holdings ar an Leic Léith ó thuaidh den phríomhbhóthar. Bhí an córas cóireála séarachais le tógáil gar don chladach agus píopa le cur anuas chuige ón bhforbairt tithíochta agus seo an ghné den fhorbairt is mó a bhí ag goilliúint ar mhuintir na háite. Bhí an lucht forbartha, mar a deir an file ag 'dhul ag leagan píopaí dramhaíle ón Átha Ghlugair go barr láin' ('Na Páipéir dhá Saighneáil'), píopa a chuireas sé i gcomórtas go spraíúil le píopa gaisciúil an tseanamhráin, 'píopa Ainde Mhóir aríst i reacht seoil' ('Na Páipéir dhá bPriondáil). D'fhágfadh sin go dtruailleofaí an ceantar, dar leis:

> Beidh ár gcladaí deasa gan slacht gan maise
> Truaillithe salach le boladh bréan,
> Beidh ár n-uiscí glan anois ina lathach
> Is ní mhairfidh an portán, an breac ná an t-éan.

Is é toradh a bheadh air sin, ar ndóigh, nach bhféadfadh muintir na háite dul ag snámh san fharraige, rud a chuireas sé in iúl sa dán céanna le greann tíriúil go maith:

> Amach ar snámh má théann tú geábh
> Ní athbheochfar aríst thú,
> Beidh do chraiceann geal chomh buí le leathar
> Agus ceapfar gur *Tan* thú.

Ar an ábhar sin chuir muintir na háite in aghaidh na forbartha agus d'eagraigh siad feachtais phoiblíochta agus ócáidí bailithe airgid, agus tagraíonn an file do na himeachtaí agus na hagóidí seo sna dánta:

> Tá céad is fear agus togha na mban
> Ag gardáil lá is oíche
> Is ní bainfear fód ná cloch sa ród
> Is ní rachaidh aon phíopa síos.
> ('Na Páipéir dhá bPriondáil)

> Tá an bóthar seo thoir gan gearradh
> Mar ní ligfear cead é a thrasnú
> Is ní rachaidh aon phíopa i dtalamh
> I mbóithrín an Leic Léith.
> ('Léim Ard')

Níorbh eol a chéaduair do na daoine cérbh iad Damascene, na forbróirí, agus bhain an file an-spraoi as an bhfiach a luadh cheana a dhéanamh orthu de réir an tseantraidisiúin d'fhonn iad a dhíbirt go deo as an áit, agus as féachaint lena n-aimsiú trí mheán an ghrinn fhileata atá lonnaithe go domhain i gcineál saoil nach mbeadh cur amach go deo ag an lucht forbartha air:

Siúd é an fíoréan is níl fhios cé hé
Mar imíonn sé ar nós an mhacalla,
Téann sé sa spéir ar nós an luch aeir
Is téann sé go Jersey is go Manainn . . .

Tá Damaseen go cinnte fíorghrinn,
Bíonn sé san aer is ar talamh,
Téann sé faoin toinn ar nós *submarine*,
Is deacair é a sháinniú ná a dhalladh.
('Na Páipéir Dhá bPriondáil')

I lár na conspóide, dhíol feilméara áitiúil, cara de chuid an fhile, garraí leis na forbróirí trína gcuirfí an píopa séarachais go cladach. Cheannaigh lucht na hagóide straidhp bheag talún ansin ón bhfeilméara céanna idir sconsa an gharraí agus an bóthar sa chaoi agus nach mbeadh an forbróir in ann an píopa a leagan. Bhí tuairisc ag Jim Fahy ar *6.01 News* ar RTÉ1 ar an 10 Deireadh Fómhair 1991 faoin scéal agus tá Learaí le feiceáil i dteannta an fheilméara a dhíol an talamh. Seo an file ag seasamh le fear na háite, feilméara agus Gaeilgeoir, duine den 'seanbhunadh', in aghaidh na mboc mór, lucht an ghalldachais, an ghaimbín agus an nua-aoisithe nach maith leis:

Ná bí taobh le comhairle Mhac Anna
Is fan glan ar uaisle an bhaile,
Nó cuirfear thú as sealbh
Istigh in do dhúiche fhéin.

Siombail de shaol seo lucht an airgid is ea forbairt an ghalfchúrsa i mBearna ar an gcriathrach céanna ar a mbíodh an file agus muintir na háite ag baint mhóna ach a mbeidh 'uaisle ina mílte ann ag imirt is ag spóirt' feasta ann. Seasfaidh an file leis an seansaol, áfach, agus leis an dream a leanfadh orthu ag baint na móna le sleán mar a rinneadh riamh:

Tiocfaidh sluaite thar sáile isteach go sráid Bhearna,
Buailfidh cuid acu caladh anseo thíos ag an gcéibh,
Beidh chuile shaghas géim againn i gceartlár an tsléibhe
Is beidh Labhrás, mo léan, ann le asal, srathar agus cléibh.
('Galfchúrsa Bhearna')

Is é an seasamh seo ar son an ghnáthdhuine atá ar chúl a dhearcadh agus a fhealsúnacht polaitíochta nach gceiltear riamh san fhilíocht. Ainneoin gur dhúirt sé liom in agallamh uair amháin nuair a d'fhiafraigh mé de an raibh suim aige sa pholaitíocht, 'Ní ghoilleann sé an-damanta orm, an dtuigeann tú, ach tá riar suim agam ann ceart go leor, tá,' bhí suim thar na bearta aige i gcúrsaí polaitíochta. Ba bhall gníomhach de chuid Fhianna Fáil é, agus bhíodh sé ina theachta don chumann áitiúil ag coinbhinsiúin de chuid an pháirtí. Bhíodh sé ag canbhasáil go láidir dóibh freisin le linn aimsir thoghcháin, go mór mór d'Éamon Ó Cuív, agus tá a lorg sin go láidir ar a shaothar fileata ar fad. Mar a shonraigh mé cheana in áiteanna eile (1997: 263–93, 294–307), téama coitianta sa traidisiún fileata an pholaitíocht ó aimsir Raiftearaí agus roimhe anuas go dtí filíocht an bhéil bheo sa Ghaeltacht inniu. Tá amhráin déanta ag cumadóirí mar Chiarán Ó Fathárta (féach Denvir, S. 2008) agus Tom an tSeoige faoi cheisteanna móra na linne i gConamara agus tá riar dánta faoi chúrsaí polaitíochta ag Johnny Chóil Mhaidhc, leithéidí 'Na Daill sa Dáil', 'Fir an Iarthair' agus 'Oireachtas na nGael' (Ó Coisdealbha 1987: 32, 44–6, 47–9) mar shampla. Maireann cuimhne i gcónaí freisin ar 'Amhrán Bhobby' Joe Steve Uí Neachtain (1986: 86–7) faoi bhunú an Pháirtí Dhaonlathaigh agus na hiarmhairtí polaitiúla i nGaillimh Thiar, amhrán a tharraing cuid mhaith cainte nuair a cumadh a chéaduair é. Tráchtann athair an fhile, Pádhraic Learaí, ar chúrsaí polaitíochta le dearcadh láidir náisiúnaíoch freisin i ndánta mar 'Doire Cholm Cille', 'Bóthar an Bhaile Láir' agus 'Cumann na mBréag' (Ó Finneadha 1994: 30–32, 34–6, 39) agus is é a fhearacht chéanna é ag deartháir an fhile Cóil i ndánta mar 'Ganntan', 'Seán Ó Catháin', agus 'Proinséas Stagg' (Ó Finneadha 1999: 92–3, 182–4, 185–6).

Tá dhá shraith de dhánta polaitiúla cumtha ag Learaí, sraith amháin a dhéanas cur síos ar an uallfairt, ar an rírá agus ar an ruaille buaille gan chéill, dar leis, a bhíos ar bun go minic ag polaiteoirí ar leibhéal náisiúnta i nDáil Éireann agus an tír i ngalar na gcás acu, agus sraith eile faoi imeachtaí polaitiúla níos gaire do bhaile ina dháilcheantar féin, Gaillimh Thiar. Baineann na dánta náisiúnta le himeachtaí polaitiúla na tíre sna 1980í agus sna 1990í, tréimhse chorraithe i bpolaitíocht na tíre. Tagraíonn an file do choimhlintí inmheánacha Fhianna Fáil agus go háirithe do chúrsaí ceannaireachta an pháirtí, d'imeachtaí na mbínsí fiosraithe a bunaíodh ag an am maidir le líomhaintí i dtaobh íocaíochtaí neamhdhlisteanacha le polaiteoirí, do thoghcháin agus do thitim rialtas, agus d'athrú bunúsach i gcultúr polaitiúil Fhianna Fáil, mar atá, comhrialtais á gcur le chéile.

Is cás leis an bhfile drochstaid na tíre fré chéile, agus ainneoin a chlaondearcadh Fianna Fáileach féin, deir sé arís agus arís eile go bhfuil an milleán le cur ar na polaiteoirí ar fad faoi. Baineann an dán 'Uallfairt sa Dáil', mar shampla, leis an tréimhse go luath sna 1990í nuair a chuaigh Fianna Fáil i gcomhrialtas den chéad uair le Páirtí an Lucht Oibre, agus ainneoin go gcaitheann an file prioc leis an Tánaiste agus ceannaire Pháirtí an Lucht Oibre i ndeireadh an dáin, is léar ar na chéad trí rann go bhfuil an milleán á chur aige ar 'scoilteadh cainte' na bpolaiteoirí ar fad. Níl an file féin sásta a chuid cainte féin a scoilteadh, áfach, agus tugann sé tuairisc ghlan ghéar orthu:

Tá uallfairt ghránna ag bagairt
Agus ruaille buaille insa tír,
Tá glórtha uaisle ag freagairt
Is tá buaireamh ar Cháit Ní Dhuibhir,
Táimse anocht ag dearcadh
Chois tine mhóna in mo shuí
Ag dearcadh ar éadain ghruama
Tagann déistean ar mo chroí.

Is trua liom do chás, a Bhanba,
Agus thú faoi bhriseadh croí,
Do chlann ar fad ag achrann
Gan cás ná náire faoi,
Níl aon tsúil agat le caraid
Nó go síntear thú sa gcill,
Tá do chlann gan ceann ná ceannas
Is ag magadh faoi Cháit Ní Dhuibhir.

Ach bhí tú measúil tamall
Is faoi onóir i gcúirt gach rí
Agus shiúil tú na seacht ríochta
Gan státcharr, eitleán ná *jeep*,
Tá an fómhar anois bailithe
Ach is leata atá an síol,
Tá scoilteadh cainte ag Teachtaí Dála
Ach níl gach nóta fíor.

Dearcadh mórán mar a chéile atá aige sa dán 'Tarbh Choilm' ach gur trí mheán spraoi agus diabhlaíochta a chuireas sé a theachtaireacht in iúl an uair seo. Is é scéal an dáin go bhfuil an file le tarbh a sheoladh go Baile Átha Cliath 'go ndéanfadh sé raic ar Dháil Éireann' le linn dhíospóireacht na cáinaisnéise lena chur in iúl cé chomh seafóideach is atá a gcuid baothchainte go mór mór agus an tír i ndroch-chaoi ('cac an tairbh' mar a thugas sé ar an gcaint chéanna sa téacs, imeartas ar an bhfocal Béarla *bullshit*). Mhínigh an file féin cúlra an dáin in agallamh liom i 1998:

> Ach bhí Colm Bhaile an Droichid [Joe Steve Ó Neachtain atá i gceist] ar chuma ar bith, bhí an tarbh aige agus bhí sé ag dhul á chur sa Dáil ag dhul ag déanamh cac an tairbh agus sin é a bhí sé a rá, mar déarfá. Ach faoi Shamhain

a bhí ann ansin . . . agus séard a cheap mé fhéin, an bhfuil fhios agat . . . gurbh fhearr an tarbh a fhágáil nó go mbeadh an buiséad ann, mar déarfá, agus nuair a bheadh dáir chainte orthu an tarbh a scaoileadh fúthu, an bhfuil fhios agat.

Is fada ón spraoi é, áfach, sa dán géarcháinteach 'A Róisín, Is Cás Liom Do Bhuairt Inniu', a bhaineas leis an tréimhse a raibh Cathal Ó hEochaidh ina thaoiseach agus líomhaintí curtha ina leith go raibh airgead faighte aigesean agus ag Michael Lowry, TD de chuid Fhine Gael an tráth úd, ón bhfear gnó Ben Dunne. Goilleann sé ar an bhfile go bhféadfadh taoiseach na tíre (agus ceannaire Fhianna Fáil) a bheith 'ar chúrsa an rása le beannacht Mhic Uí Dhuinn'. Déanann sé comórtas idir ceannairí polaitíochta na linne seo atá ag tochras, dar leis, ar a gceirtlín féin – leithéidí Uí Eochaidh agus Lowry sa chás seo – agus bunaitheoirí an stáit agus ceannairí eile ag dul siar sa stair, dream a raibh aisling acu a chuireadar i gcrích agus ar fhanadar dílis di, dream ar chás leo i gcónaí leas fírinneach Róisín Dubh seachas a leas leithleasach féin:

Chuaigh Sáirséal uait thar sáile fadó ó shin,
Bhí sé go mór i ngrá leat ach níor éirigh leis,
Sheas na laochra Luan Cásca go calma dhuit,
Ó is trua mar a d'éag do chlann an lá sin, a Róisín Dubh.

Ghráigh an Craoibhín thú go dílis níl dabht ar bith,
Mac Éil is Ó Gramhnaigh is Mac Néill go dlúth leo sin,
Agus Gaeil mhaithe ar fud na tíre táim cinnte dhe,
Lucht rachmais a d'fhág do sparán spíonta, a Róisín Dubh.

Ina dhiaidh sin féin, ainneoin na crúibe caime ar fad, dearcadh láidir Fianna Fáileach atá sna dánta seo ar fad agus níl ann ach an t-aon pháirtí amháin a bhfuil ceart dlisteanach acu a bheith i gceannas na tíre i súile an fhile, a pháirtí féin. Agus é ag cur fáilte oifigiúil ar son an Pháirtí go Gaillimh roimh Mary McAleese, iarrthóir Fhianna Fáil i dtoghchán na huachtarántachta i 1997, dúirt sé:

Fáiltímid go Cathair na dTreabh thú, a ríbhean,
Agus seasfaidh muid go dílis sa gcás,
Tá na Fianna beo bríomhar sa tír fós,
Bhíodar buacach ariamh ag coimhlint i rás.
('Fáiltiú Mary McAleese go Cathair na dTreabh')

Tugann sé treoir dá phobal tacú leis an bpáirtí i gcónaí agus go mór mór le linn aimsir thoghcháin. Le linn fheachtas thoghchán na huachtarántachta i 1990, mar shampla, mhol sé do na daoine vótáil ar son Bhrian Lenihan sa dán 'Rása an Uachtaráin' i dtéarmaí a thagraíos san aon am amháin d'íomhá pholaitiúil Lenihan mar dhuine a réiteodh fadhbanna gan aon stró, mar dhóigh de, agus do bhunluachanna traidisiúnta Fhianna Fáil, páirtí De Valera:

Tiocfaidh Brian lá scairteachaí
Is déarfaidh sé *no problem* libh,
Ach seasaí amach go daingean teann
Le páirtí De Valer'.

San am céanna, léiríonn sé tuiscint ghrinn pholaitiúil nuair a thuaras sé nach n-éireoidh le Lenihan tharla tacaíocht an Pháirtí Dhaonlathaigh, a bhí i gcomhrialtas le Fianna Fáil ag an am, tarraingthe siar acu nuair a fríotheadh amach gur chuir sé brú ar an Uachtarán Pádraig Ó hIrghile maidir le lánscor na Dála i 1982 agus go raibh sin séanta go poiblí aige:

Ach thug an PD léim leataobhach
Is caitheadh Brian i dtraipisí,
Agus san Áras le mo bharúilse
Ní chodlóidh sé aon néal.

Déantar soiléir i gcónaí cé hiad na naimhde polaitiúla, go mór mór Fine Gael, nach bhfuil iontu ach Campa Sheáin Bhuí, ionadaithe Réamonnacha an chultúir ghallda in Éirinn, agus an Páirtí Daonlathach, a raibh gráin ar leith aige orthu mar dhream, dar leis, a rinne tréas ar Fhianna Fáil. Ainneoin na líomhaintí faoi chrúbáil airgid nach seachnaíonn sé ina shaothar, mar a léiríodh thuas, dílseoir de chuid Chathail Uí Eochaidh a bhí in Learaí agus tá sin soiléir sa dán 'Na Polaiteoirí 1992', a bhaineas leis an gcorraíl pholaitíochta a bhí in Éirinn an bhliain sin. D'éirigh Cathal Ó hEochaidh as ceannaireacht Fhianna Fáil agus mar thaoiseach i dtús 1992 agus toghadh Albert Reynolds ina áit. Feiceann an file Ó hEochaidh mar oidhre nádúrtha ar na laochra móra polaitíochta a chuaigh roimhe: na hiarthaoisigh de chuid Fhianna Fáil, Éamon de Valera, Seán Lemass agus Seán Ó Loingsigh:

Slán agus beannacht leis na laochra a bhí calma,
De Valera is Lemass a bhí linn tamall fada,
An Loingseach as Corcaigh ba deacair é a lagadh,
Ach Ó hEochaidh ina dhiaidh sin bhain sé an réalt as a hata.

Ní mórán geana a bhí ag an bhfile ar pholaiteoirí na bpáirtithe eile – luann sé Dick Spring agus Proinsias de Rossa go sonrach – ná go fiú ar cheannaire nua Fhianna Fáil, Albert Reynolds, ach léiríonn sé an ghráin ar leith a bhí aige ar an bPáirtí Daonlathach, gona n-éirí in airde mar is dual do lucht dlí, dar leis, sa dán seo agus go deimhin i ndánta go leor eile:

An Máilleach as Luimneach níor fhan sé i bhfad suaimhneach
Go mbeadh sé fhéin ina thaoiseach más deiseal nó ciotach,
Fuair sé Bobby is Harney is Piaras le *blarney*
Le go gcuireadh siad Charlie ar a ghlúine sa bpuiteach.

Fuair an Máilleach a scalladh is b'éigean dhó glanadh,
Chuir sé suas campa bán, gorm is buí,
Cochall mór fada agus ribín sa gcába
Is cóta go sála sách fada ag fear dlí.

Tráthúil go maith, tá an ghráin chéanna ar an bPáirtí Daonlathach le sonrú ar riar dánta le deartháir an fhile Cóil freisin, go mór mór ar an dán 'Ganntan' (1999: 92) nach bhfágann aon fhuílleach cháinte ar Fhine Gael ach an oiread:

Ach tiocfaidh an lá fós le cúnamh an Ardrí
Go mbeidh tú ag díol sáspan is iad i mála ar do dhroim
Do mhaide in do ghlaic agat mar bheadh ag réic nó fear fánach
Is gan fear craite láimh leat mura bhfaighe tú P.D.

Feictear Fianna Fáileachas cruthanta Learaí sa dán 'Níl agus Tá' freisin, dán a bhaineas leis an gcorraíl pholaitíochta a bhí sa tír i ndeireadh na bliana 1994 nuair a thit Comhrialtas Fhianna Fáil agus an Lucht Oibre (a tháinig le chéile tar éis olltoghchán 1992) agus ina dhiaidh sin gur cuireadh comhrialtas le chéile gan toghchán idir Fine Gael, an Lucht Oibre agus an Daonlathas Clé, le John Bruton mar thaoiseach, Dick Spring mar thánaiste agus Proinsias de Rossa mar aire leasa shóisialaigh. Seo í an tubaiste pholaitiúil is cás leis an bhfile nuair a deir sé:

Tá an anachain déanta is na Fianna anois cloíte
Is ceannas na tíre ag Contae na Mí,
Tá De Rossa ar a chosa ag bualadh a chuid bosa
Agus Dick Mac an Earraigh, fear cliste le dlí.

Inbhéartú an méid seo, dar leis, ar an stádas agus ar an ord ceart polaitiúil sa tír, a dhéanas soir de siar, a chuirfeadh gandal ina shuí ar an ál in áit na gé, meafar ar ndóigh a fuineadh as cruinneshamhail dhúchasach an fhile. Peaca atá ann in aghaidh an nádúir agus ní bheidh an tír ina ceart, dar leis, go mbeidh taoiseach dlisteanach 'breá saor gan aon cháim' ar an tír arís, taoiseach de chuid Fhianna Fáil, gan dabht:

Ní bheidh aon cheannaire dílis aríst insa tír seo
Mara ngearrfaidh siad taoiseach breá saor gan aon cháim
Nach n-éireodh dhá nead thuas insa Dáil
Fiú is dhá dtosódh siar ag dhul soir,
Mar tá sé sa scríbhinn dearfa cinnte
Gur seafóid é gandal a shocródh ar ál.

Suitear na Fianna, mar a thugas sé orthu go minic sna dánta (agus thugadh freisin ina chuid cainte), i measc na laochra dúchais i gcónaí leis an leanúnachas dlisteanach staire seo a léiriú agus a dhaingniú trí mheán an dáin nuair a deir sé in 'Ruaille Buaille sa Dáil':

Dhá bhfilleadh Mac Móirne agus Caoilte
Thiocfadh na Fianna as an ngábh,
Nó dhá dtagadh Naomh Pádraic aríst chugainn
Is an t-órbhachall buí ina láimh
Go dtugadh sé Turas na Cruaiche
Agus go gcodlódh sé oíche ar an Mám
Is é dhul ar a ghlúine ar Chnoc Sláine
Le go mbeannódh sé Seanad is Dáil.

Tuilleadh den dlisteanú céanna na Fianna a lua le Naomh Pádraig, laoch mór an fhile i measc naoimh Éireann mar a léireofar i Rannóg 5 thíos.

Ar an leibhéal áitiúil, is é Éamon Ó Cuív, TD do Ghaillimh Thiar ó 1992 agus aire rialtais ó 2002, fréamhshamhail an laoich pholaitiúil i súile an fhile. Tá dhá dhán shonracha cumtha ag an bhfile faoi Ó Cuív, 'Dev Óg i mBearna', a bhaineas le feachtas olltoghcháin 1992, an chéad uair ar éirigh le Ó Cuív suíochán Dála a bhaint amach, agus 'Dev Óg (Toghchán '92)' a dhéanas ceiliúradh ar a bhua sa toghchán sin. Tá na tréithe agus na buanna cuí ar fad aige, dar leis an bhfile. Sa chéad áit tá an mianach ceart ann ó thaobh oidhreachta arae 'tá éirim ina phór' .i. is é garmhac Éamoin De Valera é, bunaitheoir Fhianna Fáil agus laoch mór de chuid an fhile, gan trácht ar a mhuintir roimhe. Cuirtear i láthair sna dánta é i dtéarmaí atá an-chosúil leis an íomhá dá sheanathair a bhí coitianta i measc an phobail, dar le Ó Crualaoich (1983: 57) a thagraíos do 'de Valera's consciously indulged role as representative at a symbolic level of the sovereignty and cultural identity of Ireland' a eascraíos as an 'actual propensity in the popular imagination of the times to run in moulds deriving from a traditional universe of discourse rich in the materials of folk narrative'. Is é Dev Óg an 'sárfhear', taoiseach Chonamara, agus 'beidh sé i gceannas is i gcumhacht fós ar Éirinn' dar leis an bhfile. Ina theannta sin fear Gaeilge agus Gaeltachta é a ghaelós an tír agus a fheidhmeos dá réir sin prionsabail bhunaithe an pháirtí:

Is é mo mhian é bheith fós ina thaoiseach,
Éire a ghaelú is Gaeil do shaoradh

Léiriú gléineach ar phróiseas áitiúil na toghchánaíochta atá sa dán 'Dev Óg i mBearna' a dhéanas cur síos ar theacht an laoich chuig an bpobal le dul i mbun canbhasála i dteannta an fhile, fear an tseanchais, an fear dá réir sin a bhfuil eolas an bhealaigh aige agus aithne ar na daoine ina phobal. Riartar an feachtas ar an mbealach traidisiúnta: labhraítear leis an bpobal tar éis an aifrinn agus ansin téann an t-iarrthóir i mbun canbhasála ó theach go teach faoi threoir an fhile a inseos 'go baileach dhó na bailte is fearr le dhul'. Ní hamháin sin, ach fearacht na ndánta ina ndéantar ceiliúradh ar thábhacht na háite a luadh cheana, tarraingíonn an file mar a bheadh léarscáil pholaitiúil den dáilcheantar, de na háiteanna aitheantais ina bhfaighfear vótaí d'fhear a pháirtí seisean:

Tá cairde i gCathair na dTreabh againn agus seasfaidh siad sin talamh dhuit
Ón gCladach suas go dtí an Seantalamh, an Daingean is Barr an Chalaidh
amach,
Ar an gCearnóg, croí na Gaillimhe, agus sluaite as Cnoc na Radharc,
Loch an tSáile is an Caisleán Gearr amach is mórchuid ón Rinn Mhór.

Áth Cinn agus a cuid bailteachaí, Baile Chláir na Gaillimhe,
Gleann na Scáil is Uarán Mór, as sin amach go Meáraí leat,
Tamhain agus Cinn Mhara amuigh, ar ais go Droichead an Chláirín
Agus cinnte go Bleá'n Rí.

Ó Ghaillimh siar go Garamna is Conamara ar fad, ar ndóigh,
Agus as Oileáin Árann i lár na farraige, déanadh siad ar fad an gníomh,

Tá idir cheiliúradh buacach agus díomá sa dán 'Dev Óg (Toghchán '92)', arae níor éirigh go maith le Fianna Fáil go náisiúnta sa toghchán – bhí an toradh ba mheasa acu ó 1927 in olltoghchán – agus goilleann sé seo ar an bhfile a deir go bhfuil ord nádúrtha an domhain iompaithe bunoscionn dá bharr:

Sé fáth mo bhuartha i ndeireadh na cúise
Tá an t-íochtar in uachtar is na Fianna cloíte.

Ina dhiaidh sin féin, toghadh an fear a raibh a shéala tugtha ag an bhfile dó ina dháilcheantar féin agus tugann sin riar áirithe sóláis dó:

A Rí na nGrást, nach breá an scéal é
An móramh mór a fuair an fear ón nGaeltacht?
Ó Cuív, Éamon, Dia go deo leis,
Beidh sé i gceannas is i gcumhacht fós ar Éirinn.

Duine áitiúil eile a bhíos go mór i gceist ag an bhfile ó thaobh na polaitíochta is ea Máire Geoghegan-Quinn a bhí ina Teachta Dála ag Fianna Fáil i nGaillimh Thiar ó 1975 go dtí 1997 agus aireachtaí éagsúla aici, ina measc an aireacht dlí agus cirt ó 1993, tráth a ndearna sí ionadaíocht ar son Rialtas na hÉireann i gcainteanna le Rialtas Shasana maidir le Tuaisceart Éireann. D'éirigh sí as an bpolaitíocht nuair a foilsíodh scéal sna meáin faoina mac a cuireadh ar fionraí as an scoil i 1997 agus tá nóta ag an bhfile i lámhscríbhinn amháin: 'Dúirt Máire G. liom píosa a chumadh faoi na himeachtaí.' Mar a tharla, chum sé dhá phíosa, an dán 'Suíochán Mháire' agus an t-agallamh beirte 'An Cailín Óg agus an Baitsiléara'. Píosaí spraíúla idir mhagadh agus dáiríre iad araon a léiríos arís ar ais feidhmiú an chórais pholaitíochta ag an leibhéal logánta.

Bíodh is nach moltar í chomh hard le Dev Óg, 'bean bhreá bhríomhar léannta' den phór ceart Fianna Fáileach í Máire Geoghegan-Quinn dar leis an bhfile sa dán 'Suíochán Mháire'. Ina theannta sin, bean aniar as ceantar Charna i gceartlár na Gaeltachta í agus bhí a hathair roimpi ina TD freisin. Moltar a cumas mar aire rialtais agus cúis bhróid ar leith don fhile gurbh í an chéad aire mná sa stát í nuair a ceapadh ina haire Gaeltachta í i 1979, agus barr air sin go raibh sí in ann ceart a sheasamh gan fuacht gan faitíos don tír in aghaidh na sean-namhad, Sasana:

> Ó Charna go Mám is soir Uachtar Ard
> Ná ar fud Chríocha Fáil ní bréag muis
> Sí Máire an ríbhean a fuair meas agus gean
> Is an chéad teachta ban ón Iarthar.
>
> Go Sasana anonn as an Dáil a chuaigh triúr
> Ag iarraidh cóir cheart agus réiteach,
> Bhí Dick curtha i sáinn is ar Ailfí bhí gráin
> Ach labhair Máire gan scáth le Major.
>
> ('Suíochán Mháire')

Tá sí imithe anois, áfach, agus is é réalachas an tsaoil pholaitiúil é go mbeidh duine le ceapadh ina háit le seasamh ar son an pháirtí sa toghchán agus baineann an file an-spórt as seo á dhearbhú in 'An Cailín Óg agus an Baitsiléara' go mbeidh 'sciob sceab ar vótaí sa nGaeltacht . . . ó chaith Máire in aer na *politics*' agus tríd an bpróiseas ar fad go bhfaighidh 'an baitsiléara corrphóg':

> Vótaí atá i gceist, a mhic ó, i m'aonar
> Is beidh cailíní óga ag bladar leat,
> Má gheallann tú an chéad vóta dhóibh
> Beidh siad ag gáirí go gealach leat.

Baineann an file an-spraoi as an iomlán ach ina dhiaidh sin féin níl ach aon toradh amháin ar an bpróiseas a shásós é, mar atá, go mbeadh 'an lá leis na Fianna san Iarthar' agus go mbeadh an seanréimeas dlisteanach á bhuanú sa Ghaeltacht agus i nGaillimh Thiar fré chéile.

Má mholtar Ó Cuív agus Geoghegan-Quinn as a seasamh ar son na Gaeltachta, ní miste leis flípeanna móra a bhualadh ar an bhfreasúra áitiúil lena gcur síos agus tugann an file le tuiscint go rialta go ndéanann an lucht freasúra feall ar an nGaeltacht agus ar Éirinn Ghaelach fré chéile. Sa dán 'Canbhasáil ar an Aer', mar shampla, tugann sé faoi Mhichael D. Higgins, a bhí ina aire Gaeltachta san am, de bhrí gur chuir sé heileacaptar le mana Béarla ag eitilt os cionn na Gaeltachta le linn fheachtas olltoghcháin 1997. Seo mar a chuir an file síos ar chúlra an dáin in agallamh liom i 1988:

> Bhí muid ag tíocht amach ón aifreann agus chonaic muid an *helicopter* ag dhul thart ag canbhasáil d'Aire na Gaeltachta os cionn na Gaeltachta agus é i mBéarla: '*Vote Labour, Michael D, Number One*'. Sin é an t-ábhar is údar a bhí leis sin. Agus cheap mé ansin, mar déarfá, é a chuir isteach sna pláinéid agus sna réaltógaí, an méid acu a bhí fhios agam.

Píosa éadromchroíoch go maith atá sa dán agus go deimhin is é ciúta sin an turais trí na pláinéid agus na réaltóga, fearacht an fhiaigh a chuir an file ar Damaseen, an chuid is éifeachtaí, b'fhéidir, den iomlán – agus is cinnte go léirionn sé eolas ar na spéartha nach mbeadh ag mórán eile, creidim. Is é críoch agus deireadh an scéil, fiú más é Michael D a bhunaigh Teilifís na Gaeilge agus é ina aire Gaeltachta, agus fiú má chuireann sé aeróg speisialta ar fáil le go mbeidh fáil ag an saol mór thuas agus thíos ar an stáisiún, nach mbeidh 'Lucht Oibre ceannasach sa Dáil feasta'. Is iad na Fianna a bheas buacach agus sin an 'seanchas' a craolfar ar fud an tsaoil mhóir:

> 'Mise Michael D is bhunaigh mé TnaG,
> Nó an bhfaca sibh fós an clár *Léargas*?
> Bronnaim oraibh aeróg nua agus cloisfidh sibh, ar ndóigh,
> Seanchas na bhFiann fós as Éirinn.'

Is iad Fine Gael agus an Páirtí Daonlathach, áfach, an fhíornamhaid mar a sonraíodh cheana agus is orthu is mó a buailtear na buillí baird. Sin an fothéacs atá ag rith tríd an dán 'Bratach Champa Sheáin', píosa spraíúil, magúil fiú, faoi bhratach toghcháin le Pól Ó Foighil, iarrthóir de chuid Fhine Gael, a chuaigh ar iarraidh sa Spidéal agus ar leagadh an milleán ar mhuintir Fhianna Fáil faoi. Is sampla maith de cheapadóireacht Learaí sa réimse seo an dán céanna gona thagairtí d'imeachtaí na huaire maille le seanchas agus seanscéalta na háite thiar. Osclaíonn an dán le tagairt don stoirm Aindriú Mór a shéid go gairid roimh an eachtra agus a rinne dochar mór i Meiriceá. Fiafraíonn an file arbh é Aindriú nó sin an slua sí a chroch leo an bhratach? Níl sa spórt ar fad ach deis, ar ndóigh, le píosa dá theanga file a thabhairt dá chuid naimhde polaitíochta, comhrialtas an bhogha ceatha a bhí i réim san am gona mheascán de dhathanna nach bhfaighfí in áit ar bith forásach ach a samhlaíonn an file iad le cábán an cheannaí Jeaic Séip, fear nach raibh mórán measa riamh ar fheabhas a chuid earraí de réir an tseanchais. Agus bhí an toradh ceart ar an toghchán, arae, ghlan Aindriú suas comhghuaillíocht an tuair cheatha, ghealaigh an lá agus bhí na Fianna i réim mar is dual dóibh:

Ach, a Aindriú Mhóir, tá tusa cóir,
Ghlan tú suas an tuar ceatha,
Níl ionat ach tuairt, cé go bhfágann tú buairt,
Ach tá an ghrian ó shin dhúinn ag scaladh.

Is léar sna dánta seo ar fad gur bhain Learaí le seaneite Fhianna Fáil, eite náisiúnaíoch sheanbhunaithe an pháirtí sin. Fearacht bhunáite a chomhfhilí thiar, leithéidí Johnny Chóil Mhaidhc, Phádraic Learaí agus go leor eile, chreid sé go domhain in aisling na Cásca, in Éirinn shaor agus Ghaelach an Phiarsaigh, agus tá dearcadh náisiúnaíoch, poblachtach fiú, le sonrú go láidir ar a thráchtaireacht sa réimse seo. Mar is léar ón trácht díspeagúil ar Fhine Gael mar ionadaithe Sheáin Bhuí in Éirinn, níl aon ghean aige ar an tseannamhaid, Sasana, nó tír Sheáin Bhuí. Tá sin le feiceáil, fiú, ar dhán faoi chúrsaí polaitíochta na tíre seo, 'Bratach Champa Sheáin' thuas, nuair a deir sé idir mhagadh arís is dáiríre faoin stoirm Aindriú Mór:

Rinne tú feall agus ár sna Státaí thall tráth,
Mharaigh tú fir, mná agus páistí,
Ach talamh Sheáin Bhuí, níor thug tú fós faoi,
Cén chúis dhuit bheith ag déanamh coir náireach?

Tá an port náisiúnaíoch céanna le sonrú go láidir ar fhilíocht a athar freisin, mar is léar ó dhán ar nós 'Flít Sheáin Bhuí' (1994: 9), cur síos ar loingeas Shasana a chonaic an file i gCuan na Gaillimhe:

Ach tiocfaidh an lá, más féidir, a bhfaighidh siad claimhte géara,
Is beidh rí againn in Éirinn a choinneos ceart dár dtír . . .
Ach leanaigí an Ghaeilge, mar is í teanga na nGael í –
Suas le De Valera agus síos le Seán Buí.

Agus é ag trácht ar phróiseas na síochána i dTuaisceart Éireann sna 1990í sa dán 'Cléir agus Tuata', tagraíonn Learaí go leathmhagúil d'iarracht Chathail Uí Eochaidh Margaret Thatcher a mhealladh le taidhleoireacht an taephota airgid agus d'iarrachtaí Albert Reynolds dul i gcion ar John Major, ach creideann an file, is léar, nach nglacann muintir Sheáin Bhuí leis go bhfuil Éire neamhspleách fós:

> Is fuath leis fós an abairt
> Go mbeadh Éire ag Cáit Ní Dhuibhir.

Mar mhalairt air sin, nochtann an file a fhealsúnacht pholaitiúil féin sna cúrsaí seo go glan soiléir, mar atá, athaontú na hÉireann tré dheireadh a chur leis an teorainn:

> Ach guibhigí-se, a chlanna,
> Go mbeidh síochán buan ag Banba
> Gan claí ná fál dhá dealadh
> Ó theorainn lámha Dé.

Sa dán 'An Tuíodóir Maggie Thatcher', a chum sé tar éis do Thatcher éirí as mar phríomhaire ar Shasana i 1990, is léar nach bhfuil aon ghean aige uirthi féin ná ar Ian Paisley, agus cuireann sé in aon champa amháin iad leis na Blácaigh, drochthiarnaí talún i gConamara de réir an tseanchais, a raibh an ghráin ag Learaí féin agus ag bunáite an phobail siar sa stair orthu. Ina dhiaidh sin féin, níl an ghangaid ná an ghráin atá in amhrán Chiaráin Uí Fhátharta 'Maggie Thatcher' (Denvir. S. 2008: 96–7) le sonrú ar phíosa Learaí. Is láidre go mór na seintimintí poblachtánacha náisiúnaíocha atá ag an bhfile sa dán 'Máistir Scoile', a dhéanas cur síos ar chás Patrick W. Joyce, múinteoir scoile a bhí ag sceitheadh eolais le fórsaí na Corónach i nGaillimh faoi ghníomhaíochtaí na nÓglach in aimsir na nDúchrónach. Maraíodh é i mí Dheireadh Fómhair 1920 agus cuireadh sa phortach é idir Bearna agus Maigh Cuilinn. Mharaigh na Dúchrónaigh an tAthair Mícheál Ó Gríofa mar dhíoltas roinnt seachtainí ina dhiaidh sin agus chuireadar sa phortach i mBearna é. Frítheadh corp Joyce i 1998 agus chum an file an dán nuair a tháinig an scéal sin chun solais. Níl aon trua aige don Seoigeach, a rinne coir náireach nuair a thóg sé 'an chrúb cham', nuair a dhíol sé 'na Gaeil leis na Gaill' agus nuair a fuair sé dá réir sin i súile an fhile 'toradh do ghníomhartha, piléar a chur trí do cheann . . . i gcúirt an mheánoíche'.

I bhfianaise na tráchtaireachta seo ar fad ar chúrsaí polaitíochta comhaimseartha ag Learaí, is fiú a mheabhrú gur baineadh úsáid as an bhfilíocht bhéil go rábach san Afraic Theas ó na 1960í i leith freisin chun teagasc polaitiúil na ndúchasach Afracach a chur chun cinn go mór mór i Soweto. Arís ar ais, léiríonn sé seo gur féidir le seánra chomh traidisiúnaíoch leis an bhfilíocht bhéil fiú athrú in imeacht aimsire le dul i ngleic le réalachas nua, le hathruithe sochaíocha, polaitiúla agus saoil. Deir Duncan Brown (1998: 4) faoi fhilíocht Soweto:

> With urbanization rapidly following colonial occupation, oral forms were adapted to industrialized, politicized contexts. Migrant workers in mining compounds have used forms of praise poetry for most of this century to

> praise or criticize *indunas* or shift bosses. Sotho miners have developed a new genre of oral poetry called 'Sefela' which aesthetically encodes their experiences as migrant workers, while Sotho women perform poetic narratives ('seoeleoele') through the medium of song and dance in shebeens and bars.

Fearacht Learaí Uí Fhínneadha a bhaineas earraíocht as dioscúrsa dúchasach le cur síos a dheanamh ar imeachtaí a linne féin, cuireann filí Soweto *Izibongo* (dánta molta) na Zulu in oiriúint d'aidhmeanna na gceardchumann a bhíos ag cur chás na n-oibrithe gorma chun cinn 'attempting to shape worker consciousness' (Gunner 1989: 55) agus tarraingíonn siad ar mhodhanna agus foirmeacha traidisiúnta Afracacha le tionchar láidir *jazz* agus gormacha Meiriceánacha ina saothar. Ina theannta sin, mar a léiríos Brown (1998: 165–211) bhí tábhacht mhór ag roinnt le láithriú beo na filíochta seo le linn thréimhse na cinedheighilte arae sháraigh an bhéalraíocht deacrachtaí maidir le cúrsaí cinsireachta san Afraic Theas nuair nach raibh aon 'téacs' ann – bíodh is gur fíor freisin gur cuireadh riar áirithe den fhilíocht seo i gcló chomh maith. Seo é ar ndóigh, fearacht fhilí na Gaeilge ón 17ú haois i leith, agus go pointe áirithe, fearacht Learaí féin, aisfhreagra an duine bhig agus, i dtéarmaí dhioscúrsa an iarchoilíneachais, an coilíní ag tabhairt dúshlán an choilíneora, nó spás cainte agus tráchtaireachta á chruthú dó féin i bhfearann sábháilte.

4. Is é mo laoch!

Cuid bhunúsach den aisling pholaitiúil agus de chruinneshamhail Learaí Uí Fhínneadha an Ghaeilge féin agus níor mhiste a rá fúithi gurb í an ghabhail í a choinníos an aisling slán ina chéile. Is í an tseoid náisiúnta í, dar leis an bhfile, an sainchomhartha a thugas féiniúlacht don Éireannach mar Ghael agus an nasc is láidre agus is leanúnaí atá ag an bhfile leis na glúine a chuaigh roimhe sa chointeanóid staire agus chultúrtha. 'Éireannaigh fíora' ('Bliain Mhór an Chéid') a labhras an Ghaeilge i súile an fhile. Is í 'Ár Seod' í, 'an Ghaeilge bhinn bhlasta' ('Oireachtas na nDéise'), 'an tSean-Ghaeilge bhreá' ('Saothar an tSaoir') a bhí faoi ardréim ag ár sinsir, 'teanga bhinn ár máthar' ('An Teilifís') a bheas faoi rath an athuair nuair a bhunófar an stáisiún nua teilifíse, agus dá réir sin:

Molaimse an Ghaeilge mar sí ár seod fhéin í
Is labhraím fhéin fós í amach ó mo chroí.
('Ár Seod')

Cén t-iontas, mar sin, gur mhol sé Siobhán Ní Fhlaithearta go hard, ní hamháin i ngeall ar a cuid flaithiúlachta nuair a thug sé síob go Gaillimh dó, ach i ngeall ar an nglan-Ghaeilge a thug sí dá clann chomh maith:

Shuigh mé go stáidiúil ansiúd leis na páistí,
Labhair siad go fáilí gan náire ná coimhthíos
I dteanga a seacht sinsear tá acu ó nádúr,
An Ghaeilge bhinn bhláfar ón gcliabhán aníos.
('Siobhán Ní Fhlaithearta')

Más comhartha féiniúlachta féin í an Ghaeilge don fhile is comhartha glan idirdhealaithe freisin í idir muintir na tíre seo agus clann Sheáin Bhuí. Níl aon ghean ag an bhfile ar an mBéarla agus déanann sé sin soiléir go mion agus go minic sna dánta. Níl sa Bhéarla céanna ach 'canúint Sheáin Bhuí' ('Ár Seod') a tháinig anall ó 'Shasana an Bhéarla' ('An Tuíodóir Maggie Thatcher') agus a chuir 'néal dubh' (Ár Seod') ar mhuintir na hÉireann á ndalladh ar a n-oidhreacht dhlisteanach féin. 'An Béarla géar salach . . . an Béarla nach maith liom', a thugas sé air sa dán 'An Teachín Aoldaite' agus dearbhaíonn sé in 'An Cailín Óg agus an Baitsiléara' nach 'luífidh mo chroí go deo' leis an teanga sin. Ní chuireann sé fiacail ann nuair a dheabhraíos sé gurb é an Béarla, dar leis, a 'rinne criogadh' ('Ár Seod') ar an nGaeilge agus é 'ag taisteal mar ghadaí san oíche' ('An Díbirt') agus is geall le mana díchoilínithe a ráiteas ina thaobh seo sa dán 'Oireachtas an Chéid':

Shíl Seán Buí gránna ár dteanga ársa
A chur faoi chrá is faoi dhubhcheo.

Ach an oiread lena chuid forógraí faoi chúrsaí polaitíochta agus náisiúnachais, mar a sonraíodh thuas, ag sin an tsiocair a ndearbhaíonn sé gan frapa gan taca in 'An Cailín Óg agus an Baitsiléara' nach 'luífidh mo chroí go deo' leis an mBéarla. Léiríonn bard na hAlban, Dòmhnall Iain Dhonnchaidh (Innes 1998: 24), an dearcadh céanna i leith na teanga ina shaothar seisean freisin, mar a feictear i ndán mar 'Moladh Uibhist':

Ach eilean uaine nan àrd-bheann . . .
Far 'm bi cuimhn' air a' Ghàidhilg
'S gun tèid a cluinntinn gu bràth ann
Cho fad' 's bhios tuinn a' mhuir-làin feadh na Cròice.

Ligeadh Learaí air féin go minic go raibh sé ar bheagán Béarla (rud nach raibh fíor, dála an scéil) ar mhaithe le diabhlaíocht in amanna nó sin ar mhaithe lena *agenda* féin, an Ghaeilge a chur chun cinn agus trína bhíthin sin céim síos a thabhairt do lucht an Bhéarla. Deir sé in 'Ar Bhóithrín na Smaointe' nach bhfuil aige ach 'Béarla briste' atá deacair a thuiscint. Agus é ag míniú chúlra an dáin 'Na Páipéir dhá bPriondáil' in agallamh ar an gclár *Siamsán Maidine* ar RTÉ Raidió na Gaeltachta ar an 13 Meán Fómhair 1994, deir sé go bhfuair sé litir ag fógairt chruinnithe faoi chás na forbartha i mBearna, ach 'Bhí sé scríofa i mBéarla, ach ar ndóigh míníodh dhom é, bhí siad ag bailiú airgid sa gceantar a bhfuil muid ann.' Thug sin deis ansin dó a scéal a reic de réir a chuid téarmaí agus tuiscintí féin. Déanann sé an cleas céanna sa dán 'Bealach na Bó Finne' nuair a deir sé go mb'éigean dó cúnamh a fháil le meabhair a bhaint as an bhfógra Béarla a bhí curtha in airde ag lucht na forbartha:

Marach caraid mhaith bhí i bhfabhar dhom
Bheinnse fhéin sa trap
Mar bhí an fógra scríofa i mBéarla
Is níor thuigeas é i gceart,
Bhíos ar thalamh príobháideach
Is ní agam fhéin a bhí air neart
Mar léigh an cárta dána údan
This is private prop.

Fiú is go raibh sé an-tógtha leis an scéal sin ar fad mar a léiríodh i Rannóg 3 thuas, agus fíorolc aige i leith na bhforbróirí agus i leith lucht an airgid mhóir i gcoitinne, san am céanna bhain an file an-spórt as an gconspóid agus tá sin le feiceáil go soiléir ar an taifeadadh den mhír nuachta faoin scéal ar fad. Nuair a chuaigh na cruacheisteanna ar an bhfeilméara faoi thalamh a dhíol leis an dá pháirtí sa chás, chas sé ar an nGaeilge, á dhéanamh amach nach raibh tuiscint cheart aige ar an mBéarla agus tá Learaí le feiceáil lena thaobh agus aoibh an gháire air faoin spóirt ar fad. San am céanna, mar a sonraídh cheana, is léar cá seasann an file sa chás: gualainn ar ghualainn le fear na Gaeilge in aghaidh lucht na cumhachta agus an Bhéarla a théas léi. Díol suntais sa chomhthéacs seo freisin an idé-eolaíocht teanga atá ar chúl chinneadh eagarthóireachta an fhile féin riar téarmaí agus focail Bhéarla a aistriú go Gaeilge i leaganacha údaraithe dánta áirithe, nós a bhí coitianta ag eagarthóirí in aimsir na hAthbheochana (Mac Mathúna 2007: 230). Ina theannta sin, níl sé de nós aige focail ná téarmaí Béarla a úsáid i ndánta móra atá fréamhaithe go domhain sa traidisiún – leithéidí 'An Fiach ar Damaseen', 'Oíche Airneáin i mBearna', 'An Marú ag Trá na gCeann' nó 'Ré na Línseach i mBearna' – ná i ndánta a bhaineas le ceird na filíochta (go mór mór sna dánta sciolladóireachta nó aoire mar 'An Gruagach Ribeach', 'Freagairt an Dúshláin' nó 'An Sciolladh') ná i ndánta faoin nGaeilge agus faoina cultúr. San am céanna, ní miste a lua gur chum sé a aondán Béarla, 'The Battle at Silver Strand', faoi ábhar a bhí gar dá chroí, mar atá, scéal staire a bhaineas le ceantar Gaeltachta Bhearna.

Tá teagasc láidir athbheochana tríd síos sna dánta freisin, murab ionann agus fealsúnacht níos raidiciúla Chearta Sibhialta na Gaeltachta a tháinig chun cinn i ndeireadh na 1960í agus atá le fáil, mar shampla, i roinnt de dhánta Joe Steve Uí Neachtain agus Johnny Chóil Mhaidhc Uí Choisdealbha. Tá dearcadh seo Learaí fréamhaithe, b'fhéidir, sa dílseacht a bhí aige d'Fhianna Fáil agus dá bhfealsúnacht bhunaithe siadsan. Molann sé Conradh na Gaeilge agus lucht a bhunaithe go minic mar dhream a chuidigh le fíoradh na haislinge d'Éirinn a bheadh saor agus Gaelach. Deir sé sa dán 'Éist le Glór' gur cheart do mhuintir na hÉireann éisteacht le 'teagasc cruinn Mhic Dháibhís is an Athar Ó Gramhnaigh . . . is de hÍde' agus gurb ionann sin is seasamh 'amach dhár dtír'. Seo iad na 'sár-Ghaeil', a deir sé sa dán 'Óid d'Oireachtas an Chéid', a sheas 'go fearúil an fód dhúinn . . . le dílseacht is grá' d'fhonn an Ghaeilge a chaomhnú agus a chosaint ar ionsaí a cuid naimhde. Deir sé fúthu in 'Bliain Mhór an Chéid':

> Sé Dubhghlas de hÍde a chuir tús leis an ngníomh
> Is a chomrádaithe dílse a sheas leis ar taobh,
> Las siad lóchrann don Ghaeilge dhá treorú sa tslí
> Nuair a bhí dúchan an Bhéarla dhá creachadh is dhá cloí.
>
> Tá cliú agus cáil ar an gCraoibhín inniu,
> Is an tAthair Ó Gramhnaigh an sárlaoch a rinne cion fir,
> Sheas siad don Ghaeilge nuair a bhí an ceo go trom tiubh,
> Agus sí a labhair Sean-Phádraic leis an asal beag dubh.

Dá bharr sin tá an luach saothair síoraí saothraithe acu ar fad agus iad i dteannta a chéile 'go haoibhinn ar neamh'. Molann sé De Valera as a Ghaelachas agus a náisiúnachas, agus ar ndóigh, mar atá léirithe thuas, ó tharla gurb é Dev Óg athchollú a sheanathar i súile an fhile, moltar é sna dánta thuasluaite ní hamháin i dtéarmaí polaitiúla ach ina theannta sin mar fhear a sheasas go dílis leis an nGaeilge agus leis an nGaeltacht.

Mar fhile é féin agus mar dhuine ar cás leis an éigse dhúchais sa chiall is leithne den téarma sin (idir fhilíocht agus scríbhneoireacht eile, amhránaíocht, cheol agus damhsa), tagraíonn Learaí go minic d'fhéilte cultúir agus teanga, féilte a thaithíodh sé féin ar bhonn rialta mar a luadh cheana, leithéidí Phléaráca Chonamara, na Scoileanna Éigse agus Seanchais agus Oireachtas na Gaeilge. Tá ceithre dhán aige faoin Oireachtas agus faightear iontu, mar a bheifí ag súil leis, an gnáthmholadh a bhíos aige go rialta ar Chonradh na Gaeilge agus ar lucht a bhunaithe. Ina theannta sin, áfach, sa chur síos sna dánta seo is léar gurb iad muintir an Oireachtais, lucht Gaeilge agus Gaeltachta na tíre, a rogha páirtithe, an comhluadar a bhfuil sé ar a chompord leo de bharr an leagan amach céanna a bheith acu ar an saol leis féin. Tá aeraíl, spórtúlacht, fonn spraoi agus craic le sonrú ar na dánta seo ar fad, agus ina theannta sin duineatacht bheo bheathach nach bhfuil le sonrú chomh mór céanna ar dhánta 'cúise' dá chuid. Tá gean a chroí aige ar na daoine a castar dó ag na hócáidí agus na himeachtaí seo. Ní hiad na mórlaochra náisiúnta iad a móradh sna dánta polaitiúla ná sna dánta cúise. Is iad gnáth-chosmhuintir na Gaeltachta iad, ach gur lucht Gaeilge, ceoil, filíochta agus pléaráca iad, agus ar ndóigh an file é féin ina gceartlár lena thoirtín beag féin:

Beidh Maidhc Dainín ag cur teannadh le ceol,
Is Maidhc Mháire an Ghabha ina chuideachta,
Beidh Meaití Jó ag seinm na bpíob,
Is ní bheidh nóta amháin fhéin ar sliobarna.

Blífidh Tomás Mac Eoin an tseanbhó,
Is beidh bainne agus im ar bord againn,
Róstfaidh an Ciarraíoch an gabhar,
Is beidh féasta lá agus fiche againn.

Inseoidh Tom Bheartla seanscéal,
Beidh Tom Pheaidí ar an toirt le ceann eile agaibh,
Ach ná hiarraigí Learaí ag gabháil fhoinn
Mar níl nóta amháin fhéin sa bpluic aige.

Ar an gcuma chéanna, is léar mórtas pearsanta agus cine ar an dán 'An Bhó Bhán' a cheiliúras bua Mheaití Jó Shéamuis Uí Fhatharta, fear as a dhúiche féin, i gcomórtas sean-nóis na bhfear ag Oireachtas na Gaeilge i 1992. Ábhar sásaimh agus ceiliúrtha an méid sin ann féin, ach caithfear a chur leis gur chas sé amhrán a chum athair an fhile, 'Bóithríní an Locháin', le linn an chomórtais.

Ainneoin a dhearcaidh athbheochanúil ar cheist na Gaeilge agus na Gaeltachta, agus ainneoin a gheana ar lucht na héigse beo dúchais, áfach, tá sé soiléir ar an saothar ar fad go bhfuil an Ghaeilge i mbaol a basctha i saol na linne seo. Sa dán 'An Díbirt' deir sé gur 'trua liomsa creachadh na Gaeilge' agus go bhfuil 'an Béarla ag fáil greim ar an slua'. Is láidre fós a chuireas sé é in 'Bliain Mhór an Chéid' nuair a deir sé go bhfuil 'muileann an Bhéarla ag carnadh dúchan le gaoith' agus go bhfuil 'dúchan an Bhéarla (ag) creachadh is (ag) cloí' na Gaeilge. Is é an dán 'Ár Seod', áfach, an ráiteas is láidre uaidh ar an ábhar seo. Mar seo a rinne sé cur síos ar chúlra an dáin in agallamh a craoladh ar an gclár *Comhluadar* ar RTÉ Raidió na Gaeltachta ar an 8 Nollaig 1991:

> Bhí an aimsir an-te, an dtuigeann tú, nuair a bhí mé sa gcladach fadó ag dhul ag iascach agus chonaic mé an taoille, ní raibh an taoille sách imithe amach, an dtuigeann tú, agus thosaigh mé ag caint liom fhéin ar an taoille an chaoi a raibh sí ag imeacht, ag teacht isteach is amach agus an chaoi a raibh an Ghaeilge ag imeacht, ach dúirt mé go bhféachfainn le píosa beag a dhéanamh air sin agus chuir mé i ndiaidh a chéile cuide dhó agus tháinig mé aníos anseo agus scríobh mé é.

Dearbhaíonn an dán go bhfuil an Béarla ag scaipeadh 'fíoréasca . . . is ag dalladh na ndaoine'. Ach an oiread leis an milleán faoi dhroch-chás na tíre i gcúrsaí polaitíochta, is ar na polaiteoirí agus ar cheannairí na tíre a chuireas sé an milleán faoi dhrochstaid na teanga, mar 'Níl aon suim in do líofacht ag ár laochra sa Dáil'. Impíonn sé mar a bheadh sé go héadóchasach ag lorg míorúilte ar na sean-naoimh is ansa leis, Pádraig, Bríd agus Colmcille, teacht i gcabhair ar an teanga, agus cuireann sé a shéala féin, séala údarásach an fhile, leis an ráiteas:

> Sin é go léir agaibh mo scéal,
> Ach má cuirtear le chéile scaipfear an néal,
> Is beidh an Ghaeilge beo bríomhar ag aos óg na tíre,
> Is ní bheidh streille orthu an lá sin ag géarghol ná ag caoineadh.

Níl de leigheas, mar sin, ar an scéal ag pobal na tíre ach seasamh go dílis don Ghaeilge 'i sean-Éirinn na naomh, mar a sheas ár sárlaochra go fearúil gan coimhthíos' ('Bliain Mhór an Chéid'). Agus tá dea-shampla, a deir sé, le fáil ó mhuintir Ghaeltacht Ráth Cairn, dream a raibh gean ar leith ag an bhfile orthu de bharr an teanga agus a cultúr a bheith coinnithe go beo láidir acu, agus dream atá molta freisin in amhráin aithnidiúla Chiaráin Uí Fhátharta, 'Amhrán Ráth Cairn' agus 'Ráth Cairn Glas Gréine na Mí' (Denvir, S. 2008: 56–8, 100–101):

’Nois smaoiní ar bhur gcairde
A chuaigh ar athrú bráite,
Tá an Ghaeilge acu go bláfar
I Ráth Chairn glas na Mí.

Ní hiontas mór mar sin gur lucht Gaeilge, agus go mór mór lucht na héigse Gaeilge, na laochra a mhóras sé nó a chuireas sé i láthair mar *pantheon* pearsanta trína shaothar ar fad: Máirtín Ó Cadhain, Sean-Phádraic Ó Conaire, An Piarsach, Dubhghlas de hÍde, Éamon de Valera, Eoghan Ó Gramhnaigh, Eoin Mac Néill, Mícheál Breathnach, Raiftearaí, Micheál Mac Suibhne, Colm de Bhailís, agus ar ndóigh a athair féin. Seo iad ‘na laochra móra a chosain ár seod dhúinn’ (‘Óid d’Oireachtas an Chéid’), an dream a leag síos mar ‘réalta an eolais’ an chonair a leanfadh an athghlúin a d’fhanfadh dílis don aisling. Fearacht na naomh, Bríd, Pádraig agus Colmcille, a thug treoir don chine maidir le cúrsaí reiligiúin taobh istigh de fhráma dúchasach i súile an fhile, tá luach a saothair le fáil ag na laochra seo uilig sna flaithis, mar a dhearbhaíos sé sa chaoineadh a chum sé ar an scríbhneoir as a pharóiste féin Máirtín Ó Cadhain:

Má tá Gaeltacht sna flaithis beidh tusa go cinnte i gceann an tí,
Beidh na naomhphátrúin in do thimpeall, Pádraic, Colm Cille is Naomh Bríd,
Mac Éil is Ó Gramhnaigh, an Breathnach agus Dubhghlas de hÍd’
Is beidh Eoin Mac Néill is Sean-Phádraic ag déanamh moltóireacht dhaoibh.
(‘I gCuimhne Uí Chadhain’)

Moltar laochra an lae inniu atá beo i measc an phobail freisin. Tagraíodh cheana don mholadh ar Mheaití Jó Shéamuis a ghnóthaigh comórtas sean-nóis na bhfear san Oireachtas, agus tá dán molta freisin aige ar Nóra Ghriallais, an t-amhránaí sean-nóis as Muiceanach idir dhá Sháile, a bhuaigh Chorn Uí Riada don tríú huair ag Oireachtas na Gaeilge i nGleann Cholmcille, Contae Dhún na nGall, sa bhliain 1993, ‘An Ríbhean’. Is í ‘Nóra chliúiteach scoth gach cúige / croí gach siamsa agus buaiteoir geall’. Déanann sé a bua a thréaslú léi i dtéarmaí a lonnaíos í i dtraidisiún na hamhránaíochta nó na filíochta leis an tagairt don seanamhrán ‘An Droimeann Donn Dílis’, gan trácht ar éacht na dtrí bhua:

Comhghairdeachas anois leat, a Nóra,
Is go maire tú in do shláinte gach craobh,
Is tú an chéad bhean a bhí ag an Droimeann Donn Dílis
A líon Corn Uí Ríada fá thrí.

Barr ar an méid sin, cuireann sé barr slachta ar an moladh trína dhéanamh amach go dtabhaíonn sí dán a dhéanamh fúithi mar mholadh ar a héacht, rud is ionann is an file ag dul i mbannaí trí bhíthin na ceirde dúchais ar bharantúlacht na héachta sin ina shúile seisean agus dá réir sin i súile an phobail. Tá an tuiscint chéanna ar chúl an dáin faoi choirm cheoil a reachtáladh le comóradh a dhéanamh ar oscailt halla nua i gceantar Gaeltachta na bhForbacha. Bhí na laochra áitiúla ar fad i láthair, lucht ceoil, damhsa, amhránaíochta, lúibíní, an dream uilig a shaothraíos na healaíona dúchais – agus féach arís go suíonn an file é féin go sonrach ina gceartlár lena dhán féin:

> Ansiúd gan dua os comhair an tslua
> Chan Ó Gráinne, Seán,
> Aríst ar ais le lúibín deas
> Bhí Traolach leis i bpáirt,
> Peatsaí aríst an Ceannabhán binn
> A bhfuil air cliú agus cáil,
> Is Róisín Ní Mhainnín ag daimhsiú ríl
> Bhain sí torann as na cláir.
>
> Bhí Máirín agus Joe Steve ag síordhéanamh grinn
> Is a gclann ag seinm ar théada,
> Agus Mac Donncha, Páid, mar aon le Dordán
> Chuireadar ceol go spéartha,
> Labhrás le dán is aige bhí an greann
> Ag fiach i ndiaidh taibhse sna sléibhte,
> Is mara raibh tusa i láthair
> Chaill tú fhéin craic agus pléisiúr.

5. Smaoiním ar theagasc Bhríde, Cholm Cille is Phádraic Naofa

Gné bhunúsach eile de shaothar Learaí is ea an tábhacht uileghabhálach atá le sonrú ann le cúrsaí an osnádúir agus an tsaoil eile, sa chiall is leithne de na téarmaí sin. Fearacht a chuid comhfhilí pobail, agus go mór mór Filí Bhaile na mBroghach agus a athair féin, gan trácht ar Raiftearaí, Colm de Bhailís agus na seanfhilí siar sa traidisiún, tá creideamh cráifeach cóir na cléire ina orlaí láidre trína shaothar ar fad. Tá an chaomhantacht agus an traidisiúnachas i gcúrsaí reiligiúin an-choitianta san fhilíocht bhéil ar fud an domhain agus ní déantar aon ghlan-idirdhealú inti idir réimse na saoltachta agus réimse na spioradáltachta. Cuid eile dá chéile iad i ndáiríre i gcruinneshamhail aonfhoirmeach, chomhtháite, iomlánaíoch, áit nach gá aon scarúint réasúnaíoch a dhéanamh idir na réimsí éagsúla de mheon agus de shaoltaithí an duine. Deir Brown (1998: 127) faoi fhilíocht bhéil na hAfraice Theas: 'Bushmen groupings have generally not maintained generic distinctions between sacred and profane forms of experience.' Maidir le saothar an fhile Bheidiúnaigh Ad-Dindān, deir Kurpershoek (1994: 20):

> By any measure Dindān is a very religious person. Not only is he very compunctious about performing his religious duties, like praying and fasting, in his poetry he also shows himself a man deeply imbued with the spititual values of Islam. In more than half of his poems Dindān addresses himself to God, asking for the Lord's compassions and means of subsistence for himself and his camels and affirming his deep faith in His providence, omnipotence and justice . . . Besides these expressions of religious sentiment, and sometimes intermingled with them, a popular theme in the Najdi tradition is the *fakir*: homespun wisdoms and precepts, often covered with a patina of religious righteousness, reflecting popular prejudices, beliefs and attitudes.

Duine an-diaganta a bhí in Learaí féin agus, mar a sonraíodh cheana, bhí cuid mhaith seanphaidreacha aige óna mháthair, paidreacha a deireadh sé féin go rialta. Tá diagantacht den mhianach céanna le Ad-Dindan, faoi chulaith shainchultúrtha Chríostaí ar ndóigh, ag sníomh trína chuid filíochta ar fad freisin. 'Fíorchreideamh dílis ón Róimh' atá sé a theagasc', an creideamh a theagasc Naomh Pádraig dár sinsir, dar leis an dán 'Aspal Mór na hÉireann'.

Tagraíonn sé go mion minic don phaidreoireacht agus comhairlíonn sé i gcónaí don duine fanacht 'dílis don phaidir' arae gheobhaidh sé an tsíoraíocht dá barr. Ní hamháin sin ach tabharfaidh sí slán ón gcathú agus ón ainspiorad é agus treoróidh sí é chuig flaithis Dé:

Tá cathú i ndiaidh imirt is ól,
Ó is minic a níonn sé aimhleas,
Ach abair do phaidir is ní baol dhuit
Is ligfidh tú an cathú sin thart . . .

Ná héist anois le drochtheagasc
Atá ag treabhadh na mbealaí amach romhat,
Smaoinigh anois ar do phaidir
A chuirfidh gach ainsprid ar gcúl.
('An Dóchas')

Anois bí ag imeacht, a dhuine,
Is tar ag an teampall go cinnte,
Abair paidir is las coinneal do Bhanríon na Cruinne
Go dtreoraí sí go flaithis Dé gach créatúr.
('An Marú ag Trá na gCeann')

Creideamh traidisiúnaíoch go maith a léirítear tríd síos sna dánta. Tá an duine ag dul amú sa saol agus tá treoir agus comhairle a leasa ag teastáil go géar uaidh:

Tá muid ag siúlóid in éineacht
Gan fios dhúinn cá bhfuil ár dtreo,
Ach imeoidh ár meabhair is ár réasún
Agus mairfidh an tsíoraíocht go deo.
('Teacht agus Imeacht')

Scáthán bréige atá sa saol agus tá sé 'corrach, fallsa, ciotach . . . bréagach, cleasach . . . lúbach, léasach' ('An Saol') agus meallann sé fiú 'deabhóideach is béasach' isteach in eangach aimhréidh an pheaca. Déantar codarsnacht shoiléir dhénártha tríd síos idir nádúr créúil agus nádúr spioradálta an duine agus cuireann an file in iúl, mar is dual don fhilíocht chráifeach i dtraidisiún na Gaeilge, go bhfuil an cholainn chréúil lofa, bréan agus a cuid cnámh 'diúlta ag daoil is péiste' ('An tAnam agus an Cholainn'), ach go dtiocfaidh an t-anam síoraí slán má dhéanann an duine urnaí agus guí, troscadh agus tréanas agus má iarrann sé maiteanas ar Rí na Cruinne. Cuireann an file an-bhéim ar mhianach peacúil seo an duine agus comhairlíonn a phobal de réir an Teagaisc Chríostaí na mórpheacaí, na cinnpheacaí marfacha, a sheachaint. Seo, mar shampla, an chomhairle a chuireas sé sa dán 'Ná Mealltar Thú':

A dhuine, ná mealladh an tsaint thú,
Craos, tnúth, ná maoin shaolta,
Seachain do dhul go Leic na bPian
Is bí i dtréad an Uain ar Shliabh Sión.

Admhaíonn sé, de réir an nóis, nach bhfuil sé féin saor, gur thit sé i bpeaca:

Na seacht gcinnpheacaí, óchón, níor sheachnaíos
Is i rith mo shaoil rinne peacach dhíom,
Le do ghrásta atáim ag tnúth,
Fill is fóir is éist le m'aithrí.

Na Deich nAitheanta rinneas a mbriseadh,
Le grá don chraos ní dhearnas troscadh,
Bhriseas saoire le corp leisce,
Déan scáth do m'anam ar an loscadh.
('Éist le m'Fhaoistean')

Dá réir sin, níl de rogha ag an duine ach faoistean a dhéanamh agus cúiteamh a dhéanamh sna peacaí, mar a léirigh na filí a tháinig roimhe ó Raiftearaí anuas go dtí filí a linne féin. Seo é, ar ndóigh traidisiún na haithrí a raibh eolas maith ag Learaí air ó shaothar Raiftearaí ar mhór i gceist aige an aithrí chéanna mar is léar i ndán mar 'Achainí Raiftearaí ar Íosa Críost' (Ó Coigligh 1987: 72):

Lucht éirí in airde, stáit agus dúiche,
tiocfaidh siad daor i ndeireadh na cúise,
gan an aithrí a dhéanamh beidh siad brúite,
i measc lucht feille, póite is drúise.

San aithrí admhaíonn an file a chuid peacaí go humhal dólásach agus screadann ar Dhia ag iarraidh maiteanais de réir thraidisiún an tseánra. Is é comhthéacs na haithrí, ar ndóigh, an bás a bheith ag bagairt ar an duine, agus go deimhin tá an bhásmhaireacht dhaonna ina bunchloch don allagar seo ar fad. Is é príomhfhócas an chreidimh i saothar Learaí, gan dabht, básmhaireacht seo an duine, agus meabhraíonn an file go cráifeach arís agus arís eile i sraith dánta cinnteacht an bháis, neamhbhuaine na colainne agus nádúr duthain an duine mar mhalairt ar mhianach spioradálta na beatha síoraí a bhfuil súil léi. Seo í fealsúnacht na gcríoch déanach, mar a tuigtear í i bhfilíocht thraidisiúnta na Gaeilge riamh anall, mar a bhí sí ag Raiftearaí agus mar atá le fáil sa dán diaga 'Na Críocha Déanacha' a bhíodh coitianta i measc na ndaoine go dtí lár na haoise seo caite, dán a raibh an-dúil ag Learaí féin ann. Tá dhá leagan den dán aige in *Ó Bhaile go Baile*, ceann a bhí aige féin (1993: 101–17) agus ceann eile (1993: 163–9) a scríobh sé amach sa meánoíche ina theach féin ó Mhícheál Ó hEighin as an gCarn Mór i nGaeltacht Achréidh na Gaillimhe agus iad beirt tar éis filleadh ó oíche sheanchais.

Meabhraíonn Learaí dá phobal ina shaothar féin freisin go bhfuil an bás ag bagairt i gcónaí ar an duine agus nach féidir éalú uaidh:

Mise an bás nach dtugann spás uaim
Is leagfad fúm a dtiocfaidh is a dtáinig,
Úr is críon gan cás ná náire
Agus leagfad thusa gan aon lá cairde.
('Agallamh an Bháis leis an bPeacach')

A cholainn bhocht, seo chugat an deireadh
Do chonablach críon is do chnámha snoite,
Sin mar a bhí, más buan do chuimhne,
Imeacht gach glúin ó dhuine go duine.
('An Cholainn')

De réir an leagain amach seo ar an saol iarbháis ríomhtar imeachtaí Lá an Luain, nó Lá an tSléibhe, nó Lá an Bhreithiúnais, agus insítear cén pionós a gearrfar ar an dream nár lean aitheanta an chreidimh chóir go fíréanda. Cuirtear síos ar sceon, ar phianta, ar fhulaingt, ar thinte ifrinn agus an t-anam á sciúirseáil ar feadh na síoraíochta. Seo mar a chuireas Raiftearaí síos ar Ifreann in 'Agallamh Raifytearaí agus an Bháis' (Ó Coigligh 1987: 66–7):

Áras dorcha gan solas gan léargas,
gan dlí gan ceart, gan creideamh gan daonnacht,
ach pian agus pianóid ar leith ar gach aon neach,
ag íoc go crua i ngnóthaí an tsaoil seo.

Tinteacha, toirneacha is clocha ag pléascadh,
luaidh leáite, práis agus péatar,
tinteacha aoil agus gaetha dá ghéire,
coirí ag fiuchadh agus boilg á séideadh;
tonnta mara agus gaisí tréana,
dhá chlár an domhain ag teacht ina chéile,
briomstón is tearra is a lasadh in éineacht,
is milltí ifreann go mór ná an méid sin.

Mórán mar a chéile atá an cur síos sa leagan a bhí ag Learaí de 'Na Críocha Déanacha' (Ó Fínneadha 1993: 105):

Beidh an drong donais á loscadh is á gcéasadh
I bpoll dubh dorcha gan solas an lae ghil.
Beidh na mílte diabhal ag seasamh ar chaon taobh díobhtha,
Ina ngrifisc thuatach, mhúchta bhréantais.
Lasfaidh sí anois ina caor is beidh an dabht á réabadh;
Beidh siad ag dul i ngar mar bheadh cruacha i ngéibheann,
I bpian go crua as gan caoi le éaló.

An dream a rachaidh in aice an bhréantais,
Isteach ansiúd faoi lasracha i ngéibheann,
Ag tíocht ar ais níl neart ag aon neach
Ach le linn na saolta bheith á loscadh agus á gcéasadh.

Níor leis an bhfile ab fhaillí é ina shaothar féin ach oiread agus leanann sé leis an mbagairt chráite chéanna i ndánta mar 'Agallamh an Bháis leis an bPeacach', 'An tSíoraíocht', 'An Cholainn', agus go háirithe sa dán 'Guibhim':

Lá na Breithe, Luan an tSléibhe,
Lá na feirge de réir mar léitear,
Lá dubhach deorach brónach géarghoil,
Ar leic na corónach beidh mórchuid éigneach.

Le teann boirbe is stoirme an lae sin
Crithfidh na flaithis is lasfaidh na spéartha,
Ní bheidh solas ar ghealach ná radharc ar réalta,
Beidh an ghrian bhreá plúchta le smúit ag éiclips.

Beidh Mícheál Ardaingeal ar thaobh an tsléibhe
A thrumpa leis is é go teann dhá shéideadh,
Ar neamh is in ifreann cloisfear an scéala
Ar Shliabh Síón leat ag iarraidh do shéala . . .

Siúd é an lá nach nglacfar le bréaga
Ná bladar béil ó theanga an éithigh,
An t-anam bocht os comhair an Aoin-Mhic
Agus Liúsafar ag tnúth le dhul dhá léasadh.

Is ábhar uafáis Luan an tSléibhe,
Íocfar fuil an Mhic a céasadh,
Beidh deora goirt is gíoscán fiacal
Faoi shúiste Oscair is na ndiabhail in éineacht.

Is gnách leis an bhfile, fearacht Raiftearaí arís eile, impí ar Mhuire – 'Muire Síor-Ógh, Muire na nGrást, Mhuire Bheannaithe Maighdean is Máthair, máthair Chríost, máthair an Aon-Mhic, máthair an Uain, Banríon Bheannaithe an Phaidrín Naofa, banríon na scaball' mar a thugas sé uirthi ó dhán go dán – le hidirghabháil a dhéanamh sa bhealach traidisiúnta ar son na bpeacach, mar a dhéanas sé sa dán 'Guibhim', mar shampla:

A Mháthair Chríost, in mo chroí-sa tara,
A bhláth ghlanshoilseach mhilis mhaiseach,
Coinnigh go síor in mo chroí-sa an phaidir
Is go leic na bpian go deo ní rachad.

Molfad seasta go deireadh mo bheatha
Do ghrásta geala, do charthanacht naofa,
A Mhuire Bheannaithe, a Mháthair an Aoin-Mhic,
Guibhim ortsa an peacach is pian ní baol dhom.

Más peacach bocht ar an saol seo fhéin mé,
A Mháthair an Uain, ná diúltaigh m'éilimh,
Go ríocht na glóire tabhair mé Lá an tSléibhe,
A Bhanríon Bheannaithe an Phaidrín Naofa.

Ach an oiread le filíocht Raiftearaí, tá béim láidir ionann is Proinsiasach ar pháis is fulaingt Chríost ar an gcrois, agus ar na pianta lenar cheannaigh sé an cine daonna:

Smaoinigh ar ár dTiarna sa ngairdín
Mar ghuibh sé ansin ar do shon,
Le thusa a shaoradh ón bpeaca
Chuir sé fíorallas fada go trom.
('An tSíoraíocht')

Coinnigh os do chomhair Crann na Páise,
Na tairní géara a chuaigh ina ghéaga geala.
('Ná Mealltar Thú')

Iarrann sé treoir agus cabhair ar Mhuire is ar Chríost agus é ag súil le luach saothair sa tsíoraíocht:

Searc is grá uait, a Íosa Críost,
Is ná fág muid fhéin faoi bhuaireamh,
Go raibh muid leat Lá an tSléibhe
Sínte ar leaba luachair.
('Ná Mealltar Thú')

Cuid bhunúsach den ghnáthsaol laethúil freisin an creideamh agus tá sé ar fud na mball fiú i ndánta ar beag súil a bheadh leis. I ndán faoi bhunú Theilifís na Gaeilge, mar shampla, agus é ag iarraidh go lonnófaí an stáisiún nua sa Spidéal, cuireann sé críoch ar a chuid cainte leis an ráiteas seo, mar dhóigh de gur faomhadh nó deimhniú le húdarás a chuid cainte an ghairm ar na naoimh.

Sin é mo chomhrá déanta
Go dtaga an *contract* scríofa,
Ach seasaí ar fad go dílis
Is ná ligí lúb ar lár,

Mar tharlódh athrú millteach
In imeacht ráithe nó míosa,
Bheadh cailliúint sa taobh tíre
Nach leigheasfaí arís go brách,
Smaoiním ar theagasc Bhríde
Cholm Cille is Phádraic Naofa,
Is beidh rath is séan le saol na saol
Ar theanga bhinn ár máthar.

('An Teilifís')

Is minic leis paidir a chur freisin le duine atá ar shlua na marbh nó ar shlua na mbeo nó cuimhneamh ar chúrsaí an spioraid agus é i mbun ghnáthchúraimí an lae nó ag imeacht roimhe ar a chuid cuartaíochta nó fánaíochta. Agus é ar cuairt, mar shampla, ar an seanteach inar tógadh é sa dán 'Ar Bhóithrín na Smaointe', téann sé ar siúlóid le cladach san áit ar maraíodh naonúr fear de chuid na háite nuair a phléasc mianach ar an 15 Meitheamh 1917 agus seo é toradh a chuid machnaimh:

As sin siar liom go dtí an Trá Shalach
Is chuireas paidir le naonúr ógfhear
A chaill a mbeatha insa tragóid
Leis an toirtín bréige naoi déag seacht déag.

Ar an gcaoi chéanna, molann sé an lúthchleasaí Catherina McKiernan as a cuid inniúlachta ar an gcúrsa rása agus ansin cuireann sé a bheannacht léi:

Rith tú an rása go cliste
Le crógacht, le misneach is brí,
Thug tú an chraobh leat go seanoileán Phádraic,
Rath Dé ort is treoir ón Sprid Naomh.

('Comhghairdeachas')

Is fánach in amanna chomh maith an áit a bhfaightear ceacht nó teagasc morálta a bhainfeadh siar as an éisteoir. I ndán spleodrach, aerach ag ceiliúradh Oireachtas an Daingin i 1992, mar shampla, meabhraítear i lár na reacaireachta a dhuthaine agus atá an bheatha dhaonna agus go dtiocfaidh an charóg (.i. an bás) chugainn ar fad luath nó mall:

Bíonn siad ann beag agus mór
Chuile shaghas pór ar a dhath fhéin,
Ceannaíonn Peadar agus Pól na heasláin,
Ach tagann an charóig ar cuairt acu.

Ar an gcuma chéanna i ndán polaitiúil ag moladh Éamoin Uí Chuív i ndiaidh olltoghchán na bliana 1992 tagraíonn sé do chúrsaí reiligiúin mar dhearbhú, is léar, ar fhírinne a ráitis féin:

Tá súil agam fós go dtiocfaidh an lá
Go n-imeoidh an díocas as croí a lán
Is go mbeidh síochán buan againn in Inis Fáil
Mar ag bord na n-aspal a roinneadh an t-arán.
('Dev Óg (Toghchán '92'))

Go fiú i ndán mar 'An Díbirt', agallamh idir an file agus an foclóir atá an file ag iarraidh a dhíbirt, mar dhóigh de, bíonn an focal deiridh ag an bhfoclóir mar seo a leanas:

Scríobh amach uachta ar maidin
Is fág mé le oidhreacht in do dhiaidh,
Imigh is déan faoistean le sagart
Is ar d'anam faigh séala an Sprid Naoimh.

Ar an gcuma chéanna sna dánta dúlra, déantar ceiliúradh go minic ar áilleacht agus ar mhistéir na cruthaíochta i dtéarmaí reiligiúnda, tuiscint láidir riamh anall ar ndóigh i bhfilíocht na Gaeilge. I ndán mar 'Maidin Chiúin', a léiríos an file ar a chompord maidin fhómhair ag siúl cois Choill Bhearna, dearbhaítear gurb é Dia 'a cheap gach créatúr' agus gur ag adhradh Dé atá an dúlra agus na hainmhithe agus na héin:

. . . an spideog go séimh ag moladh Dé
Ag Tobar Éinne an tráth sin.

Cuid den ollphictiúr an file féin freisin, rud a cuirtear in iúl i gcríoch an dáin chéanna trína pháirtíocht ghníomhach sa phróiseas ar fad:

Bhí an eala bhán sa loch ar snámh
Is mise ag siúl i m'aonar
Agus nochtaíos mo rún do Rí na Cruinne
Ag Tobar Éinne is Cholm Cille.

Mar is léar ón dá shliocht sin, tá an naomhsheanchas an-choitianta sna dánta freisin, maille le tagairtí do thoibreacha beannaithe mar láithreacha fisiciúla sacráilte, rud a bhí an-choitianta ar fud na tíre i gcultúr na ndaoine (Ó Giolláin 1990: 67), d'oilithreachtaí agus do sheanphaidreacha dúchais. Ach an oiread leis na laochra saolta a mholas sé, tá *pantheon* na naomh ag Learaí freisin – Bríd, Éinne, Colm Cille agus Pádraig go mór mór. Luaitear Bríd go minic, go háirithe ag tagairt do 'Mhí Muire na nGael [a] réitíonn an scéal, is bíonn gach ní go hálainn' ('Fáilte Romhat, a Chuachín') le teacht an earraigh agus na Féile Bríde. Tá ómós ar leith ag an bhfile freisin don naomh áitiúil Éinne agus faisean aige cuairt rialta a thabhairt ar a thobar i mBearna ('Maidin Chiúin', 'Cuireadh', 'Ré na Línseach i mBearna', 'Oíche Airneáin i mBearna'). Is é Naomh Pádraig, áfach, is mó a thuilleas ómós agus is minicí a luaitear agus tagann cuntas Learaí air leis an gcur síos atá le fáil sa naomhsheanchas, go mór mór ina dhán 'Aspal Mór na hÉireann':

Do theagasc Naomh Pádraic ár sinsir
Leis an bhfíorchreideamh dílis ón Róimh,
Fuair sé bua ar dhéithe bréige is lucht draíochta
Is chuir sé Crom Dubh de dhroim seoil.

Creideamh traidisiúnta, cosantach agus caomhantach atá sna dánta reiligiúnda seo ag Learaí. Níl ann ach an t-aon chreideamh fíor ina shúile seisean agus ní chuimhneodh an file ar airteagail an chreidimh sin a cheistiú. Níl ann ach go dtuairiscíonn sé an fhírinne mar a tháinig sé féin ina seilbh le hoidhreacht óna mhuintir, agus go háirithe mar a dúradh cheana óna mháthair féin. Sin an fáth nach bhfuil glacadh aige le haon chreideamh ná aon dearcadh eile, ná mar shampla le Finnéithe Iáivé a bhfuil cur síos aige orthu sa dán 'Dóchas' a chuir sé i gcló, tráthúil go maith, in *Ó Bhaile go Baile* (1993: 146–8) agus an nóta seo leis: 'Scríobhas an dán seo tar éis do bheirt bhan a bheith ag dul thart le soiscéal neamhthairbheach agus Gaeilge ó dhúchas acu.' Ní chuireann sé fiacail ann agus tugann le fios gurb iad an dream eile an namhaid nach bhfuil acu ach drochtheagasc a chuirfeadh an duine ar bhealach a aimhleasa:

Ná héist anois le drochtheagasc
Atá ag treabhadh na mbealaí amach romhat;
Smaoinigh anois ar do phaidir
A chuirfidh gach ainsprid ar gcúl.

Moltar go láidir don duine cloí leis an urnaí (sa traidisiún ceart, ar ndóigh) mar gurb í 'a chuireas ar gcúl uainn ár námhaid, is a chuireas leis an tsíoraíocht dhúinn dlús'. Ní hamháin sin, ach téann sé in aghaidh an nádúir an creideamh a fuair an duine le hoidhreacht a thréigean:

Ná tréig thú féin iomar do bhaiste
Ná an creideamh ar tóigeadh ann thú.

Tá an dearcadh caomhantach céanna ar fáil, mar a bheadh súil leis, i ndán gearr faoi chúrsaí ginmhillte chomh maith, 'Ceannlíne an Pháipéir', áit a gcuireann sé i gcosúlacht le dúnmharú é, agus cuireann sé Naomh Pádraig ar thuras ar fud Inis Fáil chuig na suíomhanna beannaithe a bhaineas leis an naomh – Loch Dearg, An Chruach, Mám Éan agus Cnoc Sláine – le go 'mbeannódh sé Seanad is Dáil' agus d'fhonn a chinntiú go ndéanfaidh na polaiteoirí an rud ceart sa scéal agus cur in aghaidh an ghinmhillte. Ar an láimh eile de, is mó de spraoi ná de theagasc morálta, gan trácht ar alltacht, atá sa dán 'An Dochtúr Éamon' a chuireas síos ar chás an Easpaig Éamon Ó Cathasaigh a raibh páiste aige i ngan fhios don saol mór, scéal a tháinig chun solais i mBealtaine 1992. Moltar an t-easpag i dtéarmaí a thagas go hiomlán le moladh na laochra i ndánta molta an fhile ar tagraíodh cheana dóibh:

Ba é siúd fhéin an fear múinte léannta
Fearúil fiúntach beannaithe béasach,
Saighdiúir Chríost i mbróig is in éadach
Is fial le bocht ag treorú a thréada.

Cuireann an file an milleán ar an mbean seachas ar an bhfear sa chás, á cur i láthair mar chathaíodóir a mheall an t-easpag le cleasaíocht agus cluanaíocht na mban, agus tugann sé le fios nach raibh aon neart ag an bhfear bocht air féin – seaníomhá na mná mar striapach sa litríocht reiligiúnda a théas siar chomh fada le léamh frithbhanúil ar scéal Éabha agus Ádhaimh sa Ghairdín. Bhí Éamon 'cráifeach dúthrachtach' agus é ag iarraidh a cás a réiteach ach mheall sise é:

Tháinig go hÉirinn ógbhean spéiriúil
Is tharraing míchliú ar an Dochtúr Éamon.

Siúd mar tharla, a dúirt lucht léinn liom
Go dtáinig anall Áine ina haonar,
Gur bhris sí móid le fear gan réasún
Is d'iarr ar Éamon an chúis a phlé léi.

Bonn ar aon leis an gcreideamh cráifeach seo, faightear súil eile ar fad sna dánta ar ghné na hosnádúrthachta, ar an saol eile. Luadh Learaí eachtraí síúla nó neamhshaolta go minic ina chuid seanchais – bhí go leor eachtraí faoi ghiorraíocha sí aige, mar shampla, a dhearbhaíodh sé a bheith fíor – agus deir sé i réamhrá *Ó Bhaile go Baile*:

> Thuig siad siúd [muintir Chois Fharraige] go maith an tábhacht a bhain le Dia mór na Glóire, leis an saol ósnádúrtha chomh maith leis an saol iarmhar. Ach má thuig féin b'fhacthas dóibh go raibh déithe eile ann, déithe beaga na gcianta cairbreacha, nar mhór a choinneáil suaimnithe freisin, iad siúd a bhain le saol na bpisreog agus na n-orthaí, le saol an ádha agus an mhí-ádha. Níorbh fholáir gach aon a choinneáil leat má bhí saol ar fónamh nó fóirithint de chineál ar bith uait. (1993: 13)

Mheabhródh an méid sin dearbhú an fhile Nuala Ní Dhomhnaill (1986: 148), a bhfuil cuid mhór dá saothar fréamhaithe sa chruinneshamhail chéanna le filíocht Learaí Uí Fhínneadha, fiú murab ionann an saothrú a dhéanas siad araon ar an mbunábhar céanna (féach Denvir 2002):

> Ná fuil a fhios ag madraí an bhaile in Iarthar Chiarraí go bhfuil an saol seo ann agus an saol eile chomh maith agus go mbíonn an dá shaol de shíor ag broic lena chéile . . . Agus nach í seo an chomaoin is mó a fhágfaidh litríocht na Gaeilge ar an domhan iomlán – ar theangacha uile iarthar domhain – nár dhúin sí riamh bearna na dtaibhrí, 'the gap of dreams' mar a thug an file Béarla air.

Tá lorg an tseanchreidimh seo go soiléir ar fhilíocht Learaí, mar atá ar shaothar a chomhfhilí Gaeltachta thiar, go mór mór Joe Shéamais Sheáin agus roimhe sin Colm de Bhailís, agus é fite go nádúrtha ealaíonta trí iniúchadh agus láithriú an duine ar a bhfuil ag tarlú ina thimpeall.

Sa dán 'Bratach Champa Sheáin', mar shampla, a insíos scéal na bratai a chuaigh amú le linn toghcháin mar a luadh cheana, tugann an file le fios go géimiúil go mb'fhéidir gurbh iad an slua sí a chroch leo í:

> Bíonn an slua sí an-luaineach san oíche,
> Bíonn siad ar muir is ar talamh,
> Crochann siad seol nuair a fhaigheann siad an chóir,
> Ní fearr leo seol dubh ná tuar ceatha.

Ar an gcuma chéanna sa dán 'An Sceachín Chrotach Ghránna', tugann sé le fios gur fuadaíodh an sceach a baineadh – agus ní miste a mheabhrú, ar ndóigh, go bhféadfadh an mí-ádh a bheith ag baint le sceach a bhaint de réir an tseanchais ar aon nós:

> Níl fear ar bith san áit seo níos léannta ná Seán Táilliúr,
> Dúirt sé linn go láidir gur fuadaíodh í sa spéir,
> Ach más iad an slua sí a tháinig is a chroch leo as an áit í
> Beidh cuimhne againn go brách ar an bhfear a rinne an *raid*.

Bunaíonn sé dánta iomlána chomh maith ar eachtraí aduaine osnádúrtha ó thráth go chéile. Ríomhann an dán 'An Corcán Óir' scéal faoi sprionlaitheoir a chuir corcán óir i bhfolach i bpoll sa talamh agus a bhásaigh go tubaisteach ina dhiaidh. Blianta fada ina dhiaidh sin tháinig beirt fhear de chuid na háite a bhí ag lánú fataí ar an gcorcán, ach ciaróga donna a bhí fanta in áit an óir bhuí. Ainneoin gur móitíf choitianta sa bhéaloideas an scéal céanna, dhearbhaigh an file go raibh 'scéal fíor' sa dán in agallamh a rinne sé liom i 1998:

LÓF Tá scéal ag baint leis sin, a Ghearóid.

GD Scéal fírinneach?

LÓF Sea, agus ní féidir a dhul dhá shárú, mar déarfá. Tá daoine níos sine thiar ansin ná mise fós, an dtuigeann tú, agus tá fhios acu an scéal sin chomh maith is tá fhios agamsa. Agus tá fhios acu chomh maith is atá fhios agamsa cén áit ar bhain sé é, mar deir muid fhéin le Bóithrín an *Chommon*, an bóithrín sin siar ó Choláiste Cholmcille, an bhfuil fhios agat, an bóithrín a bhfuil Seosamh Ó Tuairisg, Cóil, mo dhreatháir féin, is iad sin síos uilig ann. Tá garraí thíos ansin agus sé Peadar Mac Diarmada, Pete Mhichael Phaddy, rinne sé teach ann ar dtús, agus Garraí na Salach an t-ainm atá ar an ngarraí sin, a bhí ariamh air. Agus bhí garraí eile ó dheas ag Séamas Sheáin Ó Cúláin, Garraí an tSeoige an t-ainm a bhí air sin, agus tá mé ag ceapadh atá fós air. Níl aon gharraí, ná aon cheapach ná aon bhóithrín in áit ar bith nach raibh ainm air. Tá i gcónaí, mar déarfá. Ach bhí an bheirt acu ag lánú fataí ar chuma ar bith agus bhí Séamas Sheáin ó dheas, ba chol ceathrar Séamas Sheáin Ó Cúláin agus Colm Stiofáin, Colm Breathnach. Thíos ar an Lochán Beag thíos a bhí Colm Stiofáin agus thuas a bhí, in aice an bhóthair a bhí Séamas Sheáin. Ach bhíodar ag obair leo, ach bhain Séamas buidéal nó rud eicínt nó crúsca sa gclaise ar chuma ar bith agus bhí sé lán le giníochaí óir agus thosaigh sé ag glaoch ar Cholm ar chuma ar bith go roinnfeadh sé an t-ór leis. Tháinic Colm ar chuma ar bith is ghlan siad gabháil créafóg agus nuair a d'oscail siad [é] ciarógaí a tháinig aníos as, ciarógaí donn. Déarfadh daoine leat nach raibh sé ach ag dhul dhó fhéin, mar déarfá, an dtuigeann tú an chaoi sin, agus daoine ag rá ansin gur faoi dhraíocht a cuireadh an buidéal agus gur cuireadh ann é.

Ba mhinic leis an bhfile freisin cumasc a chur i láthair ina chuid dánta idir an dá réimse spioradáltachta, mar atá, creideamh na cléire agus an sean-chreideamh réamhchríostaí sna sióga agus i neachanna agus cumhachtaí eile osnádúrtha. Díol suntais, i bhfianaise chráifeacht thraidisiúnta na ndánta reiligiúnda, agus i bhfianaise dhearcadh an fhile ina shaothar fré chéile ar an saol eile, go labhrann sé go rialta ar ionaid shacráilte na naomh agus go mór mór ar thoibreacha beannaithe mar ionaid leighis. Deir sé sa dán 'Cuireadh', mar shampla, go bhfuil 'leigheas don tsúil agus fóirithint don chluais ar dhrochphian' le fáil ag Tobar Éinne ach a dhul ann go hómósach agus guí go humhal 'don sárnaomh'.

Ba í 'An Mharthain Phádraic', a fuair an file óna mháthair agus a chuala sé go minic ag daoine eile óna óige, an tseanphaidir ab ansa leis ar fad. Tá dhá leagan an-éagsúla aige den Mharthain in *Ó Bhaile go Baile* (1993: 68–9, 70–71), leagan próis agus leagan véarsaíochta. Dúirt sé leagan véarsaíochta den phaidir ar an gclár *Idir Mhagadh agus Dáiríre* a craoladh ar TG4 ar an 13 Deireadh Fómhair 1999 agus sa réamhchaint a rinne sé leis an láithriú dúirt sé faoin

Marthain gur 'cruachaint uilig í', tréith liteartha a raibh an-mheas ag an bhfile uirthi. Is í an mhír is coitianta ar fad aige sna lámhscríbhinní freisin í, agus bhí ar a chumas í a thabhairt amach go deisbhéalach ó chuimhne. Ní miste a mheabhrú, áfach, gur mó ná paidir an Mharthain chéanna sa traidisiún, go mba gheall le hortha chumhachtach í, agus go gcreidtí go dtiocfadh duine slán abhaile ó aistear ach an Mharthain a bheith ráite gan sciorradh focail roimh réidh. Bhí an creideamh céanna i gcumhacht Laoi na mBuann i nGaeltacht Thír Chonaill (Ó Laoire 2002: 110–11). Dá réir sin sa dán 'An Muirín' is cosaint don bhád nua ina cuid aistear farraige, agus cinnteacht go dtiocfaidh a criú abhaile slán sábháilte i gcónaí, beannacht na sagart, an Mharthain a bheith ráite ag an bhfile, agus go deimhin focal an fhile atá go húdarásach i dteannta an méid sin – tuiscint liteartha agus chultúrtha a bhfillfear air agus feidhm an fhile sa phobal de réir an traidisiúin á hiniúchadh i Rannóg 7:

Tá tú beannaithe ag dhá shagart dhúinn,
Is mór an chliú don cheantar iad,
Grá mo chroí gach seachtain iad
An tAthair Mícheál agus Leon.

Sul má chuaigh tú amach 'un farraige
Bhí tú baistithe agus beannaithe,
Dúirt Learaí fhéin an Mharthain dhuit
Is thug sean is óg dhó cluais.

Ar an gcuma chéanna sa dán 'A Bhuachaillí na hÁite' tarraingíonn sé ar chúrsaí draíochta agus beannachtaí na hEaglaise in éineacht d'fhonn a dhearbhú go dtiocfaidh an ghleoiteog slán as gach gábh ar an bhfarraige agus díol suntais ar leith go ndeir sé go bhfuair an Mharthain cumhacht ón draíocht:

Chuaigh na hiascairí seo láithreach ar bord sa ngleoiteoig álainn
Is dúradh an Mharthain Phádraic a fuair cumhacht ariamh ón draíocht,
Tóigfear í amárach, beannófar ón Eaglais
Is beidh sí saor ón stát acu gan cáin, ar ndóigh, ná cíos.

Tá an cumasc céanna den dá chineál creidimh le feiceáil sa dán 'An Geimhreadh' freisin. Fógraíonn Lá Samhna teacht dhúluachair na bliana ag meabhrú in éineacht gurb é an tráth é i bhféilire na hEaglaise a mbítear ag guí ar son na marbh agus iad ag iarraidh a mbealach a dhéanamh go dtí na flaithis, agus san am céanna nach féidir na sméara a ithe níos mó arae tá siad nimhiúil de bharr go bhfuil an púca tar éis a chac a dhéanamh orthu:

Ar theacht do Lá Samhna tá gach duilliúr ag meath
Is bíonn an púca ar a stártha ag cur sméar dubh ó rath,
Tá na mairbh sa talamh nó ar a mbealach go neamh
Ag tnúth lenár nguibhe le dhul don rí-theach.

Is é an dán 'Oíche Airneáin i mBearna' an dán is sásúla, áfach, a léiríos an cumasc seo idir an dá pheirspictíocht nó an dá léamh éagsúla seo ar an saol eile. Is dán é a bhfuil aontacht smaointeoireachta, scéalaíochta agus aeistéiticiúil tríd síos ann ó thús deireadh. Tá sé ar cheann de na dánta is cumasaí dár chum an file, dar liom, agus ar cheann de na dánta dá chuid féin is fearr a thaitin leis féin agus bhí sé in ann é a reic ó chuimhne gan sciorradh focail. Ní hamháin sin, ach nuair a d'insíodh sé scéal cúlra an dáin bhíodh an insint mórán mar a chéile i gcónaí. Fuair sé 'scéal fíor' an dáin ó chomharsa leis i mBearna, Mairéad Bean Uí Chon Cheanainn, faoi fhear ar tugadh a dhúshlán deireanach san oíche le linn Mhí na Marbh agus airgead gnóthaithe aige ar imirt chártaí a dhul síos go Trá na gCeann agus blaosc a bhaint as an ngaineamh. Nuair a bhain labhair an bhlaosc leis go bagrach á rá leis í a chur ar ais faoin ngaineamh nó go mba dhó ba mheasa, agus dúirt, de réir an tseanchais, an leathrann (a bhíodh mar bhuaicphointe ag Learaí i gcónaí agus é ag inseacht an scéil):

> Marach le ómós do na naoimh agus nach le geall a tháinig tú ann
> Bheadh cuimhne go Lá an Luain ar do chuairt go Trá na gCeann.

Seo mar a chuir an file a leagan féin ar an scéal ina dhán féin:

> Ghnóthaigh tú imirt na gcártaí
> Ach ní raibh do chairde leat fial,
> Chuireadar leatsa na geallta
> Nach dtiocfá ar an trá seo in mo thriall.
>
> Bhí tusa fhéin múinte agus mánla
> Is níor thóig tú geall uathu ná bríb,
> Chuir tú do dhóchas san Ard-Rí
> Agus tháinig tú in ómós na naomh.
>
> D'imigh tú aonraic gan faitíos
> Is ghuibh tú ag Tobar Éinne ar do shlí,
> D'iarr tú ar Éinne is ar Cholm
> Thú a shábháil ar ghangaid is draíocht.
>
> Anois fill ar ais ar do bhealach
> Is fág an trá seo anocht gan aon bhuairt,
> Marach do dhóchas as Dia bheith chomh láidir
> Bheadh cuimhne go Lá an Luain ar do chuairt.

Tá cuid mhaith de théamaí, de chúraimí agus de dheismireachtaí liteartha coitianta Learaí Uí Fhínneadha sníofa go healaíonta ina chéile sa dán: seanchas cheantar Bhearna agus go mór mór scéal fírinneach staire Thrá na gCeann; an t-ómós is dual don chreideamh agus an dualgas atá ar an duine 'Muire agus a hAonmhac' a ghuí agus taisteal 'in onóir na Naomh' i mbun ghnáthimeachtaí an tsaoil; an meon a ghlacfadh le leagan amach an tseanchais ar an gcruinne 'eile' gur féidir le blaosc marbháin labhairt leis an duine beo; agus an méid sin ar fad fite ina chéile le scéal soiléir eachtraíochta a bhfuil orlaí láidre den ghreann tríd. Léiríonn an dán tréith choitianta i seanchas an chreidimh in Éirinn atá tugtha chun suntais ag Ó Giolláin (1990: 67), mar atá, 'a contimuum of the sacred from official religion to folk religion . . . and the same primary religious concepts underlie both'. Deismireachtaí spioradálta, liteartha agus cultúrtha a leithéidí de ráitis mheafaracha nó a leithéid de mheon aigne, ar ndóigh, agus ní gá gur 'fíor' ar fad iad i dtéarmaí an tsaoil iarbhír.

6. Mar a deir na húdair mhóra léannta

Tá sé sonraithe ag scoláirí go leor faoi chultúir dhifriúla go bhfuil an fhilíocht bhéil thar a bheith macallach agus gur nós le filí tarraingt go minic ar shaothar na sean mar ghléas dlisteanaithe agus fréamhaithe údarásaigh ar a saothar féin agus mar chruthúnas ar fhírinne agus ar ghaois a gcuid cainte. Ag trácht dó ar litríocht bhéil na hAfraice, deir Ricard (1995: 45) faoin mianach macallach seo, ar gné bhunúsach de dhioscúrsa traidisiúnta na Gaeilge riamh anall freisin é: 'This inexhaustible productivity of language that is imprinted on previous utterances or *déja dit*, and formalized by ethical and aesthetic intentions, is surely the mark of verbal art.' Deir David P. Coplan (1987: 10) faoi *lifela* (amhráin taistil) na n-imirceach Basotho a bhíos ag obair sna mianaigh san Afraic Theas:

> ... *lifela* exists in a conscious relationship of intertextuality with other genres of Sotho verbal art. Exploiting the textual resources of other genres is a means of powerfully expanding metaphoric reference in *lifela* and of displaying the deep cultural knowledge characteristic of true *bokheleke*, elequence in Sesotho.

Díol suntais sa chomhthéacs seo go ndeir J. K. Rennie (1984: 530) faoi fhilíocht mholta na treibhe Ila sa tSaimbia, '. . . they will regard a poem which is immediately self-evident and which lacks layers of allusion as *ipso facto* shallow and uninteresting'.

Tá gné seo na hidirthéacsúlachta, an 'mhósáic tagairtí' a dhéanas téacs dar le Julia Kristeva (1986: 37) ina haiste cháiliúil a céadfhoilsíodh i 1969, 'Word, Dialogue and Novel', an aiste chéanna inar chum sí an téarma 'idirthéacsúlacht' den chéad uair, go mór chun tosaigh i bhfilíocht Learaí Uí Fhínneadha, mar atá feicthe cheana againn san anailís ar na modhanna dioscúrsúla atá aige le moladh a dhéanamh chomh maith leis an gcur síos ar na gnéithe traidisiúnaíocha a bhaineas le cúrsaí reiligiúin agus le cúrsaí an tsaoil eile ina shaothar. I dteannta an mhéid sin, cuireann sé a theachtaireacht fhileata in iúl go minic le réimse thar a bheith leathan de thagairtí díreacha agus de chlaontagairtí indíreacha macallacha, a eascraíos as an gcruinneshamhail dúchais a fuair sé le hoidhreacht, tagairtí do chúrsaí staire, cultúir, béaloidis agus reiligiúin, le focail agus nathanna, le bríonna forchiallacha comhcheangailte, fiú le meafair agus íomhánna nach dtig leis an allúrach, an duine atá taobh amuigh den traidisiún, a thuiscint go hiomlán gan gluais nó tráchtaireacht mhion.

Tá cuid de na tagairtí ionann is tuarascálach sa méid agus go bhfuil siad an-soiléir don éisteoir/léitheoir a mbeadh an tuiscint is lú aige ar an traidisiún.

Sin mar atá, mar shampla, i gcás na dtagairtí ar fad atá ag an bhfile do thraidisiún na Fiannaíochta, a mbeadh eolas bunúsach ar a laghad ag an bpobal ar fad air, gan trácht ar bhunáite ghasúir scoile na tíre. Tagraíonn sé don Fhiannaíocht go minic i ndánta polaitíochta agus baineann sé greann as an imeartas idir na Fianna, laochra an tseansaoil, agus a chuid Fianna féin, Fianna Fáil, laochra na polaitíochta go náisiúnta agus go háitiúil i súile an fhile mar atá feicthe againn. Tá léiriú maith air seo le fáil sa dán 'Bratach Champa Sheáin' áit a ndeir an file luath go maith sa dán:

Tá Fine Gael ag clamhsán go géar
Is an milleán dhá chur ar na Fianna

Spreagann sin samhlaíocht an fhile, is léar, agus tarraingíonn sé chuige láithreach samhail ó dhomhan na Fiannaíochta, fiú más *non sequiter* ar bhealach é:

Thug Oisín leis Niamh slán thar muir agus sliabh
Is bhí Oscar teann tréan ar an talamh,
Is Conán Maol bocht, fear caite na gcloch,
Is ba contúirt mhór Lugh Lámhfhada.

Ar an gcuma chéanna sa dán 'Ruaille Buaille sa Dáil' ceanglaíonn sé saol na polaitíochta comhaimseartha le domhan na Fiannaíochta agus é ag cur síos ar dheacrachtaí a pháirtí féin:

Dhá bhfilleadh Mac Móirne agus Caoilte
Thiocfadh na Fianna as an ngábh

Déantar comghairdeachas leis an reathaí Catherina McKiernan agus moltar a cuid gaiscí i dtéarmaí laochra na bhFiann chomh maith sa dán 'Comhghairdeachas':

Coinnigh ort ag coimhlint i ngeallta
Go spóirtiúil, go fuinniúil is go dian,
Smaoinigh go deo ar na laochra
Ar thréan-neart agus gaisce na bhFiann.

Feictear Oscar, gaiscíoch eile de chuid na bhFiann, i roinnt dánta cráifeacha ('An tSíoraíocht', 'An Saol', 'Agallamh an Bháis leis an bPeacach') agus é ag lascadh gan trua lena shúiste ar anamnacha atá ag fulaingt damnú síoraí ifrinn, 'Cromail na Mallacht' ina measc! Tagraítear freisin sna dánta do phearsana móra eile de chuid an bhéaloidis a mbeadh eolas maith ag glúin an fhile féin orthu, mar An Gobán Saor ('Colm de Bhailís', Fleá agus Féasta'), Mac

Rí Éireann ('Canbhasáil ón Aer') agus Scorach Ghlionnáin, a raibh gean ar leith ag an bhfile air agus a bhfuil leagan den dán a chum an Scorach ag imeacht as Éirinn, más fíor, ag an bhfile i lámhscríbhinn amháin:[3]

D'fhan trácht gan milleán ar Scorach Ghlionnáin,
Bhí sé láidir fearúil cóir,
Ar chlár an éadain bhuail sé bulláin,
Bhain sé an t-ocras de go leor.
('Siúlach Béalach')

Tá riar mhaith tagairtí ag an bhfile ina shaothar freisin do ghnáthsheanchas laethúil an cheantair, agus don chineál eolais a bheadh ionann is ó nádúr ag rannpháirtí de chuid an traidisiúin maidir le nós-mhaireachtaí agus tuiscintí atá fréamhaithe sa timpeallacht fhisiciúil agus nádúrtha. Idirthéacsúlacht chultúrtha atá anseo sa méid agus go bhfuil cuid mhaith den seansaol traidisiúnta thiar as ar fáisceadh an file agus a shaothar imithe anois ar throigh gan tuairisc, fiú sna ceantair bheo Gaeltachta. Theastódh nóta léirmhínithe seans ó ghlúin dhífhréamhaithe Mhichael Davitt ina dhán 'Seandaoine' (2004: 39), glúin nach n-aithneodh 'an chopóg ón neantóg', agus iad ag léamh an dáin 'An Fear Siúil' a gcuireann an file críoch leis le rann gaoismhear bunaithe ina chleacht aitheantais féin:

Ó tá sé ina chalm go n-éirí go geal leat
Sin iad mo smaointe agus ráite mo bhéil,
Ní baol dhuit gath gréine, sé an fóthanán is géire,
Má scallann an neantóg tá fuarú sa gcopóg le bualadh os a chionn.

Tá riar mhaith tagairtí aige freisin atá bunaithe ar thuiscintí traidisiúnta faoi chúrsaí aimsire agus a thionchar sin ar shaol an duine ó lá go lá, go mór mór agus é ag trácht ar éin agus ar ainmhithe. A leithéid seo de shampla ionadaíoch ón dán 'An Préachán':

Tosaím áras i dtús an Mhárta, ar ndóigh,
Agus tugaim tuar na haimsire,
Má bhíonn aimsir bhreá i ndán dhúinn
Téim suas go hard sa gcrann.

Mar faighim comhairle charadach
Ó Néiptiún rí na farraige
Má tá aimsir mhór sa scála dhúinn
Fanacht íseal le bheith slán.

Tagraíonn sé go rialta freisin don chreideamh coitianta gur gheall Naomh Bríd 'gach re lá ó mo lá-sa amach', á chur in iúl go bhfeabhsóidh an aimsir le teacht an earraigh ('Fáilte Romhat, a Chuachín', 'Beochan') agus tá an dán 'An tEarrach' bunaithe ar an seandearcadh traidisiúnta gur mí chrua í an Mhárta, go scuabann sí go leor léi idir dhaoine agus ainmhithe, agus ar an seanscéal faoi laethanta na bó riabhaí a deir gur iarr an Mhárta trí lá d'iasacht ar an Aibreán go maródh sí an bhó riabhach agus go bhfuair sí sin – lá á treascairt, lá á cascairt agus lá á cur:

Ruathriomach an Mhárta déanann sé crá
Ní féidir é a shárú mar a dúirt an seanrá,
Fágann sé cruit ar sheandaoine
Agus go leor eile faoi chlár.

Nuair a thagann Lá Fhéile Pádraic is fad maith ar an lá
Beidh an seanduine críon ag tabhairt comhairle dhá chlann,
Is é fhéin ar a dhúthracht ag guibhe go síoraí
Go gcuirfidh sé thairis Lá na Bó Riabhaí.

Maidir leis an tagairt don chapall dubh sa dán 'An Scadán':

An capall chomh dubh le airne
A thug as braon lena hintinn ghránna,
Bhí bua cinnte aige ón nádúr
Le scead bhán a chur ina haghaidh.

tá nóta mínithe ag an bhfile leis an leagan den dán a chuir sé isteach ar chomórtas filíochta de chuid an Oireachtais i 1993: 'Róstaí an scadán ar an tlú agus chuirtí ar chlár éadain an chapaill dhuibh é mar bhí intinn an diabhail ag an gcapall dubh ar fad agus í amplúch dhá réir.' Tá an nóta seo a leanas aige i lámhscríbhinn amháin freisin: 'Síleann an capall an duine a mharú seacht n-uaire sa ló. Tagann sé ina hintinn mar deirtear go bhfuil seacht n-easna ón diabhal inti agus easna amháin ón duine.' Díol suntais na nótaí seo, ní ar a son féin amháin, ach ina theannta sin sa méid agus go dtugann siad le fios nach dtuigfeadh daoine – moltóirí Oireachtais, léitheoirí, éisteoirí – an tagairt agus go raibh gá lena 'míniú'. Níor thug sé míniú ar bith ar an gcur síos ar an gcaoi cheart de réir an traidisiúin leis an scadán a róstadh, áfach, tharla é a bheith soiléir ó théacs an dáin:

Dúradh cheana más ráfla
Gan a bholg a chur le gráta
Is nach mairfeadh an greim cráite
Don té a dhéanfadh é mar ghníomh.
Sí an chomhairle a d'fhág ár sinsir
A dhroim a chur le gríosach

Is go mbeadh beannacht ó Rí na hAoine
Ar an té a gheobhadh dhó blaiseadh a bhéil.

Tá cuid mhaith tagairtí idirthéacsúla freisin ag an bhfile atá bunaithe ar scéilíní seanchais a bhí coitianta agus an file é féin ag teacht suas. Sa dán 'An Préachán' luann sé an seanscéilín faoin roilleach ar iarr an faoileán iasacht a snámha uirthi, snámh nár thug sí ar ais, rud a d'fhág an roilleach gan snámh go brách. Tá an scéal seo bunaithe ar an seanfhocal, 'Iasacht na roillí dá snámh, sin iasacht nach bhfaighfear go bráth' (Ó Máille 2010: Uimh. 3400):

Téim chois an chladaigh síos
Ag piocadh cruimhe is dreancaidí,
Bíonn an chailleach dhubh ag magadh fúm
Faoileán, lacha is ladhrán trá.

Tá cairt mhór ar mo cholpaí
Agus is rosach iad mo spreangaidí,
Níor níos mo chrága i rith na haimsire,
Ní bhfuaireas iasacht le dhul ar snámh.

Tagraíonn sé freisin don fhóidín meara, an fód sin a dtéann an duine amú mar a bheadh mearbhall air má shiúlann sé air, de réir an traidisiúin, sa dán 'An Cailín Mánla', dán molta de réir an tsean-nóis ar a bhean chéile, Máirín Ní Chartúir, agus arís, in áit nach mbeifí ag súil chomh mór lena leithéid, i ndán faoin bpolaitíocht chomhaimseartha, 'Cléir is Tuata':

Fág an tír go gasta
Nó is leat an máilléad ar an gcamóig bhearraigh,
Is beidh fán ort ag fóidín meara
Le bolscaireacht Sheáin Bhuí.

I bpíosa eile leis, 'An Gandal ar Strae', píosa breá láidir faoi ghandal leis a chuaigh ar strae agus ar chuir fear de chuid na háite coileán agus gadhar ann lena mharú, chuaigh an file ar cuairt ag bean feasa agus é ag cur tuairisc an ghandail. Amach as an seansaol a tháinig a cuid cainte sise agus níor mhór do dhuine eolas a bheith aige ar an seanchas a deir nach bhfuil buille luath an Luain (ach an oiread le buille deiridh an tSathairn) sona le meabhair cheart a bhaint as – agus féach freisin an tagairt do na seanráite ag an bhfile féin:

Chuir sise dlús le seanráite ar dtús,
'Ná bíodh buile luath an Luain go héag agat,
Suigh síos in mo chlúid go n-ardaí an drúcht
Agus cuirfidh mise síos ar an éan dhuit.

Rud a rinne sí tharla fios aici agus nuair a bhí an scéal ar fad ag an bhfile chuir sé a mhallacht ar an té ba chiontsiocair le bás an éin, mar a dhéanfadh file ar bith sa chás – agus ní léar an é an mada nó an t-úinéir atá faoi bhrí na mallachta:

A bhean chóir is a stór, éist go fóill le mo ghlór
Is ná bí ag gol is ag gárthaíl,
Mar guibheadh Mac Duach nach gcloisfidh sé an chuach
An té a rinne ar an éan an t-ár seo.

Más coileán nó gadhar a mharaigh é le taghd
Nár fheice Dia dílis an t-ádh air,
A theanga óna bhéal go sloige sé siar
Is go dtachta sí ar an toirt gan aon spás é.

Tagraíonn an file freisin do ghnéithe den seanchas a bhaineas leis an saol eile, mar a sonraíodh cheana i Rannóg 5, cuid acu a bhfuil toise draíochta ag roinnt leo mar dhóigh de – próca óir a bheith ag an leipreachán sa lios ('Ór ag Leipreacháin') nó próca óir a ndéantar seangáin de nuair nach é an fear 'ceart' a bhaineas é ('An Corcán Óir'). Tá na dánta breac chomh maith le tagairtí do chúrsaí piseogaíochta mar an gcóiste bodhar ('Níl agus Tá') agus do mhná nó cailleacha feasa ('Tarbh Choilm', 'Na Páipéir dhá bPriondáil', 'Aspal Mór na hÉireann', 'Ór ag Leipreachán', 'Bréagach', 'An Sciolladh', 'Brionglóid'). Bhí luí ar leith ag an bhfile le tairngreachtaí d'fhonn cur síos ar an droch-chaoi a bhí ar an saol, dar leis. Cuireann sé an chíor thuathail i gcúrsaí polaitíochta na tíre i ndeireadh na bliana 1994 in iúl sa dán 'Ruaille Buaille sa Dáil' mar fhíoradh ar thairngreacht mhílaoiseach Chogadh an Dá Ghall, agus deir sé in 'Athrú Mór Tagtha', dán eile faoi mheath an tseansaoil, gur tuaradh an t-athrú sin chun donais sa tairngreacht:

Dúradh ariamh sa tairngreacht
Go dtiocfadh sé sa saol
Go mba caradach fós an maicín é
A thiúrfadh dhá athair fhéin greim len ithe.

Aríst ar ais mar a léitear dhúinn
Go dtiocfadh ár gan staon
Go dtiocfadh cruach ag cáthadh
A mharódh muid araon,
Is go gcaillfeadh an bhean óg an náire
Dhá goradh fhéin le gréin.

Dán spéisiúil sa chomhthéacs seo freisin 'Brionglóid' a dhéanas cur síos ar dhrochbhrionglóid a bhí ag an bhfile nuair a chonaic sé chuige an drochrud a raibh cuma an diabhail air, 'miosúr leaid na n-adharc', nó mar a thugas glór neamhaí air, an *Polar Bear*. Díol suntais an chosaint a dhéanas sé air féin atá bunaithe ar an seanráiteas bagrach 'Aingle Dé in aghaidh do ghutha, agus poll do thóna in aghaidh an tsrutha, agus mar sin go raibh tú bliain ó inniu', chomh maith le cúnamh ó fhoinse cheartchreidmheach Chaitliceach (Muire agus na hAspail) agus ó fhoinse 'phágánach' (An Chailleach Bhéara):

> Labhair mé leis an nglór go dána ansin,
> 'Aingeal in aghaidh do ghuth idir mé agus an *Polar Bear*,
> Cabhair ó Mhuire Máthair an Uain agam
> Agus na hAspail, an dáréag,
> Go mba ag an gCailleach Bhéarra thusa uaim
> Agus an speal aici breá géar.'

Tá na dánta breac chomh maith le tagairtí do shaol comhaimseartha Ghaeltacht Chonamara, go mór mór ó thaobh chúrsaí cultúir agus teanga. Mar atá feicthe cheana againn, bhíodh an file ag freastal go rialta ar Oireachtais agus ar fhéilte cultúrtha Gaeilge agus ní hamháin go ndéanann sé cur síos ar imeachtaí na n-ócáidí sin i ndánta mar 'Oireachtas an Daingin 1992', 'Óid d'Oireachtas an Chéid', 'Oireachtas na nDéise', 'An Bhó Bhán', 'An Choirm Cheoil', 'Colm De Bhailís', 'Fleá agus Féasta', 'Saothar an tSaoir' agus a leithéidí, ach cur síos don dream a bhfuil an t-eolas acu ón taobh istigh a bhíos i gceist mórán i gcónaí. Is léar ar an dán 'An Bhó Bhán' a chum sé faoi bhua Mheaití Jó Shéamuis i gcomórtas sean-nóis na bhfear ag an Oireachtas go nglacann sé leis go dtuigeann a lucht éisteachta cé na himeachtaí agus na daoine atá i gceist agus ní hamháin sin ach go dtuigfidís cén t-amhrán a chas an buaiteoir agus fiú go mbeadh eolas acu ar scéal an amhráin chéanna. Tá scéal ginte dhán Learaí spéisiúil sa chomhthéacs seo freisin. Seo mar a mhínigh sé féin é in agallamh liom i 1998: 'Bhí mé ag éisteacht leis dhá chasadh, mar déarfá, agus thosaigh cupla líne ag imeacht thrí mo cheann i ngeall ar an mbó bhán agus scríobh mé píosa beag faoi'. Dúirt sé an dán ó chuimhne ansin agus lean air:

> Agus thaithnigh liom gur ghrú sé ceart go leor agus d'airigh mé ag caint amach ansin leis na daoine é agus rudaí eile, mar déarfá, agus cheap mé fhéin ansin fíochan beag a chuir leis. Agus ar ndóigh creidim gur draíocht a chuaigh ar an mbó bhán am eicínt . . . Le ceantar na Trá Báine a bhain an t-amhrán agus an bhó bhán freisin, déarfainn. Bhí véarsa eile ann a chuala mise ag mo mháthair, b'as an Trá Bháin . . . seanmháthair mo mháthar, mar déarfá, go ndéana Dia grásta ar na mairbh uilig. D'airínn á rá í. Bhí na seanamhráin Bhéarla agus Gaeilge aici, ach deireadh sí:
>
> > Bhíodh sí blite le foinn amhráin ag Nóra Chóil Uí Bheoláin
> > Agus ag Máire Tom Uí Lochlainn as baile Bhun an Charnáin.
>
> Agus as baile Bhun an Charnáin muintir seanmháthair mo mháthar, mar déarfá.

Ar an gcuma chéanna sa dán 'Saothar an tSaoir', a cumadh i ndiaidh ócáid sheolta *Amhráin Choilm de Bhailís* ag Siamsa Choilm de Bhailís i Mí Bealtaine 1996, tagraíonn sé do riar mhaith ceoltóirí, damhsóirí agus amhránaithe áitiúla a bhí i láthair ag an ócáid, ina measc Seán Monaghan, a chum agus a chasas na hamhráin mhóra le rá 'An Dreoilín' agus 'An Ronnach' ina stíl shainiúil *cajun* féin, ar tagraíodh dó mar seo:

> Ó Monacháin, Seán, is air a bhí an greann
> Agus é ag baint clúmhach as an dreoilín,
> Le bior fada bán agus crúca ina bharr
> Thóig sé an ronnach ón róistín.

Tagraíonn sé freisin do chláracha raidió agus teilifíse agus d'imeachtaí áitiúla eile a dteastódh eochair an bheith istigh ó dhuine lena dtuiscint i gceart i ndánta mar 'Siamsán an Óstáin', 'Trácht ar Pholl', 'Turcaí Dhoire Fhatharta', 'XRB', agus tá an scéal céanna fíor i gcás na dtagairtí do chúrsaí polaitíochta, idir áitiúil agus náisiúnta, a pléadh níos túisce.

Ainneoin nach raibh guth cinn ag Learaí – thugadh sé préachán air féin agus deir sé sa dán 'Oireachtas an Daingin 1992', 'Ach ná hiarraigí Learaí ag gabhail fhoinn / Mar níl nóta amháin fhéin sa bpluic aige' – bhí an-suim aige sna seanamhráin, agus an-eolas aige orthu, idir fhocail agus scéalta, agus tharraingíodh sé go mion minic ar an tobar seo agus é féin i mbun dán a chumadh. Tagairtí folaigh a mbunáite agus éilíonn siad eolas ar na hamhráin a bheith ag an éisteoir/léitheoir d'fhonn an tagairt a thuiscint. Leanann na tagairtí seo an patrún céanna a thabharfar chun solais sa phlé i Rannóga 7 agus 9 ar mhianach foirmleach a chuid filíochta sa méid agus gur frásaí, leathlínte, agus fiú ar uaire línte agus leathranna a tharraingíos an file chuige féin i gcruthúnas a dhéantúis féin. Bíodh is go bhféadfaí béim a chur sa chomhthéacs seo, mar a dhéanas Saussure, ar thréithe córasúla na teanga daonna sa ghné fhoirmleach réamhráite sin, is gaire go mór don tuiscint atá anois againn ar idirthéacsúlacht an gaisneas a bhaineas Learaí (agus filí eile) as an traidisiún amhránaíochta ina shaothar arae is téacsanna nó cruthúnais inaitheanta beo a bhfuil eolas ag an bhfile agus ag a phobal orthu na hamhráin a bhíos i gceist aige, fiú is gur tagairtí folaigh macallacha a déantar dóibh.

Ós é Raifteараí an máistir i súile Learaí, tugann sé an t-ómós sin dó ina shaothar féin thar aon duine eile. Chuir sé tús leis an dán 'Oireachtas na nDéise' le tagairt fhollasach do chéadlíne amhrán cáiliúil Raifteаraí, 'Cill Liadáin' sa leagan is coitianta thiar, 'Anois teacht an earraigh beidh an lá ag dul chun síneadh' (de hÍde 1933: 49), agus más inbhéartú féin ar an mbundán é tá an macalla glan soiléir:

> Anois teacht an gheimhridh is an oíche ag dhul chun síneadh
> Ní dhéanfad aon suaimhneas nó go scríobha mé dán.

Bíodh is gur macalla soiléir ón amhrán seanbhunaithe 'Na Páipéir Dhá Saighneáil' atá i dteidil an dá dhán ag Learaí faoin bhforbairt tithíochta i mBearna, 'Na Páipéir dhá bPriondáil' agus 'Na Páipéir dhá Saighneáil', is mó a bhaineas an chéad dán díobh sin macalla as amhrán Raiftearaí, 'Bainis an tS'leacháin Mhóir' (Ó Coigligh 1987: 110–14) gona chur síos ar an bhféasta ag a raibh 'seacht sórt feola' agus 'patraiscí uisce ar phlátaí gléasta'. Mar seo a shamhlaigh Learaí an féasta ina dhán féin:

Beidh againn smior mart, mil bheach is feoil chearc
Agus caoireoil ar thosach na méise,
Breallach is breac is bradán ón eas,
Pataraí uisce agus géabha.

Luann sé Raiftearaí as a ainm sa dán molta ar bhean, 'Caitríona', agus tagraíonn sé do chumas an tseanfhile ag moladh na mban, tagairt thar a bheith feiliúnach ó tharla dán Learaí féin a bheith chomh mór de réir sheánra na n-amhrán molta ban, mar a sonraíodh cheana:

Bhí Raiftearaí dall is ba mhór an feall
Ach chum sé go leor faoi bhean,
Ar an leaba san oíche ag ligean a scíth
Bhí an oíche dhó chomh geal leis an lá.

Go deimhin, is sna hamhráin faoi mhná (chomh maith leis na hamhráin chráifeacha, mar a sonraíodh cheana) is mó a feictear tionchar Raiftearaí, agus tionchar an traidisiúin fré chéile ar fhilíocht Learaí. Tá an méid sin soiléir, mar shampla, i ndán mar 'Mairéad', dán gearr ar geall le paistís ar an seánra é gona mhacallaí soiléire ó na hamhráin ghrá agus ó *Caoineadh Airt Uí Laoire* chomh maith – agus ní miste a rá nach dán é ach an oiread a d'áireofaí ar an gcuid is fearr a chum an file tharla, b'fhéidir, fuil the na duineatachta aonair ar iarraidh ann:

A Mhairéad a stóirín, sé mo bhrón nach liom fhéin thú
Is cheannóinn dhuit béabhraic dhá ndéantá liom éalú,
B'fhearr liom thú ar láimh liom ná Héilin is ná Véineas
Agus gan bólacht ar shléibhte ní iarrfainn pínn spré leat.

An cuimhneach leat an lá úd a dtug mo chroí gean dhuit
San áras cuain istigh ar an bhfascadh?
Do bhéal deas ba mhilse go mór ná mil bheacha
Agus do dhá shúil ba ghlaise ná an reolach lá seaca.

Do shiúlfainnse soir agus do shiúlfainn fhéin siar leat,
Do throidfinn an bás dhuit go teann dána dhá mb'fhéidir,
Do thug mo chroí grá dhuit go deo deo grá daingean,
Is d'imeodh an aois dhíom dhá ndéarfá gur leat mé.

A chumann is a stóirín, ó rinne tú mo mhaltraid
Guibhim gach tráth go n-éirí go geal leat,
Beannacht na naomh ort is an Mhaighdean do d'fhaire,
Ach táimse go tréithlag is na deora dhom dhalladh
Agus ní leor dhom an cuan ná an t-áras chois cladaigh.

File eile a raibh gean ar leith ag Learaí air ab ea Colm de Bhailís, a bhfuil trí dhán cumtha aige ina onóir, 'Fleá agus Féasta', 'Saothar an tSaoir' agus go mór mór 'Colm De Bhailís', áit a dtarraingíonn sé ar dhán cáiliúil an tseanfhile 'Cúirt an tSrutháin Bhuí', le tagairtí soiléire idirthéacsúla don seanamhrán – urlár *marble*, tír na Gréige, fleá agus féasta, gairdín pléisiúir agus eochairfhocail eile ó dhán de Bhailís – d'fhonn a ráiteas féin a dhéanamh. Ina theannta sin, sa dán 'Éist le Glór' suíonn sé de Bhailís (agus a leathbhádóir, Micil Diarmada Ó Clochartaigh, file, a chríochnaigh An Chúirt) i measc *pantheon* na laoch liteartha ón seanam dar dual ómós.

De Bhailís croí na féile
Agus an Clochartach mar an gcéanna,
Dá gcuirfeá slat ar Éirinn
Ba deacair a sárú a fháil.

Raifteaíraí an dall ba bhreá é,
Is na Callanáin a chráigh é,
Sin is an filí cáiliúil
Ó Maoildhia as Eanach Cuain.

Tarraingíonn sé línte agus frásaí glan amach as amhráin aitheantais Chonamara ar fud na mball ina shaothar chomh maith. Tógadh an líne 'Marach caraid mhaith bhí i bhfabhar dhom' sa dán 'Bealach na Bó Finne' ón amhrán 'An Luch a Ghearr an Píosa', agus an líne 'Gheall tú dhomsa is rinne tú bréag liom' sa dán 'An tAnam agus an Cholainn' ón amhrán mór 'Dónall Óg'. Tá an líne 'Beidh an fhuiseog ar maidin ag giolcadh ann go haoibhinn' sa dán 'Galfchúrsa Bhearna' an-chosúil leis an líne as 'Amhrán Chamuis', 'Bíonn an fhuiseog ar maidin ag síorsheinm cheoil ann', agus tarraingíonn an líne 'Hata ard le ribín breá bheadh go rídheas ar do cheann' sa dán 'An Ainnir Máire Bhán' ar an líne 'Bíodh mo chaipín is mo ribín inti istigh go rídheas ar mo cheann' as 'Amhrán Mhaínse'. Ina theannta sin, bunaíonn sé aonaid níos mó ar uaire go soiléir ar amhráin. Tá macalla glan ó 'Phíopa Ainde Mhóir', an píopa sin más fíor a rinne galún taosctha maith, le fáil sa dán 'Na Páipéir Dhá bPriondáil':

Tá píopa Ainde Mhóir aríst i reacht seoil
Dhul ag taoscadh an Átha Ghlugair i mBearna

Ar an gcaoi chéanna, tá chéadvéarsa an dáin 'Siamsán an Óstáin' bunaithe go soiléir ar an amhrán coitianta 'An Spailpín Fánach':

Go deo deo aríst ní fhágfainnse an baile
Ar ór ná ar chomhairle Pháidín
Le bheith ansiúd in mo scraiste in mo shuí ar an leachta
Is gan orm ach drár agus báinín.

Píosa eile fós a tharraingíos cuid mhaith ar amhrán coitianta is ea an t-agallamh traidisiúnaíoch 'Mise agus Mairéad' atá bunaithe ar an amhrán 'Beidh Aonach Amárach i gContae an Chláir' ach go bhfuil Aonach Mór an Fhómhair sa Mám curtha in áit aonach an Chláir. Ar an gcaoi chéanna, tá an dán 'A Róisín, Is Cás Liom Do Bhuairt Inniu' bunaithe go soiléir ar an seanamhrán 'Róisín Dubh' agus léiríonn sé diomú, agus go deimhin fearg an fhile trí pholaiteoirí suaracha an lae inniu a chur i gcomórtas leis na seanlaochra a bhain a saoirse amach do Róisín. Deir sé go searbhasach, murab ionann is na laochra fadó nach gceilfeadh fíon Spáinneach ar Róisín Dubh, gur ceird eile ar fad atá ar chinnirí leithleasacha an lae inniu:

Tá do bhráthair mór ag teacht anall leat agus Nollaig leis,
Gheobhaidh sé fíon láidir sa *duty free* dhuit.

Ní miste leis an bhfile ach oiread tagairt idirthéacsúil a dhéanamh do shaothair agus imeachtaí eile atá comhaimseartha leis féin. Tá gaol soiléir idir an cur síos atá aige ar an Ródaí sa dán 'XRB' a deir sé a bhí 'thall ar thalamh Sheáin / is chaith sí seal ag Paisley' agus 'Amhrán an Phrefect' áit a ndeir Tom an tSeoige mórán an rud céanna. Tá macalla soiléir ó agallamh cáiliúil Johnny Chóil Mhaidhc Uí Choisdealbha 'Raiftearaí agus an File', gona bhéim ar dhaille an fhile agus an tagairt don 'oíche is an lá mar a chéile' (1987: 73) sna línte 'Ar an leaba san oíche ag ligean a scíth / Bhí an oíche dhó chomh geal leis an lá', agus tá an scéal céanna amhlaidh sa dán 'Trácht ar Pholl' a bhfuil cosúlachtaí aige le dán Johnny 'Pothole' (1987: 41–3). Cumadh an dá dhán mar fhreagra ar cheist a cuireadh ar chlár de chuid RTÉ Raidió na Gaeltachta maidir leis an b*pothole* is mó i gConamara, agus bíodh is gur mó scóip agus go deimhin 'litearthacht' dhán Learaí, tá tús dhán Learaí roinnt cosúil le tús dhán Johnny agus tá an líne 'Tá *black hole* istigh sa mbeairic' bunaithe de réir cosúlachta ar líne Johnny ''S tá'n *blackhole* istigh sa mbeairic'.

Léiriú suntasach atá sa dán 'An Ainnir Máire Bhán' ar phróiseas seo na hidirthéacsúlachta ní hamháin ag Learaí ach san fhilíocht bhéil fré chéile. Dán molta do bhean álainn a bhfuil sé i ngrá léi, mar dhóigh de, atá ann. Is í an bhean atá i gceist Máire Bríd Uí Nia, an t-amhránaí sean-nóis agus cara maith de chuid an fhile, a luaitear freisin sa dán 'Oireachtas na nDéise'. Dán nua as an bpíosa atá ann a chum Learaí ach tá sé bunaithe go soiléir ar an amhrán 'Bainis Jimí Joe' a chum Mícheál Bheairtle Ó Donnchú (1902–79) as Cor na gCapall, Bántrach Ard, Carna, uair éigin sna 1940í agus a bhfuil trí leagan de le fáil i gcartlann Roinn Bhéaloideas Éireann maille le taifeadadh amháin a rinne Cló Iar-Chonnacht.[4] Bhunaigh Learaí a dhán féin ar struchtúr an dáin a fuair sé le hoidhreacht sa traidisiún béil ó fhile Charna. Is é a rinne sé sna chéad chúig véarsa dá dhán féin an chéad líne as na chéad chúig véarsa ag file Charna a leagan mar bhunchloch lena chruthúnas féin, mar is léar ón leagan amach seo thíos:

LÓF, Véarsa 1:	Beidh cuimhne agam an fhad is mhairfeas mé ar an ainnir Máire Bhán
MÓD, Véarsa 1:	Beidh cuimhne agam chúns mhairfeas mé ar chailín an taobh thall
LÓF, Véarsa 2:	Tá mná óga an bhaile seo ag rá go bhfuil mé sean
MÓD, Véarsa 2:	Tá daoine istigh sa mbaile seo dhá rá go bhfuil mé sean
LÓF, Véarsa 3:	Tá teach is píosa talún agam chomh deas is tá san áit
MÓD, Véarsa 3:	Tá teach is feilm thalún agam chomh deas is atá le fáil
LÓF, Véarsa 4:	Cheannóinn fhéin culaith éadaigh dhuit chomh maith is tá le fáil
MÓD, Véarsa 4:	Ceannóidh mé culaith éadaigh dhuit chomh daor is is féidir a fháil
LÓF, Véarsa 5:	Is faide liom lá ná seachtain ó d'imigh tu uaim anonn
MÓD, Véarsa 5:	Níl sé fós ach seachtain ó d'imigh sí thar cuan[5]

Ina theannta sin, dúnann Learaí a dhán féin le ciúta dúnta a bhíos aige go minic ina chuid dánta trína dtugann sé le fios go bhfuil deireadh anois déanta aige leis an seanchas, leis an gcaint chrua, nó leis an scéal a bhí le reic aige, á thabhairt le tuiscint go bhfuil deireadh ráite agus dá réir sin go mairfidh an scéal trí mheán an dáin. Tosaíonn sé an véarsa deiridh mar seo: 'Stopfad feasta an seanchas is ní abróidh mé níos mó'. Macalla soiléir atá anseo ar rann deiridh 'Bainis Jimí Joe' (Nic Dhonncha 2002: 77):

Ní leanfaidh mé níos faide é agus ní dhéarfaidh mé níos mó,
Is níl tada ráite as bealach mara bhfuil mé ag gabháil amú;
Ní bheadh deireadh agam leis an seanchas dhá mbeinn ag caint go deo,
Ach beidh cuimhne agaibh chúns mhairfeas sibh ar chailín Jimmy Joe.

Cuir leis an méid sin go bhfuil meadaracht an dá dhán/amhrán mórán mar a chéile, agus is léar dá réir sin gur taobh istigh de struchtúr a fuair sé 'ar iasacht' sa traidisiún a chum Learaí a dhán féin, nó sin gur úsáid sé an leagan amach a fuair sé roimhe le craiceann a chur ar an scéal nua a bhí le reic aige féin. Is mór idir an úsáid shofaisticiúil seo as ciúta na hidirthéacsúlachta agus an ghlanaithris a dhéanas an file, áfach, sa dán 'Tús m'Óige' ar dhán Dhubhghlais de hÍde, 'Bhí mé tráth sona' (de hÍde g.d.: 270–72) a foilsíodh in *Ubhla den Chraobh* den chéad uair i 1901, ach díol suntais san am céanna nach raibh an dán céanna sin i measc na ndánta a thug an file don fhoilsitheoir. Léiríonn sé seo, creidim, breithiúnas an fhile féin sa chás.

Is é coincheap an tseanchais, scéal an duine arna ríomh trí mheán an fhocail a tháinig anuas ó bhéal go béal, mar atá ag Learaí agus ag na filí a chuaigh roimhe, an snáithe ceangail a shníos an ghné bhunúsach seo de shaothar an fhile ina chéile. Seo í an tuiscint údarásach ar an saol a nochtas an file trí mheán a chuid filíochta, tuiscint a tháinig anuas sa líne ó fhilí (agus seanchaithe) eile. Má tá an séala 'Dúradh ariamh ins an seanchas' ('Ór ag Leipreachán') ar ráiteas is ionann sin agus dearbhú ar fhírinne an ráitis sin díreach mar tá an fhírinne sna 'scéalta a scríobh na húdair mhúinte léannta' ('An tAnam agus an Cholainn'). Sa dán 'An Cailín Óg agus an Baitsiléara' luann sé scéal fírinneach atá, a deir sé, 'scríofa i leabhar an tseanchais', á thabhairt le tuiscint gur dearbhú níos láidre fós ar údarás agus fírinne scéil, ar ndóigh, é a bheith ar fáil i bhfoirm scríofa.

Seo í an tuiscint chéanna atá ar chúl dáin mar 'Seanchas le Máire' nuair a deir an file leis an mbean óg suí 'chun seanchais' agus nár 'chuir tú dall i dteachtaireacht', eadhon, go bhfaighidh sí an scéal fírinneach ón bhfile. Is léar ó na foirmlí dúnta (a pléifear i Rannóg 8 thíos) trína gcuireann an file críoch lena dhán le ráiteas mar 'Críochnód suas an seanchas' gur beag idirdhealú a dhéanas an file idir an fhilíocht agus an seanchas. Buanaíonn siad araon cuimhne ar ábhar an dáin i measc an phobail – ceann de bhunaidhmeanna na filíochta riamh anall. Tá an méid sin le feiceáil go soiléir ar an dán gairid ag moladh teacht an nuachtáin *Foinse* ar an bhfód i 1996:

Tá *Foinse* anois ag teacht againn,
Go maire sé seal fada linn,
Fáiltímis gach seachtain é,
Tá trácht ann ar gach sórt,
Tá sé Gaelach maith,
Soléite ag fear is bean,
Mór le rá don tír ar fad,
Beidh trácht air fós sa seanchas,
Agus molaimse go hard anois
Pádraig Ó Céide is a chriú.

Is é atá ar bun ansin i ndáiríre ná go dtugann an file barántas trí mheán an dáin go mairfidh cáil an pháipéir, an rud céanna a dhearbhaíos sé faoin mbád nua sa dán 'An Muirín' nuair a deir sé, 'Beidh trácht ort fhéin sa seanchas'. Caint údarásach a dhearbhaíos an tuiscint chéanna a rinne Joe Shéamais Sheáin i dtús a dháin 'Bóthar an Locháin' (Ó Donnchadha 1983: 90):

Éistigí, a bhuachaillí, is tugaidh roinnt spáis dom
Nó go réiteoidh mé an cás seo atá agam le scríobh,
Is go dtabharfaidh mé seanchas fada agus tráchtas
Ar an gclampar a tharla taobh thiar den Sruthán Buí.

Leanfad na húdair chomh fada agus is léir dom,
Agus poibleoidh mé an scéal seo i láthair sean agus óg
Gur i mBaile na Féasóige a rinneadh an réabadh
An lá ar chruinnigh le chéile na fir ar an mbóthar.

Seo é an dearbhú céanna a bhí ag Raiftearaí ina dhán 'Fiach Sheáin Bhradaigh' (Ó Coigligh 1987: 122):

Leanfaidh mé an cúrsa do réir an údair
agus scríobhfad uachta i bhfoirm dáin
go léifidh an cúige fáth na cúise,
ar bhuail Seán fúmsa ar bheagán fáth'.

Baineann Learaí féin macalla glan soiléir as an ráiteas céanna sin ó thaobh ábhair agus foirme as ina dhán 'An Ríbhean':

Tar éis na Nollag le cúnamh Chríosta
Scríobhfad píosa i bhfoirm dán
Ar Nóra chliúiteach scoth gach cúige
Croí gach siamsa agus buaiteoir geall.

Is léar mar sin gur saothrú comhfhiosach a bhíos ar bun ag an bhfile ar na gnéithe idirthéacsúla seo dá shaothar. Thug sé féin léargas gléineach ar an bpróiseas le linn agallaimh i 1998 de rann faoi Raiftearaí a chuala sé sa seanchas fadó, rann a dúirt sé a bhí beagán gáirsiúil nó tíriúil tharla go dtagraíonn sé do chúrsaí leithris:

In Uarán Mór atá mo chónaí,
I nGaillimh atá mo theach;
I dTuaim dhá Ghualainn a dhéanaim uisce den leann,
Is i mBaile Locha Riabhach a ghearraim crann.

Agus féach i ndán leis féin, 'An Ceannaí Mór', faoi fhear siúil a thaithíodh an ceantar agus a chonaic an file go deireanach i 1939, go bhfaightear an rann seo:

> Théadh sé ar scáth an chnocáin san earrach
> Is le gealach na gcoinleach sa ngleann,
> Ach le gáifeacht an gheimhridh go cinnte
> Ar an gcóngar a ghearradh sé crann.

Le linn an agallaimh chéanna, agus muid ag trácht ar stair agus seanchas na háite, d'fhiafraigh mé de an gcuireann sé ábhar den chineál sin trína chuid filíochta agus d'fhreagair sé:

> Cuireann an dtuigeann tú . . . chuala muid go leor den chaint sin, go leor scéalta dhá mbeadh muid in ann cuimhniú orthu, ach chomh maith agus a chuimhním orthu, an dtuigeann tú, d'fhéach mé le dán a scríobh ar scéal, an dtuigeann tú, an chaoi sin, rinne mé é, mar déarfá.

Agus é ag trácht ar an dán cráifeach traidisiúnaíoch 'Agallamh an Bháis leis an bPeacach', bhí an méid seo le rá ag an bhfile san agallamh céanna:

> Scríobh mé píosa ansin idir an bás agus an peacach agus séard a chuir i mo chloigeann é sin, an dtuigeann tú, go sábhála Dia sinn, na rudaí atá ag tarlú anois, an chaoi a bhfuil seandaoine, maraíodh seandaoine sna tithe, mar déarfá, agus rinne mé an bás den robálaí a chuaigh isteach acu, an dtuigeann tú. Sin é . . . Chríochnaigh mé suas píosa amháin mar a dúirt mé:
>
> Arís ar ais an iarraidh chráite
> Mar fuair Domhnall an bior is a chosa in airde.
>
> An bhfuil fhios agat, ar chuala tú an focal sin chor ar bith:
>
> Sé amáireach Dé Domhnaigh is beidh Domhnall ar bior againn
> A dhá chois in airde is a thóin leis an tine againn
>
> An bhfuil fhios agat, cuimhneoidh tú ar na rudaí sin a chuala muid, agus má tá tú á chur i bhfoirm fileata ansin, mar déarfá, cuirfidh tú cor ina chluais de réir mar a fheilfeas sé dhuit, mar déarfá.

Aisteach go leor, mar sin, nuair a cheistigh mé é faoin ábhar de chuid na seanfhilí a úsáid ina shaothar féin, shéan sé go láidir go mbíodh a leithéid ar bun aige ar chor ar bith. 'Stracadh thar claí' a thug sé ar an mbradaíl liteartha seo, ach san am céanna d'admhaigh sé go mbíonn na filí 'ag breathnú trí pholl an chlaí'. Ní hamháin sin, ach d'admhaigh sé go gcuireadh sé 'na seanchainteannaí a chuala muid, na seanfhocla, na seancharraigreachaí' trína chuid dánta le 'smior agus smúsach', le meáchan agus le brí a chur ina chruthúnas féin agus is díol spéise réimse seimeantaice an fhocail 'brí' sa chás seo: ciall, éirim, tionchar, fiúntas, spreacadh, fuinneamh. Dhearbhaigh sé freisin go bhfuil lucht éisteachta ann a bheadh ag súil leis sin:

LÓF . . . Níl aon mhaith sa stracadh thar claí mara bhfuil ábhar – mara ndéanfaidh tú ábhar dhuit fhéin, gan a bheith ag tarraingt píosaí as aon áit eile, an dtuigeann tú. Sin é an chaoi a bhfuil mé ag caint ar an stracadh thar claí . . .

GD Ach meas-tú an mbíonn na filí uilig ag stracadh thar an gclaí?

LÓF A, muise, ar ndóigh, is dóigh go mbíonn – ag breathnú thrí pholl an chlaí . . . is dóigh go mbíonn, an dtuigeann tú, is dóigh go mbíonn . . .

GD Céard déarfá, bheadh seanfhocla agus seanchainteannaí agus cainteanna crua . . .

LÓF Ó sea . . . caithfidh, mar déarfá, tú féachaint le barr slaicht a chur ar chuide de na seanchainteannaí a chuala muid, na seanfhocla, na seancharraigreachaí a tharraingt isteach ann dhá bhféadfá, an bhfuil fhios agat, cineál smior agus smúsach a chur in do phíosa, bhfuil fhios agat. Níl aon mhaith leis an scéilín éadrom chor ar bith, mar déarfá, dhá bhféadfá.

GD Thaithneodh cruachainteanna leat?

LÓF Á sea, brí a chur ann, mar déarfá, cuir i gcás, an bhfuil fhios agat, tá go leor lucht éisteacht fós agat atá sásta éisteacht le píosa maith go leor. Tá. Iad a choinneál deas greannmhar freisin, an bhfuil fhios agat.

GD Agus ab iad mhuintir Chonamara is fearr a thuigfeadh iad nó an dtuigfeadh chuile Ghaeilgeoir iad?

LÓF Ara, thuigfeadh chuile Ghaeilgeoir iad, mar déarfá, ara thuigfeadh, cuir i gcás go mb'fhéidir go dtuigfeadh muintir Chonamara níos fearr iad, cuir i gcás má bhaineann siad leis an gceantar a bhfuil tú ann, mar déarfá, riar mhór, mar déarfá . . . [Leanann an comhrá ag trácht ar an Oireachtas agus ansin] na seanamhráin . . . tá go leor seanamhráin i bhfolach freisin, mar déarfá, nach bhfuil dhá gcasadh chor ar bith.

GD Tá siad agat?

LÓF A, níl mé ag rá, bhuel, b'fhéidir go bhfuil, mar déarfá, níl dabht ar bith nach bhfuil.

GD An gcuireann tú féin píosaí astu thrí do chuid féin?

LÓF Ní chuireann . . . mar ní fheilfeadh sé dhuit, mar déarfá. Is deacair dhuit a dhul ag obair ar shaothar dhuine eile . . . . Cuir i gcás, abair, teara ag déanamh píosa ar . . . Bí ag breathnú ar chuid Raiftearaí, ní ghabhfá anonn ná anall leis. Bhí intleacht ar leith aige sin, fear nach raibh dé ar bith ag an gcréatúr. Ach arís ar ais is dóigh, mar déarfá, an t-oideachas agus an chaint agus an Ghaeilge a bhí ann an t-am sin agus an chaoi a ndeachaigh sí i ndiaidh a cúil ó shin freisin, an chaoi ar lag cuid de na píosaí freisin. Is dóigh liom é.

Ní tuigtear bradaíl liteartha ná aithris cheal samhlaíochta ar *corpus* an traidisiúin leis an idirthéacsúlacht, ar ndóigh, arae ní hionann an tuiscint do bhunúlacht sa chineál seo cumadóireachta agus sa nualitríocht. Ní tréith de chuid na litríochta béil (ná go deimhin de thraidisiún liteartha na Gaeilge) flaitheas an téacs dho-athraithe atá, mar dhóigh de, greanta go deo na ndeor ar phárchloch. De chultúr an fhocail chlóite a leithéid de dhearcadh, mar a deir Ong (1982: 133): 'Print culture gave birth to the romantic notions of 'originality' and 'creativity', which set apart an individual work from other works even more, seeing its origins and meaning as independent of outside influence, at least ideally.' Dearbhaíonn na tagairtí idirthéacsúla seo ionad an fhile thraidisiúnta ina oidhreacht liteartha féin agus cuireann siad ar a shúile don éisteoir go bhfuil sé ag déileáil lena chleacht aitheantais – próiseas dlisteanaithe agus dearbhú fiúntais mar a luaigh mé ar ball. Sin mar a bhí freisin i gcás an fhile Bheidiúnaigh Ad-Dindān (Kurpershoek 1994: 59–60):

> In a traditional society like that of the Najd, the concepts of convention and originality cannot be applied in the same way as they are in the West. Outside the circles of the urban literate elite, poetry in Arabia is still an art to be enjoyed orally and collectively. Therefore poetry must answer to certain expectations of the audience, based on the audience's previous experience, in order to be understood and appreciated. For the poet to step too far outside the bounds of tradition would be tantamount to poetic suicide. The Najdi poet is imbued with this tradition from the first day he sits in the *majlis* (the circle of men assembled on the carpet to discourse freely on any subject of common interest while sipping tea or coffee) and feels the lure of ryhme and metre when listening to the poetry that is routinely declaimed on such occasions.
>
> Yet within the bounds of tradition there is ample room for each Najdi poet to choose and elaborate in order to imprint his work with that stamp of his own originality . . . . Originality in this type of poetry can be understood as the incorporation of individual touches to the treatment of any given theme or motif . . . . Only an artist with a sound knowledge of the traditional environment underlying these themes and motifs, and a keen eye for its possible application in poetry, will be able to do so. Craftsmanship and originality in this sense are the qualities most highly regarded by the audience.

7. Nó go ndeachaigh Labhrás ag trácht air

Ach an oiread le filí i dtraidisiúin éagsúla ar fud na cruinne, is minic le Learaí é féin a lua sna dánta ina cháilíocht mar fhile, sé sin le rá, mar dhuine a bhfuil údarás na ceirde féin ar chúl a ráitis agus ar an ábhar sin a gcaithfear aird a thabhairt air, nó sin mar dhuine atá i lár an aonaigh agus páirt ghníomhach aige sna himeachtaí a bhfuiltear ag cur síos orthu. Bhí sé i láthair, mar shampla, ag Siamsán Choilm de Bhailís, i measc lucht éigse, ceoil agus damhsa:

> Agus an file bocht fáin nach bhfuil nóta ina cheann
> D'aithris sé fhéin a chuid véarsaí.
> ('Saothar an tSaoir')

Ar an gcaoi chéanna, nuair a ceiliúradh oscailt an halla pobail sna Forbacha ina pharóiste féin le ceolchoirm, 'Labhrás le dán is aige bhí an greann', agus ní hamháin sin ach cuireann sé críoch lena ráiteas fileata faoin ócáid le dearbhú gurb é 'Learaí atá ag caint nó ag véarsaíocht' ('An Choirm Cheoil'). Ceanglaíonn sé é féin leis an seansaol sna dánta 'An Sleamhnán Gaelach' agus 'Galfchúrsa Bhearna', agus más é an t-asal agus a charr siombail choitianta an tseansaoil sin aige, dearbhaíonn sé sa chéad dán acu go mbeidh 'Labhrás ina *mhillionaire*' nuair a dhíolfas sé é, ach sa dán eile fágann sé le huacht é go mbeidh na boic ag imirt ghailf ar an gcúrsa nua ach go mbeidh sé féin i mbun an tsaoil mar a bhí sé riamh: 'Beidh Labhrás, mo léan, ann le asal, srathar agus cléibh'. Is geall le séala ón bhfile ar na hócáidí é bheith i láthair agus dán a aithris nó fiú a chumadh faoin ócáid mar is léar ón dán molta ar Phúcán Bhearna, 'An Muirín'. Tar éis do bheirt shagart (ach an oiread leis an bhfile, daoine údarásacha eile sa phobal) an bád a bheannú, chuir an file a shéala féin ar an ócáid le seanphaidir, agus fuair aird dá réir, dar leis:

> Sul má chuaigh tú amach 'un farraige
> Bhí tú baistithe agus beannaithe,
> Dúirt Learaí fhéin an Mharthain dhuit
> Is thug sean is óg dhó cluais.

Ba dhearbhú coitianta é ag na seanfhilí go mairfeadh eachtraí agus seanchas dá ndéanfadh file trácht orthu. Sin an tuiscint atá ar chúl dhearbhú cáiliúil Raifteara go bhfanfadh scéal thubaiste Eanach Dhúin beo sa chuimhne pobail trí mheán a chuid véarsaí féin (Ó Coigligh 1987: 134): 'Má fhaighimse sláinte beidh caint is tráchtadh ar an méid a báitheadh as Eanach Dhúin'. Deir Joe Shéamais Sheáin (1983: 102) go mairfidh droch-cháil Thomáis Uí Ghráinne, an geaingear bóthair a rinne feall ar an bhfile nuair a bhris sé as a phost é, de bharr a dháin féin ar an scéal ar fad:

> Is an fhad is sheasfas an teanga i measc Gaeil Chonamara,
> Beidh trácht i ngach teaghlach faoin spóirt seo.

Tá an tuiscint chéanna ar bhuanú eachtraí agus eolais trí mheán an dáin le fáil ag Dòmhnall Iain Dhonnchaidh ina dhán 'An Rìbhinn Uasal' (1998: 108), dán molta ar Mhàiri NicIllEathain:

> Nach èist thu 'n-dràsta ri dàn mo bheòil,
> 'S gu luaidh mo bhàrdachd gach buaidh tha'm pàirt riut,
> 'S bidh cuimhn' air d'àilleachd 's tu cnàmh fon fhòd.

Baineann Learaí gaisneas go minic as an gconsaeit liteartha seo ag tagairt dó féin mar thráchtaire údarásach ar imeachtaí a phobail agus a linne. Mar a sonraíodh cheana, insíonn sé scéal stairiúil an tsléachta a rinne na Flaitheartaigh ar an Brianaigh ag Trá na gCeann sa bhliain 1564 sa dán 'An Marú ag Trá na gCeann' agus tugann sé le fios ann go gcuideoidh a thrácht agus a dhán féin leis an scéal a choinneáil beo i measc na ndaoine:

> I mbliain a cúig déag, leathchéad is ceathair déag
> A rinneadh an sléachta san áit seo,
> An fhad a bheas gaineamh ar an trá is cuileann ag fás
> Beidh trácht i mBearna ar an scéal sin.
>
> An dóú lá is fiche de na laethantaí is faide
> A rinneadh an doirteadh fola ar an trá sin,
> Ach go deimhin, a dhuine, is iomaí lá a d'imigh
> Nó go ndeachaigh Labhrás ag trácht air.

Is amhlaidh scéal do 'Chúirt an tSrutháin Bhuí' freisin, idir dhán agus chúirt ghafa ghléasta, a mhairfidh go deo de bharr dhán Choilm de Bhailís, ach a choinneofar sa chuimhne cine de bharr thrácht Learaí freisin a dhearbhaigh in 'Fleá agus Féasta' chomh maith go mbeadh 'trácht thar lear le linn na bhfear' air. Tá an rud céanna le fáil sa chur síos ar an gconspóid tithíochta i mBearna ar tráchtadh uirthi cheana. Dearbhaíonn an file sa dán 'Na Páipéir dhá Saighneáil' go mbeidh 'trácht' ar na heachtraí seo freisin:

> Má táimse ceart níl an cath seo thart
> Go bhfeicfear spóirt is spraoi
> Is beidh trácht thar lear ag fear agus bean
> Ar an dramhaíl sa Leic Liath.

Tráthúil go maith déanann sé an dearbhú céanna sa dán 'An Péintéara' maidir leis an bpictiúr a tharraing a gharmhac, tagairt ní foláir do bhuanú eispéireas an duine trí mheán na healaíne, ealaín na scuaibe sa chás seo seachas ealaín an fhocail, agus díol suntais ar leith go n-úsáideann sé an nathán foirmleach céanna, 'trácht le linn na bhfear', a bhí aige le cur síos ar a dhéantús féin in 'Fleá agus Féasta' agus 'Na Páipéir dhá Saighneáil':

> An pictiúr seo atá tarraingthe agam ní dhíolfad é thar lear,
> Tiúrfad liom abhaile é ag Deaide is ag Mam,
> Crochfar suas sa bpárlús é is gheobhaidh sé aire mhaith
> Is beidh trácht ar an gcoileach sráide arís le linn na bhfear.'

D'úsáid an file féin meafar seo an phictiúir le cur síos ar phróiseas na cumadóireachta in agallamh liom i 1998. Agus é ag trácht ar chúlra an dáin 'An Ainnir Dhubh Chatach' deir sé:

> Ach bhí mise ag breathnú uirthi, an chaoi a raibh sí feistithe, leatharchóta fáiscthe, a deir mé, is b'álainn í fhéin, is leatharbhuataisí arda ansin, mar déarfá . . . na buataisí arda, shílfeá gur bean í a bheadh ag marcaíocht capall, an dtuigeann tú . . . Bhí mise ag caint liom fhéin is mé ag tarraingt an phictiúir gan ceamara ná tada, an dtuigeann tú. Ach sin an chaoi a ndeachaigh mé dhó sin, an dtuigeann tú.

Mar mhalairt ar an trácht sin ar fad, is ionann agus díothú na filíochta agus an traidisiúin gan an trácht a bheith á dhéanamh. Is ionann é agus gobán a bheith curtha i mbéal na bhfilí agus fiú deireadh a bheith leis an nGaeilge féin mar atá ráite go soiléir sa dán 'Ár Seod':

> Mo ghrá thusa, a Ghaeilge, mar b'álainn thú tráth,
> Cé go bhfuil tú le tamall mar bheadh dealbh ar aill,
> Níl mórán trácht ná cur síos ar na filí a bhí ann,
> Níl aon suim in do líofacht ag ár laochra sa Dáil.

Tagraíonn Learaí chomh maith go lán-chomhfhiosach sna dánta do phróiseas cumtha na filíochta, mar dhóigh de is gur mian leis aird a tharraingt ar an bpróiseas féin agus ar fhírinne údarásach a ráitis fhileata dá réir: 'Mise a scríobh is a chum an dán' ('XRB'); 'Is mé liom fhéin ag comhrá ag cumadh an amhráin' ('An Cailín Spéiriúil'); 'Bhí mise os cionn staidéir ag smaoineamh ar véarsaí' ('Oireachtas na nDéise'); 'Chumfainn véarsa is mé ag comhrá léi' ('An Ríbhean'); nó fiú má tá easpa ceoil air, níl aon easpa filíochta air a mhaíos sé:

> Mise an fear fáin is níl nóta in mo cheann
> Ach chumfainn dán nó corrvéarsa
>
> ('Caitríona')

Nós coitianta ag filí béil ar fud na cruinne an tagairt mhórtasach rialta seo dá gceird. Deir Dòmhnall Ailein Dhòmhnaill na Bainich, mar shampla, in 'Oran Eile Air Uibhist' (Macdonald 1999: 186):

Ged nach seas mi 'm measg nam bàrd
As fheàrr th' anns an Roinn-Eòrpa,
Gu bheil mo theanga tric a' snàmh
Le tàlantan na còrachd.

Deir Kurpershoek (1994: 35) freisin go dtagraíonn Ad-Dindān don phróiseas cruthaitheach i leath dá chuid dánta, agus gur le teann gaisce as a chumas file a dhéanas sé sin:

Bring the pen for I have verses to say;
I am not one to mangle them, nor do they turn out flawed.

Tarraingíonn Ad-Dindān chomh maith ar chonsaeit choitianta eile san fhilíocht thraidisiúnta, mar atá, an file ag déanamh amach mar dhóigh de ina dhán nach bhfuil ar a chumas an dán a chumadh go foirfe, nó sin go mba chumasaí go mór na seanfhilí i mbun na ceirde Kurpershoek (1994: 127):

Where can I turn for a tongue, other than the one I already have,
To help me express what this one is incapable of?

Tá an dearbhú céanna le fáil ag Dòmhnall Iain Dhonnchaidh ina dhán 'Moladh Uibhist' (Innes 1998: 24) nuair a deir sé nach bhfuil ar a chumas an t-oileán a mholadh sách maith ná cur síos a dhéanamh ar a áilleacht fiú dá mbronnfaí saibhreas mór air:

Go bheil de loinn ann ri àireamh
'S nach gabh e seinn ann an dàn dhomh,
Ged gheibhinn saidhbhreas ro àrd airson m'òrain

Tá an ciúta céanna an-choitianta ag filí pobail na tíre seo freisin. Mhaígh de Bhailís, mar shampla, nach raibh ar a chumas Cúirt an tSrutháin Bhuí a mholadh i gceart (Denvir 1996: 73):

Ar feadh mo shaoil ní chuirfinn síos
Dhá mbeinn dhá scríobh le peann
Ar fheabhas an ghníomha a rinne an saor
A d'fhág í sin gan cháim.

Seintimint den chineál céanna a chuir Seán Cheoinín in iúl in 'Amhrán an Chapaill' (1988: 25):

Is dhá maireadh Jeaic Bacach Ó Guairim
Bheadh an t-amhrán seacht n-uaire níos fearr,
Ach le easpa an tseanachais fhada
Rith mise na ceathrúnaí gearr.

Bíonn an port céanna ag Learaí ó thráth go chéile freisin. Deir sé in 'Óid d'Oireachtas an Chéid', mar shampla:

Is iomaí ní sin a scríobhfainn síos air
Dhá mbeadh ionam éirim le peann is pár
Ar ghníomhartha Gaeil mhaith, a ngrá is a ndílseacht
A sheas go bríomhar in am an ghá.

Tá an dearcadh ceanann céanna ag athair an fhile ina dhán 'Bóithrín Bhaile na Féasóige (1994: 57):

Ní bhfuair mé an t-oideachas ó mo mhuintir
Is níl mórán éirime istigh in mo cheann,
Ach dá bhfaighinn duine ar bith a scríobhfadh síos é
Mhíneoinn daoibhse an scéal níos fearr.

Is é atá i gceist ag an allagar seo ar fad an file á chur in iúl le bréagumhlaíocht an fhíorfhile gurbh fhearr a dhéanfadh filí eile an cúram, go mór mór na seanfhilí dar dual ómós. Deir Learaí in 'Éist le Glór', dán a chaoineas meath an traidisiúin agus na teanga, ach a mhóras na seanfhilí a bhí ann fadó, de Bhailís, An Clochartach, Raiftearaí, Na Callanáin agus Mícheál 'ac Suibhne agus Filí an tSléibhe, agus a leithéidí:

Tá siad acu go glórmhar
Anuas ó na filí móra,
Bhíodar ann ina scórtha
Dhá mbeinnse in ann air trácht.

Deir sé chomh maith sa dán molta ar Shiobhán Ní Fhlaithearta, stáidbhean na Gaeilge a thug síob dó, go mbeadh filí níos cumasaí thiar i gCeantar na nOileán lena moladh seachas an file bocht fáin é féin:

Is gheobhaidh tú fear béasach i Leitir Móir aerach
Nó thíos sa Trá Bháin
A chuirfeas do cháilíocht i véarsaíocht níos fearr
Ná an filí bocht fáin.

Is é bun agus barr an scéil, áfach, nach bhfuil gobán ar bith i mbéal an fhile, go bhfuil sé in ann dán a chumadh ar scéal ar bith a ghoinfeadh a aire, agus go ndéanann sé sin go rialta, bíodh an scéal fíor nó bréagach, mar a deir sé sa dán spraíúil 'Bréagach' agus a theanga thiar go maith ina phluic aige:

> Sin deireadh na n-iontas agus críoch leis an scléip
> Go ndúnfad mo shúile is go dtóigfidh mé néal,
> Má tá aon scéal agatsa seol chugam é,
> Cuirfear i véarsa é más fíor é nó bréag.

I bpíosa éadromchroíoch eile dar teideal 'An File' feictear arís é idir shúgradh agus dáiríre i dtaobh na ceirde – ach gur leor nod don eolach maidir leis an bhfothéacs. Más éan corr ar a bhealach féin an file, más duine é 'gan ceannas gan ceann . . . mar bheadh caora fuaid ins an ngleann', fós féin is bua ó Dhia an fhilíocht agus tá léargas dá réir ag an bhfile ar fhírinní an tsaoil:

> An lóchrann ó Dhia ina chroí
> Is gur léir dhó áilleacht an tsaoil,
> Níl ann ach tabhartas ó Dhia
> Le go gceapann sé dréacht nó dán.

Ní hé sin amháin é, ach áitíonn sé go bhfuil feidhm chinnte fhorásach leis an bhfilíocht, go bhfuil gá léi sa saol ina mairimid, go bhfuil brí agus éirim inti:

> Tuairim cheanndána mo bhrón
> Gur ní gan éirim dán.

Tagann chun cuimhne, gan dabht, focail Ghiolla Brighde Mhic Con Midhe sa 13ú haois a mhaigh go raibh gá leis an bhfilíocht le riar ceart a choinneáil ar an tsochaí agus le scéal an duine sa tsochaí sin a ríomh mar is ceart (Mac Cionnaith 1969: 222):

> Dá mbáidhtí an dán, a dhaoine,
> gan seanchas gan seanlaoidhe
> go bráth acht athair gach fhir
> rachaidh cách gan a chluinsin.

Dearbhaíonn an file as a dheireadh go gcuirfidh an pobal 'suim i ndréacht is i ndán' go deo, agus gurb é dualgas an fhile bheith 'ag comhrá leis fhéin . . . agus cur ceol agus ciall le caint', nó mar a deir sé in 'Bealach na Bó Finne' bheith ag tabhairt 'léirmheas' ar an saol ina thimpeall de réir mhodhanna seanbhunaithe a cheirde 'gan áibhéil, gan magadh ná greann' ('Bás an Ógfhir').

Luíonn sé le réasún freisin de réir na tuisceana sin gur mairg a ghabhfadh in aghaidh an fhile, a shílfeadh go mbuailfeadh sé 'báire in aghaidh file' ('An Gruagach Ribeach'), nó a tharraingeodh fraoch an fhile, mar go mbainfear díoltas amach ar an tseanstíl. Má tá an greann go láidir san fhilíocht ag Learaí, agus ag a chomhfhilí, ní fhágann sin go mba ribín réidh i gcónaí é agus an té a thabharfadh a dhúshlán bhí an téiléireacht len íoc aige. Dhá thaobh an aon bhoinn iad an moladh agus an cáineadh san fhilíocht i súile an phobail, mar a shonraigh Ó hÓgáin (1982: 281); agus mar atá léirithe ag John Shaw (1999: 318) is iad na teicnící céanna cuid mhaith a tharraing na filí Gaelacha in Éirinn agus in Albain chucu féin sa réimse seo:

> In traditional Gaelic society and its vocabulary, however, both praise and dispraise subsume dual aspects according to the intention, positive or otherwise, of the speaker or bard. The presence/absence of benevolence opens up a level where the magico-religious effects of speech come into play and are duly reflected in the vocabulary.

Má mhol Learaí an dream a raibh sin tuillte acu ina shúile seisean, mar atá feicthe againn, níor leasc leis an cáineadh a dhéanamh ach oiread. Leanann sé lorg na seanfhilí a raibh an oiread sin ómóis aige dóibh sa méid sin: Raiftearaí a rinne dánta aoire ar Mharcas agus Peatsaí Ó Callanáin (Ó Coigligh 1987: 115–22), a raibh sé in aighneas fileata leo, agus ar Sheán de Búrca, file agus ceoltóir a bhuail faoi Raiftearaí 'ar bheagán fáth' (Ó Coigligh 1987: 122); Colm de Bhailís a rinne aoir ar Bheairtlín Dhomhnaill 'nuair a robáil sé Bhailís gan ábhar' (Denvir 1996: 78); agus Joe Shéamais Sheáin a chum ceann de na dánta b'ansa le Learaí é féin, 'An Gráinneach Mór', aoir ar Thomás Ó Gráinne a bhí ina gheaingear ar an mbóthar i gConamara sna 1930í agus fíor-dhroch-cháil ag na fir oibre air agus ar thug an file faoi le ciútaí uile na haoire traidisiúnta ó ba é a dhualgas file é (Ó Donnchadha 1983: 94, agus féach Denvir 1997: 275–6):

> Ó fuair mise an t-údar, ní baol dhomsa cúlú,
> Ach leanfaidh mé an cúrsa go fearúil,
> Is scríobhfaidh mé an uachta nach féidir a phlúchadh
> Ar aon teallach i ndúiche Chonamara.

Tá an mórtas file agus an claonadh chun na haoire seo le fáil go coitianta i dtraidisiúin bhéil éagsúla ar fud an domhain. Bhain sé go mór le traidisiún na mbard baile in Albain, mar shampla, a ndeir McKean fúthu (1992: 11):

> The power of satire does not appear to have dimmed since the days Mary McLeod raised boils with a song. In this tradition the satirist-poet is often a sort of social conscience for the village, drawing attention to misdeeds of all sorts for all to see. Villagers become quite wary of stepping out of line, lest they draw his attention, for what amounts to public ridicule awaits them.

Deir Sowayana (1985: 192–3) faoi fhilíocht na hArabaise:

> The poet was the spokesman of his group, the custodian of its honor, and the guardian of its most cherished traditions. He was honored and respected, and he exercised unrivaled influence in his community. It was his duty to praise the worthy and castigate the villain. . . . Outstanding men were praised and their deeds immortalized as evidence of tribal nobility and as examples to be emulated by later generations. Misers, cowards, the fraudulent, the treacherous, all those who failed to live up to the desert ideals, were ridiculed and derided by the poets.

Dearbhaíonn Kurpershoek (1994: 21) gurbh é a fhearacht chéanna ag Ad-Dindān é:

> It would appear that some of his more furious outbursts, invariably resulting in some of his most gripping verses, were a reaction to what he perceived as challenges or insults directed against the integrity of that position [.i. a sheasamh mar fhile]. Such attacks – presumably by rivals in the local circuit of oral poets, persons harbouring a grudge against him or simply scoffers wishing to rouse the poets quick ire – wounded his sensibility and pride . . . and left the poet steaming with rage.

Is é an fraoch céanna file atá ar chúl sraith de dhánta aoire a chum Learaí Ó Fínneadha ar an modh traidisiúnta, áit ar scaoil sé lena racht fileata gan fiacail a chur ann. Tá riar dánta aige ina gcáineann sé daoine ach nach mbíonn ann ach an méid sin – na dánta polaitíochta, mar shampla, agus fiú na dánta faoin bhforbairt tithíochta i mBearna. Cáineann sé na forbróirí agus na polaiteoirí ach ní théann sé, i bhfriotal Uí Chadhain, ar an gcrosántacht, ag scaoileadh roiseadh focal faoi dhaoine ar leith ar mhodh an-phearsanta. Tá riar dánta eile aige ina dtugann sé faoi dhaoine a tháinig salach air ar bhealach éigin, ach déanann sé é sin mar a bheadh sé idir shugradh agus dáiríre, gan aon ghangaid. Dán den mhianach sin é 'An Gandal ar Strae' a chuireas síos ar ghandal leis an bhfile a chuaigh ar iarraidh agus ar na hiarrachtaí a rinne sé teacht suas leis. Tá an dán neadaithe sa 'seansaol' agus i dtuiscintí traidisiúnta maidir le hiompar an duine. Tugann an file cuairt ar bhean feasa le tuairisc a fháil ar an ngandal agus cuireann sise in iúl le seanchainteanna go bhfuil sí in ann cúnamh a thabhairt dó. Insíonn sí don fhile gur chuir fear ón mbaile 'coileán agus gadhar in do ghandal le taghd', gur mharaigh siad é agus nach bhfuil fanta anois ach na cnámha. Is é freagra an fhile ar an eolas sin, a chreideas sé a bheith fíor arae tá foinse an eolais iontaofa, mallacht ar an tseanstíl a chur ar na gadhair agus ar an bhfear ar leis iad:

Mar guibheadh Mac Duach nach gcloisfidh sé an chuach
An té a rinne ar an éan an t-ár seo.
Más coileán nó gadhar a mharaigh é le taghd
Nár fheice Dia dílis an t-ádh air,
A theanga óna bhéal go sloige sé siar
Is go dtachta sí ar an toirt gan aon spás é.

Eascraíonn an dán 'Siúlach Béalach' as an meon céanna le 'An Gandal ar Strae'. Insíonn sé scéal faoi fhear a d'fhág dó tiarpa ar ghearrán agus deir an file leis go leathspraíúil go gcaithfidh sé maiteanas a iarraidh ar an bhfile ó 'tá an cheird ar fad ag fear an Locháin', mar atá, eolas ar na hainmhithe agus ceird na filíochta:

Anois coisric do mhalaí
Síos leat chuig Lorcán
Agus gheobhaidh tú do phardún
Gan ór ná corcán.

Faigh tiarach déanta
Ó lámha Lorcáin
Agus ní bheidh aon mharc
Ar thóin do ghearráin.

Cuireann sé de bhreithiúnas aithrí ar an gciontóir, fearacht chailleach na spuaice sa seanscéal a thugas na tascanna crua don laoch, seal a chaitheamh ar bharr simléir i mbun tasca den chineál a gheofaí sa seanscéal, mar dhóigh de:

Ar bharr an tsimléir leat oíche fhuar geimhridh,
Tomhais slabhra deataí le do bhuatais mhór.

Cuireann sé breithiúnas aithrí le teann spraoi freisin sa dán 'An Coinnleoir Geal' ar an té a thug leis coinnleoir as an séipéal ach a d'fhág ar ais é nuair a bhuail aiféala é:

Ó bhí leatsa an t-ádh go bhfuair tú spás
Go ndearna tú fhéin aithrí,
Seas lá faoi chrann gan deoch gan arán
Agus fág bua na seabhac in do dhiaidh ann.

Ba mhinic, mar a luadh cheana, a bhíodh an file ar an mbóthar ag tóraíocht síbe ar chóras na hordóige, rud a dtagraíonn sé go rialta dó sna dánta, agus tá dhá dhán aige ag cásamh ar mhná a d'fhág é 'gan fascadh ar an mbóthar'. Dán meidhreach éadromchroíoch é 'An Fear Siúil' faoi bhean aitheantais de chuid an fhile as na Forbacha a chuaigh thairis ar an mbóthar lá. Meabhraíonn sé don bhean gur éirigh sí féin 'in airde as an lagphortach' agus nach raibh deis taistil bhreá i gcónaí aici, á thabhairt le fios go deas séimh di gur cheart di caitheamh ní ba chóra leis an bhfile. Is géire i bhfad an dán 'Ar an Ordóg', a bhaineas le heachtra den chineál céanna agus tá an file ag drannadh níos gaire don aoir ann ná sna dánta eile atá luaite thuas. Droch-chosúlacht ón tús gur bean rua atá inti, agus caitheann an file anuas uirthi i dtéarmaí pearsanta á maslú as a tréithe fisiciúla agus á mhaíomh go bhfuil sí chomh míshlachtmhar nach gcuirfeadh fear ar bith suim inti, nós coitianta i dtraidisiún na haoire (Ó hÓgáin 1982: 310).

Muise, a ghlic-rua gan forás, loirgní píopa nó spriosán,
Is mairg don tír a bheadh taobh leat,
Dall nó fear meata a thitfeadh leat i bpeaca,
Céile leaba ní bheidh go Lá an Bhrátha agat.

Ní hamháin sin, ach tuarann sé go mbeidh an mí-ádh ina cléith i ngeall ar fhile bocht, bacach, spágach a fhágáil ar an mbóthar:

Beidh slis fós ar do dhromán dhul thart ar an gcnocán,
Ní scairtfidh an ghrian chuile lá ort,
Beidh tú in do dhonóg le spúnóg sa gcupán,
Tharla sé ariamh do chroí cráite páiste,
Ná malrach ní ghlaofaidh Mama go deo ort.

Ina dhiaidh sin féin, féachann sé le cuid den dochar a bhaint as a chuid cainte i rann deiridh an dáin áit a gcuireann sé beannacht ar an mbean ainneoin a bhfuil de chaitheamh anuas déanta aige roimhe sin:

Anois, a bhean mhór gan charaid, go n-éirí go geal leat,
Beannacht Mhic Dé ort ins gach bealach,

Tá riar eile dánta ag an bhfile, áfach, a bhféadfaí a rá fúthu gur as seantraidisiún na haoire, mar atá sonraithe ag Ó hÓgáin (1982: 281–415) a fuineadh iad agus níl baol ar bith ar an bhfile beannacht ná bail a chur ar an dream atá i gceist iontu. Dánta géara láidre iad seo ina dtugann sé faoi dhaoine a rinne feall air féin nó ar dhuine muinteartha leis, nó sin a mhaslaigh a oineach file agus feictear iontu 'fearg cheartaiseach' (Ó hÓgáin 1982: 308) an fhile. Tá na dánta seo bunaithe ar an tuiscint sheanda i dtraidisiún liteartha agus cultúrtha na Gaeilge gurb é atá san aoir 'slí chun smacht sóisialta a chur i bhfeidhm' agus ar mheon na bhfilí gurbh é an ndualgas labhairt amach i bhfoirm véarsaí 'ós rud é gurbh fhilí iad agus cumas aortha acu' (Ó hÓgáin 1982: 308). Baineann an dán 'Cor Gearr' leis an tsraith faoin bhforbairt tithíochta i mBearna, agus tugann agallamh a rinne an file eolas cúlra faoi scéal an dáin nach bhfuil le léamh ar an téacs lom é féin: 'Glaodh *blow-in* orm le teann óil . . . agus ní isteach sa mbruth fá thír a tháinig mise chor ar bith . . . tá rudaí ann a thóigfeas tú ina spóirt agus tá rudaí eile – bhuel rinne mé spóirt uilig dhó, mar déarfá, ach chuir mé ar pháipéar píosa spóirt faoi.' Ina theannta sin, tá an nóta seo le téacs an dáin i lámhscríbhinn amháin aige: 'Anois, a [spás bán gan aon ainm], seo dhuit mo láimh agus níl mé fhéin ag déanamh aon ghaisce. Mar mise a rinne is a chum an dán agus is do Learaí fhéin is cóir é a bhaisteadh.' Aisfhreagra agus cineál díoltais i bhfoirm dáin atá i gceist mar sin, nó sciolladh mar a thugadh na filí féin air:

Críochnód suas an dán le luas
Is ní osclód anois aon tine
Mar níor chleacht mé riamh na véarsaí
Ná ní dhearna mé aon sciolladh
Nó go bhfuaireas fhéin an masla
An lá údaí ón ngiolla.

Ní hamháin sin, ach áitíonn an file go raibh éifeacht ina dhán arae tháinig aithrí ar an bhfealladóir de bharr chumhacht na filíochta agus na scioll-adóireachta, ní foláir, agus d'iarr sé pardún ina dhiaidh:

Leis an sciolladh tháinig an aithrí
Mar cuireadh an giolla ag déanamh cnaipí,
Chuaigh sé ar a ghlúine le lán gealaí
Is dúirt go cráifeach, 'Maith dhom mo pheacaí.'

Tá an dán 'An Gruagach Ribeach', a thráchtas ar eachtra a tharla do gharmhac an fhile, i bhfad níos pearsanta agus scéal soiléir ag rith tríd ó thús deireadh. Fear a dtugann sé an pus ribeach air a bhuail an leaid óg agus bhain an file díoltas amach de réir an tsean-nóis le dán snoite dea-dhéanta. Rinne an file féin cur síos ar an dán mar seo a leanas le linn agallaimh i 1998 á dhéanamh amach gur chuir sé breithiúnas aithrí ar an ngruagach trí mheán an dáin agus gur bhuail sé le fórsa, le cumhacht agus le héifeacht na filíochta é:

LÓF . . . cineál buille eile idir an dá chluais é seo ar bhealach eicínt . . . níor imigh sé saor . . . sin é an chaoi a ndeachaigh an breithiúnas aithrí a chuaigh air, mar déarfá . . .
GD Bhuail Learaí ar ais é.
LÓF Á, bhuail, bhuail, bhuail an bhileog é . . . ní fhéadfainn é a ligean uaim chomh réidh sin . . . ó tharla go raibh sé ag dhul dhó.

Maidir le téacs an dáin, ar leibhéal simplí na heachtraíochta tá an scéal agus go deimhin aidhm agus cúram an fhile ríshoiléir, mar atá, díoltas a bhaint amach.

Cuireann Learaí leis an méid sin, áfach, mórtas an fhile agus a stádas féin mar urlabhraí údarásach ar son an phobail a sheasfadh in aghaidh an drochghnímh á dhearbhú go láidir nach 'mbuailfidh sé [.i. an gruagach] báire in aghaidh file'. De réir sheantraidisiún na haoire, mar a d'airigh an file ag Raiftearaí agus ag Joe Shéamais Sheáin é, agus mar atá luaite ag Ó hÓgáin (1982: 310–15), caitheann sé anuas ar thréithe fisiciúla agus pearsanta an ghruagaigh, tugann le fios go bhfuil sé beo bocht agus cuma na hainnise air, agus cuireann sé i gcosúlacht go maslaitheach le hainmhithe é gan aon bhail ó Dhia a chur air, masla a tharraingeodh mí-ádh agus drochshúil ar dhuine:

Faoi obair mínáireach a dhéanas an burlamán gáirí
Mar is cosúil le béar é sa bhfuinneog,
Fógraímse gráin air, tá moing síos go sáil air
Agus dearcann sé ar nós an bhroc muice.

Is láidre fós an píosa sciolladóireachta de réir an tseantraidisiúin atá sa dán 'An Sciolladh', aoir ar fhear a rinne feall ar 'fhear déanta na ndán' nuair a bhris sé an margadh a bhí eatarthu i dtaobh asail ag Aonach Mór an Fhómhair. Osclaíonn an dán le roiseadh sciolladóireachta, le deargmhaslaí pearsanta agus arís eile le samhlú an duine leis an ainmhí is gránna agus is mímhúinte dá bhfuil ann, an mhuc, agus le caint dhíreach láidir leis an té atá tar éis an feall a dhéanamh:

A ghiolla na sciortán, na gcriogán is na mbréag
Le streille muice go muineál is do chroí dubh le éad,
Sháraigh tú an púca gan dídean ná caisleán
Ag cartadh is ag fuirseadh ó mheán oíche go tús lae.

Coinníonn an file ar an mbuille céanna síos tríd an dán ar fad, á rá glan amach gan frapa gan taca go mbíonn an fear seo á chrúbáil féin, nach bhfuil 'plandóg ná bean bhreá a shínfeadh síos taobh' leis, ná fiú an Chailleach Bhéara féin, i ngeall ar a ghránna agus atá sé, agus cuireann an carnadh focal (ar éifeachtaí a siombalachas fuaime agus ceoil ná a mbrí shainiúil foclóra) leis an bhfeannadh ar fad:

Séard thú fhéin buimbiléad burlamán bodalán dána
Fíorchiotach mínáireach ag tochas do mhásaí.

Dán den mhianach céanna é 'Freagairt an Dúshláin' ach nach bhfuil an oiread den chaitheamh anuas ar thréithe pearsanta ann leis na dánta eile, b'fhéidir. Cuireann an dán síos ar fhear a mhaslaigh an file a ghnóthaigh an chéad áit i gcomórtas na n-asal faoi fheisteas traidisiúnta ag seó. Ní raibh asal an fhir eile feistithe ceart ar chor ar bith, dar leis an bhfile, agus dá réir sin ní raibh údar ar bith fírinneach clamhsáin aige faoi thoradh an chomórtais. Ba é ba mheasa leis an bhfile, áfach, an dúshlán filíochta a tugadh dó féin:

> Labhair tú liomsa go tur cé nár chleacht tú fhéin spor,
> Bhí tú siodmhagúil béalach,
> Dúirt go teann gur socraíodh an peann in mo láimh,
> Agus thug tú mo dhúshlán i véarsaíocht.

Ghoin sin a mhórtas file agus b'éigean dó freagra a thabhairt, agus tugann an freagra céanna léargas gléineach ar mhianach na ceirde. Glacann an file leis gur masla a bhí ann a chur ina leith gur theastaigh peann uaidh le dán a chumadh, agus dearbhaíonn sé gur ealaín bhéil de réir an tsean-nóis a chleachtas sé:

> Is bréag dhuit a rá gur socraíodh peann in mo láimh
> Mar cumaim in mo cheann na véarsaí,
> Ní scríobhann an peann ach mar a fheileann sé an ceann
> Má thuigeann tú éirim ar aon chaoi.

Díol suntais freisin sa dán seo go labhrann an file go díreach leis an drochdhuine as a ainm[6] i líne oscailte an dáin, rud ab annamh leis, agus cuireann sé an sméar mhullaigh ar a fhreagra fileata mar mhacalla air sin sa leathrann deiridh nuair a labhras sé air féin as a ainm féin, á dhearbhú go buacach uaibhreach gur aige atá a focal deiridh san allagar:

> Ach ná ceap is ná síl, a mhic mic Sheáinín Teaimín Mhíchíl,
> Go scanróidh tú Learaí le ráflaí.

Is mairg, mar sin, a thabharfadh aghaidh ar fhile agus ba dhual athar do Learaí an méid sin a thuiscint arae tá an bhagairt chéanna fhileata ar chúl dhán Phádhraic Learaí, 'An Seanmholt Crosach' (1994: 53), aoir ar gheaingear bóthair a chuireas Cóil Learaí i láthair leis an seanrann:

> Caidéis na baintrí go deo ná bíodh agat
> Agus file ná drann leis gan ábhar,
> Mar sin, a rud sramach, coisric do mhalaí
> Níl agat ach ó inniu go dtí amárach.

Deir Pádhraic féin go bagrach sa dán nach 'mbeidh sé [an geaingear] láidir má fhaighimse saol', á thabhairt le tuiscint, ar ndóigh, nach raibh uaidh ach aga aimsire ar an saol lena dhán a chumadh agus le díoltas a bhaint amach.

Ní hamháin gur tuiscint sheanbhunaithe i dtraidisiún na Gaeilge cumas seo an fhile buille a bhualadh, dochar a dhéanamh nó díoltas a bhaint amach trí chumhacht an fhocail, ach tá an meon céanna coitianta i gcuid mhaith den fhilíocht bhéil ar fud an domhain chomh maith. Deir Samatar (1982: 1) faoi fhilíocht na Somáileach, mar shampla: 'Through the power of his poetic orations, the Sayyid . . . was thought to inflict wounds on his enemies', agus deir La Vonne Brown Ruoff (1990: 7) and rud céanna faoi fhilíocht na nIndiach Meiriceánach: 'American Indians hold thought and word in great reverence because of their symbolic power to alter the universe for good and evil . . . Thought and word can be used for evil against one's enemies.' Agus Learaí Ó Fínneadha i mbun na ceirde céanna, is fiú a thabhairt chun suntais freisin sna dánta seo ar fad nach amháin go leanann siad den tseanaigne i leith na filíochta ach go bhfuil siad uilig rialta go maith maidir le meadaracht aiceanta an traidisiúin, agus iad san am céanna ar maos le dea-chaint shaibhir, ardaithe, liteartha an tseánra aortha.

8. Chumfainn dán is dréacht

Chum Learaí Ó Fínneadha bunáite a chuid filíochta i réim ard 'liteartha' dá chanúint nádúrtha féin mar a bhí sí saothraithe go comhfhiosach ag na filí a tháinig roimhe taobh istigh de na tuiscintí traidisiúnta ar fhriotal cuí na filíochta. Is teanga í seo, i bhfriotal Nic Eoin (2005: 339) atá 'ar ancaire fós i máithreach shaibhir Ghaeilge na Gaeltachta' glúin nó dhó ó shin. Ní hionann an teanga fhileata seo agus caint laethúil na Gaeltachta inniu (ná inné ach an oiread), ná fiú 'caint na ndaoine' mar a samhlaíodh í sna díospóireachtaí liteartha in imeacht cuid mhaith den aois seo caite. Caint reitriciúil, ardaithe, nathánach, iltagrach atá i ndánta Learaí, an 'c[h]aint is comhrá faoi na filí móra' ('Óid d'Oireachtas an Chéid') a chuala sé le linn a óige sna tithe airneáin ag filí mar a athair féin, Joe Shéamais Sheáin, Pádraicín Chóil, Michael Phaddy agus a leithéidí, agus an cineál cainte atá ina saothar siúd agus i saothar na bhfilí a tháinig rompu, leithéidí Raiftearaí agus Choilm de Bhailís go mór mór. Go deimhin, bhí cuid mhór dánta leis na filí seo de ghlanmheabhair ag Learaí óna óige agus ba mhinic leis ranna as dánta, nó go fiú téacs iomlán dáin, leis na filí seo a bheith aige ina chuid cainte agus seanchais. Agus muid ag trácht uair ar Joe Shéamais Sheáin, mar shampla, thagair sé don leagan den dán 'An tAthair Mícheál Ó Gríofa' san eagrán dá chuid dánta atá ar fáil (Ó Donnchadha 1983: 47–8), dúirt go raibh dhá rann ar lár ann agus ansin thug sé amach ó chuimhne iad:

Bhí an Chathair gan aon tsolas is na sráideannaí feannta,
Bhí Séamas Chuirc básaithe is a chnámha faoin bhfód,
Bhí fuadach faoi charrannaí saighdiúirí Gallda
Uaidh cheann Bhóthar na Trá isteach don Rinn Mhór.

Fágfad Cloch Scoilte le croí briste brúite
Agus tóigfead mo chúl go dobrónach ón áit,
Céad slán dhuit, a shagairt, a tóigeadh go muirneach,
Céad slán do gach cúige a bhfuil fios údar mo dháin.

Fearacht na bhfilí eile freisin, bhaineadh Learaí an-phléisiúr, dheanadh sé gairdeas fiú, as an teanga féin, as an bhfocal cuí fileata a aimsiú, as an ráiteas nó an nath fuinte, as an bhfocalphictiúr a chruthaigh líne aonair, leathrann, rann nó fiú dán iomlán. Bhíodh an méid sin soiléir i gcónaí agus é ag reic dáin nó sin ag caint faoina shaothar féin (nó saothar filí eile a raibh meas aige orthu), ag láithriú dáin do lucht éisteachta beo, ar an raidió nó in agallamh fiú ar mhaithe le cúrsaí taighde.

Le linn comhrá a bhí agam leis an bhfile faoi phróiseas na ceapadóireachta aige agus mé féin mar eagarthóir/agallóir ag iarraidh téarmaí 'liteartha', 'teicniúla' nó 'critice' a sheachaint i gcaitheamh an achair le go bhfanfainn chomh neodrach agus ab fhéidir liom sa chás, dhearbhaigh sé gur cuid de phróiseas na cumadóireachta aige, tar éis d'ábhar a aire file a ghoineadh, cúram a dhéanamh den chaint agus í a bheith lonnaithe taobh istigh den traidisiún:

> *LÓF* Caithfidh tú féachaint le barr slaicht a chur ar chuid de na sean-chainteannaí a chuala muid, na seanfhocla, na seancharraigreachaí a tharraingt isteach ann dhá bhféadfá, an bhfuil fhios agat, cineál, cineál smior agus smúsach a chur in do phíosa, an bhfuil fhios agat. Níl aon mhaith leis an scéilín éadrom chor ar bith, mar déarfá . . .

Mar léiriú air seo, chuir sé críoch le dán amháin faoin bhforbairt tithíochta i mBearna leis an ráiteas seo a thugas chun solais, b'fhéidir, aidhm agus modh oibre a chuid cumadóireachta:

> Críochnód suas an seanchas,
> An sacadh is an chaint chrua.
> ('Bealach na Bó Finne')

Is é atá i gceist aige leis na cruachainteannaí an dea-Ghaeilge, an 'tSean-Ghaeilge' (téarma de chuid an fhile féin), 'saibhreas cainte ár sinsear' ('Óid d'Oireachtas an Chéid'), mar a bhí ag na seandaoine nuair a bhí an cultúr láidir agus an teanga saibhir dá réir. Seo í an teanga a iompraíonn dinimic an áitithe agus an chomharthaíocht shainchultúrtha a chuireas luachanna bunúsacha áirithe in iúl, go mór mór tuiscintí ar nithe mar nóisin na fírinne, an chirt, an fhiúntais agus a leithéidí a bhíos mar chúltéacs i chuile ráiteas fileata, más fíor don fhile féin. Baineann Learaí gaisneas go leanúnach as réimse leathan de chiútaí agus de dheismireachtaí aeistéiticiúla ina shaothar d'fhonn na cuspóirí liteartha agus cultúrtha seo a chur i gcrích agus tá siad uilig suite go daingean taobh istigh de phairiméadair oidhreachtúla na ceirde dúchais mar a tháinig sé féin ina seilbh.

Tréith choitianta de chuid na filíochta béil atá anseo ó chultúr go chéile ar fud an domhain. Deir Claude Hagege (Luaite Ricard: 1995):

> Oral style has recourse to different techniques of gestural and articulatory symbolism that ensure surprising mnemonic effectiveness, such as refrains, release syllables, appeals, recurring names, inductive expressions, a profusion of virtual synonyms, assonances, rhymes, alliterations and other phonic and semantic echoes, lexical and grammatical parallelisms, paired meanings, the establishment of rhythm through gesture and mouth movements. To control these manifestations, the general technique is one of repetition.

Deir Lauri Harvilahti (2003: 101) faoin bhfilíocht bhéil san Altay Uachtair, i ndeisceart na Sibéire, idir an Rúis, an Chasacstáin, an Mhongóil agus an tSín:

> Oral poems are not generated but processed by using as aids the referential links both between and within poems (familiar structural features, parallelisms, metre and alliteration) making up a hierarchical matrix functioning as an index.

Mórán an rud céanna a deir Kurpershoek (1994: 57) faoi fhilíocht Ad-Dindān agus na mBeidiúnach i gcoitinne: 'In composing, the poets make use of a common store of themes, motives, stock images, phraseology and prosodical options that together constitute the heritage of Najdi poetry.' Bíodh is nach mar a chéile, ar ndóigh, na tréithe sainchultúrtha ó thraidisiún go chéile, agus bíodh is nach mbeadh na teicnící céanna ar fad coitianta ó thraidisiún go chéile, ina dhiaidh sin féin tá cuid mhaith de na deismireachtaí béalraíochta atá de dhlúth agus d'inneach san fhilíocht bhéil i gcuid mhaith cultúr ar fud an domhain le fáil go rábach i saothar fhile Chois Fharraige.

Fearacht na bhfilí béil i gcultúir eile, insíonn Learaí a scéal i gcaint dhíreach, thuarascálach, áititheach agus i dteanga nithiúil intadhaill atá fuinte as taithí an ghnáthshaoil mar a mairtear é ó lá go lá sa phobal agus sa cheantar ina maireann sé féin. Mar a deir Mahapatra (1983: 12) faoi fhilíocht bhéil na hIndia: 'These oral poems are highly concrete in their treatment of theme and generally refer to some specific aspect of community life, its myths or symbolic structure.' Ag sin an t-údar, mar a sonraíodh cheana, a reiceas file mar Learaí Ó Fínneadha a scéal tré chur síos ar an dúlra, ar ainmhithe agus éin, ar shéadchomharthaí agus ar mharcanna pearsanta agus pobail mar bhailte, garrantaí, toibreacha beannaithe, srutháin, tránna agus a leithéidí. Cur síos oibiachtúil, fíriciúil, réadach lonnaithe sa saol iarbhír a déantar den chuid is mó seachas machnamh nó miúin ar thoise nó tionchar fealsúnta nó inmheánach na nithe agus na n-áiteanna sin. Áitítear 'fírinne' an ráitis tré charnadh comhchruinnithe na bhfíricí a cuirtear i láthair agus léirítear bunchinnteacht an fhile sa phróiseas reicthe gur aige atá an ceart. Tacaíonn an léamh seo le háiteamh Ní Annracháin (1998: 34–63) gurb í an mheatonaime 'príomhtheicníocht theangúil litríocht na Gaeilge' a tógtar 'ar bhonn comhcheangail', agus an méid sin go hiondúil i gcomhthéacs sainchultúrtha atá coitianta idir an file agus a phobal. Dá réir sin, bíonn an fhilíocht seo 'claonta' agus ina ráiteas ionann is *ex cathedra*. Tá an mhaith ann agus tá an t-olc ann, tá fhios céard is ceart, maith, áilleacht ann, agus bíonn an dearcadh áirithe seo ar an domhan le cur in iúl agus straitéisí aeistéiticiúla agus reacaireachta ar fáil ón traidisiún chuige sin. Rud eile de, níl aon chúram inmheánaithe ná iniúchta ag an bhfilíocht thraidisiúnta. Mar a deir Paula Gunn Allen (1983: 4) faoi fhilíocht thraidisiúnta na nIndiach Meiriceánach:

> The purpose of traditional American Indian literature is never simply pure self-expression. The 'private soul at any public wall' is a concept alien to American Indian thought. The tribes do not celebrate the individual's ability to feel emotion.

Ar an gcéad éisteacht, agus is dóigh go cinnte ar an gcéad léamh, is é a nádúr foirmleach an tréith is suntasaí a bhaineas leis an bhfilíocht bhéil go ginearálta, agus le filíocht Learaí Uí Fhínneadha go sonrach sa chás seo. Téann an díospóireacht faoi úsáid foirmlí i gcúrsaí béalraíochta, agus go príomha san fhilíocht bhéil, siar go dtí saothar ceannródaíoch Milman Parry sna 1920í ar nádúr foirmleach eipicí Hóiméir agus ina dhiaidh sin saothar iarscoláire Pharry, Albert Lord, ina leabhar *The Singer of Tales*, staidéar ar fhilíocht eipiciúil na Seirbia a foilsíodh a chéaduair i 1960. Is é sainmhíniú a thugadar ar fhoirmle: '(a) group of words regularly employed under the same metrical conditions to express a given essential idea' (Lord 1960: 30). Dar le Walter Ong, ní raibh cultúir bhéil in ann eolas a rangú 'in elaborate, abstract categories' (1982: 140) agus dá bharr sin baineadh úsáid as straitéisí foirmleacha mar chúnamh don chuimhne. Déanann Foley (2002: 13) sainmhíniú mar seo a leanas ar an bhfoirmle, ar an aonad cognaíoch brí, an bhunchloch sin ar a bhfuil ealaín na filíochta béil tógtha: 'a unit of utterance, an irreducible atom of performance, a speech-act'; agus deir Kuiper (2000: 300) gur cheart breathnú ar an bhfoirmle mar 'mental representations of an abstract structure that can give rise to a small, finite number of instantiations of the formula'. Ní foirmlí réamhdhéanta, ná péinteáil de réir uimhreacha, geall leis, mar a shamhlaigh Parry, Lord agus cuid de na criticeoirí agus teoiriceoirí luatha struchtúraíocha, atá i gceist leis seo, ach an file ag tarraingt go cruthaitheach as an tobar domhain agus leathan ábhair atá ar fáil dó óna thraidisiún agus é ag cumadh dáin de réir an nóis a bhaineas le mianach agus cineál an dáin sin sa traidisiún. Dá réir sin, tá bealaí áirithe 'cearta' ann le déileáil le heachtraí, suíomhanna, ceisteanna nó téamaí áirithe. Tá an bealach 'ceart' ann le cur síos a dhéanamh ar bhean, mar shampla, nó ar laoch, nó ar thaobh tíre, nó ar chúrsaí reiligiúin, sóisialta, cultúrtha agus mar sin de, agus is é dualgas an fhile sin a dhéanamh de réir mhodhanna ionann is éigeantacha na ceirde dúchais. Léiríonn Ó Laoire (2002: 120–26) gur cuid bhunúsach de mheicnic na haeistéitice, mar a thugas sé air, an nádúr foirmleach seo, go gcuidíonn sé le 'scéal an amhráin a thabhairt amach' agus go gcuidíonn sé freisin leis an amhránaí le nach ngabhfaidh sé amú san amhrán. Tagraíonn sé in áit eile (2003: 39–68) do nádúr foirmleach dánta molta, agus léiríonn Shaw (1999: 317–21) go bhfuil an mianach céanna in amhráin mholta agus cháinte in Éirinn agus in Albain. Is léar gur feiniméan ionann is uilíoch é seo san fhilíocht bhéil ar fud an domhain. Tagraíonn La Vonne Brown Ruoff (1990: 20) don 'outstanding feature of Zuni poetic style . . . [the] use of regular stereotyped phrases for all items commonly alluded to in prayer' agus tugann sampla de chuid Bunzel lena léiriú: 'The sun always "comes out standing to his sacred place", "night priests draw their dark curtains", the corn plants "stretch out their hands to all directions calling for rain". ' Deir an file Ad-Dindān (Kurpershoek 1994: 117) go dtiomsaíonn focal focal eile agus véarsa véarsa eile go nádúrtha sa phróiseas cumadóireachta a thúisce agus a bhíos ceann curtha ag an bhfile ar a dhán, agus cuireann sé an méid sin in iúl le meafar thar a bheith cultúrlárnaithe: na camaill ag déanamh ar an tamhnach ag cuartú uisce san fhásach:

> No sooner did I chant one verse, than others came like camels rushing to a well,
> And pressed around me, lowering their heads to the water.

Tá an nádúr foirmleach seo de dhlúth is d'inneach i saothar fileata uilig Learaí Uí Fhínneadha. Bíonn na míreanna cognaíocha nó na haonaid bhrí seo a bhféadfaí a rá fúthu gur ón traidisiún fileata a fuineadh iad le feiceáil ar leibhéil éagsúla taobh istigh de na dánta ar leith mar seo a leanas:

an focal aonair féin;
nathanna nó frásaí cainte a chuimsíos líne nó leathlíne;
dhá líne nó leathrann – an t-aonad nádúrtha brí go hiondúil i rann ceithre líne (an rann is coitianta ag an bhfile);
an rann féin.

Ag an leibhéal is bunúsaí ní foláir don fhile an focal cuí a aimsiú lena chuntas file a thabhairt ar an ábhar atá roghnaithe aige dá dhán. Sampla maith den ghné seo is ea na téarmaí ina ndéantar cur síos ar mhná sna dánta. Bíonn an cur síos seo an-traidisiúnta ag an bhfile, agus tarraingíonn sé ar thraidisiún coitianta an mholta agus an ghrá. Dá réir sin, mar shampla, tá focail chuí ann leis an mbean bhreá a bhfuil dán tabhaithe aici a chur i láthair: is péarla í ('An Cailín Spéiriúil', 'Caitríona', 'An Ríbhean', 'An Cailín Spéiriúil') nó 'ríbhean' ('Suíochán Mháire', 'Fáiltiú Mary McAleese go Cathair na dTreabh', 'An Ríbhean'), 'réalt' ('An Dóchas', 'An Ainnir Dhubh Chatach') nó seod ('Caitríona', 'An Cailín Spéiriúil'), plúr na mban ('Caitríona'), stáidbhean nó bean stáidiúil ('Siobhán Ní Fhlaithearta', 'An Bhláthbhean Bhuí', 'Oireachtas na nDéise'). Ar an gcuma chéanna, moltar í i dtéarmaí atá leagtha amach de réir thraidisiún na n-amhrán, agus tugtar suntas ar leith dá malaí, dá gruanna agus go mór mór dá cuid gruaige mar a dhéanadh na seanfhilí:

> Do mhalaí deas caol is do leaca geal mín
> Agus do ghrua ar dhath na gcaor,

Do shúile cruinn glas is do bhéilín deas
Agus duibheacht folt do chinn.
('Caitríona')

Bhí a folt dubh catach go camarsach réidh
Go slamarach slaodmhar ag feacadh léi síos,
A grua mar an rós is a súil gan scéin,
Ba réalt í ar thalamh ainnir na gciabh,
A rosca glasa mar gheamhar tré chré
Mar shoilsiú gréine bhí fáinne a méar,
I leatharchóta fáiscthe b'álainn í fhéin
Is a pearsa dhá réir ó bhaithis go fíor.
('An Ainnir Dhubh Chatach')

Maidir le háilleacht na mná, tá a grua 'mar an rós' ('An Ainnir Dhubh Chatach', 'Tórramh Dhaideo') nó sin 'níos deirge ná rós i ngairdín' ('An Cailín Spéiriúil') agus iarrann an file uirthi éalú leis ('An Cailín Spéiriúil', 'Mairéad', 'Mise agus Mairéad'). Fearacht na seanfhilí, b'fhearr leis an bhfile an bhean álainn 'ná Héilin is ná Véineas' ('Mairéad') agus dearbhaíonn sé go bpósfadh sé í 'gan pínn spré' ('Mairéad', Maidin Luan Cásca'). Chomh maith leis an gcur síos traidisiúnta sin ar áilleacht agus ar mhealltacht na mná sna dánta seo, baintear leas go minic as deismireacht sheanbhunaithe na hapastróife trína labhrann an file go díreach leis an mbean atá á moladh (féach Whelton 2008: 279–306).

Ar an gcuma chéanna baintear leas foirmleach as aidiachtaí i suíomhanna feiliúnacha. Úsáidtear an aidiacht 'binn', mar shampla, i gcomhthéacsanna éagsúla: le cur síos a dhéanamh ar an nGaeilge ('Siobhán Ní Fhlaithearta', 'An Teilifís', 'Oireachtas na nDéise') agus ar cheol éan ('An Lochán Céimiúil', 'Loch Roisín', 'Thart sa Léana Riabhach', 'Maidin Chiúin', 'An Timpeallacht', 'Loscadh Sléibhe', 'An Bhláthbhean Bhuí'). Ní gá go mbeadh an file taobh le haidiacht shingil ach oiread sna cásanna seo, agus má cheadaíonn nó má éilíonn an mheadaracht é cuirtear go coitianta lena líon. Cuirtear aidiachtaí aguisíneacha leis an aidiacht 'binn' thuasluaite mar réimír nó mar fhocal scartha, mar shampla: 'an bhanríon bhinn mhaiseach' ('An Fear Siúil'), 'smólach béalbhinn' ('An Lochán Céimiúil', 'Loch Roisín'), 'éin sárbhinn' ('Maidin Chiúin', 'An Timpeallacht'), 'an Gaeilge bhinn ársa', 'an Ghaeilge bhinn bhláfar' ('Siobhán Ní Fhlaithearta'). Is ionann iad seo agus deismireacht sheanbhunaithe i bhfilíocht aiceanta na Gaeilge, gan trácht ar ghnáthchaint an lae, leis na céadta bliain, mar atá, focail chuingrithe (péire de ghnáth) ar míreanna léacsacha iontu féin gach focal díobh ina mbrí foclóra ach gur mó d'fheidhm chomhtháite aeistéiticiúil brí, fuaime agus ceolmhaireachta teanga a chomhlíonas siad sna dánta ná de thuairisc fhíriciúil oibiachtúil, agus ar mó dá réir sin go minic a bhfírinne mheafarach agus chruthaitheach ná a bhfírinne iarbhír, réalta.

Is liosta le háireamh iad na cineálacha éagsúla focal cuingrithe a mbaineann Learaí Ó Fínneadha úsáid astu ina chuid dánta, cuid acu seanbhunaithe sa chaint agus san fhilíocht agus cuid acu ag eascairt go nádúrtha as nathanna seanbhunaithe (féach Ní Dhomhnaill 1988), mar a léiríos na liostaí seo thíos:

1. Dhá ainmfhocal chuingrithe

a chuisle is a rún ('Caitríona')
a dháimh é is a mhuintir ('An Ceannaí Mór', 'Deoraí an tSléibhe')
an bhrí is an spreac ('An tAnam agus an Cholainn')
an brón is an tocht ('Baile an Droichid')
ar muir is ar talamh ('Bratach Champa Sheáin')
ar pháipéar ná cárta ('An Ainnir Dhubh Chatach')
borradh agus bláth ('Óid d'Oireachtas an Chéid')
brón agus buaireamh ('Na Polaiteoirí 1992') ')
caint is comhrá ('Óid d'Oireachtas an Chéid')
cleite ná clúmhach ('An Gandal ar Strae')
cliú agus cáil ('An Choirm Cheoil')
cuanta is calafoirt ('An Ainnir Máire Bhán')
dán is dréacht ('An Choirm Cheoil')
fascadh is dídean ('Oireachtas na nDéise')
feall agus ár ('Bratach Champa Sheáin')
fleá agus féasta ('Fleá agus Féasta')
fleá ná féile ('An Ríbhean')
fód ná scraith ('An Sleamhnán Gaelach')
foras ná suaimhneas ('Níl agus Tá')
gnaoi agus gean ('Fleá agus Féasta')
i gceannas is i gcumhacht ('Dev Óg (Toghchán '92)')
i mbaile ná i ndeois' ('Caitríona')
imirt is ól ('An Dóchas')
liobairt is íospairt ('Ruaille Buaille sa Dáil')
meabhair is réasún ('Teacht agus Imeacht')
mo bhrón is mo mhairg ('An Teachín Aoldaite')
ocras is tart ('An tSíoraíocht')
páipéar is cáipéis ('Ruaille Buaile sa Dáil')
peann is pár ('Óid d'Oireachtas an Chéid')
ruaille buaille ('Ruaille Buaille sa Dáil', 'Maiteanas')
searc is grá ('Ná Mealltar Thú')
scréach ná créic ('Thart sa Léana Riabhach')
slán agus beannacht ('An tÓl agus an Chiall', 'An Teachín Aoldaite', 'Na Polaiteoirí (1992)'))
sonas is séan ('Siobhán Ní Fhlaithearta', 'Saothar an tSaoir')
spraoi agus spóirt ('An Lochán Céimiúil', 'An Teachín Aoldaite', 'Bratach Champa Sheáin', 'Oireachtas na nDéise')

tine ná teas ('An Sleamhnán Gaelach')
trua ná taise ('Maidin i m'Aonar')
tuairisc ná tásc ('Ór ag Leipreachán')

2. Dhá aidiacht chuingrithe
beag bídeach ('Fáiltiú na Fáinleoige')
beo bríomhar ('Fáiltiú Mary McAleese go Cathair na dTreabh', 'Ár Seod', 'Óid d'Oireachtas an Chéid')
craosach santach ('An Scadán')
fada fiannach ('Baile Chláir')
flaithiúil fial ('An Bhó Bhán')
fuar feannta ('Bealach na Bó Finne')
íseal is uasal ('Aspal Mór na hÉireann')
lag cloíte ('Saol an Duine')
lag lúbach ('Táim san Aois', 'Maidin Luan Cásca')
mín marbh ('Ré na Línseach i mBearna')
mór millteach ('Galfchúrsa Bhearna')
múinte agus mánla ('Oíche Airneáin i mBearna')
múinte macánta ('Seanchas le Máire')
óg aerach ('An Ríbhean', 'An Ainnir Dhubh Chatach')
siúlach scéalach ('An Saol')
spadhartha spréachta ('Freagairt an Dúshláin')
stróicthe stiallta ('Ór ag Leipreachán')

3. Dhá bhriathar chuingrithe
ag imirt is ag spóirt ('Galfchúrsa Bhearna')
ag líonadh is ag trá ('Sruthán na Líbirtí')

4. Trí fhocal chuingrithe
an chaismirt, an gleo is an sceanadh ('Tarbh Choilm')
fiúntach fáilteach fial ('Foireann Jack')
trom tuirseach tarraingthe ('Canbhasáil ón Aer', 'An Gandal ar Strae')

5. Nathanna le 'gan'
gan brón gan crá ('Maidin Chiúin', 'An Bhláthbhean Bhuí')
gan cás ná náire ('Agallamh an Bháis leis an bPeacach', 'An File agus an Speal', 'Óid d'Oireachtas an Chéid', 'An Fiach ar Damaseen', 'Uallfairt sa Dáil', 'An Sciolladh')
gan ceannas gan ceann ('An File')
gan cíos gan cáin ('Fleá agus Féasta', 'A Bhuachaillí na hÁite')
gan cuma ná caoi ('Pós, a Mhic')
gan dídean, gan fascadh ('Siobhán Ní Fhlaithearta')

gan gaol ná cairde ('Agallamh an Bháis leis an bPeacach')
gan magadh ná bréag ('Feilméaracht Féileacán')
gan Mrucha gan Mánas ('Ar an Ordóg, An Corcán Óir')
gan náire ná coimhthíos ('Siobhán Ní Fhlaithearta')
gan rith gan lúth ('Agallamh an Bháis leis an bPeacach')
gan scáth gan náire ('An File agus an Speal')
gan slacht gan maise, ('Na Páipéir dhá Saighneáil')
gan stad gan scíth ('Thart sa Léana Riabhach')
gan tom ná sceach ('Loscadh Sléibhe')
gan torann ná gleo ('An Gandal Buí')
gan tsiocair gan ábhar ('An Gruagach Ribeach')

6. Contrárthachtaí

ar airgead ná ar ór ('Seanchas le Máire')
beag is mór ('Mise agus Mairéad', 'Oireachtas an Daingin 1992')
don lag is don láidir ('Sceolán Caoch')
i mbaile is i gcéin ('An Ainnir Dhubh Chatach')
óg is aosta ('Oireachtas na nDéise')
sean is óg ('An Lochán Céimiúil', 'Maidin Chiúin', 'An Muirín', 'An Cailín Óg agus an Baitsiléara', 'Aspal Mór na hÉireann', 'Fleá agus Féasta', 'Óid d'Oireachtas an Chéid')
úr is críon ('Agallamh an Bháis leis an bPeacach')

7. Ainmfhocal agus aidiacht nó briathar agus dobhriathar le chéile ina bhfoirmeacha 'reoite'

a Cheannabháin bháin ('Pádraic Ó Ceannabháin')
a ghrá geal ('Pádraic Ó Ceannabháin')
aistir fada ('Ar Bhóithrín na Smaointe')
an choimhlint an-ghéar ('Oireachtas na nDéise')
anam bocht ('An tAnam agus an Cholainn', 'Guibhim')
aonmhac muirneach ('Ré na Línseach i mBearna')
bónaí arda ('Pádraic Ó Ceannabháin')
crann géagach ('Loscadh Sléibhe')
deora goirt ('Deoraí an tSléibhe')
eala bhán ('Thart sa Léana Riabhach')
éinín beag ('Fáilte Romhat, a Chuachín')
geallúint bhréagach ('Agallamh an Bháis leis an bPeacach')
grá geal ('Tús m'Óige', 'Pádraic Ó Ceannabháin', 'Bréagach')
grásta geala ('Guibhim')
lá geal ('Tá Naoi dTráth sa Lá', 'I gCuimhne Uí Chadhain')
laochra móra ('Óid d'Oireachtas an Chéid')
lár an fhómhair bhuí ('Maidin Chiúin')

leaba chluthmhar ('An Dochtúr Éamon')
móinéar féarach ('An Lochán Céimiúil')
seanchas fada ('Saothar an tSaoir')
seanduine lúbach ('Saol an duine')
seanóir liath ('Agallamh an Bháis leis an bPeacach')
trua ghéar ('Sceolán Caoch')
uain óga ('Beochan', 'Séasúir na Bliana')

ag canadh go binn ('An Chuach', 'Oireachtas na nDéise')
ag canadh go hard ('Fáilte Romhat, a Chuachín', 'Muic Fhada Bhán')
ag canadh go sárbhinn ('Fáilte Romhat, a Chuachín')
an drúcht go trom ('Maidin i m'Aonar')

Chomh maith le gaisneas a bhaint as focail chuingrithe mar mhíreanna cognaíocha nó aonaid bhrí i línte ar leith, mar atá léirithe thuas, úsáideann an file nathanna seanbhunaithe cainte sa chanúint agus nathanna bunaithe ar sheanfhocail ar an gcuma cheannann chéanna. Is minic nathanna 'reoite' mar iad seo a leanas aige:

cré na cille ('An Cholainn')
i ndeireadh do scríbe ('Agallamh an Bháis leis an bPeacach')
i gcónra chaol cláir ('Máistir Scoile')
stór mo chléibhe ('An Lochán Céimiúil')
grá mo chroí ('An Muirín', 'An Scadán', 'An tUainín Deas Crosach', 'Tháinig an Bás')
lao na bó ('An Lochán Céimiúil', 'Bréagach')
rothaí móra an tsaoil ('Maidin i m'Aonar')
seacht sinsear ('Siobhán Ní Fhlaithearta')

Ach an oiread le ciúta traidisiúnta na bhfocal cuingrithe, bhí luí ar leith ag Learaí freisin le seanfhocail, ina chuid gnáthchainte agus seanchais, agus ar ndóigh ina chuid filíochta chomh maith, agus is tréith chomónta í seo i bhfilíocht bhéil an domhain fré chéile, ar 'Almanac of Proverbs' atá inti dar le John Miles Foley (2002: 25). Baineann sé úsáid rialta fhoirmleach as seanfhocail sna dánta. Is nós leis an seanfhocal mar a chuala sé riamh é a thabhairt ina iomláine gan aon athrú go minic. Cuireann an seanfhear (an file féin is léar) san agallamh spraíúil ar sheantéama an tseanfhir ar mian leis an bhean óg a mhealladh, 'Mise agus Mairéad', comhairle chríonna ar an mbean óg á rá léi de réir an ghnáis go bhfuil sé féin críonna tharla na blianta aige:

Tar siar ar d'fhocal, a Mhairéad óg,
Mar ní thagann ciall roimh aois, a stór,

B'fhearr dhuit mise agat ná an buachaill óg
Agus éalaigh liom lom láithreach.

Seo athfhriotal glan ar théacs an tseanfhocail mar atá sa traidisiún, agus mar atá le fáil in *Seanfhocla Chonnacht*[7] Thomáis Uí Mháille, 'Ní thagann ciall roimh aois' (SC 1511). Tá an ciúta céanna le fáil arís aige san agallamh den mhianach céanna, 'An Cailín Óg agus an Baitsiléara', nuair a deir an seanfhear an uair seo leis an mbean óg, 'Ní maith an tsamhail a théas i bhfad', aithris ghlan focal ar fhocal ar SC 1853. Is minicí, áfach, a bhaineas an file leas cruthaitheach macallach as na seanfhocail, trí nath nó ráiteas a bhunú ar an seanfhocal, nó sin trí chuid den seanfhocal a thabhairt, agus bíonn sé le tuiscint go soiléir gur faoin éisteoir atá sé meabhair agus adhmad a bhaint as an ráiteas. Dá réir sin sa dán 'Maidin i m'Aonar', ar fheiceáil dó 'fíogach is freangach ag slogadh is ag placadh' éisc bheaga an tsrutháin, cuimhníonn sé ar an seanfhocal 'Tá chuile shórt ag luí ar an lagar, is an lagar ag luí ar an talamh' (SC 4025) agus críochnaíonn sé an leathrann leis an líne 'An láidir i gcónaí ag luí ar an lagar'. Tarraingíonn sé ar an seanfhocal coitianta, 'A chomhairle féin do Mhac Anna, Is ní bhfuair sé ariamh níos measa' (SC 1716) faoi dhó sna dánta polaitíochta, áit a mbíonn sé féin, ar ndóigh, ag iarraidh a bheith ag cur comhairle a leasa ar dhaoine:

Ná bí taobh le comhairle Mhac Anna
Is fan glan ar uaisle an bhaile,
Nó cuirfear thú as sealbh
Istigh in do dhúiche fhéin.

('Léim Ard')

Chuirfinn comhairle fós fhéin anois ar Mhac Anna
A dhul thart leis an dreoilín thuas ag an Dáil

('Níl agus Tá')

Bíonn ráitis dá chuid féin aige ar uaire freisin agus cuma seanfhocail orthu, mar shampla, 'Tá doirse leathana baolach.' ('Ná Mealltar Thú', 'An Saol'), 'Ní raibh riamh nach mbeidh aríst' agus 'Múinfidh an saol an t-aos óg' ('An File'). Chomh maith leis sin, baineann sé casadh cruthaitheach as seanfhocail ar uaire agus úsáideann sé iad i gcomhthéacs nua seachas mar a faightear go hiondúil iad. Sa dán 'An Díbirt', mar shampla, samhlaíonn sé an Béarla ag teacht aniar aduaidh ar an nGaeilge mar 'ghadaí san oíche' (SC 611: Tigeann an bás mar ghadaí san oíche.) agus samhlaíonn sé an seanfhocal reiligiúnda 'Bíonn an aithrí mhall contúirteach' (SC 3774) ina aithrí thoirní pholaitiúil sa dán 'Ruaille Buaille sa Dáil':

Anois ó tá an anachain déanta
Is go dtáinig an aithrí rómhall
Tá an droimeann donn dílis gan taoiseach
Is beidh trácht go Lá an Luain ar an ár.

Is é an dán *par excellence*, áfach, ina bhfeictear an ciúta seo 'I gCuimhne Uí Chadhain', áit a dtarraingíonn sé ar chúig sheanfhocal in imeacht trí líne lena ráiteas féin a dhéanamh, mar atá, 'Is maith an máistir scoile an saol' (SC 4569), 'Níl sa saol ach ceo, is ní sheasann an só ach seal' (SC 4582), 'Ní mhaireann na bréaga ach tamall' (SC 936), 'Ní thagann an óige faoi dhó choíche' (SC 4083), agus 'Is deacair ceann críonna a chur ar ghuaille óga' (SC 4068):

Sé an saol seo an seanmháistir agus is mairg nach mbaineann as só,
Ní mhaireann éinne ach tamall is ní thagann an óige faoi dhó,
Is doiligh ceann críonna a chur ar ghuaillí tá óg
Ach léigí saothar Mháirtín is mairfidh an Ghaeilge linn beo.

Go deimhin féin, léiríonn an rann sin go gléineach chomh maith nádúr foirmleach struchtúr na filíochta seo sa méid agus gur aonaid chognaíocha brí gach aon seanfhocal ar leith acu a tharraing an file chuige féin agus an rann á chruthú aige.

Fágann seo, ar ndóigh, go mbíonn an fhilíocht seo athráiteach go maith freisin go mór mór ó phíosa go píosa agus fiú in amanna, mar is léar ar na liostaí thuas, taobh istigh den aon phíosa amháin. Ar an ábhar sin ní hiontas, mar shampla, go molfaí beirt bhan ar leith sna téarmaí céanna, fiú is nach bhfuil dáimh ná gaol acu le chéile gan trácht ar aon bhaint a bheith ag a réimsí gaisce agus éachtaí lena chéile. Curadh domhanda sa lúthchleasaíocht í Catherina McKiernan agus déanann an file comhghairdeachas léi sna téarmaí seo tar éis di craobh an domhain a thabhairt léi:

Comhghairdeachas leat, a Chaitríona,
Is go maire tú in do shláinte do chraobh,
('Comhghairdeachas')

Maidir leis an amhránaí sean-nós Nóra Ghriallais, a thug léi Corn Uí Riada don tríú huair, gaisce nár sáraíodh roimhe sin, seo mar a labhair an file:

Comhghairdeachas anois leat, a Nóra,
Is go maire tú in do shláinte gach craobh,
('An Ríbhean')

Déanann sé cur síos ar theacht an gheimhridh sna dánta 'Teacht agus Imeacht' agus 'Deoraíocht' leis an líne cheannann chéanna, 'Tá gáifeacht an gheimhridh ag bagairt', agus cuireann sé pianta agus uafás na síoraíochta in ifreann in iúl leis an meafar céanna agus fiú le cuid mhaith de na focail chéanna i dhá dhán chráifeacha:

Táimse cráite ó scar tú fhéin liom
Do mo loscadh ar leic na bpian thíos,
Faoi shúiste Oscair do mo léasadh
I measc na ndeamhan is na ndiabhal in éineacht.
('An tAnam agus an Cholainn')

Is ábhar uafáis Luan an tSléibhe,
Íocfar fuil an Mhic a céasadh,
Beidh deora goirt is gíoscán fiacal
Faoi shúiste Oscair is na ndiabhail in éineacht.
('Guibhim')

Gnéithe athráiteacha struchtúrtha eile den fhilíocht ná oscailt agus dúnadh na ndánta áit a mbaineann an file úsáid rialta as deismireachtaí foirmleacha atá coitianta sa traidisiún. Osclaíonn sé 33 dán ar fad as an iomlán (agus na hagallaimh a fhágáil ar lár) le caint dhíreach sa dara pearsa, ciúta na hapastróife an athuair, agus é mar a bheadh sé ag tabhairt aitheasc údarásach ní hamháin don té a mbíonn sé ag caint leis ach dá phobal uilig. Labhrann sé le daoine ar leith faoi eachtraí a bhaineas leo, leis an duine daonna i ndioscúrsa teagascúil go mór mór faoi chúrsaí creidimh, le Dia agus leis na naoimh sa seánra céanna, le hÉirinn féin agus le muintir na hÉireann agus é ag cur síos ar dhrochstaid na tíre go hiondúil, le hainmhithe agus éin agus le nithe teibí nó neamhbheo – fiú is go labhrann sé le loscadh sléibhe agus leis an spéirling Aindriú!

Braitear i gcónaí gur file atá ag caint lena phobal sna cásanna seo agus daingnítear an tuairim sin i sraith oscailtí, naoi gcinn ar fad, ina labhrann sé le guth soiléir údarásach file. Ní hamháin sin, ach éilíonn sé go n-éisteofaí lena ghlór le go dtuga sé cuntas fírinneach ar na heachtraí atá tar éis a mheanmnaí file a dhúiseacht. Is léar go bhfuil *scéal* len aithris aige, *ráiteas* le cur os comhair an phobail, go bhfuil cur síos *baileach* le déanamh aige, agus go mbeidh *trácht go deo* ar na himeachtaí seo (de bharr na filíochta, mar a sonraíodh cheana) agus go bhfuil údarás an *tseanchais* taobh thiar dá cheird:

A bhuachaillí is a chailíní, tá scéal agam len aithris dhaoibh,
Fuair mé scéala an mhaidin seo ón sárfhear Dev Óg.
('Dev Óg i mBearna')

A bhuachaillí is a chailíní,
Anois éistí le mo scéal
Agus inseoidh mé go baileach dhaoibh
Faoi asal a rinne éacht
('Comórtas na nAsal')

A bhuachaillí mánla an bhaile
A bhfuil a mbunadh anseo ón seanreacht,
Suífidh muid síos chois teallaigh
Agus déanfaidh muid cur síos.
('Léim Ard')

A bhuachaillí na háite, éistí le mo ráite
('An Sceachín Chrotach Ghránna')

A bhuachaillí na háite, is nach iontach mar tá ráite
('A Bhuachaillí na hÁite')

Beidh trácht go deo deo ar an rása ó thigh an óil
An tráth ar facthas Damaseen ag an Easca
('An Fiach ar Damaseen')

Dúradh ariamh ins an seanchas
Go raibh ór ag an leipreachán.
('Ór ag Leipreachán')

I dteannta an mhéid sin, tá, mar a sonraíodh cheana, dhá dhán sciolladóireachta nó aoire aige ina labhrann sé go díreach i dtús an dáin leis an té a bhfuil a fhraoch fileata dúisithe aige, de réir thraidisiún an tseánra sin:

A ghiolla na sciortán, na gcriogán is na mbréag
('An Sciolladh')

A dhuine chroí, tóig suaimhneas shiúl oíche
Agus fan as an mbruth faoi thír
('Freagairt an Dúshláin')

Maidir le dúnadh a dhéanamh ar a chuid dánta ní féidir a rá go ndéanann an file amhlaidh i gciall theicniúil an téarma sin ag síneadh siar sa traidisiún, mar atá, athfhriotal comhfhiosach a dhéanamh ar rann, ar líne nó ar fhocal oscailte (féach Ní Dhomhnaill 1975: 13), ach ina dhiaidh sin féin leanann sé traidisiún na filíochta béil mar a bhí go minic ag Joe Shéamais Sheáin agus ag a dheartháir féin Cóil trí dheireadh comfhiosach a chur le dánta, á thabhairt le fios go bhfuil an *seanchas* déanta anois, go bhfuil scéal an fhile reicthe, go bhfuil a shéala file air agus nach bhfuil call níos mó a rá ó labhair seisean. *Poeta locuta est.*

Críochnód suas an seanchas,
An sacadh is an chaint chrua
('Bealach na Bó Finne')

Stopfad feasta an seanchas
Is ní dhéanfad ídiú béil
('Comórtas na nAsal')

Stopfad feasta an seanchas is ní abróidh mé níos mó
('An Ainnir Máire Bhán')

Stopfaidh mé feasta an curfá
Agus caithfidh mé tharam an ghibstireacht.
('Oireachtas an Daingin 1992')

Agus díol suntais sa chomhthéacs seo an chríoch a chuireas sé leis an dán 'Bréagach', aithris ar an seanamhrán 'An tAmhrán Bréagach', don té ar cás leis an t-idirdhealú, más ann dó, idir an fhírinne agus an bhréag, i gcúrsaí filíochta ar aon dath:

Sin deireadh na n-iontas agus críoch leis an scléip
Go ndúnfad mo shúile is go dtóigfidh mé néal,
Má tá aon scéal agatsa seol chugam é,
Cuirfear i véarsa é más fíor é nó bréag.

Deir Macdonald (1999: 298) gur cuid bhunúsach oscailt agus dúnadh den chineál seo de struchtúr an dáin sa traidisiún béil mar atá ag Dòmhnall Ailein Dhòmhnaill na Bainich:

> The typical structure of these poems is one that opens with a direct address and closes with an announcement of the proximate end of the poem and a reference to death . . . the first and last stanzas have a clear and defined position in the structure of the song.

Críochnaíonn Learaí riar dánta chomh maith le macalla foirmleach ó ráiteas an tseanchaí a chríochnaíodh a scéal go minic leis an bhfoirmle 'Sin é mo scéal, má tá bréag ann bíodh, ní mise a chum ná a cheap' ('An tEarrach', 'Rámhaillí', 'Ré na Línseach i mBearna', 'Ár Seod'). Inbhéartú atá i gceist i ndáiríre ag an bhfile ar an tseantuiscint sa chás seo, áfach, arae deimhníonn seisean ar deireadh thiar go bhfuil a scéal fíor, gur mhínigh sé an 'scéal deacrach' ('Ruaille Buaille sa Dáil'), agus go bhfuil an fhírinne aige, mar a bhí sna 'scéalta a scríobh na húdair mhúinte léannta' ('An tAnam agus an Cholainn'). Críochnaíonn sé riar eile dánta fós ('Maiteanas', 'Fáiltiú Mary McAleese go Cathair na dTreabh', 'Bás an Ógfhir', 'An Saol', 'An Teilifís', 'I gCuimhne Uí Chadhain') leis an nath foirmleach 'Sin é mo chomhrása déanta', nó leagan leasaithe ar éigean de, á thabhairt le fios gur insíodh an scéal don phobal ó bhéal an fhile. Dúnann sé dánta go rialta chomh maith trí thagairt dó féin go sonrach mar fhile i mbun a cheirde. Mar a sonraíodh i Rannóg 7 thuas agus feidhm an fhile á plé, labhrann sé air féin as a ainm féin sa rann deiridh ('Galfchúrsa Bhearna', 'An Marú ag Trá na gCeann', 'Freagairt an Dúshláin', 'An Choirm Cheoil) á dhearbhú go húdarásach gurb é 'Learaí atá ag caint nó ag véarsaíocht', gurb é 'a scríobh is a chum an dán' agus go mairfidh cuimhne ar na heachtraí de bharr a chuid tráchtaireachta, an dearbhú céanna a cloistí go rialta ó na seanfhilí ('Na Páipéir dhá Saighneáil', 'Fleá agus Féasta').

9. Bíonn dhá inseacht ar scéal

Faightear léargas an-soiléir ar nádúr foirmleach fhilíocht Learaí Uí Fhínneadha freisin san iliomad malairtí léimh atá le fáil sna leaganacha éagsúla de na dánta, idir leaganacha scríofa ó láimh an fhile féin agus leaganacha béil, atá ar fáil, tréith atá tugtha chun suntais ag Ó Laoire (2002: 116–23) maidir le hamhránaíocht Thoraí freisin. Bíodh is gur tugadh tús áite don leagan lámhscríofa a thug an file féin do Chló Iar-Chonnacht le foilsiú i réiteach théacsanna na ndánta ar an ábhar gurb iad sin na leaganacha a d'fhaomhaigh an file féin, tugann na malairtí éagsúla léargas annamh dúinn ar phróiseas na cumadóireachta ag file de chuid an traidisiúin bhéil le linn na cumadóireachta féin. Ní hamháin go scríobhadh an file an dán tar éis a chumtha ach bhí sé de nós aige cóipeanna a dhéanamh dá chuid dánta féin i gcóipleabhair, agus fiú ar uaire ar bhileoga single. Maidir le malairtí léimh tá cuid acu le fáil sna lámhscríbhinní mar mhalairtí glana gan aon tagairt don leagan atá sa téacs údaraithe. Scríobhtar cuid eile fós acu leis an bpeann céanna lenar scríobhadh an bundán os cionn bunleagain scriosta (ach atá fós soléite) agus tá sé soiléir go maith gur malairtí iad seo atá réasúnta comhaimseartha le hócáid chumtha an dáin. Mar shampla, sa dán 'Aspal Mór na hÉireann' maidir leis an líne údaraithe 'Thug sé dúshlán tine na Teamhrach', is é atá sa dá leagan lámhscríofa 'Las sé tine na Teamhrach', ach 'Las sé' scriosta i gceann acu agus 'Thug sé dúshlán' scríofa os a chionn sa pheann céanna. Maidir leis an líne 'Go bplúchfadh sé an tAspal sa ngríosach' sa dán céanna, 'Go bplúchfadh sé tine na Teamhrach' atá sa dá lámhscríbhinn agus líne tríd i gceann acu gan aon mhalairt léimh. Tá véarsa 12 (Ll. 45–8) mar atá sé sa téacs údaraithe le fáil i ndiaidh leagan an dáin a bhfuil an líne scriosta ann, áfach.

Scríobhtar riar áirithe eile malairtí le peann difriúil agus tá an chuma orthu seo gur scríobhadh iad aga áirithe ama tar éis don fhile an dán a chumadh. Mar shampla, sa dán 'An Bás', don líne údaraithe 'Ó do bhreithiúnas faightear crá', faightear 'Ó do bhreitheamh ní faightear spás' i lámhscríbhinn amháin, ach an focal 'spás' le stríoc tríd agus 'crá' scríofa ina dhiaidh i bpeann eile; agus sa líne 'Is ní fhillfinn ar ais go Bearna ar ndóigh go gcloisfinn thú ag gabháil fhoinn' sa dán 'An Ainnir Máire Bhán' faightear 'go bhfeicfinn Máire Bríd' in áit 'go gcloisfinn thú ag gabháil fhoinn' i lámhscríbhinn amháin agus, scríofa níos deireanaí le peann eile, sa lámhscríbhinn eile. Tharla gan aon dátaí a bheith curtha ag an bhfile lena chuid lámhscríbhinní, is deacair, den chuid is mó, a dhéanamh amach cén uair a chum sé dán, gan trácht ar an uair a rinne sé leasú ar théacs áirithe ar bith. Tá eisceacht shuntasach amháin ann don mhéid sin, áfach, mar atá an cóiriú a rinne an file agus é ag scríobh na leaganacha a thug sé do Chló Iar-Chonnacht. I roinnt áirithe cásanna bíonn na malairtí ón téacs údaraithe ar fad le fáil i chuile leagan lámhscríofa agus iad sin ar fad mórán mar a chéile. Sin mar atá sna dánta 'An Fear Siúil', a bhfuil ceithre leagan lámhscríofa ann, 'Éist le m'Fhaoistean', a bhfuil trí leagan lámhscríofa ann, agus 'Cor Gearr', a bhfuil ceithre leagan lámhscríofa ann.[8]

Seachas mionathruithe i gcúrsaí litrithe nó sin i bhfoirmeacha briathartha (foirmeacha táite nó scartha agus athruithe aimsire den chuid is mó), is ag leibheál an fhocail, an bunleibhéal séimeantach, is mó a feictear malairtí. Bíonn athrú beag céille i gceist le cuid de na malairtí seo: 'lasta' in áit 'ceannaithe' ('Séasúir na Bliana', L. 19), 'deireadh leis' in áit 'trácht ar' ('Teacht agus Imeacht', L. 8), 'cuachaíl' in áit 'canadh' ('Fáilte Romhat, a Chuachín', L. 24), 'ag guibhe' in áit 'ag tacú' ('Fáiltiú Mary McAleese go Cathair na dTreabh', L. 20). Bheadh gaol séimeantach ann idir na malairtí i gcásanna eile: 'Mianach' in áit 'éirim' ('Dev Óg i mBearna', Líne 4), 'scilling' in áit 'chúig phínne' ('Tarbh Choilm', L. 15), 'feistithe' in áit 'gléasta' ('Fáiltiú Mary McAleese go Cathair na dTreabh', L. 14). I gcásanna eile fós eascraíonn an mhalairt as cúrsaí cheol focal, fuaime agus meadarachta: 'dímheas' in áit 'díomas' ('Freagairt an Dúshláin', L. 34), 'cleasach' agus 'cealgach' in áit 'cabach' i dhá lámhscríbhinn ('An File', L. 13), 'croíúil' in áit 'aoibhinn' agus 'séimh' in áit 'tréan' ('Fáilte Romhat, a Chuachín', Ll. 2, 11). Malairt spéisiúil amháin den chineál seo, faoi gur i mBéarla atá sé, is ea '*leather jacket grub*' in áit 'péist an dearg-ghoib' i lámhscríbhinn amháin (as péire) sa dán 'Baile Chláir'. Caitheann dhá mhalairt léimh ar fhocal amháin i dhá dhán solas ar phróiseas na cumadóireachta féin, go háirithe i gcomhthéacs an ghaoil chasta idir cúrsaí litearthachta agus béalraíochta san fhilíocht seo. Deirtear i rann deiridh leagan údaraithe an dáin 'An File':

> Ní raibh riamh nach mbeidh aríst
> Is beidh suim i ndréacht is i ndán

agus tugann sé an focal 'ceol' mar mhalairt ar 'dréacht' san aon leagan lámhscríofa atá ar fáil. Ina theannta sin sa leagan údaraithe den dán 'Éist le Glór', cuireann sé comhairle ar lucht na Gaeilge tacú leis an teanga:

> Seo é an t-am, a Ghaela,
> Le seasamh amach don Ghaeilge,
> Cumaí dánta is dréachta
> Is déanaí a mbreacadh síos

agus tugann sé mar mhalairt i lámhscríbhinn amháin den phéire atá ann 'scríobhaí' in áit 'cumaí'. Díol suntais freisin gur i leaganacha beoláithrithe, agus go mór mór nuair a dúirt an file dán ó chuimhne, a feictear an líon is mó mionathruithe den chineál seo. Sa leagan den dán 'An Préachán', mar shampla, a dúirt an file ar chlár de chuid RTÉ Raidió na Gaeltachta faoin Scoil Éigse agus Seanchais a craoladh ar an 26 Bealtaine 1995, tá deich malairt den chineál seo aige ón téacs údaraithe in imeacht 40 líne: 'ar fud na ngarrantaí' in áit 'amuigh sna garrantaí', 'bhíos' in áit 'a fhaighim' (faoi dhó), 'choinníos' in áit 'choinneos', 'níor iarras' in áit 'ní bhfuaireas', 'ar fud na ngarrantaí' in áit 'ar fud na mbailteachaí', 'bainfidh mé' in áit 'leagaim', 'leagfainn' in áit 'scriosfainn', 'bím ag' in áit 'déanaim', 'déanaim' in áit 'tosaím'.

Díol spéise sa chomhthéacs seo freisin an eagarthóireacht nó leasú teanga ó Bhéarla go Gaeilge a dhéanas an file ó thráth go chéile. Bíonn sé de nós aige go minic sna dánta gaisneas a bhaint as focail Bhéarla, go mór mór mar chiúta grinn, ach is minic a aistríos sé an téarma Béarla go Gaeilge sa leagan údaraithe. Tá 'na Falklands' i dtrí lámhscríbhinn (as ceithre cinn) sa dán 'An Tuíodóir Maggie Thatcher', ach 'Oileáin Fháclainne' atá aige sa téacs údaraithe. D'athraigh sé 'an *sway*' (leagan foirmleach a bheadh coitianta sa chaint agus sna hamhráin ar aon nós) go dtí 'an chraobh' (a bheadh chomh hinghlactha céanna mar fhoirmle) sna dánta 'An Ríbhean' agus 'Turcaí Dhoire Fhatharta'. Bhí an focal '*walker*' in áit 'fráma' aige i lámhscríbhinn amháin (as trí cinn) den dán faoina obráid corróige, 'Rámhaillí', ach é scriosta amach agus an leagan Gaeilge scríofa os a chionn le peann eile – rud a léiríos go raibh an eagarthóireacht ar bun aige tar éis don dán a bheith cumtha aige. Ar an gcaoi chéanna, bhí an focal '*tractor*' aige in áit 'tarracóir' i dhá lámhscríbhinn (as trí cinn) sa dán 'An File agus an Speal', ach go bhfuil '*tractor*' scriosta i gceann acu agus 'tarracóir' scríofa faoi sa pheann céanna sa chás seo.

Is í an leathlíne, ar frása nó nathán aonair nó mír chognaíoch amháin a bhíos ann de ghnáth, agus ar troigh amháin meadarachta go hiondúil freisin é, mar a sonraíodh ar ball, an bunaonad céille nó brí san fhilíocht seo, nó an chloch thógála i lámha an tsaoir. Dá réir sin, tig leis an bhfile blocán brí den chineál seo a chur lena dhéantús, nó a bhaint as, saoráideach go maith, rud a dhéanas Learaí go han-mhinic mar is léar ó na malairtí léimh sna lámhscríbhinní. Tá cuid de na malairtí seo bunaithe ar natháin choitianta sa chaint. Tá an nath coitianta focal cuingrithe 'Gan sac ná mac' aige in áit 'gan neach gan mac' i dhá lámhscríbhinn (as trí cinn ar fad) sa líne údaraithe 'Gan neach ná mac ina ghaobhar' sa dán 'Athrú Mór Tagtha' agus tá 'A chomharsanaí is a chomhairleachaí', leathlíne agus nath oscailte as an amhrán 'Tomás Bán Mac Aogáin', aige mar mhalairt in áit 'A bhuachaillí is a chailíní' i leagan beoláithrithe den dán 'Comórtas na nAsal'. Maidir leis an malairt 'is dhá Leanbh' in áit 'is dhá hAon-Mhac' mar atá sa líne sna trí lámhscríbhinn 'Ghuibh sé do Mhuire is dhá hAonmhac' sa dán 'Oíche Airneáin i mBearna', dhá leagan choitianta atá iontu ar Íosa mar mhac Mhuire sa traidisiún filíochta cráifí. Ar an gcuma chéanna, tá an mhalairt 'is mo thóin le balla' in áit 'in mo shuí ar an leachta' sa líne 'Le bheith ansiúd in mo scraiste in mo shuí ar an leachta' i lámhscríbhinn amháin (as péire) den dán 'Siamsán an Óstáin' bunaithe ar líne a bhfuil eolas coitianta uirthi as an dán 'Mise Raiftearaí' a leagtar sa mícheart ar fhile an 19^{ú} haois.

Malairt eile ar furasta a giniúint a shamhlú ná athrú in ainmneacha daoine agus áiteanna. Mar sin atá sa líne 'Is ó tá muid araon istigh i mBearna' sa dán 'An Ríbhean' áit a bhfaightear 'Na Fothraí Maola' in áit 'istigh i mBearna' i lámhscríbhinn amháin – agus ní miste a mheabhrú gur baile fearainn i gceantar Bhearna atá sna Fothraí Maola, áit a raibh cónaí ar an bhfile. Tá an próiseas malartaithe mar a chéile sa dán 'Siamsán an Óstáin', dán faoi eagrán de chlár de chuid RTÉ Raidió na Gaeltachta, *Siamsán Maidne*, áit a dtugtar mar mhalairt 'an dá Mháirtín' (tagairt do láithreoir agus léiritheoir an chláir) in áit 'Pháidín' sa líne 'Ar ór ná ar chomhairle Pháidín' i lámhscríbhinn amháin (as péire) den dán. Déantar an mhalairt chéanna ainmneacha sa dán 'Rása an Uachtaráin' áit a dtugtar Robin Hood mar mhalairt ar Mary Robinson i lámhscríbhinn amháin (as cúig cinn).

Tá cuid eile da na malairtí leathlíneacha bunaithe, fearacht na malairtí ar fhocail aonair, ar chúrsaí fuaime, cheol teanga agus meadarachta. Is minic athrú céille i gceist le malairtí den chineál seo ach go dtagann siad le scéal nó le téama an dáin. Dá réir sin, sa líne 'Is ní fhillfinn ar ais go Bearna ar ndóigh go gcloisfinn thú ag gabháil fhoinn' sa dán 'An Ainnir Máire Bhán' faightear 'go bhfeicfinn Máire Bríd' in áit 'go gcloisfinn thú ag gabháil fhoinn' i lámhscríbhinn amháin (as péire) agus, scríofa níos deireanaí le peann eile, sa lámhscríbhinn eile. Sa líne 'Tá nósa na cathrach is an Béarla nach maith liom' sa dán 'An Teachín Aoldaite', faightear 'an Béarla géar salach', atá sa dá lámhscríbhinn, ach é scriosta i gceann acu agus an leagan údaraithe, 'an Béarla nach maith liom', scríofa os a chionn. Athrú iomlán céille, ach é fós ag teacht le téama an dáin, atá sa malairt sa líne 'Ní dhéanaim aon chéilíocht, ní ligeann an tart dhom' in 'Maidin Luan Cásca', áit a bhfuil 'diúltaím an chraic sin' in áit 'ní ligeann an tart dhom' san aon lámhscríbhinn atá ar fáil agus tá an rud céanna fíor faoin malairt 'nó d'athraigh tú' in áit 'is ag cocaireacht' sa líne 'Tosóidh tú ag grágaíl is ag cocaireacht' i lámhscríbhinn amháin (as trí cinn) den dán 'Pós, a Mhic'. Díol spéise ó thaobh phróiseas na ceapadóireachta an mhalairt sa líne 'Agus chonaic bádóir fíriúil í a bhí ar fascadh ag barr an tí' sa dán 'A Bhuachaillí na hÁite', nach bhfuil ar fáil ach aon chóip lámhscríofa amháin de, áit a raibh 'ag breathnú trí pholl an chlaí' sa lámhscríbhinn ar dtús ach gur scrios an file é agus gur chuir sé 'ar fascadh ag barr an tí' ina áit. Luann an peacach sa dán 'Agallamh an Bháis leis an bPeacach' Naomh Pádraig agus sa véarsa céanna faightear an líne údaraithe 'Codladh bliana fuair an draoi ag brionglóid' a thagraíos don draoi a bhíodh ag coimhlint le Naomh Pádraig de réir an tseanchais. Duine eile a luaití go coitianta riamh anall sa litríocht in allagar le Pádraig ná Oisín, ó aimsir 'Agallamh na Seanórach' sa 12ú haois anuas, agus dá réir sin faightear mar mhalairt nádúrtha léimh i lámhscríbhinn amháin (as péire) 'Oisín tráth' in áit 'an draoi ag brionglóid'.

Chomh maith le leathlínte a mhalartú, déanann an file malartú ar línte iomlána freisin – agus ní miste a lua sa chomhthéacs seo gur deacair ar uaire 'líne' a shainmhíniú, go háirithe mar a chuir an file a chuid filíochta ar pháipéar go minic. Bíonn línte gearra aige go minic, ar aonaid chognaíocha iontu féin iad i ndáiríre mar atá sainithe sa tuairisc thuas ar na malairtí leathlínte, agus dá réir sin go bhféadfaí aon líne amháin a dhéanamh go minic as péire de chuid an fhile gan leatrom a dhéanamh ar phatrún meadarachta ná scéal an dáin. Déanann an file rann ceathairlíneach nó ochtlíneach de ghnáth as a leithéidí. Sin ráite, is minic a mhalartaíos sé líne iomlán sna lámhscríbhinní ach go gcoinníonn sé eochairfhocal comónta idir an dá leagan, eochairfhocal a dtógann sé an mhalairt ina thimpeall, ach fós féin gur athrú iomlán céille a bhíos i gceist de ghnáth. Dá réir sin, mar shampla, faightear an líne 'Ag tóraíocht *snáth inneach* le haghaidh é a ghearradh' i lámhscríbhinn amháin (as péire) mar mhalairt ar an líne údaraithe 'Ag iarraidh *snáth inneach* le haghaidh ortha' sa dán 'An Fiach ar Damaseen', nó 'Is ní raibh an focal deiridh litrithe *ceart*' i dhá lámhscríbhinn (as trí cinn) in áit 'Is níor thuigeas é i g*ceart*' sa dán 'Bealach na Bó Finne'. Níl an bhearna brí chomh mór i malairt mar 'Is dhá ngoradh fhéin faoin n*gréin*' i lámhscríbhinn amháin (as ceithre cinn) in áit 'Is ag sú suas na *gréin*' sa dán 'Léim Ard'. San aon dán Béarla atá againn ón bhfile, 'The Battle at Silver Strand', agus a bhfuil dhá leagan ionann is mar a chéile de in aon lámhscríbhinn amháin agus iad ag leanacht a chéile, tá malairt i líne amháin (agus is fiú a thabhairt chun suntais gur línte an-ghearra atá sa dán seo arbh fhurasta aon líne amháin a dhéanamh as gach péire mar atá ag an bhfile), ach is beag atá idir an dá leagan i ndáiríre: 'By the break of day' in áit 'Before the dawn of day'. Moltar an t-amhránaí Peatsaí Ó Ceannabháin sa dán 'An Choirm Cheoil' leis an líne 'A bhfuil air cliú agus cáil' sa leagan údaraithe, agus bíodh is gur athrú iomlán céille an mhalairt i lámhscríbhinn amháin (as péire), 'nach bhfuil a shárú le fáil', ní chiallaíonn sin gur fhág an file fuílleach molta air i gceachtar den dá leagan, agus is é an scéal céanna é in 'Foireann Jack' nuair a athraítear an cur síos ar an bhfáilte a bheas roimh an bhfoireann ó 'Is beidh a gcairde gaoil dhá bhfáiltiú anonn' go 'Is beidh Clanna Gael ag fáiltiú rompu' i lámhscríbhinn amháin (as ceithre cinn).

Nós eile a bhí ag an bhfile agus malairtí á gceapadh aige ná babhtáil a dhéanamh go hinmheánach taobh istigh de líne, go háirithe i gcásanna ar cheadaigh an mheadaracht nó an patrún fuaime sa dán é: 'Chuir sé trí bhúir as aníos thríd an duirling' sa dán 'An Fiach ar Damaseen', mar shampla a bhfuil 'Aníos thríd an duirling chuir sé trí bhúir as' mar mhalairt i lámhscríbhinn amháin (as péire), nó 'Bhí fiacla maithe spíle ag an ngandal go cinnte' sa dán 'An Gandal Buí' a bhfuil 'Bhí ag an ngandal go cinnte fiacla maith spíle' mar mhalairt air i lámhscríbhinn amháin (as ceithre cinn).

Is mór idir réimse brí na malairtí líneacha i gcásanna eile, áfach. Is láidre go mór de ráiteas agus is bagraí líne scoir an dáin 'An Gruagach Ribeach' sa leagan údaraithe, áit a ndeir an file le mórtas agus cumhacht a cheirde traidisiúnta leis an bhfear a thug greadadh dá gharmhac nach bhfuil baol ar bith 'Go n-imeoidh tú saor ó mo lámha', i gcomórtas leis an leagan leamh go maith sa malairt i lámhscríbhinn amháin (as ceithre cinn) a dhearbhaíos nach 'dtiúrfaidh tú an chraobh leat as Bearna'. Ar an gcuma chéanna, tá níos mó den dóchas le sonrú ar an toradh a bheadh ar chumadh dánta is dréachta Gaeilge sa líne údaraithe sa dán 'An Choirm Cheoil', 'A mhúsclódh an sprid ins an nGaeltacht' seachas an leagan atá i lámhscríbhinn amháin (as péire) 'Más olc nó maith ar an nGaeltacht', fiú is go bhfuil an eochairfhocal comónta eatarthu. Athrú neodrach ó thaobh fórsa na hargóna atá sa malairt ar an líne údaraithe 'Dhár chuala cluais ariamh' in 'Éist le Glór' a dhéanas gluais nó iomlánú ar 'na suantraithe mín is áille' roimhe i gcomórtas leis an léamh i lámhscríbhinn amháin (as péire) 'A chuirfeadh na céadta chun suain' arbh fhurasta é a shamhlú chomh maith céanna mar chur síos dlisteanach ar na suantraithe céanna de réir nóis.

Is é tuairim an údair seo gurb é an leathrann dhá líne, sa rann ceathairlíneach, nó an t-aonad dhá líne sa rann níos faide ná sin, an bhunchloch ar a bhfuil an fhilíocht seo tógtha go haeistéiticiúil agus go teicniúil. Réitíonn an tuairim seo le cur síos Ní Dhomhnaill (1975: 12) ar an rann clasaiceach siollach, áit a dtugtar *seoladh* ar an leathrann tosaigh agus *comhad* ar an leathrann deiridh. Is mó d'aonad an leathrann i bhfilíocht Learaí Uí Fhínneadha ná an mhír chognaíoch, ar frása leathlíneach nó líneach go minic é, mar a facthas thuas. Tugann an leathrann, ar cumasc é de mhíreanna éagsúla cognaíocha nó brí séimeantaice (ceithre cinn de ghnáth), scéal an dáin (nó an amhráin) chun cinn, tugann breis eolais, agus má ritheann an chéad líne go nádúrtha isteach sa dara líne sa leathrann, is minic briseadh nádúrtha céille idir an dá leathrann a dhéanas rann. Sin mar a bhíos go hiondúil sna dánta is fearr – agus go háirithe sna dánta is traidisiúnta agus is rialta meadaracht – de chuid Learaí Uí Fhínneadha, a leithéidí seo mar shamplaí ionadaíocha:

Chlaonas don tsagart thug ar dtús Corp Chríost dhom
Is d'éist sé faoistean uair sa mí uaim,
Dúras urnaí maidin is oíche
Agus bhí anam gléigeal in mo chroí bocht píosa.
('Agallamh an Bháis leis an bPeacach')

Má shíleann an fear fánach ó mhaslaigh sé an páiste
Go mbuailfidh sé báire in aghaidh file,
Cuirfidh mise náire air má bhíonn sé san áit seo
Mar is boc é a bhfuil cuma rud dona air.
('An Gruagach Ribeach')

Bhí tú in do smíste i gceartlár an aonaigh
Gan pínn rua in do phóca ach thú ag crúbáil do phlíoma,
Níl plandóg ná bean bhreá a shínfeadh síos taobh leat
Ná an Chailleach Bhéarra dhá maireadh sí míle.
('An Sciolladh')

Tá riar malairtí léimh ar leathranna sna dánta ach níl siad baol ar chomh fairsing leis na malairtí atá feicthe go nuige seo, idir fhocail aonair, leathlínte agus línte iomlána. Insíonn cuid acu an 'scéal' céanna i bhfocail eile, mar shampla, an cur síos ar Tom Bheairtle Tom Ó Flaithearta agus Tom Pheaidí Mac Diarmada as an Lochán Beag, beirt scéalaithe a ghlac páirt in imeachtaí Oireachtas na Gaeilge sa Daingean i 1992. Is é an leagan údaraithe:

> Inseoidh Tom Bheartla seanscéal,
> Beidh Tom Pheaidí ar an toirt le ceann eile agaibh.
> ('Oireachtas an Daingin 1992')

Cuireann an leagan sin béim ar na scéalaithe féin, insíonn don phobal go soiléir cé hiad féin, agus tugann le fios fiú go bhfuil roinnt iomaíochta eatarthu, ach i lámhscríbhinn amháin (as trí cinn) laghdaíonn an file ar an méid eolais a thugas sé faoi na scéalaithe agus déanann sé a léirmheas féin ar a n-acmhainn scéalaíochta:

> Inseoidh an dá Tom cupla scéal
> Mar tá siad acu go paiteanta.

Níos faide anonn sa dán céanna, agus é ag trácht ar lucht páirtíochta an Oireachtais, labhrann an file ar lucht ceoil agus damhsa sa chéad leathrann:

> Casfaidh na baird dalladh ceoil,
> Is bainfidh Séamaisín torann as clárachaí.

Agus damhsóir amháin luaite aige sa méid sin, leanann sé air sa leagan údaraithe le tagairt do dhamhsóir eile agus tugann sé an leathrann deiridh agus an rann iomlán chun críche le moladh ar an mbeirt atá ainmnithe go sonrach aige:

> Beidh Máirtín Chóil Neain lena sháil
> Agus mo ghoirm go deo an bheirt acu.

I lámhscríbhinn amháin, áfach, imíonn sé ar fad sa dara leathrann ó thagairtí pearsanta agus labhrann go ginearálta i dtéarmaí molta ar mhuintir an Oireachtais, bíodh is go gcoinníonn sé an nathán foirmleach leathlíne 'mo ghoirm go deo' sa dá leagan:

> Tá sé ina rírá le deich lá
> Is mo ghoirm go deo an tOireachtas

Tá malairt den mhianach céanna le fáil sa dán miúine 'Maidin Chiúin' áit a bhfeictear an file ar a chompord sa timpeallacht nádúrtha agus mar is dual dó nochtann sé a chráifeacht phearsanta ag ceann dá chuid áiteanna sacráilte féin, mar a sonraíodh cheana, i leathrann deiridh an dáin. Seo mar a chuireas sé síos air sa leagan údaraithe:

> Agus nochtaíos mo rún do Rí na Cruinne
> Ag Tobar Éinne is Cholm Cille.

I lámhscríbhinn amháin (as ceithre cinn) leanann sé den chonair reiligiúnda ach labhrann sé go díreach le Dia (ag baint leasa as natháin fhoirmleacha eile, 'Rí na nDúl', atá coitianta san fhilíocht chráifeach, agus 'míle glóire', nath coitianta i mbeannachtaí agus i bpaidreacha dúchais) ach baintear as an tagairt don *lieu sacré*:

> Agus dúras i rún le Rí na nDúl
> Míle glóire leat fhéin go síoraí.

Léiríonn an leathrann údaraithe seo thíos sa dán 'An Ríbhean':

> Tháinig pianta i rith na mblianta
> Is d'imigh an óige uaim mar an gceo

próiseas foirmleach na malairtí seo go paiteanta tharla go bhfuil *dhá* leagan dhifriúla den chéad líne ann i lámhscríbhinn amháin, mar atá, 'Ach ó d'imigh na blianta seo tharam' atá i gcorp an dáin, agus 'Ach ó tháinig an aois is na pianta' ag a dheireadh, agus go leanann an líne 'Is nach bhfaighidh mise an óige faoi dhó' mar chríoch ar an leathrann sa dá leagan.

Faightear malairtí ó thráth go chéile i ranna iomlána freisin. Dán le ranna ceathairlíneacha é 'Cor Gearr' ach go bhfuil rann sélíneach amháin ann ina dheireadh a thugas an reacaireacht chun críche de réir na foirmle a facthas thuas i Rannóg 8:

> Críochnód suas an dán le luas
> Is ní osclód anois aon tine
> Mar níor chleacht mé riamh na véarsaí
> Ná ní dhearna mé aon sciolladh
> Nó go bhfuaireas fhéin an masla
> An lá údaí ón ngiolla.

Tá malairt seachtlíneach ar an rann seo le fáil i lámhscríbhinn amháin (as ceithre cinn) nach bhfuil chomh fuinte ná chomh sásúil ó thaobh na meadarachta. Bíodh is go bhfuil an scéal bunúsach céanna ann faoi dhíoltas an fhile trí mheán an dáin tar éis a mhaslaithe le fáil sa dá leagan, ní chuireann línte 3–4 sa malairt leis an scéal beag ná mór agus tá líne 7 as cor ar fad ó thaobh na meadarachta – rud nach bhfuil amhlaidh i línte 5–6 den leagan údaraithe atá ag freagairt don líne sin:

> Anois éireod as an seanchas
> Is ní osclód fhéin aon tine,
> Ní bheidh mé ar a dtaobh
> Ná ní rachaidh mé ina gcoinne,
> Níor chleacht mé riamh na véarsaí
> Is ní dheachas ar an sciolladh
> Nó go bhfuaireas fhéin an masla údan ón ngiolla.

Tá forás den chineál céanna le feiceáil idir leagan údaraithe an rainn seo thíos as an dán 'Siamsán an Óstáin' agus an mhalairt atá le fáil i lámhscríbhinn amháin (as péire). Tá meadaracht rialta go maith maille le haontacht scéil le fáil sa téacs údaraithe:

> Chuas fhéin le fonn go dtí an t-óstán mór chois cuain
> Le go bhfaighinn spóirt is greann ar mhuintir an tsiamsáin,
> Ach mo chreach agus mo chrá dúradh liom gan cás,
> 'Beidh muide ar ball do do chúinneáil.'

I dtéacs malairteach na lámhscríbhinne, áfach, tá an chéad líne sa leathrann tosaigh rófhada, rófhoclach, rud a théas in aghaidh an dara líne ann atá róghearr dá réir. Cailltear an mheadaracht ar fad sa chéad líne den dara leathrann, agus bíodh is go bhfuil an dara líne sa leathrann sin sásúil ó thaobh meadarachta, ní thagann sé rómhaith le scéal an rainn fré chéile:

> Chuas ag taisteal go moch ar maidin go dtí an t-óstán mór cois cladaigh
> Le go bhfeicfinn spóirt is an siamsán mór,
> Fear le ceamara is trealamh,
> Ach ochón is mo chrá go deo bá é an *jacuzz'* mo chaladh.

Díol suntais, áfach, go bhfuil an leagan údaraithe den rann sa dá lámhscríbhinn eile agus ag deireadh an leagain lámhscríofa ina bhfuil an mhalairt sa pheann céanna leis an téacs.

Tá corrshampla ar fáil freisin de mhalairtí iomadúla ar rann iomlán. Agus an file ag cur síos ar a thuras chuig an Oireachtas sa dán spraíúil géimiúil 'Oireachtas an Daingin 1992', deir sé sa leagan údaraithe:

> Chuaigh mé ar an ordóig go Gaillimh,
> Is ar an ráille amach go Trá Lí,
> Casadh liom *blonde* i dtigh an óil,
> Is thug sí léi síos go dtí an Daingean mé.

Sa leagan den rann atá i lámhscríbhinn amháin (as trí cinn) insíonn sé an scéal ar bhealach eile, á dhéanamh amach gur in éineacht le Máirtín agus Máire Bríd Ó Nia a thaistil sé agus caitear an *blonde* i dtraipisí!

Chuaigh mé ar an ordóig go Gaillimh
Is d'ól mé leathghalún sa gclub istigh,
Bhí mé le dhul ar an ráille
Ach thug Máirtín is Máire don Daingean mé.

Seo iad an lánúin chéanna, ar ndóigh, a thug chuig an Oireachtas i bPort Láirge é i 1994, más fíor a thuairisc sa dán 'Oireachtas na nDéise' – agus d'ól sé deoch freisin sa 'chlub' roimh imeacht dó.

Isteach liomsa go Gaillimh ar maidin an lae seo,
Thosnaíos sa gClub-Theach, Tigh Mháirtín Nee,
Ní rabhas ach in mo sheasamh ann nuair a bhí gloine agam is cárta
Ó Mháire Seoige an bhean mhánla ó Árainn na Naomh.

Tháinig Máirtín is Máire go gairid ar ball beag,
Is chuaigh an ceathrar againn le chéile ag triall ar an Rinn,
Bhí Máirtín go laethúil ag léamh na gclocha cinn mhíle,
Agus Máire go stáidiúil ag dearcadh sa tslí.

Tá leagan eile fós den rann thuasluaite as 'Oireachtas an Daingin 1992' ar an leathanach *verso* roimh thús an dáin sa lámhscríbhinn i ndeireadh leagain den dán 'Loch Roisín' agus saighead i dtreo an rainn chéanna i dtéacs an dáin ina bharr, agus é scríofa sa pheann céanna leis an dán féin, leagan atá an-ghar don leagan údaraithe:

Chuaigh mé ar an ordóig go Gaillimh isteach
Is ar an ráille amach go Trá Lí,
Casadh bean bhreá i dteach an leanna dhom
Is thug sí léi síos don Daingean mé.

Maidir leis na malairtí a léiríos nádúr foirmleach na filíochta seo, chomh maith leis an bpróiseas cumadóireachta a chleachtas an file, díol suntais ar leith atá sa dán 'Fáiltiú na Fáinleoige'. Tá dhá chóip lámhscríofa den dán ar fáil sna lámhscríbhinní atá mórán mar a chéile leis an leagan údaraithe. Tá cóip amháin de leagan eile den dán i lámhscríbhinn amháin, gan teideal leis, agus tá an oiread malairtí léimh idir an dá leagan gur beag nach dhá dhán ar leith ar an téama céanna iad. Sé véarsa atá sa leagan seo seachas ocht véarsa an leagain a thug an file do Chló Iar-Chonnacht. Tugann comórtas idir an dá leagan léargas suntasach ar mhianach struchtúrtha agus ar phróiseas cumadóireachta na filíochta béil. Is léar go leanann na véarsaí sa dá leagan an bunsmaoineamh céanna agus an patrún meadarachta céanna, cuid mhaith, ach gur féidir míreanna cognaíocha nó fiú línte agus leathranna a mhalartú gan an patrún smaointeoireachta ná meadarachta, gan trácht ar scéal an dáin, a chur ó rath.

Fáiltiú na Fáinleoige

Leagan údaraithe

Do chéad míle fáilte go hÉirinn
Ach cén tír as a dtáinig do thriall?
Nó an fíor go gcaitheann tú fhéin téarma
Ins an tír nach scairteann ach grian?

Sé do bheatha, a líobóigín álainn,
Tiocfaidh an chuach is an t-éinín ar ball,
Is sólás ó Dhia dhúinn an créatúr,
Tá an sciatháinín leathair ar fáil.

Ní fhacas-sa fhéin le mí thú
Mar chuaigh tú ar lóistín gan cead
Isteach sa sciobóilín céanna
Gur fheistigh tú suas do nead.

Imíonn tú uaimse sa bhfómhar
Mar imíos an lóchán le gaoth,
Is tagann tú arís ins an earrach
Ach ní chanann tú nóta ar aon chraobh.

Is iontach mar a dhéanann tú an bealach
Nó an dtéann tú go cinnte thar lear?
Mar tagann tú arís ar an eolas
Go bhfaigheann tú amach an sean-nead.

Ní túisce abhus ná thall tú
Nó an bhfaca tú aon gheimhreadh riamh?
Is chomh deas is chaithfeadh muide oíche airneáin
Dhá mbeadh bua agat fhéin ar an scríobh.

An leanann tú do chúrsa amach díreach
Nó an bhfuil tusa fhéin faoi dhraíocht,
Nó cén fáth nach gcaitheann tú geimhreadh
In Oileán na nOllamh is na Naomh?

Is minic thú i gcontúirt do bháite
Ag eiteall os cionn taoille sa spéir
Is an fharraige mhór sin chomh láidir
Agus tusa beag bídeach mar éan.

Malairt leagain

Do chéad fáilte ar ais againn go hÉirinn
Ó theochreasa an domhain údaí thall
A chréatúir na sciathán lag lúbach,
Seo againn arís thú maith slán.

Sé do bheatha abhaile don tír seo,
Tiocfaidh an chuach in do dhiaidh ar ball,
Is tabhartas ó Dhia dhúinn an créatúr,
Tá an sciatháinín leathair ar fáil.

Ní fhacas-sa fhéin thú le píosa,
Shíleas nach mbeadh tú ar fáil,
Ach ó chaitear ráithe fliuch an gheimhridh
Tagann nádúr is borradh i ngach tráth.

Imíonn tú uainne sa bhfómhar
Mar a d'imeodh slám ceo roimh an ngaoth,
Tagann tú ar ais ins an earrach
Is ní cloistear uait nóta ná glao.

Is iontach mar a fhaigheann tú an t-eolas
Tré dhubhcheo is gálaí mór gaoth,
Tagann tú ar ais sa seanáras
Is treise fós nádúr ná draíocht.

Ní túisce abhus ná thall thú
Ar cuairt ná bailithe chun siúil,
Nár bhreá le léamh é do scéal oíche airneáin
Dhá mbeifeá in ann é a scríobh síos.[9]

Maidir le feabhas nó fiúntas liteartha na filíochta i súile an fhile féin, bhí slata soiléire tomhais aige le leagan ar a dhéantús féin lena mheas mar is léar ó dhá agallamh fhada a rinne mé leis i 1998. Mar a luaigh mé cheana, sa chéad áit agus é ag bualadh faoi dhán a chumadh ba ghá scéal a bheith aige arbh fhéidir é a rianú óna thús go leanúnach go dtína dheireadh. Bhíodh an scéal sin socraithe ina intinn aige agus é ag bualadh faoin bpíosa. Agus ansin dhéanadh sé an píosa ina cheann gan peann ná páipéar. Tá an méid sin soiléir freisin ar an aisfhreagra a thug sé sa dán 'Freagairt an Dúshláin' ar an bhfile a chuir ina leith gur le peann a socraíodh ina láimh a scríobhadh sé a chuid filíochta. Dearbhú láidir ar phróiseas béalraíoch na cumadóireachta atá ina fhreagra:

> Is bréag dhuit a rá gur socraíodh peann in mo láimh
> Mar cumaim in mo cheann na véarsaí,
> Ní scríobhann an peann ach mar a fheileann sé an ceann
> Má thuigeann tú éirim ar aon chaoi.

Chumadh sé an dán ó líne go líne a chéaduair nó go mbeadh rann aige, agus ansin ó rann go rann nó go mbeadh an scéal inste aige chun a shástachta. Agus an píosa déanta aige dhéanadh sé aithris os ard air lena fháil amach an raibh sé sásúil dá chluasa féin. Is ag an bpointe sin, agus é sásta lena chuid oibre, a scríobhadh sé an dán. Go deimhin, dúirt sé liom i gcomhrá uair amháin gur deireanach san oíche 'sa seomra thuas' (.i. párlús an tí) ar an uaigneas leis féin is mó a bhíodh sé ag cumadh agus gur minic a chuaigh sé a chodladh agus an dán cumtha aige ach gan é a bheith scríofa amach fós aige. Comhartha maith ar dhán maith, a deireadh sé, é a bheith ina cheann i gcónaí ar maidin agus is minic dá bharr sin nár scríobh sé an dán nuachumtha go dtí an mhaidin tar éis a chumtha. Maidir le meadaracht, nó ceol na bhfocal, rím a thugas sé ar an véarsaíocht a bheith ceart dar leis. Sa sliocht seo thíos bhí an file ag cuimhneamh go maith air féin agus ag machnamh go domhain le teacht ar fhreagra na ceiste. Caint mhall staidéarach a rinne sé:

GD Cén chaoi a n-aithníonn tú go mbíonn an píosa déanta go maith?

LÓF Bhuel, an rím a bheith ag imeacht go maith thríd, mar déarfá – scéal, mar déarfá, agus é a bheith ag coinneáil a chéile. B'fhéidir go bhfaighidh tú píosa, mar déarfá, agus go bhfuil an scéal briste suas anonn agus anall ann. Tá a fhios agam uair amháin, déarfaidh mé an fhírinne leat, scríobh mé píosa, abair, scríobh mé píosa ar an rapáil a bhí sa Leic Liath [.i. an fhorbairt tithíochta i mBearna] soir ansin. Chuaigh mé rófhada leis agus nuair a dúirt mé dhom féin é agus an cor cluaise a chuir ionam, chonaic mé go raibh mé imithe ón bpríomhábhar, mar déarfá. Séard a rinne mé ansin ná é a ghearradh ar ais. Éistím leis agus liom fhéin dhá rá . . . Tá fhios agat é sul má scríobhfas tú é, mar déarfá, ach é a scríobh ansin agus feileadh sé ansin dhuit, an dtuigeann tú, nuair a déarfas tú leat féin é, agus má bhím sásta leis mé fhéin, mar déarfá, an rím a bheith ag rith thríd agus é a bheith ag coinneáil a chéile.

GD Céard é an rím?

LÓF An véarsaíocht a bheith ag tíocht go deas ann, mar déarfá.

Níl aon amhras faoi ach gur macalla ón bhfocal Béarla *rhyme* atá sa téarma seo 'rím' ag Learaí, agus díol suntais go bhfuil cur síos mórán mar a chéile ag Dòmhnall Ailein Dhòmhnaill na Bainich ar an ngné seo dá shaothar féin (Macdonald 1999: 63):

> 'S e mar a thuirt iad sa Bheurla *rhyme* – sin an rud a dh'fheumadh tu d'aire mhath a thoirt dha – gun tig sin a-staigh mar anns an loidhne seo agus na faclan a tha san loidhne a-rithist, gum bi an *sound* a th' aig an fhacal sin agus am facal seo – gum bi iad cothrom, coltach ri chèile.

Le linn an agallaimh chéanna d'fhiafraigh mé de Learaí cén chaoi a mbíonn a fhios aige go bhfuil an ceol ceart sna focail agus is léar ar an bhfreagra gurb í an chluais a aithníos an dea-fhilíocht:

LÓF Níl mé cinnte. Feileann sé dhóibh fhéin ar bhealach eicínt, mar déarfá, i dtaobh an bhfuil an rím ag rith ann, mar déarfá . . .

GD Ach ní dhéarfá amach os ard ná tada ar an gcaoi sin iad?

LÓF A, ní dhéarfainn nó go ndéarfainn dhom fhéin cupla babhta é ar fhaitíos go mbeinn ag cur aon chor sa gcluais ag aon cheo ann, an dtuigeann tú . . .

Tá an próiseas céanna cumadóireachta le feiceáil go soiléir ar an trácht a rinne an file freisin ar chúlra an dáin 'Ár Seod' in agallamh ar an gclár *Comhluadar* ar RTÉ Raidió na Gaeltachta ar an 8 Nollaig 1991. Rinne sé an dán ina chloigeann ar an uaigneas cois trá agus scríobh sé ina dhiaidh sin é nuair a d'fhill sé abhaile:

> . . . thosaigh mé ag caint liom fhéin ar an taoille an chaoi a raibh sí ag imeacht, ag teacht isteach is amach agus an chaoi a raibh an Ghaeilge ag imeacht, ach dúirt mé go bhféachfainn le píosa beag a dhéanamh air sin agus chuir mé i ndiaidh a chéile cuide dhó agus tháinig mé aníos anseo agus scríobh mé é.

Deir an bard Albanach Murdani Mast go leanann sé féin an próiseas céanna (Neat 1999: 65): 'In those days [agus é óg] I never wrote anything down. Every song I made in my head, and I've kept them there for 50 years. I still compose in my head, but nowadays I usually write a song down as soon as I've finished it.'

Dúisíonn an modh oibre seo ag Learaí (an dán a chumadh ina cheann i dtosach, an dán iomlán a aithris os ard lena phromhadh dó féin agus ar deireadh é a scríobh síos) ceisteanna bunúsacha faoin ngaol idir an téacs scríofa agus an téacs béil go mór mór i gcomhthéacs phróiseas na cumadóireachta féin. Is léar sa chás seo nach ann d'aon idirdhealú simplí dénártha eatarthu agus gur próisis liteartha atá i gceist sa dá mheán ar mó b'fhéidir na deismireachtaí reacaireachta comhchoitianta atá acu ná a mhalairt, gur leaganacha éagsúla iad d'aoncheird amháin an fhocail a chuireas ar chumas an duine a scéal féin a inseacht. Deir Finnegan (1988: 24):

> There is no deep gulf between the two: they shade into each other both in the present and over many centuries of historical development, and there are innumerable cases of poetry which have both 'oral' and 'written' elements. The idea of pure and uncontaminated 'oral culture' as the primary reference point for the discussion of oral poetry is a myth.

Rud eile de, ar éigean is ann anois in áit ar bith sa sráidbhaile iar-nua-aoiseach domhanda don ní ar a dtugann Ong béalraíocht phríomha, *primary orality*, mar atá, sochaí nó cultúr nach bhfuil 'truaillithe' ar chor ar bith ag an bhfocal scríofa. Go deimhin féin, mar atá aitheanta ag scoláirí ar fud an domhain chomh maith, tá gnéithe láidre béalraíochta ag roinnt le cultúr na freacnairce atá ag brath go mór ar na meáin leictreonacha, agus go mór mór ar an raidió agus ar an teilifís, agus ar ndóigh ar thaifeadtaí fuaime agus físe, a bhfuil pobail mhóra éisteoirí agus faireoirí acu. Thuig Learaí Ó Fínneadha é féin an méid sin agus ba mhinic é ag glacadh páirte ar chláracha raidió (agus ar chorrchlár teilifíse freisin), idir chláracha ina mbíodh sé ag déanamh seanchais agus chláracha ina reiceadh sé a shaothar féin. Ar an ábhar sin, fearacht a leithéidí i gcultúir éagsúla ar fud an domhain inniu, bhí saothar Learaí Uí Fhínneadha i gcois dhá leith idir 'cultúr béil' agus 'cultúr scríofa', agus is deimhniú eile fós a shaothar ar deireadh thiar nach ann d'aon teorainn shoiléir idir an dá chineál.

Tagraíonn an file arís agus arís eile sna dánta do ghníomh na scríbhneoireachta mar dhlúthchuid den phróiseas cruthaitheach. Deir sé i ndán faoi Cholm de Bhailís, fear nach raibh litearthacht leathanaigh aige, go ndeachaigh an seanfhile 'le ceird agus le scríobh', agus i ndán eile molann sé don aos dána inniu dul i mbun an phinn – agus féach go luaitear an chumadóireacht roimh an mbreacadh síos:

> Seo é an t-am, a Ghaela,
> Le seasamh amach don Ghaeilge,
> Cumaí dánta is dréachta
> Is déanaí a mbreacadh síos.

Agus sin an chomhairle a ghlac sé féin, de réir cosúlachta. Chuir sé tús leis an dán 'An Ceannaí Mór' faoi fhear siúil a thaithíodh a cheantar féin le linn a óige le ráiteas gurbh fhada gur tháinig an smaoineamh ina cheann 'go scríobhfainn cupla líne' faoi; agus maidir le drochbhrionglóid a bhí aige oíche deir sé i ndán eile:

Dhúisíos suas de phrap ansin
Sách mífhoighdeach ní bréag a rá,
Agus fuaireas peann tar éis tamall beag
Agus chuireas mo bhrionglóidí ar phár.
('Brionglóid')

Is léar go bhfuil údarás ar leith ag an bhfocal scríofa thar an bhfocal béil i dtuairim an fhile. Tagraíonn Brown (1998: 21) don 'power and mystique attached to the written word seen in the nineteenth century Tswana custom of using printed paper as a bandage in the belief that the magical power of the words could heal wounds', rud a mheabhródh creideamh den chineál céanna i gcumhacht an Leabhair Eoin daoine a leigheas, a dtagraítear dó go minic in *Cré na Cille* (Ó Cadhain 1949). Imíonn an focal béil le gaoth ach maireann an focal scríofa go buan ar phár, agus sin, b'fhéidir, an fáth a bhfuil an oiread ómóis ag Learaí agus ag a chomhfhilí pobail do scríbhinní na n-údar léannta:

Ní bréag ná magadh atá mé a dhéanamh
Mar tá sé i scríbhinn ag lucht léinn.
('Loch Roisín')

Agus arís:

Nach trua dhúinn fós más fíor na scéalta
A scríobh na húdair mhúinte léannta
Go dtiocfaidh Lá Luain an tSléibhe
Ina mbeidh an cholainn is an t-anam ag rocadh a chéile.
('An tAnam agus an Cholainn')

Díol suntais sa dán 'An Cailín Óg agus an Baitsiléara' go dtagraíonn sé do 'leabhar an tseanchais' mar dheimhniú ar údarás a ráitis a bhfuil cuma an tseanfhocail air:

Fear gan bean, gan beann an baitsiléara,
Is tá sin scríofa i leabhar an tseanchais.

Tróp paradacsúil liteartha atá anseo a bhíodh coitianta ag na seanfhilí, agus tá sé le fáil ag Colm de Bhailís freisin in 'Eibhlín Ní Fhlaithearta' (Denvir 1996: 44):

Tharraing mé mo chathaoir liom
San áit is fearr a thaithnigh liom,
Rug mé ar leabhar an tseanchais
Is thosaigh mé á léamh.
Chuartaíos chuile bhunadh ann
Anuas ó na deich n-aithreacha,
Níor bhac mé le sliocht Protastún,
Níor bhain siad do mo scéal.

Murab ionann is Raifthearaí agus de Bhailís, bhí léamh agus scríobh ag Learaí agus ní hamháin go mbíodh sé de nós aige leabhair, páipéir agus irisí Gaeilge a léamh – leabhair seanfhilíochta, mar a deireadh sé féin, is mó a thaithníodh leis – ach thuig sé go maith go raibh stádas áirithe ag roinnt leis an bhfocal clóite, agus go háirithe le leabhar a bheith i gcló ag duine. Bhí sé an-mhórtasach as a leabhar féin *Ó Bhaile go Baile*, agus ba léar go raibh fonn air ó thús na 1990í leabhar filíochta dá chuid féin a fhoilsiú tráth ar thug sé na dánta lámhscríofa do Chló Iar-Chonnacht le réiteach don chló. Bíodh is go raibh aithne mhaith agam féin air le blianta fada roimhe, ba sa bhliain 1996, nuair a foilsíodh *Amhráin Choilm de Bhailís*, a chuir mé féin in eagar, a d'iarr sé orm a chuid dánta féin a chur in eagar, nó mar a dúirt sé ag an am agus é mar ba mhinic leis idir mhagadh agus dáiríre, 'caoi eicínt a chuir orthu'. Bá é ba mhian leis, creidim, a fhocal féin a bhuanú agus san am céanna labhairt le pobal níos leithne ná pobal aon uaire an láithrithe bhéil.

10. An Béal Beo

Ní miste scéal amháin a fhógairt os ard. Maireann an fhilíocht thraidisiúnta bhéil beo beathach inniu i nGaeltacht Chonamara mar a mhaireas sí i dtíortha agus i gcultúir iomadúla ar fud an domhain i sochaí dhigiteach iar-nua-aoiseach an lae inniu. Dearbhaíonn John Miles Foley (2002: xii) gur 'universal human enterprise' atá inti '[which] dwarfs written literature in size and variety' agus go bhfuil sí an-choitianta fós i 55 teanga oifigiúil na Síne, ar fud mhór-roinn na hAfraice gona hiliomad teangacha agus cultúr, agus fiú sna stáit Bhalcánacha ainneoin na corraíola polaitíochta sa réigiún sin. Ní thráchtann sé ar chor ar bith, áfach, ar ilchríocha ná ar thíortha eile ná ar a gcuid cultúr agus teangacha iomadúla idir theangacha oifigiúla, státurraithe, státaitheanta agus teangacha neamhoifigiúla, neamhaitheanta agus fiú cosctha. Ainneoin gur ceird sheanda í an fhilíocht seo atá fréamhaithe i gcultúir a théas i bhfad siar sa stair, baineann sí go dlúth leis an saol comhaimseartha. 'Oral literature', a deir David B. Coplan (1987: 1) agus é ag trácht ar fhilíocht na hAfraice Theas, 'is not some sort of archaic remnant to be studied as a curiosity but is a living and contemporary force . . . [and] oral poetry in Lesotho is a living creature of the creative imagination, roaming hungrily the harsh landscape of comtemporary Sotho experience.'

Ainneoin fhlúirse, fhairsinge agus scóipiúlacht na filíochta seo, neamhaird nó sin díspeagadh an uasail leis an íseal is mó atá faighte aici i ndioscúrsa acadúil, liteartha agus criticiúil an aosa léinn ar fud na cruinne ó chéadchum William Thoms an téarma rómánsúil sin 'folklore' in *The Athenaeum* sa bhliain 1846. Mar earra bocht suarach nó sin mar fhuílleach áir a bhí le tarrtháil ó bhéal na huaighe agus le caomhnú in aircíveanna, i leabharlanna nó in iarsmalanna is mó a tagraíodh don fhilíocht bhéil agus do chultúr na béalraíochta nuair a luadh ar chor ar bith iad le linn na tréimhse sin. 'Writers and poets, as also ethnologists and social anthropologists have paid very little attention to "unwritten poetry", ' a deir Sitakant Mahapatra (1983: 10) agus é ag tagairt d'fhilíocht bhéil na hIndia, agus deir Jeff Opland faoi fhilíocht na Xhosa (1998: 323) gurbh é aidhm bhí ag lucht a cnuasaithe í a tharrtháil ón mbás a bhí ag bagairt uirthi:

> The belief that Xhosa oral traditions were endangered by European intrusion into Africa was articulated in 1870 by Tiyo Soga, who urged that Xhosa folklore be fed into print before it died out, and in 1906 by Rubusana, whose unsurpassed collections of Izobongo, *Zemk'inkomo magwalandini*, attempted to preserve the heritage of Xhosa lore.

Deir Duncan Brown (1998: 78) go bhfanann criticeoirí agus tráchtairí ar fhilíocht na hAfraice Theas

> fairly firmly within Eurocentric poetic paradigms, and are unable to engage fully either with the specific nature of oral poetry or with the complex aesthetic structures of African forms. Most recent critical studies of orality in departments of African languages have also struggled to grant performance poems their status as living forms in a society. With some exceptions, such studies tend to be either morphological or structural-classificatory, explicating oral literature in terms of grammatical and syntactical forms, or setting up generic categories for the texts. These studies grant little attention to the status of the poem as a human document, as an act of rhetoric with the capacity to persuade, to mobilize, or to negotiate relations of power.

Tá an meon céanna seo coitianta go maith i measc lucht tráchtaireachta ar fhilíocht bhéil na ndúchasach Meiriceánach freisin. Tagraíonn Susan Berry Brill de Ramírez (1999: 2–3) don chlaonadh atá ann '(to) interpret the orality of American Indian literatures solely in terms of a linear chronological narrative that posits orality as a prior, simpler form that then evolves into a more recent, more developed, and higher form of written literature', agus diúltaíonn an file agus an criticeoir dúchasach Meiriceánach Paula Gunn Allen (1983: 5) don dearcadh forleathan, dar léi, a d'éileodh nach ann níos faide don fhilíocht bhéil sin mar chruthúnas béil bheo:

> . . . while most note the continuance of native American cultures into the last quarter of the twentieth century, few acknowledge that native languages and oral literatures continue to exist in vital ways. One recent anthologist even goes so far as to define all contemporary oral literature out of existence. 'The traditional literature,' he writes, and please note the tense, 'was composed in an Indian language for an Indian audience at a time when the tribal cultures were intact and contact whites had been minimal.' It will come as some surprise to thousands of American Indians who continue to make songs and stories in their native tongues that they have not had a 'traditional' literature for several centuries.

Ní taise do chuid d'aos léinn na Gaeilge ach oiread é. Dar le R. A. Breatnach (1961: 128, 130, 146) níl i bhfilíocht Ghaeilge an 18ú haois ach 'the end of a tradition . . . the last phase of the Gaelic tradition . . . [in a] sociologically peasant society . . . whose themes are few . . . and [where] thought is often trite and threadbare' – agus cá bhfágfadh sin filíocht na haoise dár gcionn (Raiftearaí nó Máire Bhuí Ní Laoire, mar shampla) gan trácht ar fhilíocht bhéal beo na Gaeltachta in imeacht an fichiú haois agus isteach san aois seo? Mheabhródh an dearcadh seo ráiteas cáiliúil díspeagúil Mháirtín

Uí Chadhain (1969: 36–40) faoi 'liricí deasa neamhurchóideacha' na nuafhilíochta, nath lena ndearna sé fraoch na bhfilí a dhúiseacht in *Páipéir Bhána agus Páipéir Bhreaca*, bíodh is gur thug sé aitheantas ar leith ag an am céanna d'fhile a phobail féin, Johnny Chóil Mhaidhc Ó Coisdealbha. Shonraigh de Ramírez (1999: 8) an próiseas céanna díspeagtha sa dearcadh coitianta ar fhilíocht bhéil na ndúchasach Meiriceánach i dtéarmaí an dioscúrsa iarchoilínigh:

> Even within many discussions of orality in American Indian literature, rather than centering the discussion within tribal oral traditions the approach begins from a textuality based framework that defines orality as 'other' and 'less than'.

Seo í an argóint a d'éileodh gur ceapadóireacht fho-liteartha, phrimitíbheach, chéadraí i gciall Levi-Strauss atá san fhilíocht bhéil, dearcadh uaslathach a thabharfadh le tuiscint go bhfuil an litríocht thraidisiúnta ar easpa chumas intleachtúlachta agus anailíse, 'primitive . . . emotional, close to nature, incapable of standing back and seeing things intellectually,' mar a d'athchoimrigh Ruth Finnegan (1988: 64).

Ní leor mar pharaiméadair dhíospóireachta ná mar dhioscúrsa intleachtúil le dhul i ngleic leis an bhfilíocht bhéil contrárthachtaí dénártha a dhéanfadh idirdhealú simplí idir cultúr forbartha agus cultur céadraí, idir ealaín liteartha (.i. léannta) agus ealaín bhéil (.i. neamhléannta), idir sochaí nua-aoiseach, cathrach, thionsclaíoch (.i. cultúr ard) agus sochaí thraidisiúnta, tuaithe, neamhthionsclaíoch (.i. cultúr íseal). 'Interior colonization' a thugas Paul Zumthor (1990: 48) ar an meon seo:

> . . . [which] dominates the field of the imaginary for most people. It also imposes its stereotypes and increasingly determines its possible futures. At the heart of the European space, two or three countries have sufficed to corrode, folklorize, and annihilate at least in part the old local cultures, thanks to the irresistible instruments of interior colonisation that are perpetrated by means of massive literacy and a pervasive press.

Eascraíonn an meon uaslathach seo as cruinneshamhail phatrarcach impiriúlach a shamhlaíos an cine cloíte, na dúchasaigh, an dream 'eile', mar dhaoine ar bheagán tábhachta agus ar easpa chumas intlíochta, agus aithníonn an dioscúrsa iarchoilíneach an tseift seo mar bhunstraitéis de chuid an phróisis choilínithe. Mar a dhearbhaíos Ruth Finnegan (1992: 50–51), glactar leis an tuiscint seo le blianta beaga anuas sa taighde is deireanaí i gcúrsaí antraipeolaíochta agus béalraíochta:

> Culture used to be defined in terms of Greek, Latin, or Hebrew models – or, at the least, as comprising the high art written forms. But wider approaches

are now taking over, not just in anthropology and folklore but also in philosophy, literature and history. These work at several levels: a more global and cross-cultural framework; studying spoken not just written forms; and widening education and research to supplement normative prescription by ethnographic description. In face of changing values and power shifts, and of the expanding cultural links in a world-wide perspective, it is no longer easy to maintain old boundaries (primitive/civilised, industrial/non-industrial, traditional/modern), or to regard oral or 'traditional' forms as separate items or less worthy of academic attention than those of 'classical' culture . . . Research on oral forms can no longer be presented as mere 'academic' exercises or theorising about the far away and long ago, but as bringing the researcher into complex involvements with the other – equal – inhabitants of the earth.

Mar a léiríos saothar Finnegan féin agus saothar scoláirí eile le roinnt blianta anuas (Foley 1988, 2002; Kurpershoek 1994; Okpewho 1992; Opland 1998; Ricard 1995) ar fhilíocht bhéil na hAfraice, foilsiú liteartha, intleachtúil, meabhrach, lán-chomhfhiosach ar thaithí saoil atá san fhilíocht thraidisiúnta, friotal á bhualadh faoi chúinsí áirithe agus de réir tuiscintí ealaíonta, aeistéiticiúla nó liteartha áirithe ar eispéaras bunúsach daonna. Deir de Ramírez (1999: 4) faoi scéalta na ndúchasach Meiriceánach: 'Contrary to popular opinion (scholarly and nonscholarly), oral stories are no less sophisticated than written literatures.' Is mór idir saothrú ealaíonta seo an fhocail agus 'gnáthchaint an lae', ceist nach miste a mheabhrú i gcomhthéacs na ndíospóireachtaí i dtús na haoise seo caite i gcúrsaí litríochta Gaeilge faoi chaint na ndaoine.

I gcás fhilíocht bhéil agus thraidisiún béil i gcoitinne na Gaeilge, shonraigh Máirtín Ó Cadhain (1950) i léacht cháiliúil a thug sé do Chumann na Scríbhneoirí faoi chúrsaí béaloidis nach 'peasants' a chaomhnaigh (agus ní miste 'ná a shaothraigh' a chur d'aguisín leis an méid sin i gcomhthéacs ár gcúraimí anseo) iad sa tír seo, ach intleachtóirí an traidisiúin dúchais, *vernacular intellectuals*,[10] nach lúide tábhacht agus fiúntas a gceirde a saothrú trí mheán na litearthachta béil seachas litearthacht an leathanaigh. Ainneoin ghéarcháineadh Uí Chadhain ar thuairimí Shéamuis Uí Dhuilearga sa léacht úd, macalla glan tuairim seo Uí Chadhain ar dhearbhú Uí Dhuilearga (1945: 17) in *The Gaelic Storyteller* gur 'creative literary artist' a bhí sa scéalaí agus réitíonn sé chomh maith le ráiteas Kenneth Jackson (1961) gurbh iad na seanchaithe agus na scéalaithe intleachtóirí agus aos léinn a bpobal féin:

Any decent folktale teller is an artist and some of the finest stories ever told have been collected from oral tradition (6). . . . [Folktales are] genuine works of art, the work of men with truly civilized and artistic minds (45). . . . [Storytellers are] the intelligentsia of the old rural Gaelic tradition, men of high intelligence . . . guardians of their inherited oral Gaelic literature . . .

> widely educated in the old oral learning of their people . . . [who] play a highly important part in the life of their community because they were the focus of its intellectual activity (51–2).

Comhlíonann an litríocht bhéil, agus an bhéalraíocht i gcoitinne, feidhmeanna bunúsacha ionann is uilíocha ó phobal go pobal, ó thír go tír, ó chultúr go cultúr, ó theanga go teanga agus ó aois go haois. Ceann dá príomh-fheidhmeanna riamh anall ná an tsiamsaíocht agus an faoiseamh aigne agus spioraid a thugas saothrú an fhocail don té a chumas, don té a reiceas, agus gan dabht don té a thugas cluais dó chomh maith. Dearbhaíonn an litríocht bhéil fiúntas an phobail dá chuid ball féin agus cuidíonn leo '[to] define or comprehend the world at large in terms both familiar and positive to them,' mar a scríobh Isidore Okpewho (1992: 110) faoi litríocht bhéil na hAfraice.

Ina theannta sin, bíonn feidhm theagascúil nó mhorálta leis an gceapadóireacht seo. Ag éirí as taithí chomhchruinnithe saoil na muintire, tuigtear cé na daoine agus cé na béasa atá le moladh (nó le cáineadh) agus tugtar le tuiscint go soiléir don phobal gur cheart dóibh iad féin a iompar dá réir sin. Seachadtar tuiscintí seanbhunaithe traidisiúnta ar an saol tríd an litríocht bhéil, á ndearbhú agus á mbuanú in éineacht le guth údarásach. Dearbhaítear trína bíthin tábhacht agus ábharthacht na haimsire a caitheadh i saol agus i scéal láithreach an duine. Ar an gcuma seo, reictear trí bhíthin na litríochta béil scéal sin an duine mar a mhaireas sé i gcultúr áirithe ar leith, ó bhreith go bás trí bhóithre aistreánacha na n-eachtraí móra agus miona a castar dó faoi bhealach: grá agus crá, moladh agus cáineadh, comhar agus coimhlint, gan trácht ar ghnátheachtraí laethúla an duine, le cuid an bheagáin de chúraimí na filíochta seo a lua. Deir Sowayan (1985: 18) gur dlúthchuid de shaol soch-chultúrtha na mBeidiúnach sa Leithinis Arabach an fhilíocht:

> Nabati poetry is an articulation of the collective sentiment and a cognitive model for the organization of sociocultural realities . . . . [It] constantly attempts to order and give meaning to this universe and to bring its various components into harmony with one another. Cognitive and affective bonds are established between these components with similes, images and metaphors. Appropriate comparisons, apt descriptions, perceptive characterizations, and astute observations are the aesthetic ingredients of an outstanding Nabati poem; these characterizations and observations are blended with moral precepts and maxims of conduct drawn from the life experience of the poets.

Deir Samatar (1982: 55) mórán an rud céanna faoi fhilíocht na Somáileach:

> The Somalis think of their verse as more than just an artistic enterprise whose sole aim is to enlarge the imagination and inspire man towards the lyrical

> and the beautiful. When they talk of poetry, Somalis have in mind something which embodies the totality of their culture and to which they attach the highest measure of importance. In the words of one elder, 'Poetry is the central integrating principle without which harmonious relationships in society would be unthinkable.

Is léar dá réir sin gur leithne ná gníomh liteartha agus aeistéiticiúil amháin í ceird na filíochta, go mbaineann sí le réimsí eile den saol seachas siamsaíocht agus caitheamh aimsire amháin. Mar a shonraigh Ó hÓgáin (1982: 281) faoi fhile agus filíocht na Gaeilge:

> Ní mar rud teibí ealaíne a féachadh ar an bhfilíocht. Creideadh go raibh neart agus brí inti ar leibhéal an ghnáthshaoil, neart agus brí a chuaigh i méid i súile an phobail de bharr na hosnádúrthachta a samhlaíodh mar bhunús léi. D'fhág seilbh an bhua seo ag file go raibh ar a chumas dul i bhfeidhm go mór ar an bpobal i.e. thug an fhilíocht cumhachtaí faoi leith dó ar dhaoine eile.

Díol suntais sa chomhthéacs seo an fhilíocht bhéil i nGaeltacht Chonamara inniu ar a son féin, agus ar a shon sin amháin, agus tá géarghá le staidéar ceart liteartha agus soch-chultúrtha uirthi d'fhonn a theacht, i bhfocail Ruth Finnegan (1992: 173), ar 'what makes art artful: the heightened awareness of form that sets certain forms of communication apart'. Ní leor an staidéar téacsúil amháin, bíodh is gur bunghné de chuid na hoibre soláthar téacsanna maille leis an gcritic liteartha a eascraíos as an ngníomhaíocht sin. Ní foláir bualadh faoin obair le *téacs agus comhthéacs* mar a déarfá agus féachaint leis na próisis ghiniúna atá ar chúl an téacs a aimsiú agus a thabhairt chun solais. Ní mór an fhilíocht bhéil a thuiscint ina comhthéacs sóisialta, cultúrtha, agus teanga agus ag an am céanna féachaint leis na cúraimí aeistéiticiúla agus liteartha a bhíos ag dó na geirbe ag na filí féin a chur san áireamh. Mar a deir Finnegan (1988: 17):

> . . . a concentration on the text is not enough for a full understanding, but . . . many other elements need to be analysed as well, among them performance and composition processes, audience behaviour and the cultural background of learning, appreciation and realisation in actual performance.

Ag tagairt do na heasnaimh is léar dó féin sa réimse seo scoláireachta, luann Miles Foley (1988: 110) an tábhacht atá le taighde ar thraidisiúin bheo d'fhonn teacht ar thuiscint chruinn ní hamháin ar chultúr beo na linne ach ina theannta sin ar na bunphróisis a bhaineas le healaín na béalraíochta fré chéile:

> I would also mention the need for more work on living oral traditions, both in collection and in analysis. Writing on dead-language traditions have, no

> doubt because of the academic prestige enjoyed by these literatures and the fact that the field began with the Homeric epics, always outnumbered those on more recent still-surviving traditions. But we must have more information on unambiguously oral material, for the sake of both the living tradition itself and the comparative assistance which that information can provide for literatures whose original form and context are lost to us.

Mar a dhearbhaigh Lillis Ó Laoire (2003: 52), tá géarghá le lipéad díspeagúil na rannaireachta tuaithe 'a shainmhíniú athuair ar bhealach a bhaineas an tarcaisne agus an drochmheas as'.

Tá cuid mhaith den chineál seo oibre déanta le blianta ar shaothar filí Afracacha agus filí dúchais de chuid Mheiriceá: mar shampla, saothar leithéidí Finnegan agus Opland leis na Xsosa, saothar Isidore Okpewho lena mhuintir féin in *African Oral Literature*, agus saothar Paul G. Zolbrod, Susan Berry Brill de Ramírez agus Paula Gunn Allen ar fhilí béil bundúchasacha i Meiriceá. Maidir leis an nGaeilge, tá dlús curtha le soláthar téacsanna filíochta béil bheo le cúig bliana fichead nó mar sin anuas, de bharr shaothar Chló Iar-Chonnacht go háirithe, trí fhoilsiú na gcnuasach ginearálta d'amhráin nuachumtha a chuir Micheál Ó Conghaile in eagar mar *Croch Suas É!* (1986) agus *UP Seanamhach* (1990) agus saothar filí ar leith: Seosamh Mac Donnchadha, *Dánta Fhilí Bhaile na mBroghach* (1982); Joe Steve Ó Neachtain, *Fead Ghlaice* (1986); Johnny Chóil Mhaidhc Ó Coisdealbha, *Buille Faoi Thuairim Gabha* (1987); Seán Cheoinín, *Seoltóireacht Ghéar: Amhráin Sheáin Cheoinín* (1988); Máire Uí Fhlatharta agus Tomás Mac Eoin, *Loscadh Sléibhe* (1989); Dara Ó Fatharta, *Cloch an Fhaoileáin* (g.d.).

Tá obair cheannródaíoch déanta ag glúin óg scoláirí Gaeilge freisin le blianta beaga anuas agus iad ag bualadh faoi anailís a dhéanamh ar an ábhar seo agus ar thraidisiúin na hamhránaíochta agus na filíochta ag tarraingt ar na modhanna is nua-aimseartha i ndioscúrsa na béalraíochta agus disciplíní gaolmhara (mar shampla, an eitneolaíocht, an eitnicheoleolaíocht, an chritic liteartha agus chultúrtha agus léann an iarchoilíneachais) i measc scoláirí ar fud an domhain. Ar na saothair is suntasaí sa réimse seo tá ríleabhar Lillis Uí Laoire, *Ar Chreag i Lár na Farraige: Amhráin agus Amhránaithe i dToraigh* (2002) maille le riar alt leis an údar céanna (2002a, 2003, 2005), leabhrán Mhichíl Uí Chonghaile, *Gnéithe d'Amhráin Chonamara Ár Linne* (1993), eagrán criticiúil d'amhráin Chiaráin Uí Fhátharta le Síle Denvir, *Ciarán Ó Fátharta: Amhráin* (2008), chomh maith le saothar Róisín Nic Dhonncha (2002, 2004) agus Dheirdre Ní Chonghaile (2006–7, 2007, 2008) ar amhráin agus amhránaithe agus ar chumadóirí Ghaeltacht Chonamara na linne seo.

11. Bhí Labhrás le dán ann

Ainneoin go scríobhadh Learaí a chuid filíochta tá sé soiléir gur ealaín bhéil go bunúsach a bhí á cleachtadh aige. Tá sin fíor, dar liom, de bharr tréithe inmheánacha na filíochta féin mar atá feicthe againn – idir mhodhanna cumadóireachta agus reacaireachta agus na tuiscintí bunúsacha cultúrtha agus liteartha atá ar a gcúl, gan trácht ar an gcineál ábhair a phléas sé sna dánta. D'fhéadfaí a áiteamh, áfach, go mbaineann na nithe sin le cúrsaí téacsúla amháin. Is san aithris phoiblí do lucht éisteachta tuisceanach báúil amháin a léimeas an chumadóireacht seo chun beatha. Go deimhin, tá sé le sonrú ar roinnt dánta sa chnuasach seo go bhfuil siad roinnt leamh ar an leathanach, ach a thúisce agus a léitear os ard iad gur mó i bhfad an sásamh a faightear orthu, gur fearr i bhfad a oibríos siad mar ráitis fhileata. Ní beo don bhéal beo gan ócáid a reicthe i láthair an phobail bheo sin atá ar aon intinn le fear déanta agus reicthe an dáin maidir le brí agus feidhm an fhocail. Mar a deir John Miles Foley (2002: 233):

> A performance is not a text, no more than an experience is an item or language is writing. At its very best a textual reproduction—with the palpable reality of the performance flattened onto a page and reduced to an artifact—is a script for reperformance, a libretto to be enacted and re-enacted, a prompt for an emergent reality.

Maidir leis an ábhar céanna, deir Finnegan (1988: 72):

> While every poet is to some extent influenced by expectations of his public's reaction, the *oral* composer experiences this most directly. Each piece of oral literature is realised in its actual performance and – the relevant point here – before a particular audience. It is directly influenced, and thus moulded, by the audience as well as by the composer.

Agus *bhí* lucht éisteachta ag Learaí. Mar a shonraigh mé cheana, d'iarrtaí air go minic píosaí a chumadh agus is fiú a lua go ndeireadh sé i gcónaí go mba dheacra go mór píosa mar sin a dhéanamh ná an píosa a gcuimhneodh sé féin air ó thús. Díol suntais ar leith go n-iarradh baill de pháirtí Fhianna Fáil i nGaillimh Thiar ó thráth go chéile air píosaí a dhéanamh – an cat ag crónán ar mhaithe leis féin gan dabht! Mar a sonraíodh cheana, luaigh Máire Geoghegan-Quinn leis go raibh ábhar dáin sa rása comharbachta uirthi féin mar theachta de chuid an pháirtí agus ní i ngan fhios don Teachta Dála áitiúil Éamon Ó Cuív ach an oiread a chuaigh tacaíocht an fhile. Ina theannta sin uilig, níl aon amhras faoi ach gur thuig muintir Fhianna Fáil, agus go mór mór

Éamon Ó Cuív a bhí i mbun eagrú na hócáide, go rímhaith an comhthéacs cultúrtha, staire agus liteartha nuair a d'iarr siad ar an bhfile dán molta a chumadh le fáilte phoiblí a chur roimh Mary McAleese, iarrthóir Fhianna Fáil i dtoghchán na huachtarántachta sa bhliain 1997. Fearacht an fhile chlasaicigh a chumadh agus a láithríodh a dhán molta dá thaoiseach i halla na coirme, d'fháiltigh Learaí roimh an iarrthóir uachtarántachta le dán os comhair slógadh 500 duine in Óstán an Great Southern i nGaillimh nuair a thug sí cuairt ar an gcathair seachtain roimh lá na vótála. Díol suntais freisin gur mar chleamhnas a shamhlaíos an file a bua agus a hinsealbhú mar Uachtarán, tróp eile a mheabhródh an *bainis rigí* ag a ndéantaí insealbhú ar thaoiseach fadó.

Fáiltímid go Cathair na dTreabh thú, a ríbhean,
Agus seasfaidh muid go dílis sa gcás,
Tá na Fianna beo bríomhar sa tír fós,
Bhíodar buacach ariamh ag coimhlint i rás.

Anocht tá do chleamhnas dhá dhéanamh
Is beidh ár dtacaíocht mar spré dhuit sa rás,
Nuair a thiocfas lá an chuntais go cinnte
Beidh tú ins an Áras dhá bharr.

('Fáiltiú Mary McAleese go Cathair na dTreabh')

Mheabhródh an gaisneas polaitiúil seo as an tseancheird dúchais i réimse na polaitíochta comhaimseartha na dánta molta a chas triúr *imbongi* (filí molta) mar dhlúthchuid den searmanas ag insealbhú Nelson Mandela mar Uachtarán ar an Afraic Theas i 1994 agus ag cuid mhór mórócáidí poiblí agus ceiliúrtha sa tír chéanna ó shin (Brown 1998: 4–5).

Ag ócáidí sóisialta agus siamsaíochta is mó, áfach, a d'iarrtaí ar Learaí píosa a aithris, go mór mór ócáidí a bhain go sonrach lena cheantar féin i mBearna agus i nGaeltacht Chois Fharraige fré chéile, nó sin ócáidí a mbeadh baint acu le cúrsaí cultúrtha Gaeilge: féilte, seolta leabhar, coirmeacha ceoil, cóisreacha carthanachta agus a leithéidí. D'fhaigheadh sé cuireadh go rialta freisin a dhul ar chláracha de chuid RTÉ Raidió na Gaeltachta, rud a dhéanadh sé le fonn, agus bhain sé an-spórt as páirt a ghlacadh sa chlár teilifíse *Síbín* de chuid TG4 ar an 22 Samhain 1998. Iarradh air paidir thraidisiúnta a chur le hanam Dhaideo an láithreora, Mairéad Ní Chonghaile, a raibh a seanathair, mar dhóigh de, á thórramh mar chuid de scéal an chláir. Chum sé féin an dán 'Tórramh Dhaideo' ina dhiaidh sin mar chur síos ar a pháirt féin sa scéal ficseanúil agus is léar chomh maith gur thaitin leis go raibh deis aige na seanphaidreacha a chur i láthair an phobail:

Dhearcas cailín óg ag an síbín is í faoi bhrón,
Bhí a seanathair os cionn cláir an oíche sin,
Bhí a grua ar dhath na rós is í ag silt síos na ndeor
Is mairg don té nach ndéanfadh trua dhi.

Labhair mé léi go tláth agus chásaíos léi a bhás,
Shuigh mé ina cuideachta ar feadh píosa,
Dúras le Meaigí Bhán, 'Ná bí chomh buartha is táir,
Tá Mamó sna flaithis roimhe cinnte.'

Bhíodh sé réitithe faoi chomhair na n-ócáidí sóisialta ar fad agus é déanta amach ina intinn roimh ré aige go minic cén píosa a déarfadh sé. Rinne sé cur síos in agallamh liom ar ócáid shóisialta in Áras na nGael i nGaillimh, áit a thaithíodh sé nuair a bhíodh ócáidí Gaeilge ar bun ann. Aimsir na conspóide faoin bhforbairt tithíochta i mBearna a bhí ann agus nuair a iarradh air dán nó dhó a rá 'chuir mé mo chúl le balla (macalla eile ón dán 'Mise Raiftearaí', ar ndóigh) agus dúirt mé sé nó seacht de phíosaí den stuif seo'. Bhíodh píosa faoi réir aige go minic freisin don Oireachtas, ceann de phríomhimeachtaí na bliana dó, mar a luadh cheana, agus stáitse náisiúnta dá cheird i measc daoine ar thábhachtach leo a mbeadh le rá aige, nó a mbeadh dearcadh comónta agus taithí chomónta acu ar chúrsaí áirithe saoil. Gné bhunúsach í seo den cheird agus dá cleachtadh, creidim, agus is tríthi a dearbhaítear go poiblí údarás agus dlisteanacht an chultúir sin a samhlaíonn an file é féin ina urlabhraí aige. Nuair a d'fhiafraigh mé de le linn agallaimh i 1998 an mbíodh sé ag scríobh go rialta d'fhreagair sé go mbíodh sé ag cumadh 'de réir mar bhuailfeadh an táirim mé' agus lean sé air á dhearbhú gurbh fhoinse mhór inspioráide dó an tOireachtas: 'Bhí muid bliain amháin ansin théis an Oireachtais, ó theacht abhaile ón Oireachtas go dtí Oíche Nollag bhí hocht bpíosa dhéag scríofa agam.' Ócáidí eile a mbíodh an-dúil ag Learaí féin a bheith ag freastal orthu le píosa a reic cruinnithe de na Scoileanna Éigse agus Seanchais éagsúla (Corr na Móna, An Cnoc agus Baile Chláir go príomha) tharla gur filí agus lucht éigse agus seanchais is mó a bheadh i láthair, anamchairde dá chuid.

Cheiliúradh sé na hócáidí seo go minic le píosa nua a bhíodh déanta d'aonturas aige faoi chomhair na hócáide – leithéidí 'Fleá agus Féasta' a chum sé do Shiamsa Choilm de Bhailís na bliana 1995, mar shampla. Díol suntais gur lucht éigse, ceoil, damhsa, seanchais, scéalaíochta agus fonnadóirí is mó a luaitear sna dánta seo, agus suitear Learaí file ina ainm is ina cheird ina measc go sonrach i gcónaí. Rud eile a feictear sna dánta seo ná moladh dóchasach ar laochra na Gaeilge idir bheo agus mharbh agus ceiliúradh ar 'spiorad an náisiúin nach múchfar choíchin' ('Óid d'Oireachtas an Chéid') ainneoin iarrachtaí uilig Sheáin Bhuí agus a bhuíne, dearcadh a thagas salach ar fad ar chuid den éadóchas i dtaobh na teanga agus an chultúir atá go láidir i ndánta eile, go mór mór iad siúd a bhaineas le cúrsaí polaitíochta. Sampla maith ionadaíoch dá leithéid de dhán ócáidiúil is ea 'An Choirm Cheoil' a chum sé in onóir d'oscailt Halla Pobail na bhForbacha, dán a chuireas séala an fhile agus lucht éigse an cheantair fré chéile ar an ócáid ar bhealach spraíúil aerach ach a chuireas san am céanna teachtaireacht sheasta an fhile faoi thábhacht an dúchais i gcion ar an lucht éisteachta. Chas na fonnadóirí, na ceoltóirí, lucht lúibíní agus agallamh – lucht na ceirde dúchais ar fad:

Ansiúd gan dua os comhair an tslua
Chan Ó Gráinne, Seán,
Arīst ar ais le lúibín deas
Bhí Traolach leis i bpáirt,
Peatsaí arīst an Ceannabhán binn
A bhfuil air cliú agus cáil,
Is Róisín Ní Mhainnín ag daimhsiú ríl
Bhain sí torann as na cláir.

Bhí Máirín agus Joe Steve ag síordhéanamh grinn
Is a gclann ag seinm ar théada,
Agus Mac Donncha, Páid, mar aon le Dordán
Chuireadar ceol go spéartha.

Agus ar ndóigh bhí an file é féin ina lár 'ag caint nó ag véarsaíocht', agus is léar gurbh é an dán 'An Fiach ar Damaseen' a dúirt sé – an file arís agus é ag trácht ar imeachtaí a phobail féin i bhfóram cuí i gceartlár an phobail sin:

Labhrás le dán is aige bhí an greann
Ag fiach i ndiaidh taibhse sna sléibhte,
Is mara raibh tusa i láthair
Chaill tú fhéin craic agus pléisiúr.

Agus muna nglaoifí air lena phíosa a rá le linn seisiúin fhoirmeálta nó neamhfhoirmeálta ní mó ná go dtaitníodh leis. Éistear le mo ghlór, caithfear éisteacht.

Is minic ag ócáidí sóisialta a tháinig Learaí chugam féin agus an scéal aige, 'Tá píosa nua agam,' agus *away* leis ar an gcúlráid á rá isteach i mo chluais, gan peann ná páipéar bíodh is gur mhinic leis leagan scríofa a bheith ina phóca aige – ar fhaitíos na bhfaitíos go sciorrfadh na focail air. Agus an píosa ráite bhíodh sé ag súil leis an léirmheas, 'Anois céard déarfá? Tráthúil go maith i gcomhthéacs a bhfuil ráite cheana faoin ngaol idir an litearthacht agus an bhéalraíocht i saothar an fhile, bhíodh 'an bhileog' (mar a deireadh sé féin) ina láimh go rialta aige agus é i mbun aithriseoireachta go poiblí. Fiú is go mbíodh straitéisí béalraíochta in uachtar le linn an cumadóireachta mar atá léirithe againn go nuige seo, agus go raibh ar chumas an fhile cuid mhaith dá shaothar a aithris ó chuimhne (bhí cuimhne éachtach aige ar véarsaíocht, idir a chuid féin agus saothar filí eile, ar sheanchas agus ar chruachainteannaí, mar a sonraíodh cheana), ba nós leis 'téacs' lámhscríofa a bheith aige go minic ar ócáidí reacaireachta. Gné shuntasach den léitheoireacht os ard seo ab ea go n-athraíodh sé focail, leaganacha cainte, fiú línte iomlána in amanna thar mar a bhíodh ar an leathanach roimhe. Ní cliseadh meabhrach a bhí i gceist leis seo, ná easpa chumas léitheoireachta, ach malairtí leaganacha de réir na gciútaí foirmleacha atá rianaithe i Rannóg 9 thuas, agus sna cásanna seo réitíonn na malairtí i gcónaí le meadaracht nó le rím an phíosa – gné bhunúsach de nádúr béil na filíochta seo, ní gá a mheabhrú. Ba mhó mar sin de *aide-mémoire* do láithriú beo ná de script do-athraithe a chaithfí a aithris gan aon leasuithe ná athruithe a bhí sa bhileog.

Píosaí len aithris, idir dhánta agus agallaimh bheirte, seachas amhráin le casadh a chum Learaí den chuid is mó. Chum sé dhá amhrán do Chomórtas na nAmhrán Nuachumtha, 'Fáiltiú na Fáinleoige' i 1992 agus 'An Díbirt' i 1993, agus tá taifeadadh ar fáil den dá amhrán á gcasadh ag Máire Bríd Uí Nia.[11] Le fonn an tseanamhráin 'Bean an Leanna' a chas sí 'Fáiltiú na Fáinleoige' agus leis an bhfonn céanna a chas sí an chéad chuid de 'An Díbirt', áit a labhrann an file leis an bhfoclóir. D'athraigh sí an fonn sa dara cuid den amhrán, freagra an fhoclóra ar an bhfile, a chas sí leis an gcéad chuid (ABAB) den fhonn 'Muintir an Iarthair' nó 'Eoghan Cóir'. Nuair a láithríodh an file a chuid filíochta féin, áfach, ba le reacaireacht i gcónaí é a bhfuil patrún soiléir, inaitheanta, rithimiúil ceoil nó cantaireachta le sonrú uirthi a eascraíos as rithimí nádúrtha cainte na Gaeilge féin agus as meadarachtaí traidisiúnta na filíochta mar a fuair an file le hoidhreacht iad. Staidéar ann féin a bheadh in anailís cheoleolaíoch ní hamháin ar reacaireacht fhilíocht Learaí ach ar reacaireacht fhilíocht thraidisiúnta na Gaeilge fré chéile – anailís atá taobh amuigh de raon an tsaothair seo.

An méid sin ráite, is fiú roinnt tréithe ginearálta a thabhairt chun suntais maidir leis an reacaireacht a dhéanas Learaí ar a shaothar féin.[12] Sa chéad áit, is gaire do chantaireacht ná do ghnáthchaint laethúil reacaireacht an láithrithe. Tá an méid sin le sonrú ní hamháin ar ghlór an fhile ach ar a chuid gothaí agus geaitsí chomh maith le linn na reacaireachta. Fearacht cuid mhaith amhránaithe sean-nóis, ba mhinic leis, mar shampla, a shúile a dhúnadh le linn na haithrise, mar is léar ón bpictiúr de ag aithris dáin ag Siamsa Choilm de Bhailís, á sheoladh féin, creidim, isteach i spás nó i bhfearann tairseachúil eile inar fearr a thiocfadh an dán leis. Maidir le cúrsaí ceoleolaíocha na haithrise, tá bunáite na láithrithe beo atá againn den fhile ag reic píosa leis féin i meadaracht 4/4 (ach go mbíonn an mheadaracht scaoilte in amanna) agus éifeacht ionann is mantrach léi. Tosaíonn an file reacaireacht bhunáite na ndánta ar thonach an scála agus aistríonn sé síos chuig an seachtú nóta maol nó chuig an gceathrú nóta i dtreo dheireadh frásaí. Ó thráth go chéile freisin aistríonn an tríú frása chuig cúigiú nóta an scála.

Sampla ionadaíoch go maith de shaothar láithrithe an fhile is ea an dán 'Bliain Mhór an Chéid'. Dúirt sé an leagan thíos den dán le linn an chláir *Ó Bhinn go Binn* ar RTÉ Raidió na Gaeltachta ag Oireachtas na Samhna ar an 29 Deireadh Fómhair 1993. Is féidir anailís cheoleolaíoch a dhéanamh ar phatrún reacaireachta chéadvéarsa an dáin mar seo a leanas, agus tá an patrún tríd síos sa dán mórán mar a chéile:

Líne *a*: An tonach sa chéad bharra ag aistriú chuig an seachtú nóta maol sa dara cuid den dara barra.

Líne *b*: An tonach sa chéad bharra ag aistriú síos chuig ceathrú nóta an scála sa dara cuid den dara barra.

Líne *c*: Cúigiú nóta an scála don dá bharra.

Líne *d*: Tosaíonn leis an gcúigiú nóta ach aistríonn síos láithreach go dtí an ceathrú nóta, ansin an tríú nóta maol agus síos chuig an Tonach.

Bliain Mhór an Chéid

Dán roinnt eisceachtúil is ea 'Oireachtas an Daingin' sa méid agus go bhfuil curfá tríd síos ann mar a bheadh ag amhrán. Tá na véarsaí i meadaracht 9/8 ach aistríonn an curfá chuig 6/8 i línte *a–c* agus ar ais chuig 9/8 in *d*. Fanann na véarsaí timpeall ar an tonach, ag bogadh chuig an seachtú nóta maol ag deireadh barraí 1, 2, agus 3, agus chuig an gceathrú nóta ag deireadh barra 4. Fanann an curfá ar chúigiú nóta an scála, ach amháin sa bharra deiridh, áit a n-aistríonn sé síos ón gcúigiú nóta go dtí an ceathrú nóta go dtí an tonach faoi.

Oireachtas an Daingin

Tá páirtíocht an lucht éisteachta thar a bheith tábhachtach sa phróiseas láithrithe freisin bíodh is gur páirtíocht fhulangach cuid mhaith í i gcomórtas, mar shampla, le cuid de na cultúir Afracacha ina mbíonn páirt ghníomhach ag an lucht éisteachta sa reacaireacht féin. É sin ráite, ba léar i gcónaí ar dhreach an fhile le linn na reacaireachta féin go mbíodh sé ag freagairt don tionchar a bhíodh ag an láithriú ar a mbeadh i láthair ag an ócáid. Is iad na píosaí barrúla is mó a théadh i gcion ar an gcaoi seo agus díol suntais gur thagair sé féin don ghá atá le greann sna píosaí in agallaimh éagsúla. Rud eile de, is léar go mbaineadh Learaí é féin an-phléisiúr as a chuid píosaí a reic. Ní bhíodh uaidh ach gaoth an fhocail agus déarfadh sé ceann, fiú ar leic an teallaigh i lár comhrá go laethúil le clann, cairde agus comharsanaí – deimhniú eile fós ar ndóigh ar thábhacht na ceirde dó agus ar an mbaint bhunúsach a bhí ag an bhfilíocht lena ghnáthshaol ó lá go lá. Agus ag sin, b'fhéidir, príomhfheidhm éigse an bhéil bheo mar a chleachtadh Learaí Phádhraic Learaí Ó Fínneadha í, go ríomhann sé scéal an duine ar leic a theallaigh féin agus i gceartlár a phobail féin chomh maith. Mar sin a bhí, agus a bhí súil ag an bhfile a bheadh:

> Tiocfaidh sluaite thar sáile isteach go sráid Bhearna,
> Buailfidh cuid acu caladh anseo thíos ag an gcéibh,
> Beidh chuile shaghas géim againn i gceartlár an tsléibhe
> Is beidh Labhrás, mo léan, ann le asal, srathar agus cléibh.
>
> ('Galfchúrsa Bhearna')

Bhásaigh Learaí ar an 27 Deireadh Fómhair 1999. Rinne sé freastal an lá roimhe ar Aonach Mór an Fhómhair sa Teach Dóite áit ar cheannaigh sé dhá asal. Bhí sé le dul chuig an Oireachtas i bPort Láirge an lá ar cailleadh é agus cuireadh i dtalamh é cothrom an ama chéanna go díreach a raibh comórtas na n-agallamh beirte ar an stáitse ag an Oireachtas, comórtas a ndéanadh sé féin freastal i gcónaí air. Ní miste an cheist a chur: céard is dán d'éigse an bhéil bheo dá éis? Bhásaigh a chomhfhile Johnny Chóil Mhaidhc Ó Coisdealbha, an té ba ghaire do Learaí lena linn maidir le hábhar agus foirm a chuid filíochta, cothrom an lae chéanna, 27 Deireadh Fómhair, sa bhliain 2006. Maireann a dheartháir Cóil beo láidir i gcónaí, áfach, agus tá Joe Steve Ó Neachtain ag cumadh leis i gcónaí freisin bíodh is gur mó a cháil anois, b'fhéidir, mar dhrámadóir. Maireann traidisiún na n-amhrán beo láidir i gcónaí freisin agus tá amhráin le cumadóirí mar Tom an tSeoige, Ciarán Ó Fátharta, Pádraic an Táilliúra Ó Conghaile agus daoine eile i mbéal an phobail thiar, go mór mór de bharr saothar grúpaí ceoil mar John Beag agus na hAncairí, Duirling, Cillín, Aerach agus a leithéidí a bhfuil glaoch mór i gcónaí orthu i nGaeltacht Chonamara (féach Denvir, G. 1997: 263–93; Denvir S. 2008; Ó Conghaile 1993). Ina theannta sin, maireann seánraí na n-agallamh beirte agus na lúibíní freisin, go mór mór i gConamara agus in Iarthar Chorcaí, agus bíonn an-ghlaoch orthu ag comórtais ardáin Oireachtas na Gaeilge agus ag an bhFéile Náisiúnta Drámaíochta.

Seasann saothar Learaí Uí Fhínneadha, idir dhánta, amhráin agus agallaimh bheirte, bonn ar aon lena chomhfhilí comhaimseartha agus go deimhin leis na filí a tháinig roimhe, leithéidí a laochra féin, Joe Shéamais Sheáin agus a athair féin. Tá fís agus fealsúnacht shoiléir saoil le sonrú ar a shaothar agus aontacht fhollasach tríd síos chomh maith. Sna dánta is fearr aige insíonn sé scéal soiléir dá phobal i bhfilíocht shnoite agus i gcaint shaibhir, ardaithe, liteartha a fuineadh as traidisiún liteartha agus cultúrtha a théas i bhfad siar go dtí aimsir 'na bhflatha fá raibh mo shean roimh éag do Chríost' i bhfriotal Aogáin Uí Rathaille ar leaba a bháis (Ó Buachalla 2007: 43). Labhrann Learaí ina chuid dánta le guth teann údarásach na seanfhilí agus caitheann sé súil ghrinn (sa dá chiall atá leis an bhfocal) ar an saol ina thimpeall agus é á chur faoi bhrí a léirmheasa file – feidhm an cheardaí dúchais riamh anall. Agus má insíonn an fhilíocht sin scéal an duine bhig ina theálta agus ina cheantar féin faightear ina orlaí freisin tríd an reacaireacht scéal mór uilíoch an duine agus léargas gléineach ar ghnéithe éagsúla den choinníoll daonna faoina chló logánta. Rud eile de, léiríonn filíocht Learaí, maille le saothar a chomhcheardaithe dúchais, nach gá go mbeadh an nua-aoiseachas agus an traidisiúnachas ag tarraingt in aghaidh a chéile ach gur ar shruthán beo gan teorainneacha dochta idé-eolaíocha atá báidín an duine ag seoladh agus dá réir sin d'fhág sé de bhiseach ar an traidisiún gur lean sé go cumasach de ar urlár a lae féin.

Ina dhiaidh sin féin, ní hann don tseanbhéalraíocht níos mó ná don chineál saoil a chaith Learaí Ó Fínneadha i ré seo an domhandaithe agus na haonfhoirmeachta cultúir ina bhfuil mionteangacha agus mionchultúir faoi bhrú mór. Maidir leis na filí Nabati, deir Sowayan (1985: 2–3) gur fhág athruithe sochaíocha agus próiseas an nua-aoisithe nach raibh suim inti níos mó ach ag 'a limited number of enthusiasts and old-timers who engage in such activity to pass the time and lament the past'. Tagraíodh cheana i Rannóg III don chaoi a gcuireann filí Soweto *Izibongo* (dánta molta) na Zulu in oiriúint d'aidhmeanna na gceardchumann a bhí ag cur chás na n-oibrithe gorma chun cinn, ach caithfear a mheabhrú gur i mBéarla (atá thar a bheith neamhghramadúil agus neamhchaighdeánach) a cumtar a mbunáite. Sin mar atá ag duine de na filí is mó le rá ina measc, Mzwakhe Mbuli, a chumas i mBéarla amháin ach a úsáideas teicnící traidisiúnta óna oidhreacht Zulu. Scríobh an file de chuid na treibhe Acholi i dtuaisceart Uganda, Okot p'Bitek, a dhán fada 'Song of Lawino: A Lament' ina theanga dhúchais, Luo, agus i bhfoirm thraidisiúnta le leathranna ríme, ach níor chuir pobal mór na hAfraice eolas ar an saothar nó gur aistrigh an t-údar é féin é sa bhliain 1966 go saorvéarsaíocht Bhéarla. Deir an file agus an criticeoir Afracach Charles Bodunde (2001: 8) faoi p'Bitek, agus faoina chomhfhile Christopher Okibo ón Nígéir a scríobhas i mBéarla freisin:

> Both Okot p'Bitek and Christopher Okibo are significantly influenced by the oral traditions of their respective cultures. In a significant way, their voices represent early attempts at reconstructing modern Black poetry from the context of oral production. They transfer elements from oral aesthetics to create poetic idioms, which show new vision and remarkable originality. These borrowings occur in the form of imaginative use of local symbols, images, proverbs, myths and other oral aesthetic devices.

D'fhan Learaí Ó Fínneadha agus filí pobail Chonamara dílis dá dteanga agus dá gceird dúchais mar ghuthanna beaga beo ag tabhairt dúshlán an tosta, an imeallachais agus an mhionlaithe ar an mbealach ba dhual oidhreachta dóibh agus tá sin amhlaidh i gcás na bhfilí atá ar fhód na mbeo i gcónaí inniu. Díol spéise freisin sa chomhthéacs seo i nGaeltacht Chonamara go bhfuil filí 'liteartha' mar Sheán Ó Curraoin, Mícheál Ó Cuaig, Seosamh Ó Guairim agus Jackie Mac Donncha ag tarraingt chomh maith as tobar an traidisiúin chéanna ina saothar ar na saolta seo. Filí iad seo, fearacht na bhfilí pobail, a bhfuil 'a nglór i dtiún le faobhar speile' i bhfriotal Mhic Dhonncha ina dhán 'Exodus' (2003: 78). Tá a saothar fréamhaithe go domhain ina gcultúr dúchais agus labhraíonn siad, mar a deir Ó Curraoin ina dhán 'Toghadh na bhFataí' (1985: 27), 'le glór údarásach ó gharrantaí beaga Bhearna'. Sin iad na garrantaí céanna a shaothraigh Learaí Phádraic Learaí Ó Fínneadha lena láí agus lena pheann sa traidisiún neamhbhearnaithe ar tháinig sé ina sheilbh le hoidhreacht dúchais agus a sheol sé ar aghaidh chuig an athghlúin:

> Ach go deimhin, a dhuine, is iomaí lá a d'imigh
> Nó go ndeachaigh Labhrás ag trácht air.
> ('An Marú ag Trá na gCeann')

Nótaí

1 Tá cur síos ar na cnuasaigh a chuir sé isteach ar an gcomórtas seo le fáil sna nótaí leis na dánta sa rannóg 'Foinsí na nDánta (4): Scríbhinní Oireachtas na Gaeilge'.

2 Seans gur téarma é seo a bhaineas le comórtais liteartha agus drámaíochta agus le breithiúnas moltóirí ar iomaitheoirí ó thús arae ní focal coitianta sa 'ghnáthchaint' é. Sin, mar shampla, an comthéacs ina n-úsáideann Johnny Chóil Mhaidc Ó Coisdealbha an focal sa dán 'Raiftearaí agus an File' (1987: 69):

> A Raiftearaí, a fhile, dá mairfeása tuilleadh
> Le go mbeinnse agus tusa le chéile,
> Cé againn an file nó an fhilíocht ba bhinne?
> Ba cheist í a bheadh doiligh le réiteach.
> Mise agus tusa a bheith ag iomaíocht sa gcluife
> Agus an bheirt againn ag an Scoil Éigse,
> Thabharfainn mo mhionna nár ba mise ba dhona
> Nuair a thabharfadh an réiteoir a léirmheas.

3 Féach na nótaí leis an dán 'Siúlach Béalach' do théacs an dáin a chum an Scorach.

4 RBÉ 850:337–40, RBÉ 1280:476–8, RBÉ 1418:28–34. Tá téacs iomlán an dáin mar atá ag Nic Dhonncha (2002: 76–7) le fáil sna nótaí leis an dán 'An Ainnir Máire Bhán'.

5 Seo véarsa 6 i leagan Nic Dhonncha ach véarsa 5 in RBÉ 1280:476–8, RBÉ 1418:28–341.

6 Cuireadh 'duine' in áit ainm an duine atá i gceist san eagrán seo. Athraíodh ainmneacha daoine eile agus ainmneacha áite freisin.

7 Úsáidtear an nod SC móide uimhir an tseanfhocail le tagairt anseo thíos don téacs mar atá in *Seanfhocla Chonnacht.*

8 Tá mionchur síos ar na malairtí ar fad sna nótaí a bhaineas leis na dánta, agus leanann na malairtí sin an patrún a rianaítear anseo.

9 Tá ranna 5 agus 6 babhtáilte anseo seachas mar atá siad sa lámhscríbhinn ar mhaithe leis an gcomórtas.

10 Tá mé buíoch den Ollamh Philip O'Leary, Boston College, as mé a chur ar an eolas faoi úsáid an téarma seo maidir le healaíontóirí béil sa traidisiún Afracach Meiriceánach.

11 Tá sonraí na dtaifead le fáil sna nótaí leis na dánta.

12 Tá mé buíoch de Sharon Paice MacLeod, ó Ollscoil Harvard, agus de Shíle Denvir as a gcúnamh fial maidir leis an anailís cheoleolaíoch seo thíos.

NÓTAÍ

Míniú ar na Nótaí

Is é atá sna nótaí seo:

1. Eolas ginearálta faoi fhoinsí na ndánta.
2. Nóta faoin modh eagarthóireachta ar baineadh gaisneas as sa leabhar.
3. Focal buíochais le chuile dhuine a thug cúnamh agus tacaíocht don eagarthóir.
4. Nótaí ar na dánta ar a n-áirítear:
   a. Foinse nó foinsí gach dáin ar leith,
   b. Malairtí léimh sa chás gurb ann dá leithéid; ní thugtar aon mhalairt sa chás nach bhfuil ann ach miondifríocht, mar shampla, 'is' in áit 'agus', nó intriacht mar 'Ó' a bheith i leagan amháin ach gan é a bheith i leagan eile,
   c. Nótaí tráchtaireachta, cúlra nó mínithe a chuir an file féin leis na dánta sna foinsí éagsúla,
   d. Eolas cúlra faoi dhánta san áit gur measadh gá a bheith leis d'fhonn comhthéacs an dáin a thuiscint,
   e. Eolas faoi phearsana, eachtraí, áiteanna sa chás go gcuidíonn siad le tuiscint níos fearr ar an dán,
   f. Nótaí canúna/teanga sa chás go n-úsáidtear foirm nach bhfuil le fáil in *Foclóir Gaeilge-Béarla* Uí Dhónaill.

Seo a leanas na noda a úsáidtear sna nótaí seo:

CIC	Clóscríbhinn Chló Iar-Chonnacht de dhánta an fhile
CIC(L)	Dánta lámhscríofa a thug an file do Chló Iar-Chonnacht
GDA	Agallamh a rinne an file le Gearóid Denvir, 6 Aibreán 1998
GDF	Agallamh a rinne an file le Gearóid Denvir, 24 Feabhra 1998
Ls	Lámhscíbhinn de chuid an fhile
OBB	*Ó Bhaile go Baile*
Oir1993	Clóscríbhinn de dhánta a cuireadh isteach ar chomórtais liteartha Oireachtas na Gaeilge i 1993
Oir1995	Clóscríbhinn de dhánta a cuireadh isteach ar chomórtais liteartha Oireachtas na Gaeilge i 1995
Oir1996	Clóscríbhinn de dhánta a cuireadh isteach ar chomórtais liteartha Oireachtas na Gaeilge i 1996
RNG	RTÉ Raidió na Gaeltachta

Foinsí na nDánta

1. Clóscríbhinní agus Lámhscríbhinní Chló Iar-Chonnacht

I ndiaidh fhoilsiú *Ó Bhaile go Baile* i 1993 thug an file 111 dán lámhscríofa i gcóipleabhair bhlocpháipéir A4 do Chló Iar-Chonnacht lena gclóchur le súil is go bhfoilseofaí mar leabhar iad. Níor thug sé na dánta ar fad don fhoilsitheoir ag an aon am amháin ach théadh sé siar ó Bhearna ar an mbus ó thráth go chéile le scríbhinní. Ba í Máirín Ní Mhadáin a rinne an clóchur ach níor dearnadh aon eagarthóireacht arbh fhiú trácht uirthi ar na téacsanna. Níor foilsíodh aon chuid de na dánta an uair sin ná ó shin. Cuirtear na leaganacha seo de na dánta in iúl sna nótaí leis an nod CIC. Maidir leis na lámhscríbhinní a bhfuil CIC bunaithe orthu, tá an chuid is mó acu bailithe ar throigh gan tuairisc anois. An méid díobh atá ar fáil i gcónaí bhí siad i seilbh Chló Iar-Chonnacht agus cuirtear na leaganacha seo de na dánta in iúl sna nótaí leis an nod CIC(L).

D'iarr Learaí Ó Fínneadha féin ar an eagarthóir 'an leabhar a chur le chéile dó' sa bhliain 1996, i ndiaidh fhoilsiú *Amhráin Choilm de Bhailís*, agus chuir Cló Iar-Chonnacht CIC agus CIC(L) ar fáil dó ag an am. Cuireadh tús le beagán obair chúlra i bhfómhar na bliana 1997. Cuireadh eagar samplach ar roinnt dánta agus thug an t-eagarthóir léacht ar an ábhar, 'Is é an Saol an Máistir: Filíocht Learaí Phádhraic Learaí Uí Fhínneadha', ag Léachtaí Cholm Cille i Márta 1998 (Denvir 1999). De bharr cúinsí éagsúla níor tosaíodh ar an obair i gceart gur ghlac an t-eagarthóir saoire shabóideach don bhliain acadúil 2009–10.

2. *Ó Bhaile go Baile*

Is é atá sa leabhar *Ó Bhaile go Baile* den chuid is mó bailiúchán de sheanphaidreacha agus d'orthaí a fuair Learaí Ó Fínneadha le hoidhreacht dúchais, a mbunáite óna mháthair féin. Tá trí dhán dá chuid féin sa leabhar chomh maith agus cuirtear na leaganacha seo de na dánta in iúl sna nótaí leis an nod OBB.

3. Lámhscríbhinní Learaí Uí Fhínneadha

D'fhág an file riar mhaith lámhscríbhinní ina dhiaidh atá fós i seilbh a chéile, Máirín, a thug cead go caoin iad a úsáid don saothar seo. Tá bunáite an ábhair scríofa i láimh shoiléir sholéite agus i bhfoirm liteartha nó caighdeánach go maith den teanga. Scríobh sé de réir a chanúna nádúrtha ach le litriú caighdeánach go maith, bunaithe ar ar fhoghlaim sé agus é ag freastal ar Scoil Náisiúnta Shailearna i gConamara sna 1940í agus ar a chuid léitheoireachta i nGaeilge ina dhiaidh sin.

Ag seo thíos gearrchuntas ar lámhscríbhinní an fhile:

A. Leabhrán blocpháipéir A4: dánta de chuid an fhile féin amháin dar tús 'An Ríbhean' agus dar críoch 'Comhrá'.
B. Cóipleabhar 20.5mm X 25.5mm: dánta de chuid an fhile féin amháin dar tús 'Maidin Chiúin' agus dar críoch 'Ag Canbhasáil Ón Aer'.
C. Cóipleabhar 20.5mm X 25.5mm: amhráin; ábhar cráifeach; dánta de chuid an fhile; leaganacha cainte agus seanfhocail, dar tús 'Órán Shéamuis

a' Chrochúir as Árainn' agus dar críoch an seanfhocal 'Níl leigheas sa luibh nach bhfaightear in am'.

D. Cóipleabhar 11.5mm X 17.5mm: dánta de chuid an fhile féin amháin dar tús 'Uallfairt sa Dáil' agus dar críoch 'An Bás'.

E. Cóipleabhar 20.5mm X 25.5mm: dánta de chuid an fhile féin amháin dar tús liostaí de dhánta a chuir an file isteach ar chomórtais liteartha Oireachtas na Gaeilge, 1993, 1994, 1995 agus dar críoch an véarsa deiridh de 'An Ainnir Máire Bhán' as féin.

F. Cóipleabhar 20.5mm X 25.5mm: dánta de chuid an fhile féin amháin dar tús 'Beidh Aonach Amáireach Amuigh ar an Mám' agus dar críoch 'Teacht agus Imeacht'.

G. Cóipleabhar 17.5mm X 23mm: dánta de chuid an fhile féin den chuid is mó dar tús 'An Fear Siúil' agus dar críoch 'The Battle at Silver Strand'.

H. Cóipleabhar 20.5mm X 25.5mm: dánta de chuid an fhile féin amháin dar tús 'I gCuimhne Uí Chadhain' agus dar críoch 'Beochan'.

I. Cóipleabhar 16mm X 20.5mm: dánta de chuid an fhile féin den chuid is mó dar tús 'Caisleán an Uisce' agus dar críoch 'Cleamhnas na Trá Báine'.

J. Cóipleabhar 16mm X 20.5mm: dánta de chuid an fhile féin den chuid is mó dar tús 'An Buachaillín Deas Óg' agus dar críoch 'Fáilte Romhat a Chuachín'.

K. Cóipleabhar 16mm X 20.5mm: dánta de chuid an fhile féin amháin dar tús 'Éist a Stór' agus dar críoch 'Tórramh Dhaideo'.

L. Cóipleabhar crua 20mm X 29mm: 13 dán de chuid an fhile féin; 29 dán de chuid a athar, dar tús chéadlíne véarsa 2 an dáin 'Cor Gearr', 'Tá scór is carr is fógra ar chlár' agus dar críoch 'Píopa an Chlampair Mhóir'.

M. Cóipleabhar A4: dánta de chuid an fhile féin amháin dar tús 'An Corcán Óir' agus dar críoch nóta i láimh an fhile i dtaobh 'Seacht nGrád na Filíochta'.

N. Cóipleabhar 16mm X 20mm: ábhar cráifeach den chuid is mó mar atá in *Ó Bhaile go Baile*; dán amháin leis an bhfile féin (tráthúil go maith 'An Dochtúr Éamon'), dar tús 'An tAthair Mícheál Ó Gríofa' le Joe Shéamais Sheáin Ó Donnchadha agus dar críoch 'Mo Chat Bán'.

O. Cóipleabhar 12.5mm X 20mm: dánta de chuid an fhile féin amháin dar tús 'Maiteanas' agus dar críoch liosta de theidil dánta de chuid an fhile féin.

P. Cóipleabhar 12.5mm X 20mm: dánta de chuid an fhile féin maille le roinnt laoithe, dar tús 'Mac Stairn' agus dar críoch trí rann chráifeacha dar tús 'Bhí Naomh Proinsias ag siúlóid lá'.

Q. Leabhrán blocpháipéir A4: dánta de chuid an fhile féin; roinnt dánta ón 19ú haois (faoi Naomh Pádraig); roinnt laoithe; dánta le Mícheál Breathnach ó *An Claidheamh Soluis*, dar tús 'Cath Chnoic an Áir' agus dar críoch 'Oíche Airneáin i mBearna'.

R. Bileoga fánacha le dánta éagsúla de chuid an fhile.

S. Cóipleabhar 17mm X 22mm: ábhar cráifeach agus orthaí, ábhar a bhfuil a bhunáite in *Ó Bhaile go Baile*; ábhar seanchais; dán amháin de chuid an fhile féin, dar tús an nóta '1483 a rugadh Máirtín Liútar' agus dar críoch 'An tUainín Deas Crosach'.

T. Cóipleabhar 16mmX19mm: dánta de chuid an fhile den chuid is mó dar tús 'An Coinnleoir Geal' agus dar críoch 'Trá na gCeann'.
U. Leabhrán blocpháipéir A4: dánta de chuid an fhile a thug sé do Chló Iar-Chonnacht lena bhfoilsiú dar tús 'Mairéad' agus dar críoch 'Siamsán an Óstáin'.
V. Bileoga fánacha le dánta éagsúla de chuid an fhile a bhí i seilbh Chló Iar-Chonnacht.

Maidir leis an ábhar is coitianta, seo mar atá sna lámhscríbhinní:

1. *Dánta nuacheaptha de chuid an fhile*: Seo an t-ábhar is coitianta sna lámhscríbhinní agus is minic ilchóipeanna den dán céanna aige, agus ar uaire fiú dhá chóip den dán céanna ag leanacht a chéile.
2. *Ábhar béaloidis agus seanchais*: Seo an dara cineál ábhair is coitianta agus is é is mó atá ann na seanphaidreacha agus na horthaí atá in *Ó Bhaile go Baile*. Chomh maith leis sin tá roinnt seanchais agus scéalta béaloidis aige.
3. *Dánta le filí eile*: Tá cuid mhaith mór d'fhilíocht a athar, Pádhraic Learaí Ó Fínneadha, scríofa ó chuimhne ag Learaí sna lámhscríbhinní, chomh maith le dánta lena dhuine muintearach Mícheál Breathnach, a d'athscríobh sé as *An Claidheamh Soluis*. Ina theannta sin tá dánta aige le filí áitiúla eile, mar shampla Joe Shéamais Sheáin Ó Donnchadha, Filí Bhaile na mBroghach, agus Mícheál Ó Cualáin, nó Micilín Sheáin Gabha, as an gCoill Rua, agus amhráin éagsúla de chuid an traidisiúin a thaitin leis, mar shampla, 'Amhrán Shéamais Uí Chruthúir as Árainn', 'Anna Ní Mhaoileoin', 'Amhrán faoi Shéamas Ó Fathaigh, Gabha Ceártan', 'Bean an Leanna' agus 'Paidí Mo Ghrá' atá in aon chóipleabhar amháin in éineacht le dánta de chuid an fhile féin agus ábhar cráifeach.
4. *Ábhar eile*: Bhíodh sé de nós ag an bhfile chomh maith dánta ón traidisiún liteartha a scríobh ó thráth go chéile, mar shampla Laoithe Fiannaíochta mar 'Cath Chnoc an Áir' agus 'Filleadh Oisín', 'Laoi na Mná Móire' mar a scríobh an file 'dhá aithris dhom ag Táilliúr Ó Conaire i mBaile Chláir agus i Ros Muc' agus 'Comhairle na Bardscolóige dá Mhac'.
5. Seanfhocail, nathanna agus leaganacha cainte, agus míniú ar fhocail.

Bhíodh sé de nós ag an bhfile freisin nótaí míniúcháin agus comhthéacsúla a scríobh sna lámhscríbhinní, go mór mór lena chuid ceapadóireachta féin, agus tá an t-ábhar sin ar fad sna nótaí leis na dánta anseo thíos. Scríobhadh sé nótaí chomh maith faoi bhlúiríní eolais a ghoineadh a aire, mar shampla: 'Tá Aonach Bhéal Átha na Slua againn ó 1722' agus 'Báthadh Mairéad Ní Dhomhnaill i Loch Dearg 16ú Lúnasa 1435', dhá nóta atá scríofa ar chlúdach tosaigh istigh cóipleabhair amháin, nó '27-2-1906 Colm de Bhailís R.I.P. Saolaíodh é 2-5-1796 Leitir Calaidh', nó 'Crith talún i mBaile Átha Cliath 10-11-1852', nó 'Mary Brown 1952 an chéad Bhan-Gharda'. Is í an 'Mharthain Phádraic', a fuair sé óna mháthair agus an phaidir ab ansa leis an bhfile ar fad, an mhír is coitianta sna lámhscríbhinní agus luann sé ina chuid filíochta freisin í.

4. Scríbhinní Oireachtas na Gaeilge

Chuir Learaí isteach ar an gcomórtas do chnuasach filíochta i stíl thraidisiúnta chuile bhliain idir 1993 agus 1996. Is é an teideal céanna a bhí aige ar an gcnuasach chuile bhliain, *Sé an Saol an Máistir*, faoin ainm cleite céanna, An Scoláire Bocht, ach gur cuireadh dánta difriúla faoi bhráid na moltóirí ó bhliain go bliain. Tá na cnuasaigh ó 1993, 1995 agus 1996 fós ar fáil in aircív an Oireachtais i gCasla, Co. na Gaillimhe. Is léir go bhfuil na leaganacha de na dánta sna scríbhinní clóscríofa seo bunaithe den chuid is mó ar CIC – níl ach dhá dhán ina measc, 'An Scadán' agus 'An Ainnir Máire Bhán', nach bhfuil in CIC. Ina dhiaidh sin féin, rinne an file leasuithe áirithe ar CIC sna cnuasaigh seo maidir le leagan amach agus cló, chomh maith le hathruithe (mionathruithe den chuid is mó) ar an téacs féin i roinnt dánta. Tá sampla maith den chineál seo leasaithe le fáil sa dán 'An Scadán' a cuireadh isteach ar chomórtas 1993. Tá nóta chuig Stiúrthóir an Oireachtais ag an am, Nóirín Ní Chonghaile, maidir leis an dán agus ar léar gur seoladh chuici é i ndiaidh don chnuasach a bheith istigh ar an gcomórtas, in Oir1993. Deir an file: 'Thugas faoi deara ceartúchán le déanamh ar "An Scadán". ' Is iad na ceartúcháin sin a rinneadh de láimh ar an gclóscríbhinn: líne 12 a athrú ó 'le scéal bháis (*sic*) a chur ina haghaidh' go dtí 'le scead bhán a chur ina haghaidh', agus líne 14 ó 'gan a bhlas a chur le gráta' go dtí 'gan a bholg a chur le gráta'.

Seo a leanas na dánta a chuir sé isteach ar chomórtas 1993 san ord a bhí ag an bhfile: 'Ré na Línseach i mBearna', 'Oíche Airneáin i mBearna', 'An Scadán', 'An Marú ag Trá na gCeann', An File agus an Speal', 'An Geimhreadh', 'Éist le m'Fhaoistean', 'An tEarrach', 'An tSíoraíocht', 'Ná Mealltar Thú'. Ba iad Cathal Ó Searcaigh agus Micheál Ó Conghaile na moltóirí agus roinneadh an duais de £500 go cothrom idir Learaí Ó Fínneadha agus Joe Steve Ó Neachtain. I gcomórtas na bliana 1994 ba iad Breandán Feiritéir agus Gearóid Denvir na moltóirí agus bronnadh an chéad áit agus duais de £500 ar Learaí Ó Fínneadha agus an dara duais de €200 ar Joe Steve Ó Neachtain. Níl teacht ach ar an moltóireacht a rinne mé féin:

> Cnuasach breá lán le filíocht shaibhir agus le dea-chaint an fhile dúchais. Tá an traidisiún beo beathach anseo idir theanga, stíl, reacaireacht agus ábhar an dáin. Tá na dánta lonnaithe go láidir sa chré agus sa cheantar. Baineann an file leas as an traidisiún ar bhealach spraíúil a ghabhfadh i gcion ar léitheoir, agus go háirithe ar éisteoir.

Níl teacht ar scríbhinn na ndánta a chuir sé isteach ar chomórtas 1994, ná ar aon tuairisc moltóirí, ach tá liosta ag an bhfile de na dánta a chuir sé isteach ar an gcomórtas sin i dtús ceann dá chuid lámhscríbhinní: 'Scadán Caoch', 'Maidin i m'Aonar', 'Loscadh Sléibhe', 'Colm de Bhailís', 'Guibhim', 'Loch Roisín', 'Sruthán na Líbirtí', 'Galfchúrsa Bhearna', 'An Cailín Mánla', 'An Ainnir Dhubh Chatach', 'Ar Bhóithrín na Smaointe', 'An Fiach ar Damaseen'.

Seo a leanas na dánta a chuir sé isteach ar chomórtas 1995: 'An Bhláthbhean Bhuí', 'An Ainnir Máire Bhán', 'Oireachtas na nDéise', 'Agallamh an Bháis leis an bPeacach', 'Deoraí an tSléibhe', 'Uallfairt sa Dáil', 'Aspal Mór na hÉireann', 'An File', 'Maidin Luan Cásca', 'Tháinig an Bás', 'An Sleamhnán Gaelach', 'Bás an Ógfhir'. Ba iad Ríonach uí Ógáin agus Gearóid Denvir na moltóirí agus bronnadh an chéad áit agus duais de £500 ar Learaí Ó Fínneadha agus an dara duais de €200 ar

Pheadar Sheáin Shiúnac Ó Conghaile as Inis Meáin. Mar seo a chuir Ríonach uí Ógáin síos ar an gcnuasach:

> Sáriarracht é seo atá ag teacht amach is amach le traidisiún cumadóireachta an Iarthair. Tá an cumas teanga thar barr agus dúchas an fhile nasctha go fíormhaith leis an bhfilíocht bhéil. Is iontach mar atá traidisiún atá na céadta bliain d'aois tugtha i láthair i saol na linne seo ar bhealach chomh snasta sin. Tá ceol, dinnseanchas, anam an cheantair agus beocht an traidisiúin ann.

Seo é an tuairisc a scríobh mé féin ag an am:

> Píosaí breátha ó láimh an Ghobáin féin – ceardaí ríbhreá. Tá an teanga shaibhir Ghaeilge maille le stíl an dúchais i chuile dhán. Suitear eachtraí agus pearsana na ndánta go sonrach in ithir an dúchais de réir thraidisiún an *genre*. Tá súil spraíúil ghéarchúiseach an fhile ag an údar.

Seo a leanas na dánta a chuir sé isteach ar chomórtas 1996: 'Ruaille Buaille sa Dáil', 'An Choimhlint sa Dáil', 'Feilméaracht Féileacán', 'Caitríona', 'An Muirín', 'Táim san Aois', 'An Péintéara', 'Siobhán Ní Fhlaithearta', 'An tÓl agus an Chiall', 'Athrú Mór Tagtha', 'An tAnam agus an Cholainn','I gCuimhne Uí Chadhain', 'An Teilifís'. Ba iad Ríonach uí Ógáin agus Seán Ó Curraoin na moltóirí agus bronnadh an chéad áit agus duais de £500 ar Learaí Ó Fínneadha. Níl teacht ar thuairisc na moltóirí don chomórtas seo.

Cuirtear na dánta as na cnuasaigh seo in iúl sna nótaí leis an nod Oir móide bliain an chomórtais, mar atá, Oir1993, Oir1995, Oir1996.

5. Taifeadtaí fuaime

Bhíodh an file ina aoi go minic ar chláracha de chuid Raidió na Gaeltachta (mar a bhí air ag an am) agus d'aithris sé dánta dá chuid féin le linn cuid de na cláracha sin. Ina theannta sin rinneadh taifeadadh air ag ócáidí éagsúla, go mór mór Oireachtas na Gaeilge agus Pléaráca Chonamara, agus craoladh míreanna den chineál sin ar chláracha éagsúla freisin. Cuirtear na leaganacha de dhánta a craoladh in iúl sna nótaí leis an nod RNG agus luaitear an clár agus an dáta craolta idir lúibíní.

Ina theannta sin, rinne an t-eagarthóir dhá agallamh fhada de thart ar dhá uair an chloig an ceann leis an bhfile ar an 24 Feabhra 1998 agus ar an 6 Aibreán 1998. Le linn na n-agallamh seo rinne an file cur síos ar a chúlra féin agus ar stair a mhuintire, agus rinne sé cur síos ar scéalta agus seanchas de chuid a cheantair dhúchais féin i gCois Fharraige agus de chuid cheantar Bhearna freisin. Chomh maith leis sin, rinne sé trácht agus cur síos ar a chuid cumadóireachta féin, ar na heachtraí a spreag dánta ar leith nó ar an gcúlra as ar eascair siad, ar a thuiscint féin ar cheird na filíochta, ar na filí ab ansa leis féin agus ar a fhealsúnacht ghinearálta féin i leith an tsaoil. Dúirt sé dánta óna chuimhne ar an 24 Feabhra 1998, agus sa dara hagallamh, bíodh is go raibh cóipeanna de na dánta scríofa ar bhileoga aige, is mar *aide mémoire* is mó a bhain sé leas astu seachas iad a léamh mar scripteanna. Díol suntais sa chomhthéacs seo go gcuireadh sé mionathruithe ar an téacs a bhíodh os a chomhair ar an mbileog ó thráth go chéile sa reacaireacht ar mhúnla na malairtí léimh atá le fáil sna nótaí seo. Cuirtear agallamh an 24 Feabhra 1998 in iúl sna nótaí seo leis an nod GDF agus cuirtear agallamh an 6 Aibreán 1998 in iúl leis an nod GDA.

6. Téacsanna an eagráin seo

San eagrán seo leantar CIC agus CIC(L) i gcónaí, geall leis, tharla gurb iad sin na leaganacha údaraithe dá chuid dánta a thug an file do Chló Iar-Chonnacht lena bhfoilsiú. San áit nach bhfuil CIC agus CIC(L) ag teacht le chéile tugtar tús áite do CIC(L). Tugtar malairtí léimh ó fhoinsí eile nuair is ann dóibh agus déantar corr-mhioncheartúchán ar nithe doiléire nó ar bhotúin chló nó trascríofa bunaithe ar na foinsí breise sin. Maidir leis na dánta nach bhfuil in CIC ná in CIC(L), féachtar le teacht ar leagan comónta bunaithe ar mhinicíocht léamhanna sna foinsí éagsúla .i. is don léamh is coitianta a tugtar tús áite, agus tugtar malairtí léimh sna nótaí. Tagraítear go huimhriúil do línte na ndánta sna nótaí ach ní chuirtear uimhreacha línte le téacs na ndánta arae bhainfeadh sin de na dánta mar fhilíocht i dtuairim an eagarthóra. Glactar leis nach miste leis an té ar mian leis ransáil a dhéanamh sna nótaí uimhreacha na línte a dhéanamh amach dó féin.

Modh Eagarthóireachta

Is é aidhm an tsaothair seo téacsanna soléite de shaothar iomlán an fhile a chur ar fáil mar léargas ar réimse agus ar scóipiúlacht cheird an fhile féin agus seánra na filíochta béil a chleacht sé. Tharla gur ealaín bhéil í an fhilíocht seo cloítear chomh fada agus is féidir le canúint dhílis an fhile gan an fhoirm den teanga a bhfuil cleachtadh ag gnáthléitheoir an lae inniu uirthi a chur as a riocht rómhór. Leantar an litriú atá in *Foclóir Gaeilge-Béarla* Uí Dhónaill agus glactar leis na malairtí litrithe atá san fhoclóir céanna. Sa chás go nglactar le leagan canúnach déantar tagairt dó sna nótaí. Maidir le cúrsaí gramadaí, leantar foirmeacha ainmfhocal, aidiachtaí agus briathra mar atá siad sna foinsí. Fágann sin, mar shampla, gur foirm uathu den aidiacht a leanas foirm iolra den ainmfhocal go minic ('comharsanaí lách', 'ciarógaí donn', 'cúinsí géar') agus gur minic foirm an ainmnigh den ainmfhocal in áit an ghinidigh ('lucht maoin', 'cead foghlaeracht', 'mórán trácht', 'áras na siogáin'). Ní réitíonn inscne ainmfhocal go minic leis an gCaighdeán Oifigiúil ('síochán buan', 'eastáit mhór', 'an sean-nead'). Is minic freisin nach dtagann claochlú tosaigh i ndiaidh réamhfhocail leis an gCaighdeán Oifigiúil ('roimh meán', 'roimh dul', 'le éirí'). Fágtar an guta deiridh ar lár i bhfocail áirithe freisin sa chás go mbíonn sin amhlaidh ag an bhfile agus go réitíonn sé leis an meadaracht agus cuirtear in iúl é leis an uaschamóg ('Na Fothraí Maol' ' a dhéanas uaim le 'í dtús mo shaoil', 'go Loch Ins' ' a dhéanas uaim le 'ag líonadh na dtrins'').

Is minic malairtí ag an bhfile féin ó dhán go dán agus fiú taobh istigh de dhánta ar leith sna leaganacha scríofa agus fuaime araon. Féachadh leis na malairtí seo a thabhairt chun rialtachta sa téacs ar mhaithe le leanúnachas agus glacadh go hiondúil leis na leaganacha is coitianta a bhí ag an bhfile féin. Litríonn an file an cónasc 'dá' mar shampla ar dhá bhealach, 'dá' agus 'dhá', ach glactar le 'dhá' tríd síos tharla gurb é is treise sa chanúint. Bíonn 'i mo', i do', srl' agus 'in mo', in do', srl' araon aige sna lámhscríbhinní, ach gur coitianta aige 'in mo', in do', srl' agus glactar leis sin tríd síos. Maidir leis an modh ordaitheach dara pearsa iolra den bhriathar, bíonn dhá leagan aige a chríochnaíos in '–í' agus in '–igí', fiú san aon rann amháin go minic, agus fágtar iad sin mar atá siad ag an bhfile go mór mór mar go luíonn seo leis an bpatrún meadarachta cuid mhaith.

Tabharfar faoi deara gur i meadaracht rialta aiceanta an amhráin, mar atá le fáil fós i nGaeltacht Chonamara, atá an fhilíocht seo cumtha. Ina dhiaidh sin féin 'sciorrann' an file ó thráth go chéile agus ní leanann sé patrún rialta i gcónaí ó thús deireadh dáin. Is é an rann ceithre líne an bunaonad cumadóireachta is coitianta aige ach i ndánta ar an bpatrún sin is minic leis ranna trí, cúig nó sé líne a bheith aige chomh maith. Leanann an dán 'Saothar an tSaoir', mar shampla, an patrún líneach 4+4+6+4+4+6+4+5+5+4+4+4+4. Is minic freisin leis an bhfile leathrann breise (dhá líne) a chur le rann ceithre líne. Chomh maith leis sin, is minic líne amháin i rann a bheith as cor le meadaracht an rainn/dáin fré chéile, go mór mór trí fhad breise (leathlíne de ghnáth) a bheith curtha leis. Fágtar na leaganacha seo ar fad díreach mar atá siad ag an bhfile gan aon iarracht ar 'cheartú' a dhéanamh ar a shaothar, ag leanacht threoir Mhic Leoid (1998: 3) maidir le cúrsaí eagarthóireachta i gcoitinne: 'No interpretation, however correct, takes precedence over evidence'.

Ord na ndánta

Is iomaí caoi le láimh throm eagarthóra a leagan ar théacs agus is féidir le hord foilsithe/láithrithe dánta a scéal féin a inseacht sa chomhthéacs seo freisin. An tábhachtaí tús áite a thabhairt do dhán gar do thosach an leabhair nó sin an focal deiridh a fhágáil aige ar deireadh thiar? Leigheas amháin a bheadh ar an scéal na dánta a fhoilsiú in ord cróineolaíoch a gcumtha ach níl an t-eolas sin againn sa chás seo seachas i gcás corrdháin ar féidir an dáta a dhéanamh amach ó fhianaise inmheánach an téacs, agus ní mé an mbeadh an t-eolas ar fad ag an bhfile féin fiú dá maireadh sé. Nó sin d'fhéadfaí na dánta a chur i láthair in ord aibítre de réir a dteidil, ach creidim go bhfágfadh a leithéid de bheartas an leabhar féin ina mheascán mearaí. Beartaíodh sa deireadh na dánta a chur i láthair go téamúil, nós a bhíodh ag an bhfile féin go han-choitianta sna lámhscríbhinní agus in CIC agus CIC(L). Dá réir sin cuireadh na dánta i láthair i rannóga scaoilte gan aon cheannteideal de réir na dtéamaí seo a leanas:

An áit dúchais,
An timpeallacht, an dúlra, na séasúir,
Ainmhithe agus éin,
An seansaol (atá ag athrú),
An fhorbairt tithíochta i mBearna,
An pholaitíocht,
An duine (dánta faoi mhná, faoi fhir agus faoi chora an tsaoil),
An bás,
Dánta cráifeacha,
An traidisiún staire agus béaloidis,
Filí agus filíocht,
Saol na Gaeilge.

Focal Buíochais

Tá mé faoi chomaoin mhór ag cuid mhaith daoine as a gcúnamh fial agus mé i mbun an tsaothair seo. Ní bheadh an leabhar seo ann murach an tacaíocht agus an cúnamh fial a fuair mé ó Mháirín Uí Fhínneadha, bean an fhile, agus óna n-iníon Marion. Chuir siad fearadh na fáilte romhamsa ina mbaile féin agus is iomaí mug breá tae láidir a d'ól muid i dteannta a chéile. Thug siad lámhscríbhinní an fhile dom le hearraíocht a bhaint astu ag réiteach théacsanna na ndánta agus d'fhreagair siad cuid mhór ceisteanna faoi chúlra agus chomhthéacs na ndánta. Roinn mo chomhghleacaithe geanúla i Roinn na Gaeilge in Ollscoil na hÉireann, Gaillimh, Mícheál Mac Craith, Lillis Ó Laoire agus Nollaig Ó Muraíle, a gcuid saineolais go fial liom mar is dual dóibh, mar a rinne mo chairde agus mo chomhghleacaithe in institiúidí eile, Máire Ní Annracháin i gColáiste na hOllscoile, Baile Átha Cliath, agus Brian Ó Curnáin i Scoil an Léinn Cheiltigh, Institiúid Ard-Léinn Bhaile Átha Cliath. Tá mé an-bhuíoch freisin d'fhoireann Leabharlann Shéamais Uí Argadáin as a gcúnamh, go háirithe Geraldine Curtin sa Rannóg Iasachtaí Idirleabharlainne, Marie Boran sa Rannóg Bhailiúchán Speisialta agus Gerry D'arcy. Thaistil mo chara maith Dónall Ó Braonáin, RTÉ Raidió na Gaeltachta, na mílte breise le hábhar a chur ar fáil dom as cartlann an Raidió agus lena chuid saineolais scolártha a roinnt liom. Fuair mé cúnamh fial freisin ó Bhríd Nic Dhonncha sa chartlann in Áras Mháirtín Uí Chadhain. Thug mo sheanchairde Liam Ó Maolaodha agus Máirín Nic Dhonnchadha ó Oireachtas na Gaeilge cead ransála dom san aircív atá ag an Oireachtas i gCasla agus chaitheadar féin uaireanta an chloig ag cuartú scríbhinní agus tuairiscí moltóirí. Chuir na daoine seo a leanas comhairle chríonna orm, nó sin chuir siad ar an eolas mé faoi fhoinsí a bhí ceilte orm: Bríd Nic Searraigh, Cóil Learaí Ó Fínneadha, Dan Dwyer, Daragh Waters, Deirdre Ní Chonghaile, Jim Fahy, Máirtín Tom Sheáinín Mac Donnacha, Maria Griffin, Matt Nolan, Meaití Jó Shéamuis Ó Fatharta, Micheál Ó Conghaile, Orla Nix, Ross Ó Cuinneagáin, Séamus Ó Coileáin, Seán Ó Morónaigh, Seosamh Ó Cuaig, Sharon Paice Mac Leod, Síle Denvir. Focal buíochais ar leith do Lochlainn na Súl Grinn Ó Tuairisg as a chomhairle agus a shaothar eagarthóireachta, agus le Deirdre Ní Thuathail agus foireann Chló Iar-Chonnacht as an ngairmiúlacht is dual dóibh i mbliain cheiliúrtha seo a gceathrú céid. Agus ar ndóigh, ní bheadh an leabhar seo ann chor ar bith murach an grá, an tacaíocht, an fhoighid agus an spás a fuair mé ó m'anamchara leis na blianta fada, mo bhean mhuirneach Máire, agus ónár gclann, le bheith i mbun allagair fhada le Learaí sa seomra sin thíos staighre! Mé féin, ar ndóigh, is cionsiocair le pé ar bith lochtanna atá ar an saothar seo.

Nótaí ar na Dánta

1. An Lochán Céimiúil

Foinsí: CIC; 2 Ls; RNG (an clár *Ó Bhinn go Binn* a craoladh ar an 6 Samhain 1992 á láithriú ag Máirtín Tom Sheáinín Mac Donnacha). Tá 'Learaí a chum' scríofa ar imeall ceann de na lámhscríbhinní. 'An Lochán Theas Céimiúil' an teideal atá ar an dán i lámhscríbhinn amháin. Tá véarsa 7 gann líne sna leaganacha ar fad.

L 2: 'rabhas' in áit 'raibh mé' in RNG.
L 3: 'agus' ar lár in RNG.
L 4: 'Is chuas ar dheoraíocht go na Fothraí Maol' ' in RNG.
L 24: 'ar Mhícheál' in áit 'do Mhícheál' in RNG; 'ar an sean-tsráid': sin mar atá sa dá lámhscríbhinn agus in RNG; Mícheál Breathnach (1881–1908), an scríbhneoir cliúiteach de chuid aimsir na hAthbheochana as an Lochán Beag agus duine de mhórlaochra Chois Fharraige, atá i gceist. (Féach Breathnach agus Ní Mhurchú 1990: 24.) Ba í Sailí Ní Fhínneadha, seanaint Learaí, máthair Mhíchíl Bhreathnaigh. Seo mar a chuireas Cóil, deartháir Learaí, síos ar thuismitheoirí an scríbhneora ina dhán 'Mícheál Breathnach' (Ó Fínneadha 1999: 30):

> Ba é mac Mhicil Taeda é agus Sailí Ní Fhínneadha
> As Bóithrín na mBeairics i mBaile an Locháin Mhóir
> Tógadh go cneasta é, go béasach is go múinte
> B'in í a cháilíocht ó shean agus óg.

2. Sruthán na Líbirtí

Foinsí: CIC; 2 Ls.
Cúlra: Is é Sruthán na Líbirtí an teorainn idir Bearna agus na Forbacha.

L 6: Lord Campbell: tiarnaí talún i gceantar Bhearna ó lár an 19ú haois a bhí i muintir Campbell agus ba leo Barna Lodge agus Moycullen House. (Féach Kenny 1983: 58.)

3. Loch Roisín

Foinsí: CIC; 2 Ls.
Cúlra: Tá an nóta seo leis an dán ag an bhfile in CIC(L): 'Luíonn Loch Roisín idir Cnoc Mharcais Óig Uí Línsigh agus Cnoc an Bhlácaigh agus Coill Bhearna ar an taobh ó thuaidh dhi.'

L 18: Ó 11 Samhain go dtí 1 Feabhra.
L 25: 'tara' in áit 'tosaigh' i lámhscríbhinn amháin.
L 32: 'salach' in áit 'santach' i lámhscríbhinn amháin.
L 35: 'oibriú' in áit 'ardú' sa dá lámhscríbhinn.

4. Thart sa Léana Riabhach

Foinsí: CIC; 1 Ls. 'Tá sé ina Lá' an teideal atá ar an dán sa lámhscríbhinn.
Cúlra: Baile fearainn atá sa Léana Riabhach in íochtar Bhearna gar don fharraige.
L 28: 'bog' scriosta agus ina áit 'glas' i bpeann difriúil sa lámhscríbhinn.

5. Baile an Droichid

Foinsí: 2 Ls.
Cúlra: Píosa spraoi atá sa dán seo a thagraíos don sobaldráma *Baile an Droichid* a bhíodh ar RTÉ Raidió na Gaeltachta ó 1987 go dtí 1997. Ba é Joe Steve Ó Neachtain a scríobhadh an dráma agus a dhéanadh páirt Choilm, leathamadán agus mac barrúil an bhaile, chomh maith. Ba é Máirtín Jamesie Ó Flaithearta a bhíodh ina léiritheoir. Tugtar Baile an Droichid ar an Spidéal freisin, an áit arb as Joe Steve. Is geall le píosa crosántachta é seo, idir phrós agus fhilíocht.

6. Baile Chláir

Foinsí: CIC; 2 Ls.
Cúlra: Chaitheadh an file cuid mhaith ama i mBaile Chláir. Bhíodh sé ag obair scaití ag Paddy Murphy, Peaitsín Bán an dáin agus col ceathrar dá bhean féin Máirín, ag plé le cúrsaí talún. Agus é socraithe pósta i mBearna, théadh sé soir ar cuairt go minic ann agus dhéanadh sé freastal i gcónaí ar Sheó Bhaile Chláir agus ar an Scoil Éigse agus Seanchais a reachtáiltí ann. Dúirt sé le Máirtín Tom Sheáinín ar an gclár *Siamsán Maidine* ar an 23 Márta 1995 go raibh 32 bliana caite aige ag dul soir is anoir go dtí Baile Chláir agus gur minic a théadh sé soir ann maidineacha Domhnaigh ar a rothar d'aifreann a haon déag, turas a thógadh 35 nóiméad air a deir sé. Maidir le cúrsaí Gaeilge agus seanchais, dúirt sé ar an gclár: 'Bhíodh an-seanchas i mBaile Chláir. An-chur síos Tigh Hession tar éis an aifrinn Dé Domhnaigh.'

L 5: Tom agus Timín Ó hIarnáin atá i gceist, comharsana le Learaí as an mBaile Nua, Bearna, a bhí i mbun gnó ag déanamh blocanna agus á ndíol ar fud Chonamara. Bhí Learaí an-chairdiúil leo, go háirithe le Timín a raibh carr aige agus dá réir sin marcaíocht le fáil go minic ag an bhfile uaidh. Nuair a tháinig deireadh le gnó na mblocanna lean

Timín air ag obair mar thiománaí leoraí agus ba mhinic leis Learaí a thabhairt leis mar chomhluadar ar a chuid turas.

L 11: Na deartháireacha Pat agus Malachy Noone, Gaeilgeoirí maithe de chuid na háite, atá i gceist.

L 19: '*leather jacket grub*' in áit 'péist an dearg-ghoib' i lámhscríbhinn amháin.

L 29: Seosamh Mac Donnchadha, iariománaí de chuid na Gaillimhe agus Iar-Uachtarán ar an gCumann Lúthchleas Gael, a bhí ina Oifigeach Gaeilge le Coiste Gairmoideachais na Gaillimhe agus eagrú na Scoileanna Éigse agus Seanchais ar cheann dá chuid cúraimí.

L 32: Scoileanna Éigse agus Seanchais: ócáidí filíochta agus seanchais a reachtáladh Coiste Gairmoideachais na Gaillimhe idir 1955 agus 1990 i bparóistí i gceantair Ghaeltachta na Gaillimhe ina raibh gairmscoil. Is é an aidhm a bhí acu 'An Nuacheapadóireacht a fhorbairt, seanchas áitiúil agus béaloideas an cheantair a bhailiú agus saibhreas cainte na Gaeltachta a chaomhnú' (Ní Fhlatharta 2005: 4). Bhíodh cruinnithe áitiúla acu sna gairmscoileanna faoi stiúir na múinteoirí Gaeilge agus bhíodh comórtas bliantúil acu Déardaoin Deascabhála. Bhíodh an-dúil ag Learaí sna himeachtaí seo ar fad.

7. Maidin Chiúin

Foinsí: CIC; 4 Ls.

L 13: Na Blácaigh: Tiarnaí talún i gceantar Chois Fharraige sa seanreacht ar mhór i gceist sa seanchas riamh anall iad agus a mbíodh trácht ag an bhfile go minic orthu freisin. De bhunadh Normannach iad na Blácaigh agus bhí siad ar cheann de na teaghlaigh a chuir fúthu i nGaillimh faoi phátrúntacht mhuintir de Burgo. Sna 1650í a tháinig na Blácaigh go dtí An Tulach de bharr phlandáil Chromail agus i 1677 fuair Walter Blake dhá réimse mhóra talún sa cheantar. Ba é Valentine Blake (1780–1819) an chéad duine de na Blácaigh a dúirt go mba as An Tulach é agus is lena linn seo, de réir cosúlachta, a tógadh teach na mBlácach ansin. Ba leis na Blácaigh an dúiche siar ó Abhainn Chromghlinne go dtí Abhainn Chasla. Caitlicigh a bhí iontu a chéaduair ach d'iompaigh siad ina bProtastúin agus tharraing siad gráin ar leith orthu féin san áit nuair a chuidigh siad leis an Irish Church Mission Society sa 19ú haois le linn ré Shéamais a' Bláca (Robinson 1990: 133; Uí Mhurchadha 1954: 63). Seo é an Séamas céanna, más fíor, a bhí ar dhuine den dream deiridh i measc na n-uasal a chleachtadh *ius primae noctis*, cáil atá fós air sa cheantar. Deir Tim Robinson go raibh na Blácaigh 'bitterly hated as harsh, evicting landlords' (1990: 133). Is mór i gceist i gcónaí iad i seanchas Chonamara. Seo mar a chuir deartháir an fhile Cóil síos orthu do Nórita Ní Chartúir in eagrán speisialta den chlár *Iris Aniar* faoin nGorta Mór a craoladh ar Raidió na Gaeltachta ar an 12 Deireadh Fómhair 1995:

CÓF Brúidiúlacht, crácáil, splíontaíocht, sin iad cheapfainn is mó a chuir daoine in aer i gCois Fharraige agus is dóigh liom go bhféadfaí a rá áiteachaí thairis . . . . Cheapfainn gur tiarnaí talún agus an splíontaíocht a bhí ag baint leo sin, an bhrúidiúlacht agus an crácáil a thug siad sin do na daoine bochta, siad a rinne daoine bochta dhóibh. Níl duine ar bith ná raibh a ghiodán fhéin aige. Níl duine ar bith ná raibh a bhráicín fhéin aige nó a theachín fhéin chomh maith agus a bhí sa bhfaisiún ag an am. Ní raibh aon deoir anuas ann. Bhí poll deataí nó simléar ann. Bhí fód móna le dhul ar an teallach, ach níor ligeadh dhóibh. Nuair a chlis na fataí . . . níl baol ar bith nach mba cailliúint mhór na fataí ach . . . nuair a fuair na tiarnaí talún an seans sin orthu sin é an uair a thug siad an ceann trom den mhaide dhóibh.

NNC Bhuel i do cheantarsa anois, a Chóil, cé bhí sa gceantar sin, ab iad na Blácaigh, abair . . .?

CÓF Na Blácaigh. Blácaigh Indreabhán a thugaidís orthu. Bhuel, tháinig siad sin as an taobh thoir, níl fhios agamsa ar áit a dtugann siad an Garraí Mór nó an Gort Mór nó hébrí é, tháinig siad as an gceantar sin ar aon nós. Chuir siad fúthu tamall beag i mBearna. Bhí dream eile i mBearna, na Línsigh a thugaidís orthu, ní raibh siad sin an-dona. Tháinig siad . . . anoir leo ansin agus thóig siad seilbh ar phíosa beag eile i gceantar an Chnoic ansin a dtugaidís Gleann an Chnoic air. Ach ní raibh a ndóthain fairsinge ansin acu agus bhrúigh siad leo anoir ansin go dtí go dtáinig siad go dtí an áit anseo thoir a dtugann siad an Caisleán air, nó ar an Tulach. Agus sin an áit ar chuir siad fúthu agus thóig siad caisleán mór ansin. Chuir siad amach na daoine ag tarraingt chlocha ar a gcuid dromannaí le málaí nó hébrí cén deis nó gur thóig siad suas na ballaí seo. Chuir siad cíos ansin ar dhaoine bochta ná raibh in ann, ní raibh siad in ann déileáil leis. Bhí neart arbhair sa tír an uair sin, bhí an coirce ann, bhí an eorna ann, bhí na rudaí seo ar fad ann. Bhí gabáiste ann. Bhí chuile shórt ann ach an fata, mar déarfá. Níl sa bhfata ach cineál gurb é a chlis . . . . Ach mar a deir mé cheana ní raibh uaidh an tiarna talún ach seans lagar eicínt a fháil leis an gceann trom den mhaide a thabhairt dhóibh . . .

NNC Ach bhí cuid acu, a Chóil, níos deise ná a chéile, abair, chaith siad níos fearr lena gcuid tionóntaí ná mar chaith an chuid eile acu.

CÓF Chaith na Línsigh anois a bhí i mBearna . . . bhí siad sin fíormholta, mar déarfá, ach ní raibh aon mholadh ar na Blácaigh, an méid a chuala mise fúthu, agus sé an scéal céanna a chuala mé ag chuile dhuine, mar déarfá . . . . Chuir siad sin cíos trom orthu, rud a bhí fhios acu ná raibh siad in ann déileáil leis. Ach rinne siad crúcáil leis

> ar feadh píosa. Bhuel mara mbeadh na pínneachaí ann, rud a bhí an-ghann. Ach dhá bhfaighidís, mar déarfá, cothrom na féinne, bhí na cupla beithíoch i gcónaí ann, is cuma ná raibh le fáil orthu ach cupla scilling nó cupla punt nó hébrí céard é fhéin, sé an rud céanna a bhí riamh ann agus níor cailleadh iad. Ach mara mbeadh na cupla scilling ann ansin ní raibh trócaire ar bith le fáil agat ón mBlácach. Thóigfeadh sé do chuid beithígh agus nuair a bheadh na beithígh tóigthe thóigfeadh sé do chuid grán. Bheadh sé ag tóigeáil go deo go mbeadh sé fhéin sásta le hébrí céard a bheadh ag dhul dhó nó i bhfad os a chionn. Bhuel an uair sin, sin an uair a thosaigh an gorta, ach ní gorta a bhí ann ach gortú nuair a chuimhneos tú ceart air, mar déarfá . . . Má tóigeadh do chuid beithígh ní raibh tú in ann beithíoch a chur ina áit. Sin é an áit, an dtuigeann tú, a ndéanann daoine dearmad gurb in é an áit ar thosaigh an crácamas agus an bhochtaineacht. Ní hé an fata. Nuair a tóigeadh do chuid beithígh, bhuel, bhí sé an-deabhaltaí deacair beithíoch a chur ina áit [*sic*], nuair a tóigeadh b'fhéidir do chuid muca, bhí sé an-deacair banbh a chur in áit muice, ní raibh a luach agat . . . . An chéad rud eile ansin [nuair] nach raibh tú in ann déileáil leis na rudaí sin, tháinig an tiarna talún nó a chuid báillí nó a chuid giollaí agus thug siad an gró do do sheanteachín . . . chaith siad amach ar an tsráid thú, agus sin í an fhírinne. Tá áit ansin a dtugann siad Ballaí Indreabháin air agus tá siad le feiceáil fós. Níl mórán de na ballaí le feiceáil. Chuir siad trí theach déag amach in imeacht aon lá amháin . . . chaith siad amach ar an tsráid iad.

Tá dhá dhán ag Cóil faoi na Blácaigh ina leabhar *Filíocht agus Feannadh*, 'Na Blácaigh' agus 'Séamus a' Bláca' (1999: 97–8, 179–81). Tá leagan de 'Séamus a' Bláca' ar bhileog shingil i measc lámhscríbhinní Learaí faoin teideal 'Bláca Indreabháin'. Níl i leagan Learaí ach 36 líne, mar mhalairt ar 68 líne leagan a dhearthára, agus bíodh is gur véarsaí le ceithre líne atá acu araon ní hionann ord na véarsaí ná fiú ord na línte i véarsaí sa dá leagan. Seo é an leagan atá ag Learaí:

Blácaigh Indreabháin
Chuala muid trácht ar *phastime* na mBlácach
Is an smacht a bhí acu ar ár sinsear,
Tiarnaí agus báillí ag creachadh gach áit leo
Leis na dlíthe ba chaime is ba mhilltí.

Nuair a d'fheicfí ar lár gach athair is máthair
Ní nídís ach gáirí agus straoisíl,
Ach tháinig an t-am ar cuireadh orthu fán
Is níor facthas teaghlach dhá gcaoineadh.

Ní raibh againn san áit ach dlí cam an Bhlácaigh
Is ba gad linn ar scornach é a dhéanamh,
Ach mara ngéillfeá don ghráig úd ó Bhroughton an báille
Bhí do sciúirseáil le fáil agat ón smíste.

Ba shiúd é an t-am ar creachadh a lán
Is fágadh na céadta ag caoineadh,
Bhí a gcuid eallaigh is grán ag dhul don chaisleán
Ní áirím togha capaill is caoirigh.

Bhí an t-amhas mór gránna údaí Séamus a' Bláca
Gangaideach dána le daoine,
Dhá sciúirseáil go hard ar bhallaí an chaisleáin
Is a gcuid fola dhá silt leo ina braonta.

Bhí na riaráistí cama dhá dtóigeáil chuile áit
Is na pínneachaí ard le haghaidh an chíosa,
Ach dhá fhad é an t-am cuireadh críoch le dlí cam
Is tháinig seachmall is fán ar an smíste.

Chuaigh scaipeadh agus fán ar Shéamus is a dhream
Is tháinig aicíd is plá ar a mianach,
Ach bhí Sailm na Mallacht dhá léamh ar na bacaigh
A d'fhág a raibh ann ina splíonach.

Cé go mba ard é an caisleán chrom sé a cheann
Ach ní fhéadfainn a rá go raibh sé dhá chaoineadh,
Tá a chuid seanbhallaí cam ina seasamh fós ann
Is a n-aghaidh tugtha amach ar an taoille.

Sé mo chreach is mo chrá nach bhfuil caint ag an aill
Nó go ndéanfadh an fothrach cur síos dhúinn,
Ach críochnód an dán faoin mBlácach is a dhream
Is fágfaidh mé an bhreith ag Íosa.

L 16: Tobar Éinne: tá an tobar seo suite i gCoill Bhearna. Is é Naomh Éinne, c.450–540, naomhphátrún Inis Mór, Árainn, áit ar bhunaigh sé a phríomh-mhainistir. Deirtear sa seanchas freisin go raibh cillín agus ospidéal aige sa Spidéal. De réir sheanchas Bhearna, mar a deir an file i ndán 101, 'Cuireadh', bhí 'leigheas ann don tsúil agus fóirithint don chluais ar dhrochphian'. (Féach Ó Curraoin 1980–81.)

L 23: 'gan brón gan chrá' atá sna ceithre lámhscríbhinn.

L 27: An Línseach Óg: féach na nótaí le dán 113, 'Ré na Línseach i mBearna'.

L 31–2: 'Agus dúras i rún le Rí na nDúl / Míle glóire leat fhéin go síoraí' i lámhscríbhinn amháin.

8. Maidin i m'Aonar

Foinsí: CIC; 2 Ls.

L 14: Na Blácaigh: féach na nótaí le dán 7, 'Maidin Chiúin'.

9. An Timpeallacht

Foinsí: CIC; 2 Ls.

L 15: 'ar an sean-tsráid': sin mar atá sa dá lámhscríbhinn agus i lámhscríbhinní dánta eile.

10. Loscadh Sléibhe

Foinsí: CIC; 1 Ls.

11. An Sleamhnán Gaelach

Foinsí: CIC; 3 Ls; Oir1995.
Cúlra: Tá an nóta seo ag an bhfile leis an dán: 'Chuireas sleamhnán ar an asal agus bhíos ag scaradh na móna leis agus bhí go leor ag fáil caidéise dhó.'

L 12: 'A bheidh' in áit 'A bheadh' in Oir1995.
L 17: Tagairt do chuairt Uachtarán na Stát Aontaithe, Ronald Reagan, ar Ghaillimh do chomóradh 500 bliain na cathrach i 1984.
L 24: An scríbhneoir Sean-Phádraic Ó Conaire, 1882–1928, atá i gceist.

12. Séasúir na Bliana

Foinsí: CIC; 3 Ls.

L 2: Línte 2 agus 3 babhtáilte i lámhscríbhinn amháin.
L 13: 'Samhn' ': 'Samhan' atá sna trí lámhscríbhinn.
L 17: Lá 'le Tomáis: 21 Nollaig.
L 19: 'lasta' in áit 'ceannaithe' i lámhscríbhinn amháin ach é scriosta agus 'ceannaithe' scríofa faoi.

13. Teacht agus Imeacht

Fóinsí: 3 Ls.
L 8: 'deireadh leis' in áit 'trácht ar' i lámhscríbhinn amháin.
L 12: 'a raibh' in áit 'idir' i lámhscríbhinn amháin.

14. Beochan

Foinsí: CIC; 3 Ls.

L 17: 'an sean-nead': sin mar atá sna lámhscríbhinní uilig.

15. An tEarrach

Foinsí: CIC; 2 Ls; Oir1993.

L 1: Lá 'le Bríde, 1 Feabhra, an chéad lá den earrach.
L 20: Lá na Bó Riabhaí, 1 Aibreán.

16. An Geimhreadh

Foinsí: CIC; 2 Ls; Oir1993.

17. An Sceachín Chrotach Ghránna

Foinsí: 1 Ls.

L 4/16: 'réid' atá sa lámhscríbhinn.

18. Tá Naoi dTráth sa Lá

Foinsí: CIC; 3 Ls.

L 4: Tá an líne seo mar líne 3 i lámhscríbhinn amháin agus an líne seo a leanas ina dhiaidh: 'I dtom is ar ghéag ag caitheamh nótaí go béalbhinn'. Tá an dá líne sin scriosta agus an téacs mar atá tugtha anseo ina áit.
L 5: 'trí huaire óna chéile' in áit 'an spás céanna óna chéile' i lámhscríbhinn amháin.
L 12: 'an t-am' in áit 'an tráth' i dhá lámhscríbhinn; 'marbhúch' atá sna trí lámhscríbhinn = marfach.
L 16: 'roimh dul' atá sna trí lámhscríbhinn.

19. An Muirín

Foinsí: CIC; 6 Ls; Oir1996. Tá 'Púcán Bhearna' idir lúibíní leis an teideal i gceithre lámhscríbhinn. Véarsaí 1–5 amháin atá i dhá lámhscríbhinn; tá véarsaí 5–9 ar iarraidh i lámhscríbhinn eile; agus tá véarsa 8 ar iarraidh i lámhscríbhinn eile fós.

Cúlra: Tá an nóta seo i lámhscríbhinn amháin: 'Bheannaigh An tAthair Micheál Ó Raghallaigh [Séiplíneach na bhForbacha] agus An tAthair Leon Ó Mórcháin [Sagart Pobail Bhearna] an bád *An Muirín* ar an Déardaoin 10-10-1990.'

L 8: Jim Horgan, bádóir agus ceoltóir atá ina chónaí sna Forbacha.

L 35: 'an guibhe' atá sna lámhscríbhinní ar fad.

20. A Bhuachaillí na hÁite

Foinsí: 1 Ls.

L 4: 'chónaigh': 'chúngha' atá sa lámhscríbhinn; 'ar chabhraí': sin mar atá sa lámhscríbhinn.

L 11: Loch Lurgan: Cuan na Gaillimhe.

L 12: 'ar fascadh ag barr an tí': 'ag breathnú trí pholl an chlaí' sa lámhscríbhinn ar dtús ach é scriosta.

21. Fáiltiú na Fáinleoige

Foinsí: CIC; 2 Ls; *Comórtas na nAmhrán Nuachumtha 1992: Clár*, Eag., Máire Uí Iarnáin, 15. RNG (Taifead de Chomórtas na nAmhrán Nuachumtha 1992 agus an t-amhrán á ghabháil ag Máire Bríd Uí Nia). Tá cóip amháin de leagan eile den dán seo i lámhscríbhinn amháin, gan teideal leis. Tá an oiread malairtí léimh idir an dá leagan gur beag nach dhá dhán ar leith ar an téama céanna iad. Sé véarsa atá sa leagan seo seachas ocht véarsa an leagain a thug an file do Chló Iar-Chonnacht. Tugann comórtas idir an dá leagan léargas suntasach ar mhianach struchtúrtha agus ar phróiseas cumadóireachta na filíochta béil. Is léar go leanann na véarsaí sa dá leagan an bunsmaoineamh céanna agus an patrún meadarachta céanna, cuid mhaith, ach gur féidir míreanna cognaíocha nó fiú línte agus leathranna a mhalartú gan an patrún smaointeoireachta ná meadarachta a chur ó rath.

Do chéad fáilte ar ais againn go hÉirinn
Ó theochreasa an domhain údaí thall
A chréatúir na sciathán lag lúbach,
Seo againn arís thú maith slán.

Sé do bheatha abhaile don tír seo,
Tiocfaidh an chuach in do dhiaidh ar ball,
Is tabhartas ó Dhia dhúinn an créatúr,
Tá an sciatháinín leathair ar fáil.

Ní fhacas-sa fhéin thú le píosa,
Shíleas nach mbeadh tú ar fáil,
Ach ó chaitear ráithe fliuch an gheimhridh
Tagann nádúr is borradh i ngach tráth.

Imíonn tú uainne sa bhfómhar
Mar a d'imeodh slám ceo roimh an ngaoth,
Tagann tú ar ais ins an earrach
Is ní cloistear uait nóta ná glao.

Ní túisce abhus ná thall thú
Ar cuairt ná bailithe chun siúil,
Nár bhreá le léamh é do scéal oíche airneáin
Dhá mbeifeá in ann é a scríobh síos?

Is iontach mar a fhaigheann tú an t-eolas
Tré dhubhcheo is gálaí mór gaoith,
Tagann tú ar ais sa seanáras
Is treise fós nádúr ná draíocht.

Cúlra: Tá an nóta seo i ndeireadh an dáin i lámhscríbhinn amháin: 'An bua leis seo ag Comórtas na Nua-Amhráin 1992 agus casta ag Máire Bríd Ní Nia.' Tagairt atá anseo do chomórtas a reachtáileadh Coiste na nAmhrán Nuachumtha ar an gCeathrú Rua. Bhaintí leas as an gcomórtas mar phróiseas roghnaithe le haghaidh iarratas na hÉireann a roghnú don Fhéile Phan-Cheilteach. De réir na dtaifeadtaí cartlainne in RTÉ Raidió na Gaeltachta bhí na daoine seo a leanas páirteach sa chomórtas in Óstán an Dóilín i 1992: Finn Mac Airt, 'Coinnigh ar d'Aisling'; Risteard Mac Aodha, 'Mo Chailín Deas Donn'; Cáit Ní Chonghaile, 'Níl barúil agam'; Pádraig Ó Flatharta le hamhrán gan teideal; Duirling, 'A Ruaidhrí Bhuí Mhic Easmainn'; Máire Bríd Ní Nia, 'Fáiltiú na Fáinleoige', an t-amhrán a ghnóthaigh an comórtas.

L 2: 'go gcaithis' in áit 'go gcaitheann tú' in *Comórtas na nAmhrán Nuachumtha 1992.*

L 13: 'Mar imíonn tú abhaile' in áit 'Imíonn tú uaimse' in RNG.

L 20: 'an sean-nead' sin mar atá sa dá lámhscríbhinn agus in *Comórtas na nAmhrán Nuachumtha 1992.* Deir Máire Bríd Uí Nia 'an tsean-nead' in RNG.

22. Fáilte Romhat, a Chuachín

Foinsí: CIC; 4 Ls.

L 2: 'croíúil' in áit 'aoibhinn' i lámhscríbhinn amháin.
L 11: 'séimh' in áit 'tréan' i lámhscríbhinn amháin.
L 24: 'cuachaíl' in áit 'canadh' i dtrí lámhscríbhinn, ceann acu scriosta agus 'canadh' scríofa faoi i bpeann difriúil.
L 30: 'Ach fáiltím ó chroí fá do chuairt-sa' i lámhscríbhinn amháin.

23. An Chuach

Foinsí: 1 Ls.

24. An Préachán

Foinsí: CIC; 4 Ls; RNG (clár faoin Scoil Éigse agus Seanchais a craoladh ar an 26 Bealtaine 1995 á láithriú ag Máirtín Tom Sheáinín Mac Donnacha). Tá véarsaí 7, 8 ar iarraidh i dhá lámhscríbhinn.
Cúlra: Fuair an file duais ag an Scoil Éigse agus Seanchais i 1995 leis an dán seo. Ba mhinic leis préachán a thabhairt air féin, tharla gan guth cinn aige a deireadh sé, agus rinne sé amhlaidh sa chomhrá le Máirtín Tom Sheáinín sular dhúirt sé an dán ar an gclár.

L 9: 'ar fud na ngarrantaí' in áit 'amuigh sna garrantaí' in RNG.
L 12: 'Bhíos' in áit 'a fhaighim' in RNG.
L 14: 'choinníos' in áit 'choinneos' in RNG.
L 15: Fíonach: fionnadh
L 16: 'bhíos' in áit 'a fhaighim' in RNG.
L 24: 'Níor iarras' in áit 'Ní bhfuaireas' in RNG.
L 25: 'ar fud na ngarrantaí' in áit 'ar fud na mbailteachaí' in RNG.
L 29: 'Bainfidh mé' in áit 'Leagaim' in RNG.
L 30: 'Leagfainn' in áit 'Scriosfainn' in RNG.
L 31: 'bím ag' in áit 'déanaim' in RNG.
L 32: 'Mar' ar lár in RNG.
L 33: 'Déanaim' in áit 'Tosaím' in RNG.
L 36: 'suas' ar lár in RNG.
L 39: 'Má tá gála is feothan i ndán ['i ndán' scriosta agus 'sa scála' scríofa os a chionn] dhúinn' i lámhscríbhinn amháin. Tá 'i ndán' in áit 'sa scála' i lámhscríbhinn eile.

25. An Gandal ar Strae

Foinsí: CIC; 1 Ls.

L 5: 'a sheas dhom an léas' in áit 'bhí agam léas' sa lámhscríbhinn.
L 21: 'seanchaint' in áit 'seanráite' sa lámhscríbhinn.
L 44: 'go dtachtar' in áit 'go dtachta sí' sa lámhscríbhinn.

26. An Scadán

Foinsí: 1 Ls; Oir1993.
Cúlra: Tá an nóta seo ag bun an téacs in Oir1993: 'Róstaí an scadán ar an tlú agus chuirtí ar chlár éadain an chapaill dhuibh é mar bhí intinn an diabhail ag an gcapall dubh ar fad agus í amplúch dhá réir.' Tá an nóta seo ag an bhfile sa lámhscríbhinn : 'Síleann an capall an duine a mharú seacht n-uaire sa ló. Tagann sé ina hintinn mar deirtear go bhfuil seacht n-easna ón diabhal inti agus easna amháin ón duine.'

L 11: 'cinnte' ar lár in Oir1993.
L 17: 'sinsear' in áit 'sinsir' in Oir1993.

27. An tUainín Deas Crosach

Foinsí: 2 Ls.
Cúlra: Tá an nóta seo ag bun an téacs i lámhscríbhinn amháin: 'Ag Darachín Ó Tuairisg a bhí an t-uainín deas crosach.'

28. Saol an Lao

Foinsí: CIC; CIC(L); 2 Ls.
Cúlra: Tá an nóta seo ag an bhfile leis an dán in CIC(L): 'Sin sin. Tháinig an charóg ar cuairt aige.'

L 6: 'd'fhan' in áit 'chaith' i lámhscríbhinn amháin.

29. An Chaora

Foinsí: 1 Ls. Tá mé ionann is cinnte gur chum Learaí Ó Fínneadha an dán seo. Féach freisin 'Amhrán an Chaora' in Ó Donnchadha 1983: 113–16.

L 15: 'ghnóthaigh': 'ghrú' sa lámhscríbhinn.

30. An Cat Bán

Foinsí: OBB; 2 Ls.

L 2/3: 'thugadh': 'thiúbhradh' i lámhscríbhinn amháin.
L 11: 'fhilliúint': 'fhilleadh' atá in OBB.
L 14: '*jig*': 'gíog' atá in OBB agus tá sé sa dá lámhscríbhinn freisin, ach go bhfuil an focal '*jig*' idir lúibíní ina dhiaidh. Is léar ón gcomhthéacs gur damhsa atá i gceist ar aon nós.
L 15: 'Shligigh': 'Shligeach' atá sna lámhscríbhinní.

31. Sceolán Caoch

Foinsí: CIC; 1 Ls.

L 1: Lá Fhéile Mártan: 11 Samhain.
L 10: 'ag cumhdach tí' in áit 'ag déanamh gnímh' sa lámhscríbhinn.
L 12: 'Le cur i gcéill dhom mo dhinnéar a ithe' sa lámhscríbhinn.
L 13: 'ón bpáirc leis' in áit 'ón móinéar' sa lámhscríbhinn.
L 17: 'i ngreim cúil leis' in áit 'óna mháthair leis' sa lámhscríbhinn.
L 18: 'páin de choinín' in áit 'páinteach coinín' sa lámhscríbhinn.
L 27: 'atá mé a chásamh' in áit 'tá buartha cráite' sa lámhscríbhinn.

32. Comórtas na nAsal

Foinsí: 1 Ls; GDA; RNG (an clár *Siamsán Maidine* a craoladh ar an 16 Samhain 1992 á láithriú ag Máirtín Tom Sheáinín Mac Donnacha). In RNG amháin atá na línte 29–34.

Cúlra: Tá an nóta seo ag an bhfile leis an dán: 'Sin sin. Tiarach isteach agus tiarach amach gan tiarach ar bith ar chuid acu ag seó a bhí i mBaile Chláir. Traidisiún.' Mar seo a rinne an file cur síos ar an dán ar RNG: 'Seó Bhaile Chláir agus bhuach fear as an Achréidh le asal agus cléibh agus é feistithe go traidisiúnta aige.' Bhí an méid seo le rá ag an bhfile faoin dán in GDA:

> 'Bhí seó i mBaile Chláir, mar déarfá, seó Capaillíní Chonamara is gach rud mar sin, beithígh, caoirigh, chuile shórt, agus bhí asail ansin ann a bheadh feistithe, mar déarfá le srathair agus cléibh, asail oibre feistithe go traidisiúnta, mar déarfá. Péire maith cléibh is iad feistithe suas go deas. Bhí asal agam fhéin ann ar chuma ar bith agus bhí malach feamainne líonta agam air. Tá fhios agat fhéin anois malach, mar déarfá, bhí an dá chliabh agus os cionn an choirb agus chaon tsórt agus dhá ghad maoil air, an dtuigeann tú, agus staic sa gcliabh ar nós a bhíodh fadó, maide 'un tosaigh go gceanglófá do chuid gadrachaí maoil. Sé an chaoi a gcaithfeá ar

leath-treasna iad don ghad maoil, mar déarfá. Ach bhí tuilleadh ansin ann agus ní raibh acu ach féar tirim sna cléibh rud nach bhfaca mé ag dhul ariamh ann. Is cuma sin ach bhí cuid acu ansin, an dtuigeann tú, thaithnigh an feisteas leo a bhí agamsa go mór agus bhí tuilleadh acu ansin ag iarraidh a bheith ag siodmhagadh fúm, an dtuigeann tú. Ach scríobh mé píosa beag faoi. [Deireann an dán.] . . . Tiarach isteach is tiarach amach, mar déarfá, is gan tiarach ar bith ar chuid acu. Sin an chaoi a bhfaca mise iad. Tá fhios agam an bhfuil fhios agat, bhí caoi le srathar a chóiriú. D'fhiafraigh mise de dhuine a bhí thoir ann a raibh an ghaisce mhór aige an raibh sé in ann srathar a chóiriú agus dúirt sé nach raibh. Agus dúirt mé leis, 'Tá mise in ann í a chóiriú.' Ach is mar gheall ar na gasúir a thug mise soir iad.'

L 1: 'A chomharsanaí is a chomhairleachaí' atá in RNG; leathlíne atá anseo as an amhrán 'Tomás Bán Mac Aogáin'.

L 3: 'Is inseod fhéin' in áit 'Agus inseoidh mé' in RNG.

L 8: 'Is é' ar lár in RNG.

L 9: 'cóirithe' in áit 'feistithe' in RNG.

L 35: 'traidisiúnta' in áit 'traidisiún' sa lámhscríbhinn.

33. Ar Bhóithrín na Smaointe

Foinsí: CIC; 3 Ls.

L 18: 'ina dturlach': sin mar atá sna leaganacha uilig.

L 21–4: Tagairt don mhianach a phléasc ar an Aoine, 15 Meitheamh 1917, ar an Trá Shalach, An Lochán Beag, Indreabhán, baile dúchais an fhile. Nochtadh an leacht ann ar an 15 Meitheamh 1970. Féach Ó Conghaile, 1974: 93–101.

L 36: Tréigeadh na tithe a bhí déanta in íochtar an bhaile agus rinne muintir an bhaile tithe nua i mbéal Bhóthar an Rí, bóthar mór na Gaillimhe, i lár an fichiú haois. Tá cuid mhaith tithe tógtha le blianta beaga anuas síos na bóithríní arís.

34. Comhrá

Foinsí: 2 Ls. Tá véarsa 4 ar iarraidh i gceann de na lámhscríbhinní.

L 8: Tearmann Ainnín: Scéim tithíochta don aosach ar an gCnoc, Indreabhán.

L 11: 'gan stop' in áit 'gan chosc' i lámhscríbhinn amháin.

35. Athrú Mór Tagtha

Foinsí: CIC; 3 Ls; Oir1996.

L 3: 'Gan sac ná mac' in áit 'gan neach gan mac' i dhá lámhscríbhinn.
L 11: 'sa teach istigh' in áit 'istigh' i dhá lámhscríbhinn.
L 24: 'fhéin' ar lár in Oir1996.

36. An Teachín Aoldaite

Foinsí: CIC; 2 Ls; RNG (an clár *Ó Bhinn go Binn* a craoladh ar an 6 Samhain 1992 á láithriú ag Máirtín Tom Sheáinín Mac Donnacha). 'An Teachín Aoldaite (inar rugadh is a tóigeadh mé, *sic*)' teideal an dáin in CIC. Níl véarsa 5 in CIC ach tá sé sa dá lámhscríbhinn agus in RNG.
Cúlra: Bhí an méid seo le rá ag an bhfile faoin dán san agallamh le Máirtín Tom Sheáinín in RNG:

MTS Bhfuil an teach, an áit a rugadh is a tóigeadh thú, bhfuil sé fós ann?
LÓF Á, tá cuide dhó ann . . . rinne mé píosa faoi sin freisin . . . faoin teach nuair a chonaic mé tite é . . .
MTS Bhfuil sé ar eolas agat?
LÓF Ó tá, a mh'anam . . .
[Dúirt sé an dán ó chuimhne díreach ina dhiaidh sin.]

L 9: 'Céad slán' in áit 'Slán' i lámhscríbhinn amháin.
L 13: 'an Béarla géar salach' atá sa dá lámhscríbhinn, ach é scriosta i gceann acu agus an leagan céanna le CIC, 'an Béarla nach maith liom', scríofa os a chionn.
L 21: 23 Meitheamh, Oíche Fhéil tSin Seáin, atá i gceist nuair a lastaí tinte cnámh agus nuair a caití splanc nó luaith as an tine sna garranta d'fhonn is go mbeadh rath ar an talamh.
L 27: 'an sean-tsráid': sin mar atá sa dá lámhscríbhinn.

37. Feilméaracht Féileacán

Foinsí: CIC; 2 Ls; Oir1996; RNG (an clár *Siamsán Maidine* a craoladh ar an 22 Márta 1995 á láithriú ag Máirtín Tom Sheáinín Mac Donnacha). Tá an véarsa deiridh ar iarraidh i lámhscríbhinn amháin.
Cúlra: Seo mar a rinne an file cur síos ar chúlra an dáin in RNG:

LÓF Chuala mé go raibh muintir an Achréidh ag teacht anoir taobh Chonamara, mar déarfá, agus go mbeadh cineál *challenge* mar a deir an ceann eile . . . idir iad fhéin agus an dream thiar.

MTS Seo iad an grúpa a bhí le dhul go Eanach Mheáin.

LÓF Siad, a Mháirtín, ar ndóigh mar a deir an ceann eile tá feilméaracht mhór taobh thoir, an dtuigeann tú, agus deir siad go bhfuil feilméaracht le tosaí an taobh seo tíre má fhaigheann siad cead pleanála ann. Ach chuimhnigh mé fhéin ar phlean ansin, mar déarfá, ag caint ar feilméaracht féileacán le bheith anseo i gCasla, mar déarfá, mar a bhíodh agaibh, ach cheap mé rud beag a rá faoi, mar déarfá. Tá deireadh le fear an láí, ach téann sé mar seo, mar déarfá. [Deireann an dán 'Feilméaracht Féileacán'.]

MTS An-fhear, a Learaí, an-fhear, seo é anois an scéal a raibh caint an lá cheana air . . .

LÓF Sé, a Mháirtín, sé . . .

MTS go mbeadh monarcain féileacán . . .

LÓF Sea is mar déarfá ag caint ar feilméaraí Chonamara is feilméaraí an Achréidh, mar déarfá, is ar ndóigh maróidh an ola, agus chonaic tú fhéin ariamh, a Mháirtín, chomh maith liomsa, nuair a bheadh dúcháin mhóna déanta agat ar an gcriathrach, an dtuigeann tú, ar an bportach, is ann istigh a bheadh an féileacán mór dubh ar fascadh agus mharódh an ola é, a Mháirtín, agus Sheikh Mujee, tá a fhios agat Sheikh Mujee amuigh in *Iraq*, tá tobar *diesel* aige amuigh i dtír éicínt, an dtuigeann tú. Ó is fíor dhom é, a Mháirtín.

MTS Meas tú an dteastaíonn fascadh maith uaidh an fhéileacán?

LÓF Nár airigh tú fhéin ar an raidió, nach raibh sé fhéin ag iarraidh a rá go gcoinneodh neantógaí te é agus ní mharóidh an chlochmhóin é, ní mharóidh an mhóin é ach maróidh an *diesel*, maróidh boladh an *diesel* é, an dtuigeann tú.

MTS Tá mianach maith mar sin ann mara ndófaidh an neantóg é.

LÓF Á, is ar ndóigh, a dhiabhail, tá, an bhfuil fhios agat, níl aon mhaith sa *hot water bottle* dhó, a Mháirtín. An mhóin agus tá an ola gann, tá Sheikh Mujee réidh anois, an dtuigeann tú, cuirigí, téigí go Seanadh-Mhach anois agus bíodh an mhóin agaibh.

L 44: Seanadh Mhach, Cinn Mhara, Camus, áit a bhfuil portach mór gan aon chónaí.

38. An Fiach ar Damaseen

Foinsí: CIC; 2 Ls. Tá véarsaí 2, 3, 4, 5, 7, 14 ar iarraidh i lámhscríbhinn amháin.

Cúlra: Baineann an dán seo agus na cúig cinn a leanas é le conspóid i gceantar Bhearna i dtús na 1990í maidir le forbairt tithíochta de 157 teach a bhí le déanamh ar shuíomh deich n-acra a bhí i seilbh Damascene Holdings ar an Leic Léith ó thuaidh den phríomhbhóthar. Bhí an córas cóireála séarachais le tógáil gar don chladach agus píopa le cur anuas chuige ón bhforbairt tithíochta. Dhíol feirmeoir áitiúil, cara de chuid an fhile, garraí leis na forbróirí trína gcuirfí an píopa go cladach. Bhí grúpa áitritheoirí go mór in aghaidh na forbartha ar an mbonn go raibh an iomarca tithe i gceist, dar leo, agus nach raibh siad sásta leis an gcóras cóireála séarachais. Cheannaigh siadsan straidhp bheag talún, c.1 méadar ar leithead le c.60 méadar ar fad, ón bhfeirmeoir céanna idir sconsa an gharraí agus an bóthar sa chaoi agus nach mbeadh an forbróir in ann an píopa a leagan. De réir tuairisce a bhí ag Jim Fahy ar *6.01 News* ar RTÉ1 ar an 10 Deireadh Fómhair 1991, dúirt na háitritheoirí go raibh siad le ceithre bliana roimhe sin ag iarraidh a fháil amach cérbh iad Damascene Holdings. Fuair Fahy amach gur comhlacht iad a bhí cláraithe in Oileáin Mhuir nIocht, go raibh dlíodóirí agus innealtóirí acu i nGaillimh agus gurbh iad Grosvenor Homes Ltd na tógálaithe, comhlacht a bhí cláraithe i Sasana, ach gurbh Éireannaigh, Pádraig Cantwell as Gaillimh agus Michael McGarry as Maigh Eo, na stiúrthóirí. Tá Learaí Ó Fínneadha, agus aoibh an gháire air, le feiceáil ar an gclár nuachta i dteannta an fheilméara a dhíol an talamh. Nuair a chuaigh na cruacheisteanna ar an bhfeirmeoir faoi thalamh a dhíol leis an dá pháirtí sa chás chas sé ar an nGaeilge agus lean Jim Fahy air leis an agallamh i nGaeilge – an t-aon uair amháin, ar feadh m'eolais, a raibh agallamh i nGaeilge ar nuacht Bhéarla RTÉ! Tá an nóta seo ag an bhfile leis an dán seo i lámhscríbhinn amháin: 'Ní fios cé hé nó céard é Damascene, ach gur tharraing sé raic i mBearna agus seo píosa fiach air.' Luann sé comhlacht amháin tógála de chuid na Gaillimhe i leagan amháin de dhán amháin (Féach na nótaí le dán 39, 'Na Páipéir Dhá Saighneáil', Líne 1). Seo mar a chuir an file síos ar an gconspóid agus ar an dán seo in GDF:

LÓF Damaseen, chinn sé ar lucht oideachais a dhéanamh amach cé hé fhéin . . . tharraing sé raic mór san áit . . . is dóigh gur leag an deabhal méar orm ar bhealach eicínt le rud eicínt a rá faoi.

GD Cén fáth a ndearna tú na píosaí?

LÓF Bhí go leor monarchain sa nGaeltacht ar fad ag dúnadh síos, abair mar déarfá, agus ní raibh sé an-deas monarcha séarachais a chur suas ar aghaidh an dorais acu. Sin é a cheap mé . . . Bhuel, an dtuigeann tú, ní bhíonn fáth gan údar, agus b'fhéidir gur baineadh as m'ainm é freisin ar dtús. Bíonn cineál díoltas beag ag baint le rudaí, an dtuigeann tú, rudaí den tsórt sin . . . baineann siad uilig [na dánta faoi Damaseen] leis an rapáil seo. . . . tháinig sé isteach in mo chloigeann ar chuma ar bith, mar déarfá, píosa fiach a chumadh ar Damaseen lena ruaigeadh amach as an áit . . . cheap mé píosa fiach a dhéanamh ar an Damaseen nuair nach raibh fhios ag dream a raibh an fhoghlaim mhór orthu cé hé fhéin, an bhfuil fhios agat, cheap mé fhéin píosa spóirt a dhéanamh faoi, an dtuigeann tú, agus lig mé orm fhéin go raibh mé thoir ann . . .

GD An raibh cosán déanta amach agat i d'intinn sa bhFiach?

LÓF Na háiteachaí stairiúla thart, mar déarfá, choinnigh mé i bhfráma an cheantair é, i gceantar Bhearna anois, mar déarfá . . . chuir mé timpeall an dá chaorán déag é – má tá achar fada le déanamh agat – cén chaoi a bhfuil sé ar chor ar bith – is í an tslí mhór an aicearra, nach ea? D'fhéadfá duine a chur in aistir agus é a chur thimpeall an dá chaorán déag, thart timpeall ar fad in áit é a chur treasna . . .

L 6: 'Siosúr i láimh leis' in áit 'Siosúr ina láimh aige' i lámhscríbshinn amháin.

L 10: 'Ag tóraíocht snáth inneach le haghaidh é a ghearradh' i lámhscríbhinn amháin.

L 15: 'Dúirt sé' in áit 'Ach scread sé' i lámhscríbhinn amháin.

L 33: 'Chuaigh' in áit 'bhí' i lámhscríbhinn amháin; 'soir an Mhaigh Chuilinn': sin mar atá sa dá lámhscríbhinn.

L 34: 'Poll na Cló' sa dá lámhscríbhinn, agus sin mar atá de réir na canúna.

L 46: 'Skerrett': Bhí muintir Skerrett ar cheann de threibheanna na Gaillimhe. Bhí cúigear de mhuintir Skerrett ina méaraí ar Ghaillimh idir 1485 agus 1653 agus bhí beirt ina nArdeaspaig Chaitliceacha ar Thuaim, Nicholas (1580–85) agus Mark (1749–84). Bhain Liam Ó Flaithearta úsáid as an ainm mar theideal agus mar phríomhphearsa a úrscéil *Skerrett* (1932).

L 48: 'Línseach is Blácach': tiarnaí talún de chuid Chonamara sa seanreacht. Maidir leis na Línsigh féach dán 113, 'Ré na Línseach i mBearna' agus maidir leis na Blácaigh féach na nótaí le dán 7, 'Maidin Chiúin'.

L 51: 'thiar' in áit 'thíos' i lámhscríbhinn amháin; 'roimh dul' sa dá lámhscríbhinn.

L 59: 'Aníos thríd an duirling chuir sé trí bhúir as' i lámhscríbhinn amháin.

L 61: 'ó dheas den bhóthar treasna' in áit 'is na deora óna shúile' i lámhscríbhinn amháin.

39. Na Páipéir dhá Saighneáil

Foinsí: CIC; CIC(L); 2 Ls.

Cúlra: Seo dán eile sa tsraith faoin bhforbairt tithíochta i mBearna. Tá an nóta seo ag an bhfile i lámhscríbhinn amháin: 'Seo píosa cur síos ar phíopa an chlampair mhóir a bhí Damaseen a dhul a leagan i mBearna. Ní fios cé hé nó cé hí Damaseen.'

L 1: 'Rhatigan' [comhlacht mór tógála i nGaillimh] in áit 'an saoiste' i lámhscríbhinn amháin.

40. Na Páipéir dhá bPriondáil

Foinsí: CIC; CIC(L); 4 Ls; RNG (Dúradh an dán seo le linn oíche filíochta agus ceoil a reachtáladh mar chuid de Phléaráca Chonamara 1994 Tigh Pheadair Mhóir ar an mBánrainn. Ba é Joe Steve Ó Neachtain fear an tí an oíche sin. Craoladh an dán cúpla lá ina dhiaidh sin ar an gclár *Siamsán Maidine* ar an 13 Meán Fómhair 1994 agus Máirtín Tom Sheáinín Mac Donnacha á láithriú.). Níl véarsaí 3, 8 in RNG.

Cúlra: Seo dán eile sa tsraith faoin bhforbairt tithíochta i mBearna. Tá an nóta seo ag an bhfile in CIC(L): 'Bhí *brunch* le bheith i dteach ósta le airgead a bhailiú, ach sin mar a chuireas síos air.' Tá an nóta seo aige i lámhscríbhinn eile: 'Chomh maith agus a thuigeas fógra a bhí i mBéarla, bhí *brunch* le bheith i dteach an ósta chun airgead a bhailiú ach cheapas fhéin gur blaiseadh a bheadh ann.' Mar seo a thug an file cúlra an dáin in RNG: 'Seo píosa beag fánach a chum mé faoi leotar a bhí fágtha agam ar an mbord oíche amháin nuair a tháinig mé isteach agus braoinín beag sa gcoiricín agam. Bhí sé scríofa i mBéarla, ach ar ndóigh míníodh dhom é, bhí siad ag bailiú airgid sa gceantar a bhfuil muid ann.'

L 3: '*brunch*' in áit 'blaiseadh' i lámhscríbhinn amháin.
L 18: 'Mar bíonn sé san aer is ar talamh' in RNG; féach Líne 30 thíos.
L 19: 'Bíonn sé sa spéir ar luas an luch aeir' in RNG.
L 33: 'Anois bígí breá cóir is tagaí i dtigh an óil' in RNG.

41. Léim Ard

Foinsí: CIC; CIC(L); 4 Ls. Tá dhá chóip den dán in aon lámhscríbhinn amháin.
Cúlra: Seo dán eile sa tsraith faoin bhforbairt tithíochta i mBearna. Tá an nóta seo ag an bhfile in CIC(L) agus i lámhscríbhinn amháin eile: 'Tá cead ag an bhfear bacach a léim a chaitheamh faoi dhó.' Seo mar a rinne sé trácht ar an dán in GDA: 'lucht na gcótaí leathair – sin iad na boicíní, lucht na dtreabhsar caol, boic mhóra, lucht airgid . . . baineann siad uilig [na dánta faoin bhforbairt i mBearna] leis an rapáil sin . . . de réir mar a bhí an argóinteacht ag dhul ar bun, an dtuigeann tú, bhí mé ag cur píosa air. Bhí . . . mé ag déanamh píosa air . . .'

L 12: 'faoin mbréith' atá i ngach leagan ag an bhfile, rud atá de réir na canúna.
L 32: 'Is dhá ngoradh fhéin faoin ngréin' i lámhscríbhinn amháin.

42. Bealach na Bó Finne

Foinsí: CIC; CIC(L); 3 Ls. Ina theannta sin, tá na 10 líne tosaigh scríofa ar leathanach cúil istigh de chóipleabhar a bhfuil cóip iomlán den dán freisin ann.

Cúlra: Seo dán eile sa tsraith faoin bhforbairt tithíochta i mBearna. Tá an nóta seo ag an bhfile leis an dán in CIC(L): 'Agus chuir sé an Gleann Rua i gcuimhne dhom freisin.' Bhí an méid seo le rá aige in GDF:

LÓF Bhí mé ag dhul amach anseo le fógraí faoi chruinniú a bhí le bheith againn fhéin, an dtuigeann tú, agus bhí mé ag dhul soir an an Easca Mhóir ansin thoir agus bhuail mé síos go dtí comrádaí liom fhéin ar chuma ar bith ar an Leic thíos agus dúirt mé leis go raibh cruinniú le bheith againn, an bhfuil fhios agat. Bhuail sé amach liom fhéin tar éis tamaill. 'Goile,' a deir sé, 'go bhfeice tú iad seo thíos. Síos linn ar chuma ar bith. Bhí Jim Fahy [ó RTÉ] thíos ann agus cuide de mhóruaisle na háite in éineacht leis, an bhfuil fhios agat. Ach sé an Gleann Rua, *Glenroe* agus Dinny a chuireadar i gcuimhne dhomsa, mar déarfá, agus an trúp uilig ann ar chuma ar bith. Ach chum mé píosaí faoi sin, scríobh mé píosaí air agus scríobh mé píosaí ansin aríst le chuile shórt a shásamh a chuir fiach amach ar Damaseen amach as Bearna uilig, mar déarfá.

GD Agus an bhfuil fhios ag muintir Bhearna go bhfuil na píosaí seo déanta agat? An bhfuil an Ghaeilge acu len iad a thuiscint?

LÓF Ó muise, a Ghearóid, go bhfuil an-Ghaeilge i mBearna i gcónaí … ó tá agus go leor leor den dream nua-aosach a tháinic isteach ann go bhfuil a gcuid Gaeilge fhéin acu cuir i gcás nach bhfuil na seancharraigreachaí cainte acu ach ní hin le rá nach bhfuil Gaeilge acu.

L 31: Dinny Byrne, feirmeoir meánaosta sa sobalchlár teilifíse *Glenroe* (Gleann Rua) a raibh bacaíl ann. Bhí an-tóir ag an bhfile ar an gclár.

L 36: 'Is ní raibh an focal deiridh litrithe ceart' i dhá lámhscríbhinn.

43. An Gandal Buí

Foinsí: CIC; CIC(L); 4 Ls. Tá na malairtí léimh uilig in aon lámhscríbhinn amháin, seachas i gcás línte 13, 14. Tá an focal 'Hymac' idir lúibíní leis an teideal sna ceithre lámhscríbhinn.

Cúlra: Seo dán eile sa tsraith faoin bhforbairt tithíochta i mBearna. Tá an nóta seo ag an bhfile in CIC(L): 'Sin sin. Ní raibh ariamh nach mbeidh aríst.' I lámhscríbhinn amháin tá an nóta seo: 'An críoch (*sic*) ar phíopa an chlampar (*sic*) mhóir', agus tá ainm an fhile sínithe aige leis.

L 7: 'Ní le cleas ná le dochar' in áit 'Ní le cleasaíocht ná dochar' i lámhscríbhinn amháin.

L 11: 'Bhí ag an ngandal go cinnte fiacla maith spíle' i lámhscríbhinn amháin.

L 12: 'Mar chuaigh sé ag cartadh is ag fuirseadh' i lámhscríbhinn amháin.

L 13: 'dhúisigh' in áit 'd'éirigh' i dtrí lámhscríbhinn.

L 32: 'a leitheide sa taobh seo' in áit 'a leithéidí arís ann' i lámhscríbhinn amháin.

L 33: 'Ach bhí siad ann fadó ariamh is fuair cuid acu sliabh' i lámhscríbhinn amháin.

L 34: 'Lucht caite na bpiléar is gan scruball an scian' i dtrí lámhscríbhinn.

44. Galfchúrsa Bhearna

Foinsí: CIC; 1 Ls.

Cúlra: Baineann an dán seo leis an tréimhse i dtús na 1990í a raibh Galfchúrsa Bhearna á dhéanamh. D'oscail an cúrsa i 1996. Bhí an méid seo le rá ag an bhfile faoin dán i GDF: 'Scríobh mé píosa ar an ngalfchúrsa anois ansin thuas, Galfchúrsa Bhearna, an dtuigeann tú. Agus thuas ar an bportach a bhí mé agus ní raibh mé in ann tada a dhéanamh an bhliain chéanna *all right*... Bhí mé i mo shuí ar chloch ag breathnú orthu soir ag obair thoir ar an ngalfchúrsa ansin áit nach raibh ach cíocra báite is meaisíneannaí thoir ann ag cartadh draentrachaí is ag líonadh. Chuaigh mé ina éadan agus scríobh mé ansin tráthnóna é.'

L 9: Portmarnock, Bóthar na Trá, Cill Áirne: galfchúrsaí móra le rá.

L 12: Gleann Rua: an sobaldhráma teilifíse *Glenroe*. Carachtair de chuid an dráma atá luaite in Ll. 13–16

L 24: Telegael: comhlacht léirithe teilifíse atá lonnaithe sa Spidéal; *Baile an Droichid*: sobaldhráma de chuid RTÉ Raidió na Gaeltachta a scríobhadh Joe Steve Ó Neachtain. (Féach na dánta 145, 'An Teilifís', agus 5, 'Baile an Droichid'.)

L 27: 'fíonach': fionnaitheach, fionnach.

45. Táim san Aois

Foinsí: CIC; 2 Ls; Oir1996. Tá véarsaí 5, 6 ar iarraidh i lámhscríbhinn amháin.

Cúlra: Baineann an dán seo freisin leis an tréimhse a raibh Galfchúrsa Bhearna á dhéanamh. Ar ndóigh, consaeit liteartha is ea óige an fhile thart ar Loch Inse arae ní dheachaigh sé chun cónaithe i gceantar Bhearna nó gur phós sé.

L 12: 'ag rith timpeall': 'ag rith thimpeall' atá sa dá lámhscríbhinn.

46. Dev Óg i mBearna

Foinsí: CIC; CIC(L); 2 Ls.

Cúlra: Baineann an dán seo le holltoghchán 1992 nuair a bhí Éamon Ó Cuív, garmhac Éamoin de Valera, ina iarrthóir den chéad uair ar son Fhianna Fáil i nGaillimh Thiar. Reachtáladh an t-olltoghchán ar an gCéadaoin 25 Samhain 1992. Bhí an toradh náisiúnta ba mheasa ó 1927 ag Fianna Fáil nach bhfuair ach 40% den vóta iomlán. Chaill Fine Gael 10 suíochán agus bhí an toradh ab fhearr riamh ag Páirtí an Lucht Oibre, 33 suíochán (ardú de 18 suíochán ar an toghchán roimhe). Chuaigh Fianna Fáil agus Lucht Oibre i rialtas le chéile le Albert Reynolds mar thaoiseach agus Dick Spring mar thánaiste ar an 12 Eanáir 1993. I nGaillimh Thiar, toghcheantar cúig shuíochán, toghadh ar an gcéad chomhaireamh Michael D. Higgins (Lucht Oibre) agus Éamon Ó Cuív (Fianna Fáil). Toghadh Padraic McCormack (Fine Gael) ar an deichiú comhaireamh agus an cuóta bainte amach aige. Ar an deichiú comhaireamh freisin toghadh Bobby Molloy (An Páirtí Daonlathach) agus Máire Geoghegan-Quinn (Fianna Fáil) gan an cuóta a shroichint. Chríochnaigh Frank Fahey (Fianna Fáil) sa séú háit. Bhí an file ar dhuine de lucht tacaíochta Uí Chuív agus rinne sé canbhasáil ar a shon i gceantar Bhearna. Deir Áine Uí Chuív, bean Éamoin, go raibh Learaí thar cionn ag canbhasáil ar fud Chonamara agus go raibh aithne leitheadach aige ar dhaoine ar fud na dúiche. Bhí na nótaí seo i ndiaidh an dáin ag an bhfile i dhá lámhscríbhinn éagsúla: 'Sin sin. Agus bhí sé buíoch' agus 'Ag canbhasáil le Éamon Ó Cuív'.

L 4: 'mar tá mianach maith ina phór' in áit 'tá éirim ina phór' i lámhscríbhinn amháin.

L 24: Bleá'n Rí: Baile Átha an Rí.

47. Dev Óg (Toghchán '92)

Foinsí: 1 Ls.

Cúlra: Baineann an dán seo le holltoghchán 1992. Féach cúlra dán 46, 'Dev Óg i mBearna', thuas.

L 27: Frank Fahey agus Bobby Molloy atá i gceist.

48. An Choimhlint sa Dáil

Foinsí: CIC; 2 Ls; Oir1996.

Cúlra: Baineann an dán seo leis an gcorraíl pholaitíochta a bhí in Éirinn sa bhliain 1992. D'éirigh an Taoiseach, Cathal Ó hEochaidh, as ceannaireacht Fhianna Fáil i bhfíorthús na bliana 1992 agus d'éirigh sé as mar thaoiseach ar an 11 Feabhra. Toghadh Albert Reynolds ina áit mar cheannaire ar Fhianna Fáil agus mar thaoiseach, post a choinnigh sé tar éis an olltoghcháin ar an 25 Samhain, 1992, nuair a chuaigh Fianna Fáil i gcomhrialtas le Páirtí an Lucht Oibre.

L 3: Cathal Ó hEochaidh agus Albert Reynolds atá i gceist.
L 7: Charlie McCreevey, TD do Chill Dara, atá i gceist.
L 11: 'ar chlub Fiche Dó' in áit 'ar chlub *Twenty Two*' in Oir1996; Club *Twenty Two*: beirt agus fiche de Theachtaí Dála Fhianna Fáil a bhí i gcoinne Chathail Uí Eochaidh.
L 13: Pádraig Flynn TD atá i gceist.
L 14: Nollaig Ó Treasaigh agus Máire Geoghegan-Quinn atá i gceist.
L 18: Seán Doherty atá i gceist.
L 19: Máire Uí Ruairc TD agus a dearthár Brian Ó Luineacháin TD atá i gceist.
L 21: Deasún Ó Máille, bunaitheoir an Pháirtí Dhaonlathaigh, agus Bobby Molloy, TD de chuid an Pháirtí Dhaonlathaigh do Ghaillimh Thiar, atá i gceist.
L 27: Michael Woods TD atá i gceist.
L 33: Ray McSharry, Aire Airgeadais, atá i gceist.
L 34: Ray Burke TD, Gerry Collins TD agus Terry Leyden TD atá i gceist.
L 35: Rory O'Hanlon TD agus Mark Killilea TD atá i gceist.
L 36: Frank Fahey TD atá i gceist.
L 37: Séamas Ó Tunnaigh TD atá i gceist.
L 39: Mícheál Ó Cinnéide TD atá i gceist.
L 41: Dick Spring TD, ceannaire an Lucht Oibre agus Tánaiste, atá i gceist.
L 43: Pearse Wyse TD, duine de bhunaitheoirí an Pháirtí Dhaonlathaigh, atá i gceist.
L 45: Proinsias De Rossa, TD de chuid an Daonlathais Chlé, atá i gceist.
L 47: John Bruton TD, ceannaire Fhine Gael agus iarthaoiseach, agus Alan Dukes, TD de chuid Fhine Gael, atá i gceist.
L 50: 'i dtiúin'. Tá an dá lámhscríbhinn doiléir anseo.

49. Na Polaiteoirí (1992)

Foinsí: CIC; CIC(L); 3 Ls.
Cúlra: Baineann an dán seo freisin leis an gcorraíl pholaitíochta a bhí in Éirinn sa bhliain 1992. Féach cúlra dán 48, 'An Choimhlint sa Dáil', thuas. Tá an nóta seo ag an bhfile leis an dán in CIC(L): 'Bhí siad go barrúil.'

L 3: Tagairt don bhínse fiosraithe a bhunaigh an rialtas i 1991 le hiniúchadh a dhéanamh ar mhírialtachtaí i dtionscal na feola in Éirinn.
L 10–11: Na hiarthaoisigh agus iarcheannairí ar Fhianna Fáil Éamon de Valera, Seán Lemass agus Seán Ó Loingsigh atá i gceist.

L 18: Tagairt do bhunú an Pháirtí Dhaonlathaigh i ndeireadh na bliana 1985 agus do dhathanna oifigiúla an pháirtí.

L 26: Tagairt d'olltoghchán na bliana 1992.

50. Uallfairt sa Dáil

Foinsí: CIC; 2 Ls; Oir1995.

Cúlra: Baineann an dán seo leis an gcorraíl pholaitíochta a bhí in Éirinn sa bhliain 1992. Féach cúlra dán 48, 'An Choimhlint sa Dáil', thuas.

51. Tarbh Choilm

Foinsí: CIC; CIC(L); 4 Ls; GDA. Tugtar 'Tarbh an Fhir Mhóir' ar an dán i lámhscríbhinn amháin.

Cúlra: Baineann an dán seo leis an tréimhse 1991–2 nuair a bhí feachtas teilifíse Gaeltachta/Gaeilge ar bun agus achrann polaitíochta ann i bhFianna Fáil faoi cheannaireacht Chathail Uí Eochaidh (féach cúlra dán 48, 'An Choimhlint sa Dáil', thuas). Tá an nóta seo ag an bhfile i lámhscríbhinn amháin: 'Learaí an t-ainm a bhí ar an Tarbh aige. Ní bhíonn fáth gan údar.' Bhí an méid seo le rá ag an bhfile faoin dán in GDA:

LÓF Bhí . . . clár teilifís ag Seán Bán Breathnach, an dtuigeann tú, agus . . . ag Breandán Feirtéar an t-am céanna, bhíodar ag déanamh clár teilifís. Sé Breandán Feirtéar a bhuaigh an gradam ar chuma ar bith leis, mar déarfá, faoi Árainn, bó a bhí le haghaidh lao thall ansin agus iad ag tabhairt lao uaithi. Ach bhí Seán Bán é fhéin ann, is bhí mé ag breathnú ar an teilifís ceart go leor ansin is thosaigh mé ag cuimhniú orm fhéin, an bhfuil fhios agat, is bhí Seán Bán sa tobán, é fhéin is Cynthia Ní Mhurchú, is hata JR air is a fón lena chluais, mar déarfá, faoi bhileoig a hata agus rudaí den tsórt sin. Ach bhí Colm Bhaile an Droichid [Joe Steve Ó Neachtain atá i gceist] ar chuma ar bith, bhí an tarbh aige agus bhí sé ag dhul á chur sa Dáil ag dhul ag déanamh cac an tairbh agus sin é a bhí sé a rá, mar déarfá. Ach faoi Shamhain a bhí ann ansin . . . agus séard a cheap mé fhéin, an bhfuil fhios agat . . . gurbh fhearr an tarbh a fhágáil nó go mbeadh an buiséad ann, mar déarfá, agus nuair a bheadh dáir chainte orthu an tarbh a scaoileadh fúthu, an bhfuil fhios agat. Thosaigh mé ag scríobh eochrachaí beag air an fhad is bhí an clár ar bun . . . bhí mé dhá chumadh agus an clár air . . .

GD Céard iad na heochrachaí seo?

LÓF Líntreachaí mar déarfá . . . ceann . . . focal nó dhó b'fhéidir do chuile líne, ceann do chuile líne agus sin an chaoi a dtáinic sé liom agus nuair a bhí an clár thart is léigh mé dhóibh anseo taobh thíos é, bhuel dúirt mé leo go gcaithfinn a dhul ar ais air, mar déarfá, nach raibh sé scríobhta amach ceart agam, mar an rud a scríobhas an púca léann sé fhéin é. Ach bhí fonn gáirí orm ceart go leor ach dúirt mé leo stopadh. Thosaigh mé mar seo air . . . agus Learaí ansin a bhí sé a ghlaoch ar an tarbh, an dtuigeann tú, ach ar ndóigh ní mise a bhí i gceist aige agus ní raibh call ar bith dhomsa a bheith ag cur focla i mbéal an fhir sin a raibh an tarbh aige ach an oiread, bhí sé fánach agam . . . Agus ar ndóigh sé Larry Goodman a bhí i gceist ansin aige . . .

Tá cuntas eile ag an bhfile ar na heachtraí seo in GDF atá mórán mar a chéile.

L 15: 'scilling' in áit 'chúig phínne' i dhá lámhscríbhinn.
L 16: 'dhó fhéin' in áit 'dhom fhéin' i dhá lámhscríbhinn.
L 17: 'Inseodsa sin dhuit' in áit 'Inseod sin dhuitse' in GDA.
L 25: 'nuair a' in áit 'an lá a' in GDA.
L 30: An Taoiseach, Cathal Ó hEochaidh, atá i gceist.
L 33: 'Rachaidh' in áit 'Tiocfaidh' i lámhscríbhinn amháin.
L 39: Albert Reynolds atá i gceist.
L 40: 'a dhóthain de na rútaí' in áit 'suas a dhóthain rútaí' i dhá lámhscríbhinn. Aistriúchán atá san fhocal 'rútaí' ar 'roots' an Bhéarla (cf. '*grassroots*') agus tagraíonn sé don tacaíocht a bhí Albert Reynolds a chuartú i measc ghnáthbhallraíocht Fhianna Fáil le go dtoghfaí ina cheannaire é. Tagraíonn Joe Steve Ó Neachtain in 'Amhrán Bhobby' (1986: 86) don rud céanna:

> Nuair a théinnse amach ag canbhasáil
> Sé déarfainn le rútaí an fhéir,
> Tabhair Number One do Bhobby, a mhac,
> Is bíodh an deabhal ag Fianna Gael.

52. Ruaille Buaille sa Dáil

Foinsí: CIC; 3 Ls; Oir1996. Tá na línte 25–38 amháin i lámhscríbhinn amháin; línte 1–32 amháin atá i lámhscríbhinn eile.
Cúlra: Baineann an dán seo leis an ngéirchéim pholaitíochta a bhí sa tír i ndeireadh na bliana 1994 nuair a tharraing an Lucht Oibre amach as an gComhrialtas le Fianna Fáil (a tháinig le chéile tar éis olltoghchán 1992) de bharr scannal éagsúil, go mor mór líomhaintí faoi mhí-iompar i dtionscal na feola agus an láimhseáil a rinneadh ar líomhaintí faoi mhí-

úsáid ghnéis ar pháistí ag sagairt áirithe (cás an Athar Brendan Smith go háirithe). Ina dhiaidh sin cuireadh comhrialtas le chéile gan toghchán idir Fine Gael, an Lucht Oibre agus an Daonlathas Clé, le John Bruton mar thaoiseach, Dick Spring mar thánaiste agus Proinsias de Rossa mar aire leasa shóisialaigh. Bhí John Bruton ina thaoiseach ar an gcomhrialtas sin ó 15 Nollaig 1994 go dtí 26 Meitheamh 1997.

L 5: 'smíochadh' in áit 'íospairt' atá i lámhscríbhinn amháin.

L 7: Charles Chalmont, Marquis St Ruth, ginearál Francach a throid ar son na Seaicibíteach le linn Chogadh an Dá Rí agus a maraíodh ag Cath Eachroma ar an 12 Iúil 1691.

L 8: Cath Chnoc an Áir: tá cóip déanta ag an bhfile den Laoi Fiannaíochta 'Cath Chnoc an Áir' díreach i ndiaidh an dáin seo i lámhscríbhinn amháin.

L 15: Tagairt don chomhrialtas idir Fianna Fáil agus an Lucht Oibre.

L 18: An Taoiseach, Albert Reynolds, atá i gceist.

L 21: 'Éilíodh': 'héiliú' atá i dhá lámhscríbhinn, mar atá sa chanúint.

L 23: 'cíonán' agus 'cárta' [scriosta] in áit 'scríbhinn' i lámhscríbhinn amháin.

L 28: 'Is ní bheidh deireadh' in áit 'Is beidh trácht' i dhá lámhscríbhinn.

L 29: 'Anois' in áit 'inniu' i lámhscríbhinn amháin.

L 32: Cogadh an Dá Ghall: Tairngreacht mhílaoiseach faoi choimhlint a d'athródh an *status quo* mar a tuigeadh roimhe é. Bhain an tairngreacht ó thús le cogadh cathardha samhailteach i Sasana a thabharfadh deis do mhuintir na hÉireann a saoirse a bhaint amach. Tagraíonn sí do choimhlintí éagsúla in imeacht na staire in Éirinn, Cogadh an Dá Aodh (1594–1603) agus Cogadh an Dá Rí (1689–91). Thagraíodh filí an 18^{ú} agus an 19^{ú} haois di go minic maidir le saoirse a bhaint amach d'Éirinn, le Réabhlóid Mheiriceá, le scor Acht na hAontachta agus fiú lena thuar go mbrisfí ar Shasana i gCogadh na Crimé. Tagraíonn Máirtín Ó Cadhain don tairngreacht in *Cré na Cille* maidir leis an Dara Cogadh Domhanda: 'An Kaiser a d'ionsaigh na Belgies bhochta inné . . . Is mór an díol trua iad . . . Meastú nach hé Cogadh an Dá Ghall é?' (1949: 219). Is é atá i gceist ag Learaí ina dhán féin go mbeidh an tír go mór trína chéile de bharr na corraíle polaitiúla sa Dáil.

L 33: Goll Mac Mórna agus Caoilte Mac Rónáin: pearsana de chuid na Fiannaíochta atá i gceist.

L 35: 'chugainn': 'chúghainn' atá i dhá lámhscríbhinn.

L 38: Mám Éan: láthair oilithreachta in iarthar Chonamara, áit ar chaith Naomh Pádraig oíche de réir an tseanchais, atá i gceist.

53. Níl agus Tá

Foinsí: CIC; CIC(L); 3 Ls. Tá an teideal 'Mac Anna agus a Chomhairle Fhéin' ar an dán i lámhscríbhinn amháin. Tá dhá leagan den dán i

	gcóipleabhar amháin, ceann acu scaipthe thar thrí leathanach atá scartha óna chéile agus an chéad véarsa ann faoi dhó.
Cúlra:	Baineann an dán seo leis an gcorraíl pholaitíochta a bhí sa tír i ndeireadh na bliana 1994. Féach cúlra dán 52, 'Ruaille Buaille sa Dáil', thuas. Maidir leis an 'Níl agus Tá' atá sa teideal, tá an nóta seo ag an bhfile leis an dán in CIC(L): 'Bhí argóint ag polaiteoirí ar chlár teilifíse agus bhí 'Níl' agus 'Tá' go mór i gceist acu. Eatarthu bíodh, mar dúirt an cat leis an im.'
L 1:	'Dúirt damhán alla an lá cheana go raibh scalladh sa Dáil' i lámhscríbhinn amháin.
L 4:	Níl an líne seo i lámhscríbhinn amháin, rud a fhágas gur rann ceithre líne atá ann.
L 6:	Comhrialtas an Bhogha Ceatha atá i gceist.
L 13:	'Ag imeacht ar fán' in áit 'Ag imeacht ag líochán Níl agus Tá' sna trí lámhscríbhinn.
L 18:	'le dílseacht leis na Ó-nna' in áit 'le intleacht na nÓ-nna' sna trí lámhscríbhinn.
L 21:	Níl an líne seo i bpéire de na lámhscríbhinní.
L 24:	John Bruton as Contae na Mí a bheith tofa ina thaoiseach.
L 26:	Tá an líne bhreise seo tar éis líne 26 sna trí lámhscríbhinn: 'Ag fáil tairní seaca ina bhróga go gcoinneoidh sé greim'.
L 27:	'aon cheannfort' in áit 'aon cheannaire' sna trí lámhscríbhinn.
L 28:	'taoiseach breá trom as cloch' in áit 'taoiseach breá saor gan aon cháim' sna trí lámhscríbhinn.
L 29:	'thuas i nDáil Éireann' in áit 'thuas sa Dáil' sna trí lámhscríbhinn.
L 32:	'Gur *nonsense* é gandal a shocrú ar gor' sna trí lámhscríbhinn.

54. Bratach Champa Sheáin

Foinsí:	CIC; CIC(L); 3 Ls. Tugtar 'An Bratach a Goideadh' ar an dán i dhá lámhscríbhinn. Tá an dá véarsa deiridh ar iarraidh i lámhscríbhinn amháin.
Cúlra:	Tá an nóta seo ag an bhfile in CIC(L): 'Aindriú Mór, sin gála nó stoirm uafásach a bhí i Meiriceá tamall ó shin. Is mór is léar don díomhaointeas.' Shéid an spéirling Aindriú le linn Mhí Lúnasa 1992. Maraíodh 65 duine sna Stáit Aontaithe dá barr agus rinne an stoirm luach $26.5 billiún de dhamáiste, an chuid is mó de sin i ndeisceart Stát Florida. Déanann an dán cur síos ar bhratach de chuid Fhine Gael a chuaigh ar iarraidh thar oíche sa Spidéal le linn aimsir thoghcháin.
L 3:	Sráidbhaile an Droichid: An Spidéal.
L 16:	Tagairt do Rialtas an Bhogha Ceatha; féach cúlra dán 52, 'Ruaille Buaille sa Dáil'.
L 29:	'Dúirt fear na scuaibe ar an tsráid nárbh fhiú bheith ag trácht' i lámhscríbhinn amháin.

L 30: Jeaic Séip: mangaire taistil sa seansaol a ndeirtí faoi gur earraí saora gan mórán ratha a bhíodh aige. Ón mBéarla, '*cheapjack*'.

L 34: Dathanna an Pháirtí Dhaonlathaigh atá i gceist.

L 35–6: Tagairt d'fheisteas lucht dlí mar dhóigh de, a raibh go leor acu sa Pháirtí Daonlathach, a deir an file.

L 37: 'pórsa' = 'póirse'.

55. Suíochán Mháire

Foinsí: CIC; CIC(L); 1 Ls.

Cúlra: Bhí Máire Geoghegan-Quinn ina Teachta Dála do dháilcheantar Ghaillimh Thiar ag Fianna Fáil ó 1975 go dtí 1997. Tháinig sí i gcomharbacht ar a hathair Johnny Geoghegan nuair a bhásaigh seisean i 1975. Bhí aireachtaí éagsúla aici, ina measc an aireacht dlí agus cirt ó 1993, tráth a ndearna sí ionadaíocht ar son Rialtas na hÉireann i gcainteanna le Rialtas Shasana maidir le Tuaisceart Éireann. D'éirigh sí as an bpolaitíocht i 1997 nuair a sceitheadh sonraí faoina mac a cuireadh ar fionraí as an scoil a raibh sé ag freastal uirthi. Baineann an dán seo leis an gcomharbacht. Tá an nóta seo ag an bhfile in CIC(L): 'Dúirt Máire G liom píosa a chumadh faoi na himeachtaí.' Bhí an méid seo le rá ag an bhfile faoin dán in GDF:

LÓF D'iarr Máire Geoghegan orm, an bhfaca tú an píosa:

> Ar shuíochán Mháire ar fad atá an aird
> Anois ó thús an tséasúir,
> Chuaigh an bhróig go sáil i bhFianna Fáil
> Is d'fhág sin uaisle ag léirmheas.

Agus dúirt sí, 'D'airigh mise agat, a Learaí, cheana,' a deir sí, dúirt mé an píosa ar Ghalfchúrsa Bhearna, d'iarr siad orm é, an dtuigeann tú, thoir ag an gcruinniú. 'Anois,' a deir sí, 'tá ábhar agat,' a deir sí, 'faoi phíosa a scríobh.' Ach thug mé do Sheán Ó Neachtain ansin é, an dtuigeann tú, go gcuirfeadh an Céideach [.i. Pádraig Ó Céide] amach i *Foinse* é . . . ach níor chuir . . . Chaithfinn é a rá, an bhfuil fhios agat. Céard a bhí ráite mícheart agam? . . .

GD Tá an-suim sa bpolaitíocht agat.

LÓF Tá. Ní ghoilleann sé an-damanta orm, an dtuigeann tú, ach tá riar suim agam ann ceart go leor, tá.

L 19: 'an sár-bhean' sin mar atá in CIC(L) agus sa lámhscríbhinn.

L 36: John Major, Príomh-Aire Shasana 1990–97.

L 48: Seán Ó Neachtain, comhairleoir contae de chuid Fhianna Fáil ag an am, as an Spidéal, a bhí á lua mar chomharba, agus a bhí ina Bhall de Pharlaimint na hEorpa ina dhiaidh sin do thoghcheantar Chonnacht-Uladh.

56. An Cailín Óg agus an Baitsiléara

Foinsí: CIC; 2 Ls, agus línte 46–72 ar iarraidh i gceann amháin; cóip chlóscríofa faoin teideal 'Agallamh Beirte le Learaí Ó Fínneadha agus Peigí Ní Mhocháin'. Seoladh cóip den leagan seo chuig Seán Ó Morónaigh, An Comhlachas Náisiúnta Drámaíochta, agus láithrigh seisean agus Peigí Ní Mhocháin an t-agallamh ar an 3 Bealtaine 1997 ag Éigse na Féile le linn na Féile Náisiúnta Drámaíochta a reachtáladh i Ros an Mhíl an bhliain sin. Sheol an file an litir gan dáta seo a leanas chuig Seán Ó Morónaigh i dteannta an agallaimh:

> A Sheáin, a chara,
> Fuaireas do chárta, na cóipeanna agus táim fíorbhuíoch díot ar a son. Thug an dá véarsa seo, 'Comhrán an Duine agus an Bháis' [Véarsaí as an agallamh den ainm céanna ón mbliain 1745 atá in Ó Morónaigh 2001: 19 agus a sheol sé chuig an bhfile] siar ar bhóithrín na smaointí mé. Chualas píosa cosúil leis nó an píosa céanna ach athrú air:
>
> Cé hé siúd shíl ag triall go dtí mé
> Mar bheadh gadaí san oíche
> Tua ina láimh dheas agus é ag gíogadh
> Solas ina láimh chlé is é ar bíogadh?
>
> É ag gíogadh = ag éalú leis agus gan smid as – é ina thost.
> Ar bíogadh: Chun oibre, ar bíogadh chun troda. Ar bíogadh leis an obair a chríochnú = ag deifriú – ag coimhlint.
>
> Chualas an véarsa sin ag seanfhear leathchéad bliain ó shoin ar a laghad agus chualas fear as Bearna dhá rá i mBéarla (Paddy Connolly) agus bhí píosa an-fhada go deo ann. Chuas go dtí mac a dhearthár blianta ó shin ach ní raibh siad tógtha acu uaidh. Ní fhacas an 'Comhrán' sin scríofa, is cosúil le Gaeilge na Mumhan atá ann, ach rud amháin bhí an-Ghaeilge agus cuimhne cinn ag na seandaoine, Beannacht Dé leo.
>
> Sin a bhfuil, a Sheáin, tá súil agam gur féidir leat é seo a léamh.
>
> Míle buíochas,
>
> Learaí Ó Fínneadha
> Fothraí Maola
> Bearna
>
> Tá naoi dtráth sa lá ag tosnú ag 6.00 a.m., agus gach trí huaire ina dhiaidh go dtí an trí a chlog. 3.00 a.m. – am marfach na hoíche

Cúlra: Baineann an t-agallamh seo leis an tréimhse nuair a d'éirigh Máire Geoghegan-Quinn as mar Theachta Dála agus an chorraíl pholaitiúil a bhí sa dáilcheantar roimh olltoghchán na bliana 1997 le comharba a cheapadh di le dul os comhair an phobail i dtoghchán. Is é atá i gceist ann de réir GDF fear [a ainmníonn an file agus é ag labhairt i gcogar] a bhain póg de bhean óg as an gClochán a bhí ag cur a hainm chun cinn don toghchán ag coinbhinsiún Fhianna Fáil, 'agus scríobh mé píosa ansin, 'An Cailín Óg agus an Baitsiléara''. Féach freisin dán 55, 'Suíochán Mháire'.

L 38: Margaret Cox, a sheas mar iarrthóir d'Fhianna Fáil in olltoghchán 1997 ach nár toghadh. D'ainmnigh an Taoiseach, Bertie Ahern, don Seanad í go gairid i ndiaidh an olltoghcháin.

L 40: Seán Ó Neachtain atá i gceist.

L 45: An Comhairleoir Contae Mary Hoade as Áth Cinn atá i gceist

L 46: Margaret Cox atá i gceist.

L 47 Patricia McNamara as an gClochán atá i gceist. Bhí sí ina hiarrthóir do thicéad Fhianna Fáil ach tharraing sí siar a hainm ag an gcoinbhinsiún.

L 56: Frank Fahey, TD de chuid Fhianna Fáil do Ghaillimh Thiar atá i gceist.

L 63: 'Ach éist éist, a bhean chóir' i lámhscríbhinn amháin.

L 71: Pól Ó Foighil, nach maireann, comhairleoir contae agus seanadóir de chuid Fhine Gael, a raibh cónaí air in Indreabhán, atá i gceist.

57. Canbhasáil ón Aer

Foinsí: CIC; CIC(L); 3 Ls. Tá véarsa 10 ar iarraidh in CIC(L) ach tá sé sna lámhscríbhinní eile.

Cúlra: Baineann an dán seo le holltoghchán na bliana 1997. Michael D. Higgins atá i gceist. Bhí sé ina sheanadóir Meitheamh 1973–Bealtaine 1977 agus Feabhra 1983–Feabhra 1987, agus ina TD do Ghaillimh Thiar Meitheamh 1981–Samhain 1982 agus ó 1987 i leith. Ba é Aire na Gaeltachta ag an am é freisin. Tá an nóta seo ón bhfile i ndeireadh an dáin: 'Sin sin. Ní mar a chéile a bhuaileann sé gach duine.' Bhí an méid seo le rá ag an bhfile faoin dán in GDF: 'Bhí muid ag tíocht amach ón aifreann agus chonaic muid an *helicopter* ag dhul thart ag canbhasáil dAire na Gaeltachta os cionn na Gaeltachta agus é i mBéarla, '*Vote Labour, Michael D, Number One*'. Sin é an t-ábhar is údar a bhí leis sin. Agus cheap mé ansin, mar déarfá, é a chuir isteach sna pláinéid agus sna réaltógaí, an méid acu a bhí fhios agam.'

L 1: 'an fear a fuair' in áit 'a fuair' i lámhscríbhinn amháin.

L 12: 'Oileáin Árann, Loch Lurgan is Ceann Boirne' i dhá lámhscríbhinn.

L 43: 'Tugaim dhaoibhse' in áit 'Bronnaim oraibh' i lámhscríbhinn amháin.

L 44: 'seanchas na Féinne' in áit 'seanchas na bhFiann' i lámhscríbhinn amháin.

L 46: 'Réaltóg Mhainnín': sin mar atá sna leaganacha ar fad, ach gach seans gurb í Réaltóg na Maidne atá i gceist.

58. A Róisín, Is Cás Liom Do Bhuairt Inniu

Fóinsí: 2 Ls

Cúlra: Baineann an dán leis an tréimhse a raibh Cathal Ó hEochaidh ina thaoiseach agus líomhaintí curtha ina leith go raibh airgead faighte aigesean agus ag Michael Lowry, TD de chuid Fhine Gael, ón bhfear gnó Ben Dunne, líomhaintí a fiosraíodh ag Binsí Fiosrúcháin McCracken agus Moriarty ó 1997.

L 1–2: 'A Róisín, ná bíodh brón ort fár éirigh dhuit / Thú fágtha fánach cheal cairde sa gcúirt inniu' i lámhscríbhinn amháin.

L 4: Tagairt do na capaill a choinníodh Cathal Ó hEochaidh.

L 17: 'láidir' in áit 'mór' i lámhscríbhinn amháin.

L 30: galtán: tagairt do luaimh Chathail Uí Eochaidh, an *Celtic Mist*. Réamonn: Bainisteoir Cúnta Chathair agus Chontae Átha Cliath, George Redmond, a ghlac le híocaíochtaí mídhleathacha ó fhorbróirí maidir le cúrsaí pleanála agus a chaith tréimhse i bpríosún dá bharr.

59. Maiteanas

Foinsí: 2 Ls.

Cúlra: Baineann an dán seo leis an tréimhse chéanna a bhfuil cur síos uirthi in 'A Róisín, Is Cás Liom Do Bhuairt Inniu' thuas.

L 22: Ray Burke TD agus iar-aire de chuid Fhianna Fáil atá i gceist, ar cuireadh líomhaintí ina leith gur thóg sé breabanna ó lucht tógála agus a chaith seal í bpríosún dá bharr sa deireadh thiar i 2005.

L 27: 'aimsir an ghátair' in áit 'am an ghátair' i lámhscríbhinn amháin.

60. Rása an Uachtaráin

Foinsí: 4 Ls.

Cúlra: Reachtálach toghchán d'uachtarántacht na hÉireann ar an 7 Samhain 1990. Triúr iarrthóirí a bhí ann, Austin Currie (TD de chuid Fhine Gael agus iarbhall de chuid an SDLP, as Contae Thír Eoghain), Brian Lenihan (TD de chuid Fhianna Fáil, tánaiste agus aire cosanta) agus Mary Robinson (iarbhall de chuid Sheanad Éireann agus ball de Pháirtí an Lucht Oibre). Ba é Lenihan rogha láidir na coitiantachta ag tús an fheachtais ach bhí conspóid mhór ann nuair a frítheadh amach gur chuir sé brú ar an Uachtarán Pádraig Ó hIrghile maidir le lánscor na Dála i 1982 agus go raibh sin séanta go poiblí aige. Chaill Lenihan tacaíocht an Pháirtí Dhaonlathaigh ina dhiaidh sin. Toghadh Mary Robinson ar an dara comhaireamh agus insealbhaíodh í ina seachtú huachtarán agus an chéad uachtarán mná ar an 3 Nollaig 1990.

L 2: 'dara téarma' in áit 'dhá théarma' i lámhscríbhinn amháin.
L 7: 'a chuid spreangaidí' in áit 'aon sreangannaí' i lámhscríbhinn amháin.
L 8: 'Beidh an costas an-dian' i lámhscríbhinn amháin.
L 9: 'Tiocfaidh ansin Robin Hood' i lámhscríbhinn amháin.
L 12: 'Beidh go leor ina gcineál baintreachaí' i lámhscríbhinn amháin.
L 17: 'Sin é a dúirt an bleachtaire' i lámhscríbhinn amháin.
L 19: 'bambairde' in áit 'bambairne' sna ceithre lámhscríbhinn.
L 21: Seo mar a chríochnaíos an dán i lámhscríbhinn amháin:

Tiocfaidh Brian le scairteachaí
Is labhróidh sé is mo [*doiléir*],
'Seasaí fhéin go daingean dhom,
A fhíorscoth na nGael,
Is gheobhaidh sibh comhairle charadach
Ó pháirtí De Valer'.

L 24: De Valera: 'Dev a Léar' sna ceithre lámhscríbhinn.

61. Fáiltiú Mary McAleese go Cathair na dTreabh

Foinsí: CIC; 3 Ls. Tá péire de na leaganacha i ndiaidh a chéile i gcóipleabhar amháin.

Cúlra: Bhí Mary McAleese ina hiarrthóir ag Fianna Fáil i dtoghchán na huachtarántachta sa bhliain 1997. Ba iad Mary Banotti (Fine Gael), Adi Roche (Lucht Oibre) agus beirt neamhspleách, Dana Rosemary Scallon agus Derek Nally, na hiarrthóirí eile. Reachtáladh an toghchán ar an 30 Deireadh Fómhair agus toghadh McAleese ar an dara comhaireamh. Insealbhaíodh í mar uachtarán ar an 11 Samhain 1997. Le linn an fheachtais toghchánaíochta thug sí cuairt ar Chathair na Gaillimhe ar an 24 Deireadh Fómhair agus d'iarr Éamon Ó Cuív ar Learaí dán a chumadh ina honóir, dán a reic an file ón ardán in Óstán an Great Southern ag slógadh mór toghchánaíochta.

L 2: 'an fód' in áit 'sa gcás' i lámhscríbhinn amháin.
L 10: Cothrom aimsir an toghcháin a bhí ann, 30 Deireadh Fómhair 1997.
L 11: Dev Óg: Éamon Ó Cuív, TD; féach na dánta 46, 'Dev Óg i mBearna', agus 47, 'Dev Óg (Toghchán '92)'.
L 13–16: Bina McLoughlin, Banríon Chonamara mar a thugadh sí uirthi féin, feirmeoir as ceantar Shléibhte Mhám Toirc agus bean mhór tacaíochta de chuid Fhianna Fáil. Mhair sí i mbothán sléibhe ar a feirm 200 acra a dtugadh sí Pálás na Banríona air agus bhí páirt bheag aici sa scannán *The Field*. Nuair a bhásaigh sí i mí Feabhra 2001 in aois a 72 bliain d'fhág sí a teach agus a cuid talún ag Éamon Ó Cuív, a mbíodh sí ag tabhairt tacaíochta dó. Tharraing an scéal cuid mhaith cainte ag an am agus dhiúltaigh Ó Cuív glacadh leis an uachta.

L 14: 'feistithe' in áit 'gléasta' i lámhscríbhinn amháin.
L 20: 'ag guibhe' in áit 'ag tacú' i lámhscríbhinn amháin.

62. An Tuíodóir Maggie Thatcher

Foinsí: CIC; CIC(L); 4 Ls.
Cúlra: Bhí Margaret Thatcher ina príomh-aire i Sasana ó 4 Bealtaine 1979 go dtí 28 Samhain 1990. Is léar gur cumadh an dán seo tar éis di éirí as mar phríomh-aire.

L 1: An Páirtí Caomhach i Sasana atá i gceist.
L 10: 'na Falklands' in áit 'Oileáin Fháclainne' i dtrí lámhscríbhinn. Tagairt do Chogadh Oileán Fáclainne sa bhliain 1982 idir Sasana agus an Airgintín, cogadh a mhair 74 lá. Chuidigh bua Shasana sa choimhlint le hatoghadh Thatcher mar phríomh-aire ar Shasana i 1983.
L 12: Tagairt don taephota cáiliúil airgid a bhronn an Taoiseach Cathal Ó hEochaidh ar Mhargaret Thatcher ag a gcéad chruinniú i mBealtaine 1981.
L 21: Na Blácaigh: féach na nótaí le dán 7, 'Maidin Chiúin'.

63. Cléir is Tuata

Foinsí: CIC; CIC(L); 2 Ls.

L 7: 'cloíte caite' in áit 'caite' i lámhscríbhinn amháin.
L 9: 'Séarlas' in áit 'Charlie' i lámhscríbhinn amháin.
L 9–16: Tagairt do ráiteas cáiliúil Mhargaret Thatcher le linn preasócáide ag cruinniú mullaigh Angla-Éireannach i Chequers ar an 19 Samhain 1984, áit ar chas an Taoiseach, Garrett Fitzgeralt, an Tánaiste, Dick Spring, agus an tAire Gnóthaí Eachtracha, Peter Barry, le Thatcher, Douglas Howe, Stát-Rúnaí na Breataine, agus Douglas Hurd, Rúnaí Thuaisceart Éireann, le cúrsaí Thuaisceart Éireann a phlé. Dúirt Thatcher: 'I have made it quite clear – and so did Mr Prior when he was Secretary of State for Northern Ireland – that a unified Ireland was one solution that is out. A second solution was confederation of two states. That is out. A third solution was joint authority. That is out. That is a derogation from sovereignty. We made that quite clear when the Report was published.' (http://www.margaretthatcher.org/speeches/displaydocument.asp?docid=105790, léite 2 Samhain 2009) Ní ar an ócáid a bhronn Cathal Ó hEochaidh an taephota ar Thatcher, a bhfuil tagairt dó i ndán 62, 'Maggie Thatcher', a rinneadh an ráiteas, mar a thabharfadh véarsaí 3 agus 4 le tuiscint.
L 18: 'ar an gcamóig bhearraigh' atá sna lámhscríbhinní uilig = ar an gcamóg ara.

L 21–4: Albert Reynolds, a bhí ina thaoiseach ó 1992 go dtí 1994, Máire Geoghegan-Quinn, Aire Dlí agus Cirt, agus an Tánaiste, Dick Spring, atá i gceist. Tagairt atá anseo do na cainteanna síochána maidir le Tuaisceart Éireann a bhí ar siúl idir Reynolds agus Príomh-Aire Shasana, John Major, a raibh caidreamh maith eatarthu. Shínigh an bheirt acu Dearbhú Shráid Downing i Londain ar an 15 Nollaig 1993. Mar seo atá an véarsa seo i lámhscríbhinn amháin:

> Chuaigh Ailfí aríst thar caladh,
> Dic agus Máire chalma,
> Gheall Major síochán gan mhagadh
> Dhá leagfaí airm síos.

L 31: 'dealadh' sna lámhscríbhinní uilig: = dealú.

64. Piléar Nelson

Foinsí: CIC; 4 Ls.
Cúlra: Shéid grúpa iarbhall de chuid an IRA Colún Nelson in aer ar Shráid Uí Chonaill i mBaile Átha Cliath ag 2.00 r.n. ar an 8 Márta 1966, i gcuimhne ar Éirí Amach 1916, creidtear. Séadchomhartha aitheantais i lár na cathrach a bhí ann a tógadh i 1808 d'fhonn comóradh a dhéanamh ar éachtaí an Aimiréil Nelson agus ar Chath Trafalgar. Ba mhinic caint á tarraingt in imeacht na mblianta maidir lena leagan tharla gur bhain an colún le glóir Impireacht na Breataine. Cumadh amhráin agus dánta faoina leagan go talamh i 1966.

65. Siobhán Ní Fhlaithearta

Foinsí: CIC; 3 Ls; Oir1996.
Cúlra: Tá an nóta seo leis an dán i lámhscríbhinn amháin: 'Dúras léi go gcuirfinn mo bhuíochas in iúl dhi.'

66. Seanchas le Máire

Foinsí: CIC; 2 Ls.

L 14: 'soineantacht': 'soinneacht' atá sa dá lámhscríbhinn.
L 24: 'an tseoid': sin mar atá sa dá lámhscríbhinn.

67. Caitríona

Foinsí: CIC; 3 Ls; Oir1996.

Cúlra: Caitríona Ní Fhiannachta, múinteoir scoile as Uachtar Ard, atá ina cónaí anois i mBoluisce, An Spidéal, atá i gceist sa dán seo. Tá nóta ag an bhfile i ndeireadh an dáin i lámhscríbhinn amháin: 'D'iarr Caitríona orm dán a scríobh fúithi fhéin.'

L 39: An Cladach ó Dheas: baile fearainn i Ros Muc, áit a bhfuil gaolta ag Caitríona.

L 42: 'go cinnte' in áit 'i gcónaí' i lámhscríbhinn amháin.

68. An Cailín Mánla

Foinsí: CIC; 1 Ls.

Cúlra: Is faoina bhean chéile, Máirín Chartúir an dán seo. Tá an nóta seo ag an bhfile leis an dán in CIC: 'Seo píosa fúm fhéin agus searc mo chléibh. Sin sin.' Tá an nóta seo a leanas sa lámhscríbhinn: 'Sin sin. Mar a tharla i 1953 agus mé ar mo bhealach go dtí Ospidéal na Gaillimhe.'

69. Comhghairdeachas

Foinsí: 1 Ls.

Cúlra: An lúthchleasaí agus curaí trastíre Catherina McKiernan, a bhí i mbarr a réime sna 1990í, atá i gceist sa dán.

70. An Ríbhean

Foinsí: CIC, CIC(L); 3 Ls. Tá dhá leagan dhifriúla de véarsa 5 i lámhscríbhinn amháin, ceann i gcorp an dáin agus an ceann eile ag a dheireadh.

Cúlra: Is í Nóra Ghriallais, an t-amhránaí sean-nóis as Muiceanach idir Dhá Sháile, a bhuaigh Corn Uí Riada don tríú huair ag Oireachtas na Gaeilge i nGleann Cholm Cille, Contae Dhún na nGall, sa bhliain 1993 atá i gceist sa dán seo.

L 2: 'i bhfoirm dáin' i lámhscríbhinn amháin.

L 16: 'an *sway*' in áit 'an chraobh' i lámhscríbhinn amháin.

L 17: Tá dhá leagan dhifriúla den líne seo i lámhscríbhinn amháin: 'Ach ó d'imigh na blianta seo tharam' atá i gcorp an dáin, agus 'Ach ó tháinig an aois is na pianta' ag a dheireadh.

L 18: 'Is nach bhfaighidh mise an óige faoi dhó' a leanas an dá leagan atá luaite sa nóta faoi líne 17 thuas.

L 22: 'Agus tagann sé seo ó mo chroí' i lámhscríbhinn amháin.

L 31: 'Na Fothraí Maola' in áit 'istigh i mBearna' i lámhscríbhinn amháin.

71. An Ainnir Dhubh Chatach

Foinsí: CIC; 1 Ls.

Cúlra: Tá an nóta seo ag an bhfile leis an dán seo: 'D'iarr cailín orm dán a chumadh fúithi de réir mar a chonacas í agus í ag caint liom.' Bhí 'Sin sin' ag a dheireadh freisin. Bhí an méid seo le rá ag an bhfile faoin dán in GDF:

> Bhí mé lá ansin anois i nGaillimh, an dtuigeann tú . . . ach, ó muise a dhearthair, ní fheicfeá do láimh le deatach, tobac, ag caitheamh *cigarettes*, mar déarfá. Ach d'éirigh mé agus d'oscail an doras seo ar chuma ar bith agus b'fhéidir go bhfaca tú píosa den 'Ainnir Dhubh Chatach' . . . agus d'oscail mé an doras ar chuma ar bith agus chuaigh bleaist deataí amach, mar déarfá. Is Béarla a bhí aici, mar déarfá. Ach b'fhéidir go raibh mé ag tuiscint corrfhocal ar chuma ar bith. Ach dúirt sí, 'Cheapfainn go bhfaca mé do phictiúrsa in áit eicínt,' a deir sí. '*By dad*, níl fhios agam,' a deirim fhéin, 'mar . . .' 'Ó chonaic,' a deir sí, 'chonaic mé i siopa leabhar eicínt nó ar fhuinneoig.' 'B'fhéidir go bhfaca tú Tigh Khenny í,' a deirim fhéin. Dúirt sí go raibh beagán tuiscint aici ar Ghaeilge, mar déarfá. 'Ach b'fhéidir,' a deir sí, 'go gcumfá píosa fúmsa.' Ach bí mé ag éisteacht léi ag caint ar chuma ar bith, mar déarfá, ach dúirt sí liom ansin, 'Tá mo pháiste,' a deir sí, 'ag dhul ag Coláiste Mhuire.' Á, d'éist mé léi, mar déarfá, níor chuir mé ceist ná caidéis uirthi faoi thada, mar déarfá. Scríobh mé ansin . . . 'B'fhéidir,' a deir sí, 'go gcumfá, go scríobhfá píosa dhom, b'fhéidir go ndéarfá dhom oíche eicínt Tigh Dhonghaile é.' 'B'fhéidir,' a deirim fhéin is ní fhaca mé ariamh ó shin í, mar déarfá. Ach bhí mise ag breathnú uirthi, an chaoi a raibh sí feistithe, leatharchóta fáiscthe, a deir mé, is b'álainn í fhéin, is leatharbhuataisí arda ansin, mar déarfá . . . na buataisí arda, shílfeá gur bean í a bheadh ag marcaíocht capall, an dtuigeann tú . . . Bhí mise ag caint liom fhéin is mé ag tarraingt an phictiúir gan ceamara ná tada, an dtuigeann tú. Ach sin an chaoi a ndeachaigh mé dhó sin, an dtuigeann tú.

L 47: Tigh Dhonghaile: teach tábhairne agus bialann i mBearna

72. An Ainnir Máire Bhán

Foinsí: 2 Ls; Oir1995.

Cúlra: Máire Bríd Uí Nia, an t-amhránaí sean-nóis, a chaith tréimhse i Londain i mbun tábhairne lena fear, Máirtín, atá i gceist sa dán. (Féach freisin dán 150, 'Oireachtas na nDéise'.) Tá an nóta seo leis an dán in Oir1995: 'Bhíos ag ligean orm fhéin go rabhas in aois na hóige arís.' Is léir go bhfuil an dán bunaithe ar an amhrán 'Bainis Jimí Joe' a chum Mícheál Bheairtle Ó Donnchú (1902–79) as Cor na gCapall, Bántrach Ard, Carna, uair éigin sna 1940í agus a bhfuil trí leagan de le fáil i gcartlann Roinn Bhéaloideas Éireann (RBÉ 850:337–40, RBÉ 1280:476–8, RBÉ 1418:28–341) maille le taifeadadh amháin de chuid Chló Iar-Chonnacht. 'Cailín Leitir Mealláin' an teideal atá in RBÉ 850:337–40 agus 'Bainis Jimí Joe' an teideal atá sa dá lámhscríbhinn eile. Seo mar atá an téacs in Nic Dhonncha (2002: 76–7):

Beidh cuimhne agam chúns mhairfeas mé ar chailín an taobh thall,
Mar tá mo bhróga caite léi ó tháinig sí don áit;
Níl aon fhear a dhearcfadh í nach dtiúrfadh gean di is grá,
Mar níl aon cheard dhá ndeachaigh sí nár moladh léi an barr.

Tá daoine istigh sa mbaile seo dhá rá go bhfuil mé sean,
Nach bhfuil fiacail in mo dhrandal is gurb í an aois a liath mo phlait;
Séard dúirt mo stór is mé ag caint léi gan géilleadh do lucht bréag,
Mo mhalrait fhéin nach ndrannfadh sí go dtéadh sí domhain i gcré.

Tá teach is feilm thalún agam chomh deas is atá le fáil,
A Mháire, tóig do mhargadh agus tabhair domsa do láimh;
Níl aon ní dhá dteastóidh nach mbeidh agam dhuit chuile lá,
Neart caoirfheolach le fataí agus im ar do chuid aráin.

Ceannóidh mé culaith éadaigh dhuit chomh daor is is féidir a fháil,
Péire bróga íseal agus crios den tsíoda faoi do lár;
Cóta le haghaidh an gheimhridh dhóirtfeadh an braon díot an drochlá,
Is leaba chlúmhach san oíche le thú shíneadh is leaba chlár.

Nuair a dhéananns Máire gáire is a thosaíonns sí ag gabháil fhoinn,
Is binne í i bhfad ná an chláirseach is ná an londubh ar an gcraobh;
Ní bréag atá mé a rá libh nach í a bhris mo chroí,
Is ó d'éalaigh sí thar sáile uaim tá uaigneas ar an tír.

Níl sé fós ach seachtain ó d'imigh sí thar cuan,
Is d'fhága sí slán agam ag ceann an bhóthair nua;
Nuair éirim anois ar maidin téim ag réiteach mo chuid tae,
Bíonn na deora do mo dhalladh le cumha i ndiaidh grá mo chléibh.

Marach an aimsir a bheith garbh agus an ghaoth a bheith ó dheas,
Is gearr go mbeinn i Leitir Mealláin an áit a bhféadfainn suí le t'ais;
Ach ionsóidh mé na Líbirtí agus timpeall a bhfuil ann,
Is mara bhfaighe mé ó do mhuintir thú ní fhillfidh mé go brách.

Ach is gearr uainn lá na rástaí agus tiocfaidh Máire arís,
Thimpeall ar na cábáin a thórós mé mo mhian;
Cuirfidh mise fáinne uirthi is mo dheasláimh faoina croí,
Is liom fhéin ansin go brách í is go mba fada a mhairfeas sí.

Ní raibh a leithéide de bhainis ann ó cailleadh an Slián Mór,
Mar bheas ag Séamus Bhaibín atá ina chónaí san Aird Mhóir;
Beidh bainne dubh na féile aige ina bhairillí dhá roinnt,
Agus na cailíní fré chéile cruinnithe in éineacht ag ól fíon.

Beidh móruaisle na hÉireann ar féasta ag Séamus Bán,
Beidh Éamon de Valera ann, é fhéin agus a dhream;
Ceoltóirí glan gléasta ag seinm aerach dúinn go lá,
Is na gardaí cruinn fré chéile ag déanamh réiteach ar an tsráid.

Ní leanfaidh mé níos faide é agus ní dhéarfaidh mé níos mó,
Is níl tada ráite as bealach mara bhfuil mé ag gabháil amú;
Ní bheadh deireadh agam leis an seanchas dhá mbeinn ag caint go deo,
Ach beidh cuimhne agaibh chúns mhairfeas sibh ar chailín Jimmy Joe.

L 8: 'is nár dhúirt an focal slán' in áit 'is níor fhág sí agam slán' sa lámhscríbhinn eile.

L 24: 'go bhfeicfinn Máire Bríd' in áit 'go gcloisfinn thú ag gabháil fhoinn' i lámhscríbhinn amháin agus, scríofa níos deireanaí le peann eile, sa lámhscríbhinn eile.

L 27: 'thart sa' in áit 'ar ndóigh sa' in Oir1995.

L 32: 'ná pós an camán luatha' in áit 'ná géill don chamán luatha' sa lámhscríbhinn eile.

73. Muic Fhada Bhán

Foinsí: 1 Ls.

Cúlra: Dán spraíúil é seo faoi mharú muice thiar i gceantar Charna, áit a bhfuil deirfiúr leis an bhfile, Máirín, pósta le Peaidí Neain Mac Cormaic.

L 6: 'Beairtle': 'Bleacha' atá sa lámhscríbhinn atá de réir na canúna.

L 13: 'tigh Mhéimí an Ghabha'. Níl mé cinnte den léamh seo; 'tigh Mamí i gabhaid' atá sa lámhscríbhinn.

L 16: '*trawler*': 'tralar' sa lámhscríbhinn.

L 32: 'ídithe': 'éide' sa lámhscríbhinn.

74. Ar an Ordóg

Foinsí: 1 Ls. Tá an véarsa deiridh leis féin i mbarr leathanaigh os cionn píosa de dhán eile gan ainm i lámhscríbhinn eile nach bhfuil ann ach bileog shingil.

75. An Fear Siúil

Foinsí: 4 Ls. Tugtar 'An Córas Ordóige' ar an dán i lámhscríbhinn amháin. Leis an aon lámhscríbhinn amháin a bhaineas na malairtí léimh uilig, seachas líne 16 a bhfuil an mhalairt le fáil i lámhscríbhinn amháin eile chomh maith.

Cúlra: Bean aitheantais de chuid an fhile as na Forbacha a d'fhág ar an mbóthar é agus é ag iarraidh marcaíocht go Gaillimh is údar don dán seo.

L 3: 'ar nós gála' in áit 'ar nós sinneán gála' i lámhscríbhinn amháin.

L 8: 'Is d'fhág tú fhéin Labhrás faoi bháisteach is ceo' i lámhscríbhinn amháin.

L 9: 'ní raibh an ceart agat' in áit 'éist liomsa sealad' i lámhscríbhinn amháin.

L 11–12: 'Ó bhí tusa in do pháiste idir dhá sháile / Amuigh sa lagphortach ar do ghogaide thíos' i lámhscríbhinn amháin.

L 16: 'ar an tóin' i lámhscríbhinn amháin agus 'chomh maith' i dhá lámhscríbhinn in áit 'ins an tóin'.

L 20: 'dhá slipéide buí': Sin mar atá i dtrí lámhscríbhinn. 'Péire *ankle socks* agus dhá *sandal* buí' atá i lámhscríbhinn amháin, ach go bhfuil 'slipéidí buí' tugtha mar mhalairt faoin líne ar 'dhá *sandal* buí'.

L 24: 'Agus má scallann an neantóg faigh bileog ón gcopóg le bualadh os a chionn' i lámhscríbhinn amháin.

76. An Bhláthbhean Bhuí

Foinsí: CIC; 2 Ls; Oir1995. Tá na línte 32–48 amháin i lámhscríbhinn amháin.

L 26: 'ag crith' in áit 'ag creathadh' in Oir1995.

L 41: Na Blácaigh: féach na nótaí le dán 7, 'Maidin Chiúin'.

77. An Cailín Spéiriúil

Foinsí: CIC; CIC(L); 3 Ls. Tá an teideal 'Mairéad' ar an dán i dhá lámhscríbhinn.

L 13: Rásaí an Dóilín is Féile Chuigéil: féilte bád a bhíos ann sa samhradh ar an gCeathrú Rua agus i gCeantar na nOileán, Conamara.

78. Maidin Luan Cásca

Foinsí: CIC; 1 Ls; Oir1995.

Cúlra: Tá an nóta seo ag an bhfile leis an dán in CIC agus Oir1995: 'Is aicese a bhí an t-ól déanta.' Bhí an méid seo le rá ag an bhfile faoin dán in GDF:

> [Ainmníonn fear agus é ag labhairt i gcogar] is chas sí seo dhó, bhí sí dhá iarraidh síos sa [doiléir]. Chuaigh sé síos. An bhfuil fhios agat, *Beware of bull*. Bhí *notice* ag Marty Concannon . . . *Australian* a bhí inti. 'My father is a sheep farmer.' Bhí sí dhá iarraidh anonn go bpósfaidís thall. Ach bhí mé chomh damnaithe, chomh tinn aige ag inseacht an scéala dhom agus lig mé orm gur dhom fhéin a chas sí agus scríobh mé faoi dheireadh, 'Aicise a bhí an t-ól déanta.'

L 14: 'diúltaím an chraic sin' in áit 'ní ligeann an tart dhom' sa lámhscríbhinn.
L 14: 'Agus siúil leat sealad' in Oir1995.

79. Mairéad

Foinsí: CIC; CIC(L); 2 Ls.

L 2: béabhraic: béabhar.
L 13: maltraid: malairt.

80. Mise agus Mairéad

Foinsí: CIC (x2); 5 Ls. Tá dhá theideal eile le fáil sna lámhscríbhinní, 'Mise agus Ise' agus 'Ag Agallamh le Mairéad'. Tá leagan amháin gan teideal nach bhfuil ann ach véarsaí 1–4, agus leagan eile a thosaíonn le véarsa 5 a bhfuil an teideal 'Beidh Aonach Amáireach Amuigh ar an Mám', chéadlíne an véarsa sin, air. Tá na véarsaí eile ar fad sa leagan seo le malairtí éagsúla, cuid mhaith acu bunaithe ar an amhrán coitianta 'Beidh Aonach Amárach i gContae an Chláir'.

L 13: An lucht siúil atá i gceist murab ionann is tagairt do dhán Aogáin Uí Raithille den ainm céanna.
L 17–9: Seo mar atá na línte seo sa leagan dar tús: 'Beidh Aonach Amáireach Amuigh ar an Mám' agus iad ina macalla glan ar an amhrán coitianta:

> Beidh aonach amáireach amuigh ar an Mám
> Is cén mhaith dhom é ní bheidh mé ann
> Is a Mhairéad, an dtiocfaidh tú chun an aonaigh liom'.

L 21–2: 'Táimse i ngrá le Mairéad óg / Is cén mhaith dhom é ní bhfaighidh mé a póig' i lámhscríbhinn amháin.
L 43: An Biúró Pósta i gCnoc Mhuire, Contae Mhaigh Eo, atá i gceist.

81. Tús m'Óige

Foinsí: 2 Ls. Déantar athrá ar an dá líne dheiridh den dán sa dá lámhscríbhinn. Tá an dán an-chosúil le dán Dhubhghlais de hÍde, 'Bhí mé tráth sona', in *Ubhla den Chraobh*, a foilsíodh den chéad uair i 1901 (Féach An Craoibhín Aoibhinn, *Úlla den Chraobh agus Dánta Eile*, Officina Typographica, Gaillimh g.d., 270–72.)

82. Pós, a Mhic

Foinsí: 3 Ls. Tá an dá véarsa deiridh ar iarraidh i lámhscríbhinn amháin.

L 8: Tagairt do Theach na mBocht ar an mbaile sin, mar a bhí.
L 11: 'an tseachtain seo' in áit 'Dé Luain' i lámhscríbhinn amháin.
L 16: Dónall na Gaisce: 'Dónall an Ghaisce' i lámhscríbhinn amháin.
L 31–2: Dhá theach banaltrais don aosach atá i gceist, i gCnoc na Cathrach agus sa Pháirc, in aice an Spidéil.
L 52: 'nó d'athraigh tú' in áit 'is ag cocaireacht' i lámhscríbhinn amháin.

83. Rámhaillí

Foinsí: CIC; CIC(L); 3 Ls. Tá véarsaí 1–6 ar iarraidh i dhá lámhscríbhinn. Tá véarsa 10 ar iarraidh sa lámhscríbhinn eile.
Cúlra: Baineann an dán seo le hobráid corróige a bhí ag an bhfile. Tá an nóta seo aige leis an dán in CIC(L): 'Sin sin. Is iomaí cor sa saol.'

L 1: 'ag brionglóidí' in áit 'ag rámhaillí' sna trí lámhscríbhinn.
L 11: 'nuair a' in áit 'an tráth ar' i lámhscríbhinn amháin.
L 23: 'seisear máinlia' in áit 'togha na máinlia' i dhá lámhscríbhinn.
L 33: 'Ansin' in áit 'Go gairid' i lámhscríbhinn amháin.
L 38: '*walker*' in áit 'fráma' i lámhscríbhinn amháin, ach é scriosta amach agus an leagan Gaeilge 'fráma' scríofa os a chionn le peann eile.
L 42: 'Is táim sa mbaile ar ais aríst' i dhá lámhscríbhinn.
L 44: 'siúlóid' in áit 'siúl' i lámhscríbhinn amháin.

84. An Dochtúr Éamon

Foinsí: 1 Ls; RNG (Dúradh an dán seo le linn oíche filíochta agus ceoil a reachtáladh mar chuid de Phléaráca Chonamara 1994 Tigh Pheadair Mhóir ar an mBánrainn. Ba é Joe Steve Ó Neachtain fear an tí an oíche sin. Craoladh an dán cúpla lá ina dhiaidh sin ar an gclár *Siamsán Maidine* ar an 13 Meán Fómhair 1994 agus Máirtín Tom Sheáinín Mac Donnacha á láithriú.). Seo mar atá ord na véarsaí in RNG: 1, 2, 3, 4, 7, 6, 5.
Cúlra: Níl aon teideal leis an dán seo sa lámhscríbhinn ná aon trácht sa lámhscríbhinn ná in RNG ag an bhfile ar ábhar an dáin a bhaineas leis an gcaidreamh a bhí ag Easpag na Gaillimhe, an Dr Éamon Ó Cathasaigh, le Annie Murphy, ar rugadh mac dóibh, Peter, i 1974. Tháinig an scéal chun solais in Éirinn i mBealtaine na bliana 1992 agus lean conspóid mhór dá bharr. Is é atá sa dán féin tráchtaireacht an fhile ar an gcúis ar fad.

L 12: 'ag treorú tréada' in áit 'ag treorú a thréada' in RNG.
L 13–15: Seo mar atá in RNG:

Ó bhí Éamon go cráifeach déirceach
Cheap sé láithreach a cás a réiteach,
Thug dhi fíon is puins breá Gaelach

L 17: 'Séard a' in áit 'Sin mar' in RNG.
L 19: 'Gurb í' ar lár in RNG.
L 23: 'mar bhí' in áit 'mar' in RNG.
L 25: 'tháinig' in áit 'thosaigh' in RNG.
L 26: 'go dlúth' in áit 'go tiubh' in RNG.
L 28: 'Is tagann gráin mo léan dhá réir sin' in RNG.

85. Pádraic Ó Ceannabháin

Foinsí: CCI(L); 1 Ls.
Cúlra: Tá an nóta seo ag an bhfile leis an dán sa lámhscríbhinn: 'Ferris is Hart, dhá champa tincéaraí a bhí ar an Áth Buí.' Fíodóir as an Áth Buí, na hAille, ab ea Pádraic Ó Ceannabháin, athair an Chanónaigh Colm Ó Ceannabháin atá ina shagart sa Tulach.

L 1: 'tráthnóinín' in áit 'tráthnóna' sa lámhscríbhinn.

86. Geallúint Shéamais

Foinsí: 1 Ls. Níl mé cinnte an é Learaí a chum an dán seo, ach níor éirigh liom teacht ar aon dán eile, ná leagan de dhán, a chuirfí i gcosúlacht leis.

L 4: 'sciodar an bháis': níl mé cinnte den léamh seo arae tá an lámhscríbhinn roinnt doiléir.
L 27/30 tigh Pheámar: tigh Phalmer

87. Foireann Jack

Foinsí: CIC; CIC(L); 4 Ls. 'Jack agus Gráinne Mhaol' teideal an dáin i dhá lámhscríbhinn.
Cúlra: Foireann sacair na hÉireann a chuaigh chomh fada le craobhchluichí Chorn an Domhain i Meiriceá sa bhliain 1994 agus a mbainisteoir, an Sasanach Jack Charlton, atá i gceist sa dán seo.

L 7: 'aoibhneas' in áit 'gliondar' i lámhscríbhinn amháin.
L 9: 'ó Éire' atá sna lámhscríbhinní uilig.

L 10: 'Is beidh Clanna Gael ag fáiltiú rompu' i lámhscríbhinn amháin.
L 11: 'buíon' in áit 'foireann' i lámhscríbhinn amháin.
L 22: 'le gaisce as' in áit 'ag freastal ar' i lámhscríbhinn amháin.
L 23: 'cinnte' in áit 'grinn' i lámhscríbhinn amháin.
L 24: Athrá ar an líne seo in CIC(L) agus i dtrí lámhscríbhinn.

88. An Péintéara

Foinsí: CIC; 2 Ls; Oir1996.

L 7: 'go daor' ar lár in Oir1996.

89. An Ceannaí Mór

Foinsí: CIC; CIC(L); 4 Ls. 'Seoigeach ar Seachrán' atá mar mhalairt teidil idir lúibíní i dhá lámhscríbhinn.
Cúlra: Nóta ag an bhfile i dhá lámhscríbhinn: 'Fear siúil a bhí ann agus 1939 a chonaic mise go deireanach é.'

L 4: 'Faoin gceannaí mór a bhíodh ann' (faoi thrí) agus 'Faoin gceannaí mór a bhíodh teann' (uair amháin) atá sna lámhscríbhinní. Bíodh is gurbh fhearr ceachtar acu sin ó thaobh meadarachta ná 'Faoin gceannaí anallód', sin mar a bhí ag an bhfile in CIC(L). Tá 'a bhíodh ann' scriosta i lámhscríbhinn amháin agus 'anallód' curtha ina áit aige leis an bpeann céanna lenar scríobh sé CIC(L). Is léar, mar sin, gurbh é sin a bhí uaidh.
L 5: 'bóithre na tíre' in áit 'thart an taobh tíre'i lámhscríbhinn amháin.
L 26: 'an chaora ab fhearr' in áit 'cnoc agus gleann' sna lámhscríbhiní uilig.
L 35: 'ar Tigh Fhínneadha' in áit 'ar an bhféasóig' i lámhscríbhinn amháin.

90. Deoraí an tSléibhe

Foinsí: CIC; 1 Ls; Oir1995.
Cúlra: Máirtín an Phleaistic a thugtaí ar an bhfear dearóil seo a bhíodh ag imeacht roimhe agus é ag codladh amuigh i gceantar Chonamara sna 1980í agus sna 1990í.

L 25: 'Labhair mise as Gaeilge leis' in Oir1995.
L 31: 'muin' in áit 'muineál' in Oir1995.

91. Deoraíocht

Foinsí: CIC, 3 Ls.

92. Dhá Luimneach

Foinsí: 1 Ls.

93. Tháinig an Bás

Foinsí: CIC; 2 Ls; Oir1995.
Cúlra: Tá an nóta seo ag an bhfile faoi theideal an dáin in CIC: 'Ar bhás mo mháthar an píosa seo.'

L 21: 'a chríochnaigh na blianta' in áit 'ar chríochnaigh do bhlianta' sa dá lámhscríbhinn.
L 22: 'naocha trí dhíobh' i lámhscríbhinn amháin.
L 23: 'fliuch fada' [ach é scriosta] agus 'ach níor airís na síonta' scríofa os a chionn i bpeann eile i lámhscríbhinn amháin.
L 26: Tá an líne seo a leanas idir línte 26–7 sa dá lámhscríbhinn: 'A mhúin tú dhom ó bhíos im leanbh.'
L 28: 'go cluain na mairbh' ach é scriosta in áit 'ag tarraingt osna' i lámhscríbhinn amháin.

94. I gCuimhne Uí Chadhain

Foinsí: CIC, 1 Ls; Oir1996.
Cúlra: Caoineadh ar an scríbhneoir Máirtín Ó Cadhain as an gCnocán Glas, sa pharóiste céanna leis an bhfile, a bhásaigh i nDeireadh Fómhair 1970.

L 11: An tArd-Easpag Seán Mac Éil, an tAthair Eoghan Ó Gramhnaigh agus an scríbhneoir Mícheál Breathnach atá i gceist.
L 22: Tagairt d'úrscéal Uí Chadhain *Cré na Cille* (1949) agus dá leabhar gearrscéalta *An tSraith ar Lár* (1967).
L 25: Chaith Ó Cadhain an tréimhse 1939–45, blianta an Dara Cogadh Domhanda, i ngéibheann sa Churrach i ngeall ar a chuid gníomhaíochtaí le hArm na Poblachta.

95. Bás mo Chara

Foinsí: CIC; 4 Ls. Tá an teideal 'Bás Mhichael Trayers' ar an dán i dhá lámhscríbhinn.
Cúlra: Michael Trayers as Bearna, dlúthchara leis an bhfile, atá i gceist.

L 3: 'le hanam na mairbh' atá sna lámhscríbhinní uilig, ainneoin gur iondúil leis an bhfile gan 'h' a chur roimh ghuta tar éis 'le' (mar a bheadh go nádúrtha sa chanúint aige). Foirm reoite atá ann. Foirm san ainmneach iolra in áit an ghinidigh iolra atá in 'mairbh', san áit a mbeifí ag súil (i bhfoirm reoite) leis an nginideach iolra 'marbh'.

96. Bás an Ógfhir

Foinsí: CIC; 1 Ls; Oir1995.
Cúlra: Tá an nóta seo leis an dán ag an bhfile in CIC agus Oir1995: 'Seo píosa ar bhuachaill óg, comharsa liom fhéin, a fuair bás tré thimpiste. Beannacht Dé leis.' Is é an t-ógfhear a bhí i gceist David O'Malley as Bearna a maraíodh i dtimpiste gluaisrothair i mí an Mhárta 1993.

L 2: 'an óig-shíol' atá sa lámhscríbhinn.

97. Saol an Duine

Foinsí: CIC; 3 Ls.

98. Ná Mealltar Thú

Foinsí: CIC; 2 Ls; Oir1993.

L 20: 'treastagairt' in áit 'treascairt' in Oir1993.
L 22: claimhe: claidheamh
L 35: 'slán' ar iarraidh in Oir1993.

99. Guibhim

Foinsí: 1 Ls.

100. Éist le m'Fhaoistean

Foinsí: CIC; 3 Ls; Oir1993. Tá na malairtí léimh uilig in aon lámhscríbhinn amháin.
Cúlra: Bhí an méid seo le rá ag an bhfile faoin dán in GDF:

> *LÓF* Faoistean a chum mé fadó ariamh, an áit a bhfuair mé an-tinn, an dtuigeann tú. Is d'éirigh mé as freisin. Stop mé. Fuair mé níos measa, bhí mé trí seachtainí déag ansin leagtha amach, an dtuigeann tú. Chuaigh mé ag déanamh

píosaí ar bheannaitheacht ansin, an dtuigeann tú, is píosaí molta is corrphíosa cáinteach freisin b'fhéidir.

GD Tá go leor píosaí beannaithe ann.

LÓF Tá. Tá, riar, mar bhí mé ag iarraidh an meascán sin a dhéanamh, mar déarfá, chuir mé d'iallach orm fhéin é, an dtuigeann tú, an chaoi sin.

GD Tuige?

LÓF Dúirt me liom fhéin gur cheart go mbeinn in ann, cineál, an meascán sin a scríobh, mar déarfá, chuile chineál mar déarfá, píosaí ag sacadh agus chaon tsórt, an bhfuil fhios agat, cineál magadh láidir is rudaí beaga mar sin, agus cineál píosaí beannaithe, an bhfuil fhios agat . . .

L 1: 'a Íosa Críost' in áit 'a Mhic Dé ghil' i lámhscríbhinn amháin.
L 2: 'Mar leath mo pheacaí ní cuimhin liom' i lámhscríbhinn amháin.
L 3: 'gan doilíos croí' in áit 'gan croíbhrú' i lámhscríbhinn amháin; 'fada' ar iarraidh in Oir1993.
L 7: 'tabhairt na mionn' in áit 'tabhairt na mionnaí' i lámhscríbhinn amháin.
L 11: 'Le grásta an Uain' in áit 'Le do ghrásta' i lámhscríbhinn amháin.
L 15: 'teann' in áit 'corp' i lámhscríbhinn amháin.
L 20: 'coir trom chúiseach' sna lámhscríbhinní ar fad.

101. Cuireadh

Foinsí: CIC; CIC(L); 3 Ls.

L 11: An tAthair Leon Ó Mórcháin, sagart paróiste Bhearna ag an am, atá i gceist.

102. Ceannlíne an Pháipéir

Foinsí: 1 Ls.

L 6: 'dhúinn': 'uainn' atá sa lámhscríbhinn.

103. Aspal Mór na hÉireann

Foinsí: CIC; 2 Ls; Oir1995.

L 9: 'ar fud na tíre' in áit 'an taobh tíre' sa dá lámhscríbhinn.
L 12: 'lena ghlóir' in áit 'lena ghlór' in Oir1995.
L 29: 'Las sé tine na Teamhrach' sa dá lámhscríbhinn, ach 'Las sé' scriosta i gceann acu agus 'Thug sé dúshlán' scríofa os a chionn.

L 46: 'Go bplúchfadh sé tine na Teamhrach' sa dá lámhscríbhinn agus líne tríd i gceann acu gan aon mhalairt léimh. Tá véarsa 12 (Ll. 45–8) mar atá sé sa téacs anseo le fáil i ndiaidh an dáin, áfach.

104. An tSíoraíocht

Foinsí: CIC; 2 Ls; Oir1993.

105. An tÓl agus an Chiall

Foinsí: CIC; 3 Ls; Oir1996. Tá an véarsa deiridh ar iarraidh i lámhscríbhinn amháin. Níl na línte 17–18 ach in CIC agus i lámhscríbhinn amháin.

L 5: 'Tá comhairle mhaith cinnte fós ag seandaoine' i dhá lámhscríbhinn.
L 28: An craoltóir Marion Finucane ó RTÉ agus Cathal Mac Gabhann, Iar-Phríomh-Fheidhmeannach Údarás na Gaeltachta, atá i gceist.

106. An tAnam agus an Cholainn

Foinsí: CIC; 3 Ls; Oir1996.

L 12: 'Ar thóir na colna' i lámhscríbhinn amháin.
L 33: 'mo dhéint-sa' = 'mo dhéin-sa'; sin mar atá sna lámhscríbhinní ar fad, agus tá sé de réir na canúna.
L 39: 'le do mhianta' in áit 'le drochmhianta' sna trí lámhscríbhinn.
L 48: 'a céasadh ar do shon' [ach é scriosta] agus 'a thug a chuid fhéin fola ar do shon' scríofa os a chionn i lámhscríbhinn amháin.
L 56: 'an tSacraimint' in Oir1996.

107. An Saol

Foinsí: 3 Ls.

L 1 'a shaoil' in áit 'mar shaol' i lámhscríbhinn amháin.
L 13 'cleasach' agus 'cealgach' in áit 'cabach' i dhá lámhscríbhinn.
L 15 'bréagach' in áit 'bréige' i lámhscríbhinn amháin.

108. An Dóchas

Foinsí: OBB; 2 Ls. Leanadh leagan OBB anseo ach gur cuireadh modhanna eagarthóireachta an tsaothair seo i bhfeidhm ar an téacs.

Cúlra: Tá an nóta seo leis an dán in OBB: 'Scríobhas an dán seo tar éis do bheirt bhan a bheith ag dhul thart le soiscéal neamhthairbheach agus Gaeilge ó dhúchas acu.' Is é is dóichí gurb iad Fínnéithe Iáivé atá i gceist ag an bhfile.

L 6: 'i ngá' in OBB; 'i ngábh' agus 'in aon ghábh' sna lámhscríbhinní.

L 11: 'ar gcúl orainn' atá in OBB; 'ar gcúl uainn' atá sna lámhscríbhinní.

L 18: 'ar an gcrois' in áit 'ar an gcroich' i lámhscríbhinn amháin.

L 36: 'an creideamh inar tóigeadh ann thú' atá in OBB agus sna lámhscríbhinní.

L 41: 'ná diúltaigh mé' in áit 'guibh orainn' i lámhscríbhinn amháin.

109. An Cholainn

Foinsí: CIC; 2 Ls.

L 21: 'D'imigh brí do chos' in áit 'Imeacht do chos' i lámhscríbhinn amháin.

110. An Bás

Foinsí: 3 Ls. Tá an nóta seo ag an bhfile le leagan amháin: 'Sin sin ar an mbás.'

L 4 'amach aríst' in áit 'ar ais aríst' i lámhscríbhinn amháin.

L 11 'tréithlag' in áit 'breoite' i lámhscríbhinn amháin.

L 12 'bláth na hóige' in áit 'an t-ógfhear' i lámhscríbhinn amháin.

L 14 'Ó do bhreitheamh ní faightear spás' [an focal spás le marc tríd agus 'crá' scríofa ina dhiaidh i bpeann eile] i lámhscríbhinn amháin; 'Ó do chléith ní faightear spás' i lámhscríbhinn eile.

L 18 'gruagach gránna' in áit 'bodach dána' i lámhscríbhinn amháin.

111. Agallamh an Bháis leis an bPeacach

Foinsí: CIC; 2 Ls; Oir1995; Ó Morónaigh 2001: 423–6.

Cúlra: Bhí an méid seo le rá ag an bhfile faoin dán in GDF:

> Scríobh mé píosa ansin idir an bás agus an peacach agus séard a chuir i mo chloigeann é sin, an dtuigeann tú, go sábhála Dia sinn, na rudaí atá ag tarlú anois, an chaoi a bhfuil seandaoine, maraíodh seandaoine sna tithe, mar déarfá, agus rinne mé an bás den robálaí a chuaigh isteach acu, an dtuigeann tú. Sin é . . . Chríochnaigh mé suas píosa amháin mar a dúirt mé:

Aríst ar ais an iarraidh chráite
Mar fuair Dónall an bior is a chosa in airde.

An bhfuil fhios agat, ar chuala tú an focal sin chor ar bith:

Sé amáireach Dé Domhnaigh is beidh Dónall ar bior againn
A dhá chois in airde is a thóin leis an tine againn

An bhfuil fhios agat, cuimhneoidh tú ar na rudaí sin a chuala muid, agus má tá tú á chur i bhfoirm fileata ansin, mar déarfá, cuirfidh tú cor ina chluais de réir mar a fheilfeas sé dhuit, mar déarfá.

L 9: 'an gruagach gránna' in áit 'nach dtugann spás uaim' sa dá lámhscríbhinn.

L 23: 'Oisín tráth' in áit 'an draoi ag brionglóid' i lámhscríbhinn amháin.

112. An Coinnleoir Geal

Foinsí: CIC; CIC(L); 3 Ls. Tá an nóta 'Buíochas le Dia' i ndeireadh leagain amháin i gceann de na lámhscríbhinní. Tá na focail 'slad, mainistir, teampall' os cionn leagain eile i lámhscríbhinn eile, agus tá an nóta seo ag an bhfile sa tríú lámhscríbhinn: 'Slad Mainistir Teampaill: Coir uafásach agus rinne Lord Ginkell Grey a chuid fhéin di: rud mícheart a dhéanamh.' Macalla atá sa méid sin, chuile sheans, ar an amhrán 'Tomás Bán Mac Aogáin':

Ní slad mainistreach ná teampaill a rinne stór mo chroí
Ní feoil ná geir a shantaigh sé ná rud ar bith mar é.

Is léar gur 'slad mainistreach' de shórt atá i gceist sa dán a chuireas síos ar choinnleoir a tóigeadh gan cead as séipéal ach a cuireadh ar ais. Ní mé an dtagraíonn an méid seo do chonspóid a bhí ann i dtús na 1990í i gCamus nuair a bhain an séiplíneach áitiúil anuas lampa a bhronn máthair Phádraig Mhic Phiarais ar an séipéal agus gur chuir an pobal áitiúil chomh tréan sin ina aghaidh gur chuir an sagart an lampa ar ais arís go gairid ina dhiaidh.

L 9–16: Tagairt mheasctha, is dóigh, don saighdiúir Olannach an Leifteanant-Ghinearál Godert de Ginkell a bhí i gceannas ar fhórsaí Rí Liam in Éirinn tar éis Chath na Bóinne agus a chuir cathanna agus léigir éagsúla ar fhórsaí na nGael mar chuid dá fheachtas leis an tír a cheansú, ina measc léigear ar Chathair na Gaillimhe i 1691. Lord Lenord (*sic*) Grey atá i lámhscríbhinn eile, a bhí ina Fhear Ionaid in Éirinn d'Annraoi VIII, 1536–40. Cuireadh chun báis é i dTúr Londan i 1541 tar éis dó ligean do Ghearóid Mac Gearailt, Iarla Óg Chill Dara, éalú go dtí an Mhór-Roinn.

113. Ré na Línseach i mBearna

Foinsí: CIC; 2 Ls; Oir1993.

Cúlra: Tá an nóta seo leis an dán ag an bhfile in CIC: 'Seo cuntas ar Ré na Línseach i mBearna de réir mar a fuaireas béaloideas sa gceantar.' Téann scéal na Línseach i bhfad siar sa stair. Tháinig Andrew Lynch go hÉirinn a chéaduair leis na Normannaigh agus bronnadh tailte air i gCaisleán Cnucha, gar do Bhaile Átha Cliath. Chuaigh a mhac sin, John, go Gaillimh i 1261 agus d'éirigh go maith leis féin agus lena shliocht. Sna 1300í bhí na Línsigh agus na hAllmharáin i mBearna faoi cheannas na bhFlaitheartach. Bronnadh eastát sna Forbacha ar Mharcas Ó Línsigh i 1585. Ba iad na hAllmharáin a rinne Caisleán Bhearna a chéaduair ach tháinig na Línsigh ina sheilbh trí phósadh i lár an 17ú haois, mar a luas an file sa dán:

> Phós William Ó Línsigh go cinnte
> Bantiarna Uí Allmharúin tráth,
> Is bhí saibhreas gan chuimse ag an Línseach
> Is Muintir Allmharúin ag imeacht 'un báin.

Thóg na Línsigh Teach Bhearna c.1770 agus bhí sé i seilbh na clainne go dtí 1923 nuair a ghlac Coimisiún na Talún seilbh ar an teach agus ar an talamh. Bhí réimsí móra talún fós ag na Línsigh i gceantar Bhearna agus na bhForbacha sa dara leath den 19ú haois. Bhí cáil réasúnta maith orthu sa seanchas mar thiarnaí talún sa cheantar. Seo mar a chuir deartháir an fhile Cóil síos orthu in eagrán speisialta den chlár *Iris Aniar* faoin nGorta Mór a craoladh ar Raidió na Gaeltachta ar an 12 Deireadh Fómhair 1995: 'Bhí dream eile i mBearna, na Línsigh a thugaidís orthu, ní raibh siad sin an-dona . . . . Chaith na Línsigh anois a bhí i mBearna . . . bhí siad sin fíormholta . . .' Is léar ar dhán Learaí freisin go raibh bá aige leis na Línsigh. (Féach Faherty 2000; Kenny 1983; http://www.landedestates.ie/LandedEstates/jsp/estate-show.jsp?id=863)

L 13–16: Osmond Tisani, nó mar a thugadh muintir na háite air, 'Bleaicín Bhearna', atá i gceist, mac le taoiseach Afraiceach a malartaíodh ar mhac Mharcais Óig Uí Línsigh a bhí ina oifigeach in Arm Shasana le linn Chogadh na mBórach (1899–1902). Maraíodh mac Mharcais Óig (an t-aon mhac a bhí aige) le linn an chogaidh sin agus tháinig Tisani chun cónaithe go Bearna sa bhliain 1905 áit ar fhan sé nó gur bhris an Chéad Chogadh Mór amach. Thug Tisani leis Gaeilge na háite go han-líofa agus deirtear freisin gur ar mhaithe le caitheamh aimsire dó a rinne Marcas Óg an pinniúr liathróid láimhe i mBearna, a bhfuil a fhothrach fós ann i mbéal an bhóithrín a théas síos chuig Trá na gCeann ón mbóthar mór.

L 29: Coimisiún na Talún atá i gceist a ghlac seilbh ar an eastát i 1923.

L 31: An tOllamh Mícheál Ó Máille M.D., Ollamh le Leigheas i gColáiste na hOllscoile, Gaillimh, atá i gceist. Cheannaigh sé an teach i 1930 tar éis bháis Lilly Lynch, deirfiúr Mharcais Óig (Faherty 2000: 31).

L 45–52: Tobar Éinne: féach na nótaí le dán 7, 'Maidin Chiúin'.
L 48: An Domhnach deiridh de mhí Iúil atá i gceist.
L 56: An chéad Domhnach de mhí Lúnasa atá i gceist.

114. Máistir Scoile

Foinsí: 1 Ls.
Cúlra: Tá an nóta seo ag an bhfile sa lámhscríbhinn: 'Sin sin ar an Seoigeach.' Patrick W. Joyce, múinteoir scoile a bhí ag sceitheadh eolais le fórsaí na Corónach i nGaillimh faoi ghníomhaíochtaí na nÓglach in aimsir na nDúchrónach le linn Chogadh na Saoirse (1918–21) atá i gceist. Bhí amhras ar na hÓglaigh go raibh duine éigin ag tabhairt eolais ina dtaobh do na húdaráis. Bhí an tÓglach Joe Togher (1898–1974) ag obair san oifig shórtála in Ard-Oifig an Phoist i nGaillimh agus é ag soláthar eolais do na hÓglaigh faoi fhórsaí Shasana. Tháinig sé ar chúig litir sa láimh chéanna agus iad sínithe ag Joyce ina raibh eolas beacht faoi ghníomhaíochtaí na nÓglach. Ghabh na hÓglaigh Joyce ar an 14 Deireadh Fómhair 1920, mharaíodar é agus chuireadar sa phortach é idir Bearna agus Maigh Cuilinn. Bhí a fhios ag na Dúchrónaigh go raibh Joyce ar iarraidh agus chreideadar go raibh sé curtha chun báis. Chreideadar freisin (trí sheachmall) gurbh é an tAthair Mícheál Ó Gríofa a d'éist a fhaoistin deiridh. Ghabhadar an Gríofach, chéasadar é, chaitheadar sa chloigeann é agus chuireadar sa phortach i mBearna é ar an 14 Samhain 1920. Áiríodh gur fhreastail os cionn 12,000 duine ar a shochraide agus gur chomhcheiliúir 150 sagart aifreann a shochraide. Níor frítheadh corp Joyce go dtí 1998, agus seo, is léar, ócáid chumtha an dáin. (Féach Faherty 2000: 272–305.)

115. An Marú ag Trá na gCeann

Foinsí: CIC; CIC(L); 2 Ls; Oir1993; GDF.
Cúlra: Tá an nóta seo leis an dán in CIC(L), CIC agus Oir1993: 'Chumas an dán seo ar an sléacht a dearnadh i mBearna sa mbliain 1564 agus rinneas iarracht cur síos ar uafás an lae sin.' Tá an nóta seo leis an dán i lámhscríbhinn amháin: 'Sin cur síos ar chath fuilteach a bhí i mBearna ar an 22-6-1564 ag Trá na gCeann idir muintir Chlanna Riocaird Chontae an Chláir agus na Flaitheartaigh fhiáine ó Uachtar Ard i gContae na Gaillimhe.' Tá a ainm sínithe ag an bhfile leis an nóta agus tá 'Learaí fhéin a chum' scríofa ar chúl ceann de bhileoga na lámhscríbhinne céanna a bhfuil an téacs scríofa uirthi. (Féach O'Flaherty 1846: 60–61.) Bhí an méid seo le rá ag an bhfile faoin dán in GDF:

Thaithnigh seanchas ariamh liom, mar déarfá, go mór mór ansin abair an áit a dtugann siad Silver Strand inniu air. Ar ndóigh sin é Trá na gCeann, mar déarfá. Tharla drochmharú ansin sa mbliain 1564 an dóú lá fichead de Mhí Mheán an tSamhraidh. Tháinic lucht leanúna Iarla Chlann Riocaird isteach ansin, isteach i mbáid, hébrí cén cineál báid a bhí acu, an dtuigeann tú. Is dóigh báid iomraimh an t-am sin. Tháiniceadar isteach faoi scáth na talúna thoir ann. Tá an cnoc, Cnoc Mharcais Óig anois, tá sé níl fhios agam seachtó cúig troigh ar airde an pointe is airde dhó. Agus d'fhanadar ansin, mar déarfá, le dorchadas oíche agus rinneadar as sin amach bealach Uachtar Ard. Bhí an Flaitheartach an uair sin díbrithe, Murcha na Tua, bhí sé díbrithe anoir as Baile Chláir, as Laoideacán. Tá cuide den chaisleán nó an áit a rabhadar fós ann. Ní hé Caisleán Bhaile Chláir anois chor ar bith atá thuas ag an abhainn ach thíos i Laoideacán é seo soir ó tigh Sheáin Ó Fathaigh. Tá fhios agam chuile orlach dhó. D'fhan cuide de na stáblaí ag muintir Mhurchú ansin, cuide eile ag muintir Sheáin Pheaits Pheadair, Seán Ó Fathaigh. Á, is minic a bhí mé ann. Ach anoir as sin a díbríodh an Flaitheartach agus tháinic siad treasna, is dóigh liom go rabhadar ar Oileán na Circe ar Loch Coirib tamall, mar déarfá, go raibh áitreabh eicínt déanta acu ann agus tá fhios agat Caisleán Achadh an Iúir anois, sin an áit ar chríochnaigh siad. Ach suas air sin a bhíodar ag déanamh. Séard a bhíodar a dhéanamh an uair sin, na buachaillí bána, an bhfuil fhios agat, ag tóigeáil na mbeithígh ar a chéile, dhá gcuir isteach i gclochair nó le fána aille, mar déarfá, agus iad a bhascadh, ag iarraidh a chéile a bhriseadh síos. Ach thóigeadar na beithígh . . . tá áit amháin go dtugann siad Cnoc an Champa air, chuireadar suas campa ansin go bhfuaireadar cineál am marbhúch na hoíche, mar déarfá. Agus chrochadar leo, agus fuaireadar na beithígh agus sheoladar leo iad. Agus hébrí cén dream a bhí ag faire ar chuma ar bith, níor airíodh tada go raibh na beithígh imithe. Agus frítheadh lorg na mbeithígh ansin ar maidin, mar déarfá. Ghlaoigh Murcha na Tua, ghlaoigh sé ar a chuid fir ar chuma ar bith is lean siad lorg na mbeithígh. Ach síos ag Cnoc Mharcais Óig ansin, soir ag an bhFearsaid a tháiniceadar suas leo agus is ann a thosaigh an sléachtadh. Agus sciobadh na cinn ansin . . . an lucht leanúna a bhí ag an bhFlaitheartach bhain siad, sciob siad na cloigne de lucht leanúna Iarla Chlann Riocaird, an dtuigeann tú. Agus sin é a d'fhág Trá na gCeann mar ainm air.

L 1: 'an-dána' in áit 'go dána' in GDF.
L 4: 'ar an bhFlathartach' in áit 'ar na Flathartaigh' in GDF.
L 16: 'Lean Murcha na Tua na fearaibh' in GDF.
L 19: 'Ag Droichidín an Ghabha sea fuaireadar treoir' in GDF.
L 26: 'sa ngaineamh' in áit 'go talamh' i lámhscríbhinn amháin.
L 50: 'A rinneadh go cinnte an sléacht seo' sa dá lámhscríbhinn; 'dearnadh' in áit 'rinneadh' in GDF.

116. The Battle at Silver Strand

Foinsí: 2 Ls. Tá an dá chóip den dán seo in aon lámhscríbhinn amháin agus iad ag leanacht a chéile, agus an dá leagan ionann is mar a chéile. Go bhfios dom seo an t-aon dán Béarla a chum an file. Shínigh sé an lámhscríbhinn i ndeireadh an chéad leagain, 'Laurence Feeney, Barna'. Féach dán 115, 'An Marú ag Trá na gCeann', áit a bpléitear an scéal céanna.

L 20: 'By the break of day' in áit 'Before the dawn of day'.

117. Oíche Airneáin i mBearna

Foinsí: CIC; 3 Ls; Oir1993. Níl i lámhscríbhinn amháin ach véarsaí 4 agus 5.

Cúlra: Tá an nóta seo a leanas beagnach focal ar fhocal mar a chéile leis an dán in CIC, Oir1993 agus i dhá lámhscríbhinn: 'Bhí imirt chártaí ar an mBaile Ard i mBearna fadó fadó, agus an fear a ghnóthaigh an t-airgead ar fad, shíl na himreoirí eile cleas a imirt air, agus é a chur síos go dtí Trá na gCeann mar go mbeadh taibhsí le feiceáil ann, go mór mór ó bhí an doirteadh fola ann sa mbliain 1564 ar an 22ú lá de mhí Mheán an tSamhraidh. De réir seanchas na ndaoine chuaigh sé ann in ómós Naoimh an Domhain agus bhain sé dhá cheann ins an ngaineamh, ach labhair an Glór agus dúirt sé leis:

> Marach le ómós do na naoimh agus nach le geall a tháinig tú ann
> Bheadh cuimhne go Lá an Luain ar do chuairt go Trá na gCeann.'

Bhí an méid seo le rá ag an bhfile faoin dán in GDF:

LÓF Bhí imirt chártaí aríst ar an mBaile Ard a chuala mise ó dhuine a dúirt, Mairéad Bean Uí Choncheanainn, liom é. Dúirt a mac liom, Máirtín, a dhul suas go dtí Mairéad. Bhí mé síos lá ag breathnú ar Chara na gCaorach, an dtuigeann tú. Tá Cara na gCaorach déanta ansin, cosán caorach síos, tá sí ann i gcónaí le feiceáil ag feara Fáil, mar déarfá, síos ón gcoill . . . síos thar an abhainn mar nuair a bhíodh na caoirigh ag dhul síos is aníos ann ach . . . Bhí mé thíos ag breathnú air agus bhí mé ag caint le Máirtín agus, 'Gabh suas go dtí mo mháthair,' a deir sé, 'agus níl aon cheo dhá bhfuil fhios aici nach n-inseoidh sí dhuit.' Agus d'inis, mar déarfá. Dúirt sí liom ansin faoin imirt chártaí a bhí ar an mBaile Ard. Agus chuaigh siad fíordhoimhin san oíche ar chuma ar bith ag imirt na gcártaí, agus ghrú fear amháin hébrí cén t-airgead a bhí ann agus fuair an dream eile a bhí ann, fuaireadar an-éadúil leis. Agus oíche Lá Samhna a bhí ann agus chuireadar geall leis nach dtiocfadh sé Trá na gCeann agus ceann a bhaint, an dtuigeann tú. Agus bhídís ag rá go mbíodh taibhse le feiceáil ann oíche Lá na Mairbh. Ní raibh sé sásta a dhul ann. Ach dúirt sé faoi dheireadh go dtiocfadh sé ann in ómós Naoimh an Domhain. Is ar ndóigh bhí sé cloiste agam roimhe sin ó bhí mé i mo ghasúirín beag, mar déarfá, faoin gcineál de chaint a dúradh. Chuaigh sé ag cartadh ar chuma ar bith sa ngaineamh agus ní raibh sé i bhfad ag cartadh gur bhain sé blaosc. Thug sé aníos í ar chuma ar bith agus labhair an glór leis, 'Leag uait an ceann.' Leag sé uaidh é. Chuaigh sé in áit eicínt agus chuaigh sé ag cartadh ar ais. Dúirt an glór ar ais leis, 'Leag uait an ceann.' Agus d'fhreagair mo dhuine, 'Ag an deabhal feannta scallta go raibh tú,' a deir sé, 'ní leat chuile cheann.' Ach labhair an glór ar ais leis:

Marach le ómós do na Naoimh agus nach le geall a tháinig tú ann
Bheadh cuimhne go Lá an Luain ar do chuairt go Trá na gCeann.

Sin é anois é, an dtuigeann tú, agus chuala muid ina ngasúir bheaga thiar sa mbaile, an dtuigeann tú . . .

GD Agus rinne tú píosa faoi.
LÓF Rinne mé píosa faoi.

L 7: marbhúch = marfach.
L 13: 'is dhá Leanbh' in áit 'is dhá hAon-Mhac' sna trí lámhscríbhinn.

118. An Corcán Óir

Foinsí: CIC; CIC(L); 2 Ls; GDA.
Cúlra: Tá an nóta seo a leanas, beagnach focal ar fhocal mar a chéile, i ndeireadh an dáin sna trí leagan lámhscríofa, seachas an abairt dheiridh atá in CIC(L) amháin: 'Séamas Sheáin Ó Cúláin as an Lochán Beag a bhí ag lánú fátaí fadó ó shin agus bhain sé cróca sa glclaise a raibh giní óir ann thíos. Ghlaoigh sé ar Cholm Breathnach (Colm Stiofáin), a chol ceathrar, le go roinneadh sé an t-ór leis ach is ciarógaí dubh-bhuí a tháinig as aníos tar éis é a oscailt. Tharla sin go cinnte. Ní bheidh fios cé a chuir ansin é.' Bhí an méid seo le rá ag an bhfile faoin dán in GDA:

LÓF Tá scéal ag baint leis sin, a Ghearóid.
GD Scéal fírinneach?
LÓF Sea, agus ní féidir a dhul dhá shárú, mar déarfá. Tá daoine níos sine thiar ansin ná mise fós, an dtuigeann tú, agus tá fhios acu an scéal sin chomh maith is tá fhios agamsa. Agus tá fhios acu chomh maith is atá fhios agamsa cén

áit ar bhain sé é, mar deir muid fhéin le Bóithrín an *Chommon*, an bóithrín sin siar ó Choláiste Cholm Cille, an bhfuil fhios agat an bóithrín a bhfuil Seosamh Ó Tuairisg, Cóil, mo dhreatháir féin, is iad sin síos uilig ann. Tá garraí thíos ansin agus sé Peadar Mac Diarmada, Pete Mhichael Phaddy, rinne sé teach ann ar dtús, agus Garraí na Salach an t-ainm atá ar an ngarraí sin, a bhí ariamh air. Agus bhí garraí eile ó dheas ag Séamas Sheáin Ó Cúláin, Garraí an tSeoigigh an t-ainm a bhí air sin, agus tá mé ag ceapadh atá fós air. Níl aon gharraí, ná aon cheapach ná aon bhóithrín in áit ar bith nach raibh ainm air. Tá i gcónaí, mar déarfá. Ach bhí an bheirt acu ag lánú fataí ar chuma ar bith agus bhí Séamas Sheáin ó dheas, ba chol ceathrar Séamas Sheáin Ó Cúláin agus Colm Stiofáin, Colm Breathnach. Thíos ar an Lochán Beag thíos a bhí Colm Stiofáin agus thuas a bhí, in aice an bhóthair a bhí Séamas Sheáin. Ach bhíodar ag obair leo, ach bhain Séamas buidéal nó rud eicínt nó crúsca sa gclaise ar chuma ar bith agus bhí sé lán le giníochaí óir agus thosaigh sé ag glaoch ar Cholm ar chuma ar bith go roinnfeadh sé an t-ór leis. Tháinic Colm ar chuma ar bith is ghlan siad gabháil créafóg agus nuair a d'oscail siad [é] ciarógaí a tháinig aníos as, ciarógaí donn. Déarfadh daoine leat nach raibh sé ach ag dhul dhó fhéin, mar déarfá, an dtuigeann tú an chaoi sin, agus daoine ag rá ansin gur faoi dhraíocht a cuireadh an buidéal agus gur cuireadh ann é. Agus bhí caint ar iascaire a bhíodh ag marú an bhradáin, an dtuigeann tú, agus dhá ndíol ar an margadh dubh agus rudaí den tsórt sin. Chum mé píosa ansin air, mar déarfá, cineál ar an scéal, mar déarfá. [Deireann sé an dán.]

GD Cé hé an tIascaire Dubh?

LÓF Níl fhios agam cén t-ainm a bhí ar an Iascaire Dubh . . . ach bhíodh sé ag póitseáil . . . ag marú na mbradáin agus dhá ndíol. Cineál cráiteachán sa saol, deir siad, a bhí ann. Sin é anois mo scéalsa, an dtuigeann tú.

L 37: Siogán: seangán

119. Ór ag Leipreachán

Foinsí: CIC; 1 Ls.

L 29–32: Tagairt don airgead a fuair an Taoiseach, Cathal Ó hEochaidh, ón bhfear gnó Ben Dunne, agus a tharraing achrann polaitíochta sna 1990í. Féach na dánta 58, 'A Róisín, Is Cás Liom do Bhuairt', agus 59, 'Maiteanas'.

120. Pangar Bán

Foinsí: OBB; 3 Ls; RNG (an clár *Comhluadar* a craoladh ar an 8 Eanáir 1992 á láithriú ag Máirtín Davy Ó Coistealbha).

Cúlra: Tá an nóta seo leis an dán in OBB: 'Learaí Ó Fínneadha a chum in aithris ar an dán Sean-Ghaeilge.' Tá an nóta seo i dhá lámhscríbhinn: 'Seo buille faoi thuairim ar aistriúchán ón tSean-Ghaeilge ar Phangar Bán.' Tá an leagan sa leabhar seo bunaithe ar leagan OBB ach é a bheith faoi réir ag modh eagarthóireachta an tsaothair seo, agus tugtar malairtí léimh ó na lámhscríbhinní. Dúirt an file an méid seo faoin aistriúchán in RNG: 'Fuair mé píosa as Baile Átha Cliath ar an bPangur Bán anuas ón ollscoil, mar déarfá, cara liom fhéin, Mícheál Ó Curraoin as Bearna, a chuir agam é agus bhí muid ag caint, an dtuigeann tú, agus chuir sé agam é agus chuir mé píosa eile aige.... Sean-Ghaeilge, a Mháirtín, níl mise in ann í a léamh ... thug mé buille faoi thuairim ...'

L 4: 'Is ní baol' in áit 'Ní dual' in RNG.

L 10: 'iorball' atá sna trí lámhscríbhinn san áit a mbeifí ag súil de réir canúna le 'drioball'; 'eireaball' atá in OBB.

L 11: 'aon' ar lár in RNG.

L 12: 'Nach bhfuil' in áit 'Nach mbíonn' in RNG.

L 13: 'Táimid araon' in áit 'Tá mise is mo pheata' sna trí lámhscríbhinn agus in RNG.

L 16: 'is é go síoraí' in áit 'go síoraí' in RNG.

121. Bréagach

Foinsí: 2 Ls. Níl na véarsaí san ord céanna sa dá lámhscríbhinn.

Cúlra: Dán é seo ag aithris ar an seanamhrán grinn 'An tAmhrán Bréagach'.

L 1–4: Tá an leagan seo sa lámhscríbhinn eile:

> Dhá bhfeicfinn mar a deirim, ó,
> D'fheicfinn iontais go leor,
> Cearc i mbéal muice ag baint choirce le corrán Dhaideo,
> Agus sionnach sa bpárlús ag caitheamh píosa de snaoisín Mhamó.

L 29: 'bradán' in áit 'portán' sa lámhscríbhinn eile.

L 37: siogán: seangán

L 81: 'tús' in áit 'críoch' sa lámhscríbhinn eile.

L 83: 'cuir agam' in áit 'seol chugam' sa lámhscríbhinn eile.

122. Jeaic agus Jill

Foinsí: 3 Ls.
Cúlra: Seo leagan an fhile den rann coitianta Béarla, 'Jack and Jill'.

L 14: 'péil' sna trí lámhscríbhinn; = 'paol', nó *pail* an Bhéarla.

123. An File

Foinsí: CIC; 1 Ls; Oir1995.

L 7: 'Sé tuairim na hóige mo bhrón' sa lámhscríbhinn.
L 26: 'i gceol' in áit 'i ndréacht' sa lámhscríbhinn.

124. An Gruagach Ribeach

Foinsí: CIC; CIC(L); 2 Ls.
Cúlra: Baineann an dán seo le heachtra a tharla nuair a bhuail oibrí i siopa glasraí i mBearna garmhac leis an bhfile. Tá an nóta seo i ndiaidh an dáin in CIC(L): 'Ní bhíonn fáth gan údar.' Tá nóta eile ina dhiaidh i lámhscríbhinn eile: 'An Gruagach Ribeach, bhuail sé gasúr óg.' Seo mar a rinne an file cur síos ar an eachtra agus ar an dán in ADF:

> *LÓF* . . . cineál buille eile idir an dá chluais é seo is dóigh, ar bhealach eicínt . . . níor imigh [an pus ribeach saor] . . . sin é an chaoi a ndeachaigh an breithiúnas aithrí a chuaigh air, mar déarfá . . .
> *GD* Bhuail Learaí ar ais é!
> *LÓF* Á, bhuail, bhuail, bhuail, bhuail an bhileog é . . . ní fhéadfainn é a ligean uaim chomh réidh sin . . . ó tharla go raibh sé ag dhul dhó . . .

L 13: 'obair mínáireach' sna lámhscríbhinní ar fad agus in CIC(L).
L 18: 'Is míneod an scéal' i lámhscríbhinn amháin, ach go bhfuil an focal 'scéal' scriosta agus 'cás' scríofa ina dhiaidh sa pheann céanna.
L 27: 'mhaslaigh' in áit 'bhuail' i dhá lámhscríbhinn.
L 32: 'Go dtiúrfaidh tú an chraobh leat as Bearna' i lámhscríbhinn amháin.

125. An Sciolladh

Foinsí: 2 Ls.

L 20: 'fíor-raithneach ghallda' in áit 'corc raithneach ghallda' i lámhscríbhinn amháin.

126. Freagairt an Dúshláin

Foinsí: 3 Ls. Tá dhá chóip den dán i ndiaidh a chéile i lámhscríbhinn amháin.

Cúlra: Duine a mhaslaigh an file atá i gceist sa dán agus tá sé ainmnithe i dtéacs na lámhscríbhinní. Cuireadh 'duine' in áit a ainm. Athraíodh ainmneacha daoine eile agus ainmneacha áite freisin.

L 34 'dímheas' in áit 'díomas' i lámhscríbhinn amháin.

L 35 'An té atá gan locht' in áit 'an té atá saor gan aon locht' i lámhscríbhinn amháin.

127. Cor Gearr

Foinsí: CIC; CIC(L); 4 Ls. Tá na malairtí léimh uilig le fáil in aon lámhscríbhinn amháin agus tá an véarsa deiridh ar iarraidh sa lámhscríbhinn chéanna.

Cúlra: Seo mar a thrácht an file ar an dán seo in agallamh GDA: 'Glaodh *blow-in* orm le teann óil . . . agus ní isteach sa mbruth fá thír a tháinig mise chor ar bith . . . tá rudaí ann a thóigfeas tú ina spóirt agus tá rudaí eile – bhuel rinne mé spóirt uilig dhó, mar déarfá, ach chuir mé ar pháipéar píosa spóirt faoi.' Tá an nóta seo ag an bhfile in CIC(L) agus i lámhscríbhinn amháin: 'Leanfar dhó de réir an ghleo.' Tá an nóta seo ag an bhfile i lámhscríbhinn eile: 'Anois, a [spás bán gan aon ainm], seo dhuit mo láimh agus níl mé fhéin ag déanamh aon ghaisce. Mar mise a rinne is a chum an dán agus is do Learaí fhéin is cóir é a bhaisteadh.'

L 3: 'Ach tháinig athrú scéil is cúinsí géar' i lámhscríbhinn amháin.
L 6: 'sa mbealach' in áit 'go baileach' i lámhscríbhinn amháin.
L 11: 'caoi' in áit 'cóir' i lámhscríbhinn amháin.
L 14: 'aon mhilleadh' in áit 'aon mhístaid' i lámhscríbhinn amháin.
L 17: 'Amach le bó má théann tú go deo' i lámhscríbhinn amháin.
L 28: Taoiseach na linne, Cathal Ó hEochaidh, atá i gceist.
L 33–38: Seo mar atá an véarsa ar fad i lámhscríbhinn amháin:

Anois éireod as an seanchas
Is ní osclód fhéin aon tine,
Ní bheidh mé ar a dtaobh
Ná ní rachaidh mé ina gcoinne,
Níor chleacht mé riamh na véarsaí
Is ní dheachas ar an sciolladh
Nó go bhfuaireas fhéin an masla údan ón ngiolla

128. Siúlach Béalach

Foinsí: 1 Ls.

L 38: Scorach Ghlionnáin: pearsa mhór i seanchas Chonamara a bhain, fearacht Robin Hood an Bhéarla, den saibhir agus a thug don bhocht. (Féach Mac Giollarnáth 1937: 88–92.) Tá an dán a chum an Scorach ag imeacht as Éirinn dó de réir an tseanchais ag an bhfile i lámhscríbhinn amháin:

> D'éirigh mé ar maidin agus níor bhris mé mo chéalacan,
> Thug mé an seársa údan go Gleann Dhoire Thoirc,
> Bhreathnaigh mé go bhfaca mé beithíoch a bhí spéiriúil,
> Bhuail mé i gclár an éadain é le m'oirdín gan chois.
>
> Chroch mé ar mo dhroim í trí chnoic is trí ghleannta,
> Trí thuláin a bhí géar agus sléibhte a bhí bog,
> Rinne mé a feannadh maidin Dé Céadaoin
> I bhfad ó na bailteacha i gClochar na mBroc.
>
> Ní le Tadhg Fada ab fhaillí é, fuair sé mé i ngéibheann,
> Thug sé trí mhí dhom sa teach údan thoir,
> Má fhaighimse trí mhí ar thalamh na hÉireann
> Ní fhágfaidh mé Tadhg ann ná duine dhá threibh.
>
> Tarraingeoidh mé is bruithfidh mé is stróicfidh mé ó chéile iad,
> Ní fhágfaidh mé snáth léine acub ná orlach de phluid,
> Is iomaí sin créatúr a dhíbríodar fhéin,
> A d'fhágadar ag éagaoin, ag caoineadh is ag gol.
>
> Sé an Scorach nach bhfaca ocras ar aon chréatúr
> Agus gé ar an tsráid nó beithíoch ar an gcnoc,
> Mar bhí mo chuid sceana gléasta le faobhar,
> Bhearrfaidís céad fear is ní tharraingeodh siad fuil.
>
> Tiocfaidh an lá údan go bhfeicfidh na daoine
> Deatach ar shléibhte is giorraíocha ag rith,
> Agus fágfaidh mé mo bheannacht ag mo chairde frí chéile,
> Ag Neachtain, ag Caonaigh, ag Cearra agus Ned.

129. An File agus an Speal

Foinsí: CIC; 3 Ls; Oir1993. Tá véarsaí 5–8 ar iarraidh i lámhscríbhinn amháin agus véarsaí 5 agus 8 ar iarraidh in Oir1993.

Cúlra: Tá an nóta seo leis an dán in Oir1993: 'Chuas ag caint leis an speal sa bpíosa thíos.'

L 8: 'Mar a d'fheicfeá caora bearrtha le deimheas' i lámhscríbhinn amháin.

L 16: 'stiall maith' i dhá lámhscríbhinn agus 'cúl maith' sa tríú lámhscríbhinn.

L 36: Tá speala á ndéanamh san Ostair ó na Meánaoiseanna. Tá monarcha amháin i Rossleithen, áit a ndéantar lanna Schröckenfux, ag tairgeadh le os cionn 500 bliain.

L 40: Tigh Tamaí Réamoinn Mhic Dhonncha, siopa mór crua-earraí agus earraí tí i gCathair na Gaillimhe.

L 42: Bhunaigh James Pierce (1813–68) Pierce Ironworks Foundry i Loch Garman i 1839. Bhí uair ann agus ba í an teilgcheárta ba mhó in Éirinn í. Dúnadh sna 1990í í agus leagadh na foirgintí go talamh i 2006.

L 44: 'scian le haghaidh *tractor*' in áit 'scian don tarracóir' i dhá lámhscríbhinn, ach go bhfuil '*tractor*' scriosta i gceann acu agus 'tarracóir' scríofa faoi sa pheann céanna.

L 48: 'an tobar *diesel*' in áit 'an chuimse *diesel*' i lámhscríbhinn amháin. Las Saddam Hussein na toibreacha ola le linn Chogadh na Murascaille, 1990–91, más fíor.

130. An Choirm Cheoil

Foinsí: CIC; CIC(L); 2 Ls.

Cúlra: Coirm cheoil a bhí ann le hoscailt Halla Pobail na bhForbacha i gceann thiar pharóiste Bhearna a cheiliúradh. Ghlac fonnadóirí, ceoltóirí, damhsóirí agus lucht éigse áitiúil páirt ann. Mar ba ghnách leis ag ócáid den chineál sin, d'aithris Learí dán 15, 'An Fiach ar Damaseen', mar is léar ón tagairt atá sa dán seo.

L 22: 'nach bhfuil a shárú le fáil' i lámhscríbhinn amháin.

L 35: 'siad siúd' in áit 'na laochra úd' i lámhscríbhinn amháin.

L 38: 'Más olc nó maith ar an nGaeltacht' i lámhscríbhinn amháin.

L 40: 'Bhí sé sin fhéin le fáil ann' i lámhscríbhinn amháin.

131. Brionglóid

Foinsí: CIC; CIC(L); 3 Ls.

L 4: 'I g*Cave* na hAille Buí': tá Pluais na hAille Buí i gContae an Chláir trasna an chuain díreach ó Bhearna. 'I gCéibh' a bhí ag an bhfile sna leaganacha uilig.

132. Colm de Bhailís

Foinsí: CIC; 1 Ls; RNG (an clár *Iris Aniar* a craoladh ar an 28 Feabhra 1995 á láithriú ag Johnny Shéamais Ó Conghaile); *Fleadh 'gus Féasta: Amhráin Choilm de Bhailís*, CICD 111, Cló Iar-Chonnacht 1995, Rian 1.

Cúlra: Baineann an dán seo le Colm de Bhailís, duine d'fhilí móra Cheantar na nOileán i gConamara. Tá an dán bunaithe ar a shaol agus ar a shaothar. (Féach Denvir 1996.) Dúirt an file in RNG gur chum sé cúpla véarsa den dán do chomórtas tomhaise a bhí ar Raidió na Gaeltachta ach nár chuir sé isteach ar an gcomórtas é. Bheartaigh sé cur leis, chríochnaigh an píosa agus nuair a luaigh sé le Máirtín Tom Sheáinín é beartaíodh an dán a fhoilsiú ar an dlúthdhiosca d'amhráin Choilm de Bhailís thuasluaite.

L 1: 'Aon agus seacht ins an líne' sa lámhscríbhinn.
L 8: Mhair de Bhailís ó 1796 go dtí 1906, agus mar sin is isteach sa bhfichiú céad a chuaigh sé i ndáiríre.
L 13: An Gobán Saor: pearsa mhór béaloideasa, saor cloiche agus saoi.
L 14: Bleá'n Rí: Baile Átha an Rí.
L 16: Chum de Bhailís an t-amhrán 'Cúirt an tSrutháin Bhuí' a mhaireas sa traidisiún i gcónaí. (Féach Denvir 1996: 72–6, 100–104.)
L 23: Micil Diarmada Ó Clochartaigh, file agus saor, comrádaí de Bhailís, a chríochnaigh 'Cúirt an tSrutháin Bhuí' nuair a d'iarr de Bhailís air sin a dhéanamh.
L 34: 'toireasc': 'triosc' a dúirt an file sa dá leagan thaifeadta.
L 39: 'Baisteadh air' in áit 'Fuair teideal' sa lámhscríbhinn.

133. Fleá agus Féasta

Foinsí: CIC; CIC(L); 3 Ls; GDA. Tá línte 38–9, 43–8 ar iarraidh i lámhscríbhinn amháin.

Cúlra: Cumadh an dán seo do Shiamsa Choilm de Bhailís, féile bhliantúil in ómós don fhile a eagraíos Máirtín Tom Sheáinín Mac Donnacha ó RTÉ Raidió na Gaeltachta i Leitir Calaidh agus ar cuireadh tús léi sa bhliain 1995. Eagraítear imeachtaí ceoil agus pléaráca i gceantar na nOileán i gcaitheamh dheireadh seachtaine an tSiamsa agus críochnaíonn an ceiliúradh chuile bhliain le cuairt ar uaigh Choilm de Bhailís i Reilig Chill Choimín in Uachtar Ard, áit ar nochtaíodh leacht dó sa bhliain 1996 le linn an tSiamsa. Bronntar Gradam an tSiamsa chuile bhliain ar dhuine a mbíonn gaisce saoil déanta aige i réimse na n-ealaíon dúchais agus bronnadh an gradam ar Learaí Ó Fínneadha sa bhliain 1998.

L 4: 'file bocht' in áit 'file agus saor' i lámhscríbhinn amháin.
L 5: Reilig Chill Choimín in Uachtar Ard atá i gceist.
L 14: Maidhc Phapaí nó Maidhc Beag Mac Donncha as Caladh Ghólaim i bparóiste Leitir Móir atá i gceist. Fear mór spraoi, seanchais agus deachainte é Maidhc a bhíos ina aoi go minic ag Máirtín Tom Sheáinín ar RTÉ Raidió na Gaeltachta. Chaith sé píosa mór i Sasana agus, más fíor a ndeireann sé féin, is iomaí béilí a réitigh sé sa Hilton ann (féach Ll. 19–22 den dán). Is mór i gceist aige cúrsaí cócaireachta. Bhíodh

ranganna spraíúla cócaireachta ar an gclár *Siamsán Maidine* le Máirtín Tom Sheáinín, agus deireadh Maidhc Phapaí i gcónaí gurb é mian a chroí bialann a oscailt i Leitir Mealláin a mbeadh 'Cuan Chaisín' mar ainm air. Féach freisin dán 139, 'Turcaí Dhoire Fhatharta'.

L 21: 'breá' in áit 'buí' in GDA.

L 30: An file, Micil Diarmada Ó Clochartaigh.

L 31: Máirtín Tom Sheáinín Mac Donnacha, craoltóir de chuid RTÉ Raidió na Gaeltachta agus amhránaí cliúiteach sean-nóis a chóirigh an mhacasamhail de Chúirt an tSrutháin Bhuí ina bhaile dúchais féin, an Sruthán Buí, sa bhliain 1995.

L 37: 'sprocht' in áit 'tocht' i lámhscríbhinn amháin.

L 41: Micheál Ó Conghaile, scríbhneoir agus bunaitheoir Chló Iar-Chonnacht.

134. Saothar an tSaoir

Foinsí: CIC; 1 Ls.

Cúlra: Cumadh an dán seo i ndiaidh ócáid sheolta *Amhráin Choilm de Bhailís*, Tigh Phlunkett i Leitir Calaidh, Leitir Móir, Contae na Gaillimhe. Seoladh an leabhar mar chuid de Shiamsa Choilm de Bhailís i Mí Bealtaine 1996.

L 1: Siamsa: Siamsa Choilm de Bhailís.

L 2: An saor: Colm de Bhailís, ar saor cloiche agus saor focal a bhí ann.

L 4: Cnoc Leitir Móir: tagairt don amhrán 'Cnoc Leitir Móir' le Colm de Bhailís. (Féach Denvir 1996: 82–3, 106–107).

L 7: Micheál Ó Conghaile, bunaitheoir Chló Iar-Chonnacht.

L 8: Gearóid Denvir, eagarthóir an leabhair *Amhráin Choilm de Bhailís.*

L 9: Tigh Pheadair agus Mhargaret Seoige atá i gceist.

L 15: Beairtle Ó Domhnaill, amhránaí leis an ngrúpa Ceann Gólaim.

L 18: 'in mo ráite' in áit 'insithe nó ráite' sa lámhscríbhinn.

L 21: Sonaí Choilm Learaí Ó Conghaile, ceoltóir agus príomhaí an ghrúpa ceoil Ceann Gólaim.

L 23: Reilig Chill Choimín in Uachtar Ard.

L 24: Ba é Pádraig Mac Piarais a d'eagraigh an feachtas bailithe airgid le cóir a chur ar Cholm de Bhailís i ndeireadh a shaoil agus a chuir an chéad eagrán dá shaothar ar fáil. (Féach Denvir 1996: 9.)

L 29: An tAthair Mac an Tuille, sagart paróiste Uachtair Aird, atá i gceist.

L 31: Faoi scáth an Chonartha cuireadh áit ar fáil do Cholm de Bhailís i dTeach na mBocht in Uachtar Ard i ndeireadh a shaoil. (Féach Denvir 1996: 9.)

L 33: Peaitín Phádraic Thomáis Ó Tuathail, amhránaí sean-nóis as Leitir Calaidh, atá i gceist.

L 40: An Clochartach Rua: Johnny Mhicilín Phádraic Mhicil Diarmada Ó Clochartaigh, Leitir Calaidh, gar-gharmhac an fhile Micil Diarmada a chríochnaigh 'Cúirt an tSrutháin Bhuí', atá i gceist.

L 44: Máirtín Chóil Neaine Pháidín Mac Donnchadha as Ráth Chairn, ach ar de bhunadh Cheantar na nOileán a mhuintir.

L 48: Seán Monaghan a chum agus a chanas na hamhráin cháiliúla 'An Dreoilín' agus 'An Ronnach'.

L 52: Na hamhránaithe Sorcha Uí Ghriallais agus Máire Bríd Uí Nia as Muiceanach idir Dhá Sháile, agus Treasa Ní Cheannabháin a bhfuil cónaí uirthi i mBearna, atá i gceist.

135. Ceist ar Shean-Phádraic

Foinsí: 1 Ls. Sa bhliain 1991, is léar, a scríobhadh an rann seo, tharla gur i 1928 a cailleadh Ó Conaire.

136. Clár Sheáin Bháin

Foinsí: CIC; CIC(L); 3 Ls.

L 1: Seán Bán Breathnach, craoltóir le RTÉ Raidió na Gaeltachta atá i gceist.

L 3: Cynthia Ní Mhurchú, craoltóir le RTÉ agus comhláithreoir ar chláracha teilifíse le Seán Bán Breathnach atá i gceist.

L 9: Máirtín Jamesie Ó Flaitheartaigh, craoltóir le RTÉ Raidió na Gaeltachta, agus Séamas Ó Dubháin (Devaney), damhsóir agus ceoltóir as ceantar Charna, atá i gceist.

L 25: Máirtín Jamesie atá i gceist.

137. Siamsán an Óstáin

Foinsí: CIC; CIC(L); 2 Ls; RNG (an clár *Siamsán Maidne* a craoladh ar RTÉ Raidió na Gaeltachta ó Óstán Chois Fharraige, Na Forbacha, ar an 4 Nollaig 1995 á láithriú ag Máirtín Tom Sheáinín Mac Donnacha agus á léiriú ag Máirtín an Bhabhailín Mac Donnchadha). Is é atá i lámhscríbhinn amháin cúl chlúdach litreach donn A4 agus é stróicthe go maith agus dá réir sin cuid den téacs doiléir nó ar iarraidh.

Cúlra: Craoladh mír den chlár beo ó *jacuzzi* ionad snámha an óstáin, áit a raibh láithreoir an chláir agus an file i dteannta aíonna eile. Bhí an dán réitithe roimh ré ag an bhfile agus dúirt sé ó chuimhne é. Tá an nóta seo ag an bhfile in CIC(L): 'Sin sin. Bhí clár den tSiamsán dhá dhéanamh in Óstán Chois Fharraige. Bhí muid ar fad ar snámh smigín ach bíonn aiféala bheag ag baint le rudaí freisin.'

L 2: 'an dá Mháirtín' [.i. láithreoir agus léiritheoir an chláir] in áit 'Pháidín' i lámhscríbhinn amháin agus in RNG.

L 3: 'is mo thóin le balla' in áit 'in mo shuí ar an leachta' i lámhscríbhinn amháin; 'ar Mháirtíní' in áit 'ar mhuintir' sa dá lámhscríbhinn.

L 5–8: Tá an dara véarsa mar seo a leanas i gcorp an téacs i lámhscríbhinn amháin:

> Chuas ag taisteal go moch ar maidin go dtí an t-óstán mór cois cladaigh
> Le go bhfeicfinn spóirt is an siamsán mór,
> Fear le ceamara is trealamh,
> Ach ochón is mo chrá go deo bá é an *jacuzz*' mo chaladh.

Tá an leagan den véarsa céanna atá in CIC, CIC(L) agus sa dá lámhscríbhinn eile le fáil ag deireadh an leagain seo den dán freisin. Deir an file 'chun siúil' in áit 'le fonn' in RNG

L 12: 'fós' in áit 'fhéin' in RNG.

L 17: 'Bhuaileas' in áit 'Ghluaiseas' in RNG.

L 20: 'mar bheadh' in áit 'mar' in RNG.

138. Trácht ar Pholl

Foinsí: 2 Ls.

Cúlra: Is léir gur cumadh an dán mar fhreagra ar cheist a cuireadh ar chlár de chuid RTÉ Raidió na Gaeltachta. Chum Johnny Chóil Mhaidhc Ó Coisdealbha freagra fileata freisin ar an gceist, 'Pothole' (1987: 41–3) agus chuir sé an nóta mínithe seo leis: 'Seo ceist a chuaigh amach tamall beag ó shin ar RTÉ Raidió na Gaeltachta: 'Cén *pothole* is mó ar bhóithre Chonamara agus cá bhfuil sé?' agus 'Cén focal ceart Gaeilge atá ar *pothole*?' Leis seo atá an freagra a fuair an duais.' Tá tús dhán Learaí roinnt cosúil le tús dhán Johnny a thosaíos mar seo:

> Nach iomaí poll atá sa saol
> Idir caoch-phoill is poill-duibheacáin,
> Bíonn poll cladaigh ann is poill trá
> Mar a níonn fir is mná a gcuid imleacán.

L 14: Cf., 'Pothole' le Johnny Chóil Mhaidhc: 'Tá'n poll báite amuigh sa gcuan / 'S tá'n *blackhole* istigh sa mbeairic'.

L 17: 'siar ó tigh Chearra' in áit 'ar scáth Loch Chearra'.

L 19: 'i gcladach an Locháin' in áit 'thíos sa gcladach'.

L 20: 'gach earrach' in áit 'san earrach'.

L 40: Malairt lámhscríbhinne: 'Fan uaidh amach, seachain treascairt'.

L 47: 'Dhá dtagadh' in áit 'Má thagann'.

139. Turcaí Dhoire Fhatharta

Foinsí: CIC; CIC(L); 2 Ls.

Cúlra: Tá an nóta seo ag an bhfile leis an dán in CIC(L): 'Maidhc Phapaí a bhí ag réiteach dinnéar na Nollag d'fhoireann RTÉ Raidió na Gaeltachta i 1996 agus sé mo raidió fhéin a chuir mé ar an eolas. Sin sin.' Féach dán 133, 'Fleá agus Féasta'.

L 1: Cóilín Chóilín Pheadair Phádraic Ó Flaithearta as Doire Fhatharta, nach maireann, atá i gceist.

L 2: 'an *sway*' in áit 'an chraobh' sa dá lámhscríbhinn; Maidhc Phapaí: féach na nótaí le dán 133, 'Fleá agus Féasta'.

L 3: Nórita Ní Chartúir, craoltóir le RTÉ Raidió na Gaeltachta ag an am.

L 13: Na deartháireacha Tomás agus Beairtle an Mháilligh as Doire Fhatharta, An Cheathrú Rua, atá i gceist.

L 23: 'is na cleití deas snasta' curtha leis an líne seo sa dá lámhscríbhinn.

L 25: 'tápa' atá ag an bhfile. Is dóigh gurb é 'tape' an Bhéarla atá i gceist.

L 33: Micí Ó Flatharta, úinéara Tigh Mhicí, siopa grosaerachta ar an gCeathrú Rua, atá i gceist.

L 34: 'whole méa(i)l' atá ag an bhfile in CIC(L) agus sa dá lámhscríbhinn agus déanann sé uaim le 'éin' agus 'éan' sa rann céanna.

140. XRB

Foinsí: CIC; 2 Ls.

Cúlra: Is é aonad soghluaiste craolacháin RTÉ Raidió na Gaeltachta, ar a dtugtar an Ródaí, atá i gceist sa dán seo. Bhí an méid seo le rá ag an bhfile faoin dán in GDF:

LÓF Bhí mé maidin amháin anseo anois, ó bhí an mhaidin go dona freisin. Bhí mé ag éisteacht le Raidió na Gaeltachta is bhí Máirtín Tom Sheáinín é fhéin ag caint ann, an dtuigeann tú, is bhí ceist ar an raidió aige faoin XRB. Céard í an XRB, an chaoi a mbíodh sí ag tabhairt an Birmingham Six ó áit go háit i Sasana, an dtuigeann tú. Tháinic an mac ansin, 'Fág seo suas,' a deir sé, 'agus tiúrfaidh muid gabháil fhéir don ghamhain.' 'Á, suas leat thú fhéin', a deirimse. 'Fág seo,' a deir sé. Ach ag dhul amach an doras ar chuma ar bith d'airigh mé Máirtín, 'B'fhéidir go scríobhfadh duine eicínt píosa air seo', a deir sé. Scríobh mé fhéin píosa ar an XRB.

GD Agus céard é fhéin ar aon chaoi?

LÓF Carr eicínt a bhí cineál mar deir siad fhéin leis an *Black Maria* i Sasana a bhíodh acu ag tabhairt na bpríosúnaigh . . . ón bpríosún go teach cúirte, mar déarfá . . . Bhí mé ag cuimhniú air ó d'fhága mé an teach go dtáinic mé.

Scríobh mé é tar éis a theacht anuas. Rudaí den tsórt sin, an bhfuil fhios agat.

L 3: 'ag SBB' in áit 'ag an IRB' sa dá lámhscríbhinn.
L 4: 'Is ag Máirtín' in áit 'Is ag an RUC' sa dá lámhscríbhinn.
L 15: 'Bhuaigh': 'bhuach' sa dá lámhscríbhinn.

141. Tórramh Dheaideo

Foinsí: 3 Ls.
Cúlra: Tagraíonn an dán don chlár teilifíse *Síbín* de chuid TG4 ar ghlac an file páirt ann ar an 22 Samhain 1998 (Gael Media, Sraith 4, Clár 8). Iarradh ar Learaí paidir thraidisiúnta a chur le hanam dheaideo an láithreora, Mairéad Ní Chonghaile, a raibh a seanathair, mar dhóigh de, á thórramh mar chuid de scéal an chláir.

L 20 Teagasc Bhríde: paidir thraidisiúnta; féach OBB, 66–7.
L 22 An Mharthain: 'An Mharthain Phádraic', paidir thraidisiúnta; féach OBB, 68–71.

142. Ár Seod

Foinsí: CIC; CIC(L); 4 Ls; RNG (an clár *Comhluadar* a craoladh ar an 8 Nollaig 1991 á láithriú ag Máirtín Davy Ó Coistealbha).
Cúlra: Bhí an nóta seo ag an bhfile in CIC(L): 'Tá feabhas ag teacht ó shin.' Bhí an méid seo le rá ag an bhfile faoin dán in RNG: 'Dúirt mé píosa eile ansin, a Mháirtín, bhfuil fhios agat, an t-am a raibh an t-aláram Chonamara, nó Pléaráca Chonamara . . . ní raibh aon deis taistil agam . . . ach an rud céanna a bhí ag Máirtín Ceannaí, an t-asal, an *Jerusalem taxi*, agus ní raibh mé in ann a thíocht anoir, an dtuigeann tú . . . . Bhí an aimsir an-te, an dtuigeann tú, nuair a bhí mé sa gcladach fadó ag dhul ag iascach agus chonaic mé an taoille, ní raibh an taoille sách imithe amach, an dtuigeann tú, agus thosaigh mé ag caint liom fhéin ar an taoille an chaoi a raibh sí ag imeacht, ag teacht isteach is amach agus an chaoi a raibh an Ghaeilge ag imeacht, ach dúirt mé go bhféachfainn le píosa beag a dhéanamh air sin agus chuir mé i ndiaidh a chéile cuide dhó agus tháinig mé aníos anseo agus scríobh mé é.' [Dúirt sé an dán ansin.]

L 10: 'na Gaeil bhoicht' atá sna lámhscríbhinní ar fad agus in RNG.
L 16: 'go hÍde' in áit 'thar taoide' sna lámhscríbhinní agus in RNG. Is dóigh gurb é Oileán Í na hAlban atá i gceist.
L 17: 'Mo ghrá-sa an Ghaeilge' in áit 'Mo ghrá thusa, a Ghaeilge' in RNG.

143. Éist le Glór

Foinsí: CIC; 2 Ls; RNG (an clár *Bímis ag Ceol* a craoladh ar an 21 Márta 1993).
Cúlra: Dúirt an file in RNG gurb é atá i gceist sa dán seo 'glór na Gaeltachta, amhránaithe agus iad sin uilig'.

L 10: 'Muiceanach is Doire Fhatharta' agus 'Muiceanach is gach ceard siar' sa dá lámhscríbhinn.
L 14: 'amhráin bhreá' in áit 'glórtha breá' i lámhscríbhinn amháin.
L 16: 'A chuirfeadh na céadta chun suain' i lámhscríbhinn amháin.
L 19: 'bhí siad' in áit 'bhíodar' in RNG.
L 23: 'Dhá leagfá' in áit 'Dhá gcuirfeá' in RNG.
L 24: 'Is bheadh ár n-oileán saor' i lámhscríbhinn amháin.
L 27: Tá an focal 'filí' mar uimhir uatha coitianta sa chanúint ag an bhfile.
L 29: 'le chéile' in áit 'i dteannta a chéile' in RNG.
L 39: 'scríobhaí' in áit 'cumaí' i lámhscríbhinn amháin.

144. An Díbirt

Foinsí: CIC; 2 Ls; RNG (Taifeadadh an leagan seo a chas Máire Bríd Uí Nia mar chuid de Chomórtas na nAmhrán Nuachumtha, a craoladh ar RTÉ Raidió na Gaeltachta ar an 26 Márta 1993, á láithriú ag Máirtín Jamesie Ó Flaithearta).

L 14: 'Anall ó thalamh Sheáin Bhuí' i lámhscríbhinn amháin.
L 17: 'mo chomhrása' in áit 'mo chomhrá leat' in RNG.
L 19: 'Tá mo chroí-sa' in áit 'Mar táimse' in RNG.
L 32: 'ar uaigneas sa sliabh' in áit 'go huaigneach ó shliabh' in RNG.

145. An Teilifís

Foinsí: CIC; 2 Ls; Oir1996; RNG (an clár *Siamsán Maidine* a craoladh ar RTÉ Raidió na Gaeltachta ar an 13 Meán Fómhair 1994, á láithriú ag Máirtín Tom Sheáinín Mac Donnacha).
Cúlra: Baineann an dán seo leis an tréimhse díreach roimh bhunú Theilifís na Gaeilge (TG4 anois) i 1996. Bhí caint ann ag an am go lonnófaí an cheanncheathrú i seaneastát Chill Ainnín sa Spidéal. Sa dán seo molann an file ceantar an Spidéil mar áit an-fheiliúnach leis an stáisiún nua a lonnú.

L 8: Baile an Droichid: An Spidéal
L 21: 'eastáit mhór': sin mar atá sna leaganacha ar fad agus sin a dúirt an file in RNG.

L 24: 'Gheobhaidh muid' in áit 'Gheofar' in RNG.
L 30: Na Blácaigh: féach na nótaí leis an dán 'Maidin Chiúin'.
L 31: F. W. de Klerk, Uachtarán na hAifrice Theas, 1989–94, agus Charles de Gaulle, Uachtarán na Fraince, 1959–69, atá i gceist.
L 32: 'spéir' in áit 'aer' in RNG.
L 38: 'Campaí' in áit 'campa' in RNG; 'ceannaíochaí' in áit 'ciomachaí' in Oir1996.
L 46: 'sa gcófra' in áit 'sa gcomhra' in Oir1996.
L 50: 'an chontracht' a dúirt an file in RNG.
L 57: 'Anois smaoiní' in áit 'Smaoiním' in RNG.

146. Foinse

Foinsí: 1 Ls.
Cúlra: Tagraíonn an dán don nuachtán *Foinse* a bunaíodh i mí Dheireadh Fómhair 1996. Ba é an fear gnó as an Spidéal Pádraig Ó Céide a bhí ina bhun.

147. Bliain Mhór an Chéid

Foinsí: CIC; CIC(L); 3 Ls; GDA; RNG (Dúradh an dán le linn an chláir *Cois Life* a craoladh ar an 14 Aibreán 1993 as Baile Átha Cliath le linn ócáide de chuid Oireachtas na Gaeilge. Ba é Joe Steve Ó Neachtain fear tí na hócáide.); RNG(1) (Dúradh an dán le linn an chláir *Ó Bhinn go Binn* le linn Oireachtas na Samhna ar an 29 Deireadh Fómhair 1993 agus Máirtín Tom Sheáinín Mac Donnacha á láithriú.). Is léar ó lámhscríbhinn amháin gur curfá atá i gceist le véarsa 2. Sna leaganacha eile ar fad, CIC(L) san áireamh, faightear mar véarsa 2 é agus arís mar véarsa dúnta. Tá véarsa 7 ar iarraidh in RNG agus RNG(1), agus véarsa 5 in RNG chomh maith.
Cúlra: 1993, bliain chomórtha an chéid ag Conradh na Gaeilge a bunaíodh in 1893, atá i gceist. Luaigh an file in RNG gurbh é féin an seachtú mac agus gur thug sé leis buanna dá réir sin óna mháthair – suim sna horthaí agus san fhilíocht go háirithe. Luaigh sé freisin ar an gclár gur ghnóthaigh sé 'cupla punt' ar a chuid filíochta ag comórtais Oireachtais.

L 8: 'Mar sheas ár seanlaochra le misneach is croí' atá faoi dhó i lámhscríbhinn amháin (agus an leagan atá sa téacs anseo scriosta amach) agus in RNG.
L 15: 'go dílis dhi' in áit 'don Ghaeilge' in RNG(1).
L 21: 'Molaim' in áit 'Mo ghrá-sa' i lámhscríbhinn amháin agus in RNG(1).

148. Oireachtas an Daingin 1992

Foinsí: CIC; CIC(L); 3Ls; RNG (Dúradh an dán le linn eagráin speisialta den chlár *Spóirt an tSathairn* a craoladh beo ó Oireachtas na Gaeilge sa Rinn ar an 5 Samhain 1994 á láithriú ag Seán Bán Breathnach). Tá véarsaí 4, 5, 10, 11, 12, 13, 14 ar iarraidh i lámhscríbhinn amháin agus tá dhá leagan de véarsa 3 sa lámhscríbhinn chéanna (féach nótaí thíos). Níl i lámhscríbhinn eile ach Ll. 1–26 ar bhileog shingil. Tá an tríú lámhscríbhinn mórán mar a chéile le CIC(L).

Cúlra: Tá an nóta seo ag an bhfile in CIC(L): 'Ní thagann ciall roimh aois. Sin sin.' Dúirt an file le Seán Bán Breathnach ar RNG go raibh 'comórtas ar Raidió na Gaeltachta ag iarraidh préachán an Oireachtais' a aimsiú agus gurbh é sin an tsiocair a chum sé an dán.

L 12: 'an t-aistir': sin mar atá in CIC(L) agus i lámhscríbhinn amháin agus tá sé de réir na canúna; 'an taisdear' atá sa dá lámhscríbhinn eile agus 'an t-aistear' a dúirt an file in RNG.

L 16: 'Beidh an chraic go maith' in áit 'Beidh an-deireadh seachtaine' in RNG.

L 17–21: Tá dhá leagan den véarsa seo i lámhscríbhinn amháin. Tá an véarsa seo i gcorp an dáin:

> Chuaigh mé ar an ordóig go Gaillimh
> Is d'ól mé leathghalún sa gclub istigh,
> Bhí mé le dhul ar an ráille
> Ach thug Máirtín is Máire don Daingean mé.

Tá an leagan seo thíos ar an leathanach *verso* roimh thús an dáin sa lámhscríbhinn i ndeireadh leagain den dán 'Loch Roisín' agus saighead i dtreo an rain chéanna i dtéacs an dáin ina bharr:

> Chuaigh mé ar an ordóig go Gaillimh isteach
> Is ar an ráille amach go Trá Lí,
> Casadh bean bhreá i dteach an leanna dhom
> Is thug sí léi síos don Daingean mé.

L 20: 'chroch' in áit 'thug' atá in RNG

L 41: Maidhc Dainín Ó Sé, ceoltóir agus scríbhneoir as Corca Dhuibhne, i nGaeltacht Chiarraí.

L 42: Michael Mháire an Ghabha Ó Ceannabháin, nach maireann, amhránaí cliúiteach sean-nóis as ceantar Charna, Contae na Gaillimhe.

L 43: Meaití Jó Shéamuis Ó Fatharta, ceoltóir, amhránaí agus craoltóir as Indreabhán, Contae na Gaillimhe.

L 49: Tomás Jimí Mac Eoin, file agus amhránaí as an gCeathrú Rua, Contae na Gaillimhe, a chum an t-amhrán cáiliúil 'Amhrán na Bó (Rock and Roll)'.

L 57–8: 'Inseoidh an dá Tom cupla scéal / Mar tá siad acu go paiteanta' i lámhscríbhinn amháin. Tom Bheairtle Tom Ó Flaithearta agus Tom Pheaidí Mac Diarmada as an Lochán Beag, an baile céanna le Learaí Ó Fínneadha, an bheirt scéalaithe atá i gceist.

L 66: Séamas Ó Dubháin, damhsóir sean-nóis as ceantar Charna, Contae na Gaillimhe.

L 67: Máirtín Chóil Neaine Pháidín Mac Donnchadha, damhsóir sean-nóis agus fonnadóir as Ráth Cairn, Contae na Mí.

L 67–8: 'Tá sé ina rírá le deich lá / Is mo ghoirm go deo an tOireachtas' i lámhscríbhinn amháin.

L 75: Tagairt don amhrán a chas Meaití Jó Shéamuis ag an Oireachtas; féach dán 151, 'An Bhó Bhán'.

L 80: I nGaillimh a bhí Oireachtas 1993; féach dán 149, 'Óid Oireachtas an Chéid'.

L 104: Seán Bán Breathnach, láithreoir an chláir atá i gceist; féach freisin dán 136, 'Clár Sheáin Bháin'.

149. Óid d'Oireachtas an Chéid

Foinsí: CIC. 2 Ls. Tá na véarsaí 8–10 faoi dhó, agus véarsa 11 faoi thrí, i lámhscríbhinn amháin.

Cúlra: Reachtáladh Oireachtas an Chéid i nGaillimh sa Bhliain 1993, áit ar dearnadh comóradh ar bhunú Chonradh na Gaeilge céad bliain roimhe in 1893.

L 10: 'le teanga na máthar' in áit 'lenár dteanga bhláfar' i lámhscríbhinn amháin. (Féach líne 4.)

L 21: 'cruinniú Gaelach' in áit 'seachtain Ghaelach' i lámhscríbhinn amháin.

L 26: 'coimhlint fíorchrua' agus 'ar thóir an gheáil' sa dá lámhscríbhinn.

L 31: 'faoi Fianna Éireann' sa dá lámhscríbhinn.

L 34: 'gan pínn ar bith' ach é scriosta agus 'gan cás ná crith' scríofa os a chionn i lámhscríbhinn amháin.

L 42: 'in ann' in áit 'ann' sa dá lámhscríbhinn.

L 43: 'Tá sé ann ó thús an chéid seo' faoi dhó i lámhscríbhinn amháin, ach go bhfuil an véarsa céanna (11) ag teacht arís ina dhiaidh i gcás amháin agus an leagan céanna sa véarsa sin is atá sa leagan a leantar anseo.

L 46: 'an céad seo' in áit 'ar feadh an chéid seo' i lámhscríbhinn amháin.

150. Oireachtas na nDéise

Foinsí: CIC; 2 Ls; Oir1995. Tá na línte 33–4, 37–40 le fáil faoi dhó i lámhscríbhinn amháin.

Cúlra: Cumadh an dán seo tar éis Oireachtas na Gaeilge a tionóladh i nDún Garbhán sa bhliain 1994.

L 6: 'a bhailigh' in áit 'a tharraing' sa dá lámhscríbhinn.

L 10: 'Tharraingíos' agus 'A tharraing' faoi seach in áit 'Thosaíos' sa dá lámhscríbhinn; 'Ó Niadh' in áit 'Nee' i lámhscríbhinn amháin.

L 16: 'go spéiriúil ag canadh go binn' in áit 'go stáidiúil ag dearcadh sa tslí' sa dá lámhscríbhinn.

L 24: An Ródaí: Aonad craolacháin soghluaiste RTÉ Raidió na Gaeltachta. Féach dán 140, 'XRB'.

L 25: Bríd Bhreathnach, Bríd Nic Craith ón Rinn ó dhúchas, atá pósta leis an gcraoltóir Seán Bán Breathnach.

L 34: 'go fíorbhinn ag canadh' in áit 'bhí ag canadh go binn' i lámhscríbhinn amháin.

L 37: Corn Sheáin Uí Riada, príomhchomórtas na hamhránaíochta ar an sean-nós atá i gceist, agus glaonn na moltóirí ar ais ar ghrúpa beag don dara hamhrán – seachtar sa chás seo.

L 39: Máire Ní Dhónaill, amhránaí sean-nóis as Inis Oírr, Árainn, agus Caitríona Mhichael Mháire an Ghabha Ní Cheannabháin, amhránaí sean-nóis as ceantar Charna, atá i gceist.

L 40: 'a líon Corn Uí Riada' in áit 'a thug leis an chraobh' i lámhscríbhinn amháin; Lillis Ó Laoire: amhránaí cliúiteach sean-nóis a ghnóthaigh Corn Uí Riada faoi dhó, scoláire Gaeilge agus saineolaí ar an traidisiún dúchais béalraíochta.

151. An Bhó Bhán

Foinsí: CIC; 4 Ls; RNG (an clár *Ó Bhinn go Binn* a craoladh ar an 6 Samhain 1992 á láithriú ag Máirtín Tom Sheáinín Mac Donnacha).

Cúlra: Bhí an nóta seo ag an bhfile i lámhscríbhinn amháin: 'Sin sin. 'Bóithríní an Locháin' agus 'An Bhó Bhán' a chas Meaití Jó Shéamuis ag Oireachtas an Daingin, 1987 [1992 ó cheart]. Bhuaigh sé comórtas na bhfear.' Reachtáladh Oireachtas na Gaeilge sa Daingean 28 Deireadh Fómhair–1 Samhain, 1992. Seo mar a chuir an file síos ar an dán san agallamh le Máirtín Tom Sheáinín in RNG seachtain i ndiaidh an Oireachtais:

LÓF Thaithnigh 'An Bhó Bhán' liom, bhain sí fonn cainte asam, an dtuigeann tú.
MTS Ó, an t-amhrán eile a chas Meaití ab ea, ag an Oireachtas?
LÓF Sea.
MTS Ná habair go bhfuil ceann cumtha agat fúithi sin.
LÓF Tá agus ó tháinig mé aníos ón Oireachtas freisin. Dúirt mé ceann thíos faoi ach tá ceann eile agam.
MTS Ab eod é an ceann is deireanaí ar fad ó do pheann?
LÓF Níl sé seo ach tar éis an bhácúis . . .
MTS Níl, níl, tá sé te mar sin . . . Scaoil air.
[Deireann LÓF 'An Bhó Bhán']
MTS An-mhaith, a mh'anam, m'anam gur maith an áit a bhfuil tú ag dhul ag tabhairt an bhó bhán, siar ar an Trá Bháin.

LÓF Agus ar ndóigh, a Mháirtín, ba shin é an áit ba dual di.
MTS Sé is dóigh, sé. Aniar as an taobh sin a bunadh, ab ea?
LÓF Tá mé ag ceapadh gurb ea.

Bhí an méid seo le rá ag an bhfile faoin dán in GDA:

LÓF Ghrú Meaití Jó Shéamuis Ó Fatharta, ghrú sé comórtas na bhfear thíos ann [.i. sa Daingean] mar déarfá agus chas sé 'An Bhó Bhán' agus 'Bóithríní an Locháin'.

GD Ar ndóigh, tá baint mhór agat fhéin leis na Bóithríní, nach bhfuil?

LÓF Tá. As an Lochán mé mar atá fhios agat agus sé m'athair a chum an t-amhrán 'Bóithríní an Locháin' . . . agus bhí mé ag éisteacht leis dhá chasadh, mar déarfá, agus thosaigh cupla líne ag imeacht thrí mo cheann i ngeall ar an mbó bhán agus scríobh mé píosa beag faoi.
[Deireann an dán ó chuimhne.]

GD Thug tú leat go deas an ceann sin.

LÓF Bhuel, is rud é a tháinic liom, a Ghearóid, déanfaidh mé an fhírinne leat, mar déarfá. Agus thaithnigh liom gur ghrú sé ceart go leor agus d'airigh mé ag caint amach ansin leis na daoine é agus rudaí eile, mar déarfá, agus cheap mé fhéin ansin fíochán beag a chuir leis. Agus ar ndóigh creidim gur draíocht a chuaigh ar an mbó bhán am eicínt . . . Le ceantar na Trá Báine a bhain an t-amhrán agus an bhó bhán freisin, déarfainn. Bhí véarsa eile ann a chuala mise ag mo mháthair, b'as an Trá Bháin . . . seanmháthair mo mháthar, mar déarfá, go ndéana Dia grásta ar na mairbh uilig. D'airínn á rá í. Bhí na seanamhráin Bhéarla agus Gaeilge aici, ach deireadh sí:

> Bhíodh sí blite le foinn amhráin ag Nóra Chóil Uí Bheoláin
> Agus ag Máire Tom Uí Lochlainn as baile Bhun an Charnáin.

Agus as baile Bhun an Charnáin muintir seanmháthair mo mháthar, mar déarfá. [Dúirt sé an leathvéarsa arís agus bhí 'crúite' aige in áit 'blite' sa chéad líne.]

Ba é athair Learaí Uí Fhínneadha, Pádhraic, a chum 'Bóithríní an Locháin'. (Féach Ó Fínneadha 1994: 42–3.) I gceantar na nOileán a rinneadh 'An Bhó Bhán' mar a luaigh an file thuas ach gur scaip sé aniar go Cois Fharraige. Tá an dá amhrán ar an dlúthdhiosca le Meaití Jó Shéamuis Ó Fatharta, *Bóithríní an Locháin: Sean-nós Songs from Connemara* (CICD 154). Tá leagan easnamhach de 'An Bhó Bhán' i lámhscríbhinn amháin ag Learaí Ó Fínneadha a thosaíos mar seo:

Maidin moch Dé Céadaoin is mé amuigh i mBun na gCnoc
Sea casadh liom Seán Táilliúr is mo bhó bhán aige ar a chruit,
Ach mara bhfaighe mé ins an Léim í, nó i Leitir Móir nach léitear,
Ní fheicfidh mé go héag í, mo sheanbhó bhán.

Tá leagan iomlán de 'Bóithríní an Locháin' ag an bhfile i lámhscríbhinn eile ina bhfuil cuid mhaith d'amhráin a athar, leagan atá mórán mar a chéile leis an leagan atá sa leabhar *Bóithríní an Locháin agus Amhráin Eile*.

L 8: De réir scéal an tseanamhráin 'An Bhó Bhán' d'fhuadaigh an lucht sí an bhó.

L 12: Ard an Bhóthair i nGaeltacht Chorca Dhuibhne.

L 20: 'Lord' in áit 'Tiarna' in RNG.

L 23: An Baile Fánach, ainm eile ar na hAille Thiar, Indreabhán, áit a bhfuil cónaí ar Mheaití Jó Shéamuis Ó Fatharta.

L 25: 'fíon' in áit 'fíonta' in RNG.

L 27: Neain Pheaidí Nic Dhiarmada-Uí Fhatharta, máthair Mheaití Jó Shéamuis.

L 34: 'ag feara': 'ag fearaibh' atá i lámhscríbhinn amháin.

L 39: 'siar' ar lár in RNG.

Leabhareolas

1. Leabhair agus Ailt

Bodunde, Charles. 2001. *Oral Traditions and Aesthetic Transfer: Creativity and Social Vision in Contemporary Black Poetry*. Bayreuth African Studies 58, Bayreuth.

Breathnach, Diarmaid agus Ní Mhurchú, Máire. 1990. *1882–1982: Beathaisnéis a Dó*. Baile Átha Cliath, An Clóchomhar.

Breathnach, Diarmaid agus Ní Mhurchú, Máire. 1992. *1882–1982: Beathaisnéis a Trí*. Baile Átha Cliath, An Clóchomhar.

Breatnach, R.A. 1961. 'The End of a Tradition: A Survey of Eighteenth Century Gaelic Literature'. *Studia Hibernica 1*, 128–50.

Brown, Duncan. 1998. *Voicing the Text: South African Oral Poetry and Performance*. Oxford University Press, Cape Town.

Bunzel, Ruth L. 1929–30. 'An Introduction to Zuni Ceremonialism'. *Annual Report of the Bureau of American Ethnology 47*. US Government, Washington, 467–544.

Cheoinín, Seán. 1988. Eag., Eoghan Rua Ó Néill. *Seoltóireacht Ghéar: Amhráin Sheáin Cheoinín*. Cló Iar-Chonnacht, Indreabhán.

Coleman, Steve. 1996. 'Joe Heaney meets the academy', *Irish Journal of Anthropology 1*, 69–85.

Coplan, David B. 1987. 'The power of oral poetry: narrative songs of the Basotho migrants'. *Research in African Literature 18/1*, 1–35.

De Bhaldraithe, Tomás. 1953. *Gaeilge Chois Fharraige: An Deilbhíocht*. An Institiúid Ard-Léinn, Baile Átha Cliath.

De hÍde, Dubhghlas. 1933 (1969). *Abhráin agus Dánta an Reachtabhraigh*. Oifig Foilseachán Rialtais, Baile Átha Cliath.

De hÍde, Dubhghlas (An Craoibhín Aoibhinn). G.d. *Ulla den Chraobh agus Dánta Eile*. Officina Typographica, Gaillimh.

De Ramírez, Susan Berry Brill. 1999. *Contemporary American Indian Literatures and the Oral Tradition*. The University of Arizona Press, Tucson.

Davitt, Michael. 2004. *Dánta 1966–1998*. Coiscéim, Baile Átha Cliath.

Denvir, Gearóid. 1991. *An Dúil is Dual*. Cló Iar-Chonnacht, Indreabhán.

Denvir, Gearóid. 1996. *Amhráin Choilm de Bhailís*. Cló Iar-Chonnacht, Indreabhán.

Denvir, Gearóid. 1997. *Litríocht agus Pobal*. Cló Iar-Chonnacht, Indreabhán.

Denvir, Gearóid. 1999. 'Is é an Saol an Máistir: Filíocht Learaí Phádraic Learaí Uí Fhínneadha'. *Léachtaí Cholm Cille XXIX*, 161–97.

Denvir, Gearóid. 2002. 'Ní Sean go Nua is Ní Nua go Sean: Filíocht Nuala Ní Dhomhnaill agus Dioscúrsa na Gaeilge'. Eag., Máirtín Ó Briain agus Pádraig Ó Héalaí, *Téada Dúchais: Aistí in Ómós don Ollamh Breandán Ó Madagáin*. Cló Iar-Chonnacht, Indreabhán, 25–58.

Denvir, Gearóid. 2003. 'An Áit is Cuí? Dámh Áite i bhFilíocht Ghaeilge an 20ú hAois'. *Bliainiris 2003*, 250–303.

Denvir, Síle. 2008. *Ciarán Ó Fátharta: Amhráin*. Cló Iar-Chonnacht, Indreabhán.

Elimimian, Isaac I. 1992. 'Kofi Awooner as a Poet'. Eag., Eldrid Durosimi Jones, *Orature in African Literature Today*. James Curry, Londain.

Faherty, Padhraic, 2000. *Barna: A History*. Foilsiú príobháideach, Gaillimh.

Finnegan, Ruth. 1988. *Literacy and Orality: Studies in the Technoloy of Communication*. Oxford University Press, Oxford.

Finnegan, Ruth. 1992. *Oral Traditions and the Verbal Arts: A Guide to Research Priorities*. Routledge, Londain.

Foley, John Miles. 1988. *The Theory of Oral Composition: History and Methodology.* Indiana University Press, Bloomington.

Foley, John Miles. 2002. *How to Read an Oral Poem.* University of Illinois Press, Urbana agus Chicago.

Gunn Allen, Paula. 1983. *Studies in American Indian Literature: Critical Essays and Course Designs.* The Modern Language Association of America, New York.

Gunner, Elizabeth. 1989. 'Orality and Literacy: Dialogue and silence'. Eag., Karin Barber agus P.F. de Moraes Farias, *Discourse and its Disguises: The Interpretation of African Oral Texts.* Centre of West African Studies, University of Bermingham, 49–56.

Harvilahti, Lauri. 2003. I gcomhar le Zoja Sergeevna Kazagaceva. *The Holy Mountain: Studies in Upper Altay Oral Poetry.* FF Communications 282. Helsinki.

Holden, Anthony. 1974. *Greek Pastoral Poetry.* Penguin, Middlesex.

Hutcheon, Linda. 2000. 'Irony, Nostalgia and the Postmodern'. Eag., Theo d'Haem, Raymond Vervliet, Annemarie Estor, *Methods and Frameworks for the Study of Cultural Memory in Literature.* Editions Rodopi, Amsterdam, 186–207.

Innes, Bill. 1998. *Chì Mi: The Gaelic Poetry of Donald John MacDonald.* Birlinn, Edinburgh.

Jackson, Kenneth Hurlstone. 1961. *The International Popular Tale and Early Welsh Tradition.* University of Wales Press, Cardiff.

Kenny, Tom. 1983. Eag., *Barna and Na Forbacha: A Local History.* Local History Study Group, Bearna.

Kristeva, Julia. 1986. *The Kristeva Reader.* Eag., Toril Moy. Columbia University Press, New York.

Kuiper, Koenraad. 2000. 'On the linguistic Properties of Formulaic Speech'. *Oral Tradition 15/2*, 279–305.

Kurpershoek, P. Marcel. 1994. *Oral Poetry and Narratives from Central Arabia: The Poetry of Ad-Dindān, A Bedouin Bard in Southern Najd.* E. J. Brill, Leiden.

La Vonne Brown Ruoff, A. 1990. *American Indian Literature: An Introduction, Bibliographic Review and Selected Bibliography.* The Modern Language Association of America, New York.

Lord, Albert B. 1960. *The Singer of Tales.* Harvard University Press, Cambridge, MA.

Mac Cionnaith, Láimhbheartach. 1969. *Dioghluim Dána.* Oifig an tSoláthair, Baile Átha Cliath.

Mac Donncha, Jackie. 2003. *Gaineamh Séidte.* Cló Iar-Chonnacht, Indreabhán.

Mac Giollarnáth, Seán. 1937. *Peadar Chois Fharraige: Scéalta Nua agus Seanscéalta a d'Innis Peadar Mac Thuathaláin.* Oifig an tSoláthair, Baile Átha Cliath.

Mac Leoid, Randall. 1998. 'Enter Reader'. Eag., Paul Eggert agus Margaret Sankey, *The Editorial Gaze: Mediating Texts in Literature and the Arts.* Garland Publishing, New York agus Londain.

Mac Mathúna, Liam. 2007. *Béarla sa Ghaeilge: Cabhair Choigríche: An Códmheascadh Gaeilge/Béarla i Litríocht na Gaeilge 1600–1900.* An Clóchomhar, Baile Átha Cliath.

Mahapatra, Sitakant. 1983. *The Awakened Wind: The Oral Poetry of the Indian Tribes.* Vikas Publishing House, Ghasiabad.

Macdonald, Jonh Angus. 1999. Eag., *Orain Dhòmhnall Ailein Dhòmhnall na Bainich–The Songs of Donald Allan MacDonald.* An Gearasdan, Benbecula.

McKean, Thomas. 1992. 'A Gaelic Songmaker's Response to an English-Speaking Nation'. *Oral Tradition 7/1*, 3–27.

Neat, Timothy. 1999. (le John MacInnes). *The Voice of the Bard: Living Poets and Ancient Tradition in the Highlands and Islands of Scotland.* Canongate, Edinburgh.

Ní Annracháin, Máire. 1998. 'An Teanga Fhíortha'. Eag., Máire Ní Annracháin agus Bríona Nic Dhiarmada, *Téacs agus Comhthéacs: Gnéithe de Chritic na Gaeilge*. Cló Ollscoile Chorcaí, Corcaigh.

Ní Chonghaile, Deirdre. 2007. 'An Teach Ósta: Tinteán an Cheoil Thraidisiúnta?' *Bliainiris 7*, 72–84.

Ní Chonghaile, Deirdre. 2008 'Ceoltóireacht Oileánda: Scéal Thrí Oileán Árann.' *Ceiliúradh an Bhlascaoid 11: Cuisle Ceoil na nOileán*, 69–81.

Ní Dhomhnaill, Cáit. 1975. *Duanaireacht*. Oifig an tSoláthair, Baile Átha Cliath.

Ní Dhomhnaill, Cáit. 1988. 'Dúblóga Uamacha Gaeilge'. *Béaloideas 56*, 141–52.

Ní Dhomhnaill, Nuala. 1986. 'Ceardlann Filíochta', *Léachtaí Cholm Cille XVII*, 147–79.

Ní Fhlatharta, Lisa. 2005. *Scoileanna Éigse agus Seanchais Ghaeltacht na Gaillimhe*. Tráchtas neamhfhoilsithe, Ollscoil na hÉireann, Gaillimh.

Ní Fhlathartaigh, Ríonach. 1976. *Clár Amhrán Bhaile na hInse*. Baile Átha Cliath, An Clóchomhar.

Nic Dhonncha, Róisín. 2002. *Amhráin Val agus Mhíchíl Bheairtle Uí Dhonnchú*. Tráchtas neamhfhoilsithe, Ollscoil na hÉireann, Gaillimh.

Nic Dhonncha, Róisín. 2004. 'An tOireachtas agus an Amhránaíocht ar an Sean-Nós'. *Bliainiris 4*, 28–84.

Nic Eoin, Máirín. 2005. *Trén bhFearann Breac: An Díláithriú Cultúir agus Litríocht na Gaeilge*. Cois Life, Baile Átha Cliath.

Ó Buachalla, Breandán. 2007. *Aogán Ó Rathaille*. Field Day Publications, Baile Átha Cliath.

Ó Cadhain, Máirtín. 1949. *Cré na Cille*. Sáirséal agus Dill, Baile Átha Cliath.

Ó Cadhain, Máirtín. 1950. 'Béaloideas'. *Feasta*, Márta, 9–12, 19–25.

Ó Cadhain, Máirtín. 1969. *Páipéir Bhána agus Páipéir Bhreaca*, An Clóchomhar, Baile Átha Cliath.

Ó Coigligh, Ciarán. 1987. *Raiftearaí: Amhráin agus Dánta*, An Clóchomhar, Baile Átha Cliath.

Ó Coisdealbha, Johnny Chóil Mhaidhc. 1987. *Buille Faoi Thuairim Gabha*. Cló Iar-Chonnacht, Béal an Daingin.

Ó Conghaile, Micheál. 1986. Eag., *Croch Suas É!*. Cló Iar-Chonnacht, Indreabhán.

Ó Conghaile, Micheál. 1990. Eag., *UP Seanamhach!* Cló Iar-Chonnacht, Indreabhán.

Ó Conghaile, Micheál. 1993. *Gnéithe d'Amhráin Chonamara Ár Linne*. Cló Iar-Chonnacht, Indreabhán.

Ó Conghaile, Seán. 1974. *Cois Fharraige le mo Linnse*. Clódhanna Teoranta, Baile Átha Cliath.

Ó Crualaoich, Gearóid. 1983. 'The Primacy of Form: A "Folk Ideology" in de Valera's Politics'. Eag., John P. O'Carroll agus John A. Murphy, *De Valera and His Times*. Cork University Press, Corcaigh, 47–61.

Ó Curraoin, Seán. 1980–81. 'Ag Triall ar an Tobar . . .' *Béaloideas*, Iml. 48/49, 148–53.

Ó Curraoin, Seán. 1985. *Soilse ar na Dumhchanna*. Cló Iar-Chonnacht, Indreabhán.

Ó Curraoin, Seán. 2000. *Iascairín Chloch na Cora*. Coiscéim, Baile Átha Cliath.

Ó Donnchadha, Seosamh. 1983. *Dánta Fhilí Bhaile na mBroghach*. Cló Chois Fharraige, Indreabhán.

Ó Duilearga, Séamus. 1945. *The Gaelic Storyteller*. The Brittish Academy, Londain.

Ó Fatharta, Dara. g.d. *Cloch an Fhaoileáin*, Cló Iar-Chonnacht, Indreabhán.

Ó Finneadha, Cóil Learaí. 1999. *Filíocht agus Feannadh*. Cló Iar-Chonnacht, Indreabhán.

Ó Fínneadha, Learaí. 1993. *Ó Bhaile go Baile*. Cló Iar-Chonnacht, Indreabhán.

Ó Fínneadha, Pádhraic Learaí. 1994. *Bóithríní an Locháin agus Amhráin Eile*. Cló Iar-Chonnacht, Indreabhán.

Ó Giollagáin, Conchúr. 1997. 'Dinimic na litearthachta agus an chultúir bhéil'. *Irish Journal of Anthropology 2*, 6–32.
Ó Giolláin, Diarmaid. 1996. 'An Cultúr Coiteann agus Léann an Bhéaloidis', *Léachtaí Cholm Cille* XXVI, 137–58.
Ó Giolláin, Diarmaid. 1990. 'Perspectives in the Study of Folklore'. *Ulster Life 36*, 66–73.
Ó hÓgáin, Daithí. 1982. *An File: Staidéar ar Osnádúrthacht na Filíochta sa Traidisiún Gaelach*. An Gúm, Baile Átha Cliath.
Ó Laoire, Lillis. 2002. *Ar Chreag i Lár na Farraige: Amhráin agus Amhránaithe i dToraigh*. Cló Iar-Chonnacht, Indreabhán.
Ó Laoire, Lillis. 2002a. 'Ó Chroí Amach: Spléachadh ar Cheist na hAeistéitice in Amhránaíocht na Gaeilge'. Eag., Máirtín Ó Briain agus Pádraig Ó Héalaí, *Téada Dúchais: Aistí in Ómós don Ollamh Breandán Ó Madagáin*. Cló Iar-Chonnacht, Indreabhán, 373–94.
Ó Laoire, Lillis. 2003. ' "...d'imeodh an aois díom": Tír na nÓg agus Talamh na hÉireann'. Eag., Wilson McLeod agus Máire Ní Annracháin, *Cruth na Tíre*. Coiscéim, Baile Átha Cliath, 39–68.
Ó Laoire, Lillis. 2005. 'The Aesthetics of Song in Tory Island'. Eag., Roger W. H. Savage agus Roger Kendall, *Perspectives in Systematic Musicology: Selected Reports in Ethnomusicology 12*, UCLA, Dept of Ethnomusicology, 183–202.
Ó Máille, Tomás S. 1948 (2010). Eag., Donla Ní Bhraonáin. *Seanfhocla Chonnacht*. Cois Life, Baile Átha Cliath.
Ó Morónaigh, Seán. 2001. *Agallaimh na hÉigse: Cíoradh agus Cnuasach*. An Comhlachas Náisiúnta Drámaíochta, Camus.
Ó Neachtain, Joe Steve. 1986. *Fead Ghlaice*. Cló Iar-Chonnacht, Indreabhán.
Ó Ríordáin, Seán. 1952. *Eireaball Spideoige*. Sáirséal agus Dill, Baile Átha Cliath.
O'Flaherty, Roderic. 1846. *A choreographical description of West or H-Iar Connaught: written A.D. 1684*. The Irish Archaeological Society, Baile Átha Cliath.
Okpewho, Isidore. 1992. *African Oral Literature*, Indiana University Press, Bloomington.
Ong, Walter. 1982. *Orality and Literacy: The Technologizing of the Word*, Methuen, Londain.
Opland, Jeff. 1998. *Xhosa Poets and Poetry*. David Philip Publishers, Cape Town.
Rennie, J. K. 1984. 'Cattle, Conflict and Court Cases: The Praise Poetry of the Ila Leadership'. *Research in African Literatures 15/4*, 530–67.
Ricard, Alain. 1995. *The Languages and Literatures of Africa*. Aistr., Naomi Morgan. James Curry, Oxford.
Robinson, Tim. 1986. *Stones of Aran: Pilgrimage*. Lilliput Press, Dublin.
Robinson, Tim. 1990. *Connemara: Part 1: Introduction and Gazetteer*. Folding Landscapes, Cloch na Rón.
Robinson, Tim. 2002. *Camchuairt Chonamara Theas: A Twisty Journey: Mapping South Connemara*. Aistr., Liam Mac Con Iomaire, Baile Átha Cliath, Coiscéim.
Robinson, Tim. 2006. *Connemara: Listening to the Wind*. Penguin, Baile Átha Cliath.
Samatar, Said. S. 1982. *Oral Poetry and Somali Nationalism: the case of Sayyid Mahammad Abdille Hasan*. Cambridge University Press, Londain.
Shaw, John. 1999. 'The Ethnography of Speaking and Verbal Taxonomies: Some Applications to Gaelic.' Eag., Ronald Black, William Gillies agus Roibeard Ó Maolalaigh, *Celtic Connections: Proceedings of the Tenth International Congress of Celtic Studies, Volume One, Language, Literature, History, Culture*. Tuckwell Press,East Lothian, 309–23.

Sowayan, Saad Abdullah. 1985. *Nabati Poetry*. University of California Press, Berkeley.
Uí Fhlatharta, Máire agus Mac Eoin, Tomás. 1989. *Loscadh Sléibhe*. Cló Iar-Chonnacht, Indreabhán.
Uí Iarnáin, Máire. 1992. Eag., *Comórtas na nAmhrán Nuachumtha 1992: Clár*. Ní luaitear sonraí foilsithe.
Uí Mhurchadha, Brighid Bean. 1954. *Oideachas in Iar-Chonnacht sa Naoú Céad Déag*. Oifig an tSoláthair, Baile Átha Cliath.
Whelton, Marie. 2008. *Teagmháil agus Tnúthán: Staidéar ar an Apastróf i bhFilíocht na Nua-Ghaeilge*. An Sagart, An Daingean.
Zolbrod, Paul G. 1995. *Reading the Voice: Native American Oral Poetry on the Page*. University of Utah Press, Salt Lake City.
Zumthor, Paul. 1990. *Oral Poetry*. University of Minnesota Press, Minnesota.

2. Lámhscríbhinní agus Foinsí Aircíve

Aircív Chló Iar-Chonnacht.
Aircív Oireachtas na Gaeilge, Duaisiarrachtaí Liteartha agus Tuairiscí Moltóirí, Casla, Conamara, Co. na Gaillimhe.
Lámhscríbhinní Learaí Uí Fhínneadha atá i seilbh Mháirín Bean Uí Fhínneadha, Bearna, Co. na Gaillimhe.
Roinn Bhéaloideas Éireann, An Coláiste Ollscoile, Baile Átha Cliath, Belfield, Baile Átha Cliath 4.

3. Taifeadtaí fuaime

Agallaimh a rinne an t-eagarthóir le Learaí Ó Fínneadha ina theach cónaí i mBearna ar an 24 Feabhra 1998 agus ar an 6 Aibreán 1998.
Aircív RTÉ Raidió na Gaeltachta.
Fleadh 'gus Féasta: Amhráin Choilm de Bhailís, CICD 111, Cló Iar-Chonnacht 1995.
Meaití Jó Shéamuis Ó Fatharta, *Bóithríní an Locháin: Sean-nós Songs from Connemara* (CICD 154).
Michael Mháire Ghabha Ó Ceannabháin, *Cruach na Caoile*, CIC 007, Cló Iar-Chonnacht, 1988.
Ní Chonghaile, Deirdre. 2006–7. *Bailiúchán Bhairbre*. Sraith cláracha do RTÉ Raidió na Gaeltachta.

4. Taifeadtaí físe

Síbín de chuid TG4 ar ghlac an file páirt ann ar an 22 Samhain 1998 (Gael Media, Sraith 4, Clár 8).
6.01 News, RTÉ1, 10 Deireadh Fómhair 1991, mír le Jim Fahy faoi chúrsaí pleanála i mBearna, Co. na Gaillimhe.
Idir Mhagadh agus Dáiríre, mír faoi Learaí Ó Fínneadha a craoladh ar an 13 Deireadh Fómhair 1999, agus arís le beagán athruithe mar ómós iarbháis don fhile ar an 3 Samhain 1999. An Fhiontarlann a rinne do TG4.

5. Foinsí ar-líne

Engelhardt, James. 2007. The Language Habitat: an Ecopoetry Manifesto. Léite ar-líne 13 Iúil 2007. http://www.octopusmagazine.com/issue09/engelhardt.htm
http://www.landedestates.ie/LandedEstates/jsp/estate-show.jsp?id=863 (léite 8 Feabhra 2010).
http://www.margaretthatcher.org/speeches/displaydocument.asp?docid=105790 (léite 9 Márta 2010).